Ernst-Kölbl/Reichel

Bürgerliches Recht

SL 2 aus der Reihe „Sächsische Lehrbriefe“

Herausgeber:

Sächsisches Kommunales Studieninstitut Dresden

An der Kreuzkirche 6
01067 Dresden
Tel: 0351 43835–12
Fax: 0351 43835–13
E-Mail: post@sksd.de
www.sksd.de

Bürgerliches Recht

von

Michael Ernst-Kölbl
Ehem. Fachbereichsleiter Steuer- und Staatsfinanzverwaltung
an der Hochschule Meißen (FH),
Amtsleiter des Finanzamts Stollberg

und

Helmut Reichel
Ehem. Fachbereichsleiter Steuer- und Staatsfinanzverwaltung
an der Hochschule Meißen (FH),
Amtsleiter des Finanzamts Dresden-Nord

6. Auflage

KSV Medien

Rechtsstand: 1. Januar 2024

MIX
Papier | Fördert gute Waldnutzung
FSC® C019821

Die Herstellung bei KSV Medien erfolgt weitgehend digital und in dem Bewusstsein, eine möglichst ressourcenschonende Produktion zu gewährleisten.

Bibliografische Information der Deutschen Nationalbibliothek
Die Deutsche Nationalbibliothek verzeichnet diese Publikation in der Deutschen Nationalbibliografie; detaillierte bibliografische Daten sind im Internet über http://dnb.dnb.de abrufbar.

6. Auflage 2024

Satz: Kumpernatz + Bromann • Schenefeld b. Hamburg
Druck: Druckerei C.H. Beck • Nördlingen

ISBN 978-3-8293-1941-6

Vorwort

„Personal entwickeln – Zukunft gestalten" das ist das Leitmotiv des Sächsischen Kommunalen Studieninstitutes Dresden (SKSD). Es sind die Kommunen, die Gegenwart, Lebensbedingungen, Infrastruktur, kurz alles, was eine Gemeinde lebenswert macht, für ihre Einwohner gestalten.

Dies kann umso besser geschehen, je qualifizierter die Mitarbeiterinnen und Mitarbeiter sind. Dazu brauchen diese eine fundierte Ausbildung. Zu einer solchen Ausbildung gehört nach unserer Überzeugung auch das entsprechende Unterrichtsmaterial. Aus diesem Grunde ist es für das SKSD eine selbstverständliche Verpflichtung, die sächsischen Lehrbriefe herauszugeben – aus Berufsethos, nicht zum Broterwerb.

Wir danken ausdrücklich den Autorinnen und Autoren, die uns helfen, eine fachliche Arbeit zu tun mit dem Ziel, den Bürgerinnen und Bürgern dieses Landes einen optimal ausgebildeten öffentlichen Dienst zu bieten und damit das sicherzustellen, was die Menschen in diesem Lande für ihre Steuergelder erwarten können: einen kompetenten öffentlichen Dienst, der seinem Namen gerecht wird.

Gesine Wilke
Geschäftsführerin

Armin Bethke
Referent Aus- und Fortbildung

Einleitung

Der Lehrbrief behandelt die Kernbereiche des Bürgerlichen Rechts. Privatrechtliche Spezialgebiete (z. B. Arbeitsrecht u. Handelsrecht) sind nicht Gegenstand dieses Lehrbriefes.

Die Autoren haben sich zum Ziel gesetzt, Kenntnisse und Fertigkeiten im Bürgerlichen Recht fallbezogen zu vermitteln und eine Hilfestellung im täglichen Umgang mit dem BGB und seiner Anwendung zu geben. Ausführliche Hinweise zur Fallbearbeitung finden sich im Anhang. Die Arbeit mit dem Lehrbrief wird aber nur den gewünschten Erfolg bringen, wenn die zitierten Rechtsvorschriften aufmerksam nachgelesen werden.

Testfragen im Anschluss an einen Themenkomplex sollen es ermöglichen, Lerninhalte zu festigen und das erlernte Wissen anzuwenden. Die Antworten auf die Testfragen befinden sich am Ende des Lehrbriefes.

Autoren:

Michael Ernst-Kölbl, ehem. Fachbereichsleiter Steuer- und Staatsfinanzverwaltung an der Hochschule Meißen (FH), Amtsleiter des Finanzamts Stollberg (Bearbeiter des Zweiten und Fünften Teils sowie der Hinweise zur Klausurbearbeitung).

Helmut Reichel, ehem. Fachbereichsleiter Steuer- und Staatsfinanzverwaltung an der Hochschule Meißen (FH), Amtsleiter des Finanzamts Dresden-Nord (Bearbeiter des Ersten, Dritten und Vierten Teils).

Inhaltsverzeichnis

Abkürzungsverzeichnis

a. A.	alte Ausgabe
Abs.	Absatz
a. E.	am Ende
AG	Aktiengesellschaft
AGBG	Gesetz zur Regelung der Allgemeinen Geschäftsbedingungen
AGB-Gesetz	Gesetz zur Regelung der Allgemeinen Geschäftsbedingungen
AktG	Aktiengesetz
AO	Abgabenordnung
BeurkG	Beurkundungsgesetz
BGB	Bürgerliches Gesetzbuch
d. h.	das heißt
EGBGB	Einführungsgesetz zum Bürgerlichen Gesetzbuch
ErbbauRG	Gesetz über das Erbbaurecht
ff.	fortfolgende
GBO	Grundbuchordnung
GbR	Gesellschaft bürgerlichen Rechts
GG	Grundgesetz
ggf.	gegebenenfalls
GmbH	Gesellschaft mit beschränkter Haftung
GmbHG	Gesetz betr. die Gesellschaften mit beschränkter Haftung
GVBl.	Gesetz- und Verordnungsblatt
GVG	Gerichtsverfassungsgesetz
HGB	Handelsgesetzbuch
i. V. m.	in Verbindung mit
i. S. V.	im Sinne von
KG	Kommanditgesellschaft
KindRG	Kindschaftsreformgesetz
LPartG	Lebenspartnerschaftsgesetz
Nr.	Nummer
o. ä.	oder Ähnliches
o. g.	oben genannte
OHG	Offene Handelsgesellschaft
PC	Personalcomputer
ProstG	Prostitutionsgesetz
Regelbetrag-VO	Regelbetragverordnung
s.	siehe
S.	Seite
sog.	so genannte
StGB	Strafgesetzbuch
TierschutzG	Tierschutzgesetz
u. U.	unter Umständen
vgl.	vergleiche
VwGO	Verwaltungsgerichtsordnung
VwVfG	Verwaltungsverfahrensgesetz
WE	Willenserklärung
WEG	Gesetz über das Wohneigentum und das Dauerwohnrecht
z. B.	zum Beispiel
ZPO	Zivilprozessordnung

Erster Teil: Allgemeiner Teil des BGB

1. Rechtsfähigkeit

Begriff der Rechtsfähigkeit

Unter Rechtsfähigkeit versteht man die Fähigkeit, Träger von Rechten und Pflichten zu sein. Diese Fähigkeit kommt nur Personen zu. Nur sie sind Rechtssubjekte. Rechtsobjekte (z. B. Tiere) sind keine Personen und damit nicht rechtsfähig.

Beispiel:
Ein vereinsamter Mensch kann seinen Hund nicht zum Erben einsetzen, da es dem Hund an der Rechtsfähigkeit fehlt.

Das Recht unterscheidet zwischen den natürlichen und den juristischen Personen.

1.1 Rechtsfähigkeit natürlicher Personen

Natürliche Person ist jeder lebende Mensch. Dies setzt das BGB als selbstverständlich voraus, da in § 1 BGB nur geregelt wird, wann die Rechtsfähigkeit beginnt. Jeder Mensch ist unabhängig von Alter, Geisteszustand, Geschlecht und Staatsangehörigkeit rechtsfähig.

Beispiel:
Bei einem Verkehrsunfall wird ein mitfahrendes zweijähriges Kind durch das alleinige Verschulden eines anderen Autofahrers verletzt. Das zweijährige Kind hat wegen der erlittenen Verletzungen gegen den Autofahrer einen ***eigenen*** *Schadensersatzanspruch aus § 823 Abs. 1 BGB, da es Träger eines Rechts – hier auf Schadensersatz – sein kann. Wer ihn für das Kind geltend macht, ist erst eine Frage der Handlungsfähigkeit (s. Erster Teil, 3.).*

Beginn der Rechtsfähigkeit

Die Rechtsfähigkeit des Menschen beginnt mit der Vollendung der Geburt (§ 1 BGB).

Die Geburt ist mit dem vollständigen lebenden Austritt aus dem Mutterleib vollendet.

Das Kind im Mutterleib ist damit nicht rechtsfähig. Grundsätzlich kann auch nur Erbe werden, wer zur Zeit des Erbfalls lebt (§ 1923 Abs. 1 BGB). Im Erbrecht gilt jedoch der bereits gezeugte, aber noch nicht geborene Mensch als vor dem Erbfall geboren. § 1923 Abs. 2 BGB ordnet in diesem Fall eine Vorverlegung der Rechtsfähigkeit an. Voraussetzung ist aber, dass das noch nicht geborene Kind lebend zur Welt kommt. Im Moment der Erlangung der Rechtsfähigkeit wird es hinsichtlich seines Erbrechts so behandelt, als wenn es bereits beim Erbfall gelebt hätte (s. Fünfter Teil, 2.1).

Beispiele:
Der Großvater verstirbt am 2. November. Er hatte sein im Dezember zu erwartendes Enkelkind zum Erben eingesetzt. Das Kind wird am 6. Dezember geboren.

Das Kind ist wegen der gesetzlichen Fiktion in § 1923 Abs. 2 BGB am 2. November Erbe geworden.

Ende der Rechtsfähigkeit

Die Rechtsfähigkeit der natürlichen Person endet mit dem Tode.

1.2 Rechtsfähigkeit juristischer Personen

Neben den natürlichen Personen gibt es die juristischen Personen. Es handelt sich um Gebilde, denen die Rechtsordnung (z. B. das BGB in §§ 21 ff.) eine Rechtsfähigkeit zuerkennt, ohne dass es sich um natürliche Personen handelt. Juristische Personen gibt es sowohl im öffentlichen Recht wie im Privatrecht.

1.2.1 Juristische Personen des Privatrechts

Juristische Personen des Privatrechts sind entweder eine Zusammenfassung von Personen (z. B. Verein, GmbH, AG oder Genossenschaft) oder Vermögensmassen (Stiftung), die eine eigene Rechtspersönlichkeit haben und damit rechtsfähig sind. Im BGB sind zwei juristische Personen zu finden:

Der Verein (§§ 21 ff. BGB) ist das Grundmodell für alle anderen juristischen Personen des Privatrechts. Soweit eine Regelung in den andere juristische Personen des Privatrechts betreffenden Gesetzen (z. B. GmbHG, AktG) fehlt, ist grundsätzlich auf die Regelungen der §§ 21 bis 79 BGB zurückzugreifen.

Die Stiftung i. S. d. §§ 80 ff. BGB ist eine mit Rechtsfähigkeit ausgestattete Einrichtung, die einen vom Stifter bestimmten Zweck mit Hilfe eines dazu gewidmeten Vermögens dauernd fördern soll. Der Stiftungszweck wird vom Stifter im sog. Stiftungsgeschäft festgesetzt und muss auf Dauer angelegt sein. Weiterhin muss ein Stiftungsvermögen vorhanden sein. Die Stiftung hat keine Mitglieder, sondern allenfalls Empfänger der Stiftungsleistungen (Destinäre). Die Entstehung der Stiftung setzt ein Stiftungsgeschäft und eine staatliche Anerkennung voraus. Die Anerkennung ist keine privatrechtliche Willenserklärung, sondern ein Verwaltungsakt. Die gesetzlichen Voraussetzungen, unter denen eine Stiftung Rechtsfähigkeit erlangt, sind einheitlich und abschließend in den §§ 80 ff. BGB geregelt. Soweit die Stiftungsgesetze der Länder nach wie vor die materiellrechtlichen Voraussetzungen der Anerkennung regeln, gelten diese nicht mehr. Der Landesgesetzgeber hatte diese anzupassen. Dem ist der Freistaat Sachsen in Art. 1 des Gesetzes zur Neuregelung des Stiftungsrechts im Freistaat Sachsen vom 7.8.2007 nachgekommen. Alle juristischen Personen des Privatrechts entstehen, d. h. erlangen ihre Rechtsfähigkeit immer erst dann, wenn zwei Voraussetzungen kumulativ vorliegen. Einmal bedarf es eines Zusammenschlusses von Personen durch einen Vertrag (z. B. §§ 2, 3 GmbHG), der bei den meisten juristischen Personen als Satzung (z. B. §§ 57, 58 BGB beim Verein) bezeichnet wird. Weiterhin muss eine staatliche Mitwirkung hinzukommen. Diese geschieht grundsätzlich durch Eintragung in ein staatliches Register (z. B. in das Vereinsregister, das Handelsregister und das Genossenschaftsregister). Erst nach der Eintragung erwacht die juristische Person zum Leben und ist ab diesem Zeitpunkt Träger von Rechten und Pflichten. Eine Teilnahme am Rechtsverkehr (z. B. der Abschluss von Kaufverträgen) ist grundsätzlich erst ab diesem Zeitpunkt möglich.

Beispiele:
A und B wollen einen Fußballverein gründen. Sie rufen zu einer Gründungsversammlung auf, an der 30 Interessierte teilnehmen. 25 wollen auch dem Verein beitreten. Eine Satzung wird entworfen, beschlossen und der Vorstand gewählt. Vor der Eintragung ins Vereinsregister ist die Gründergesellschaft noch nicht rechtsfähig, § 21 BGB.

Nach der Anmeldung des Vereins durch den Vorstand (§ 59 BGB) mittels öffentlich beglaubigter Erklärung (§ 77 BGB) und der Eintragung ins Vereinsregister kauft der Verein einen Mannschaftsbus. Nachdem der Verein jetzt rechtsfähig ist, ist er verpflichtet, den Kaufpreis zu bezahlen.

Eine juristische Person kann aber, da sie ein künstlich geschaffenes Rechtsgebilde ist, nur durch natürliche Personen handeln, die für sie sprechen, schreiben und rechtsgeschäftlich tätig werden. Beim rechtsfähigen Verein vertritt der Vorstand (§ 26 BGB), der auch aus mehreren Personen bestehen kann, den Verein gegenüber Dritten im rechtsgeschäftlichen Verkehr. Er hat die Stellung eines gesetzlichen Vertreters (§ 26 Abs. 2 Satz 1 BGB). Das bedeutet, dass alle im Namen des rechtsfähigen Vereins von ihm abgegebenen Willenserklärungen den Verein selbst, nicht die Vorstandsmitglieder persönlich, berechtigen und verpflichten (s. Erster Teil, 6.).

1.2.2 Juristische Personen des öffentlichen Rechts

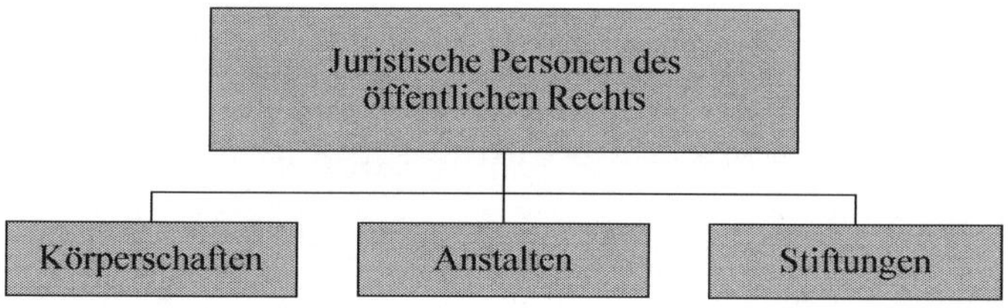

(vgl. auch Sächs. Lehrbrief „Kommunalrecht")

1.2.2.1 Körperschaften des öffentlichen Rechts

Eine Körperschaft des öffentlichen Rechts ist eine mit Rechtsfähigkeit ausgestattete Personengemeinschaft mit Mitgliedern.

Gebietskörperschaften sind z. B. Bund, Länder und Gemeinden. Die Mitgliedschaft ergibt sich u. a. aus dem Wohnsitz eines Menschen im Gebiet der Gebietskörperschaft. Der Zuständigkeitsbereich der Gebietskörperschaft erstreckt sich auf ein bestimmtes Gebiet.

Personalkörperschaften sind z. B. die Industrie- und Handelskammern, Berufsgenossenschaften und die Ärztekammer. Die Mitgliedschaft ergibt sich hier aus dem Beruf oder anderen persönlichen Merkmalen der Mitglieder.

1.2.2.2 Anstalten des öffentlichen Rechts

Eine Anstalt des öffentlichen Rechts ist eine mit Rechtsfähigkeit ausgestattete Verwaltungseinrichtung mit Benutzern.

Beispiel:
Die öffentlich-rechtlichen Rundfunkanstalten und die Deutsche Bundesbank.

1.2.2.3 Stiftungen des öffentlichen Rechts

Die Stiftung des öffentlichen Rechts als Verwaltungsträger ist eine mit Rechtsfähigkeit ausgestattete Vermögensmasse, aus der dem Stiftungszweck entsprechend Ausgaben zur Förderung von Vorhaben oder Einrichtungen getätigt werden. Eine Stiftung hat öffentlich-rechtlichen Charakter, wenn sie vom Staat durch Gesetz oder Verwaltungsakt als Stiftung des öffentlichen Rechts errichtet worden ist.

Beispiel:
Stiftung Preußischer Kulturbesitz; Stiftung Warentest.

1.2.2.4 Beginn der Rechtsfähigkeit

Die juristischen Personen des öffentlichen Rechts mit hoheitlichen und gemeinschaftswichtigen Aufgaben sind meist geschichtlich gewachsen und haben am Rechtsleben teilgenommen, ohne dass ihnen ein Recht dazu ausdrücklich verliehen wurde, so z. B. der Staat und die Gemeinden. Andere öffentlich-rechtliche Körperschaften wie Anstalten und Stiftungen, erhalten grundsätzlich erst durch Gesetz oder staatlichen Hoheitsakt eine eigene Rechtspersönlichkeit (vgl. hierzu §§ 12 ff. SächsStiftG).

1.2.2.5 Privatrechtliches Handeln

Auch juristische Personen des öffentlichen Rechts können privatrechtlich handeln. Dies ist dann gegeben, wenn ein Träger der öffentlichen Verwaltung mit den gleichen Rechten und Pflichten wie der Bürger am privaten Rechtsverkehr teilnimmt. Dieses Handeln wird fiskalisches Handeln genannt.

Beispiel:
Die Stadt Dresden kauft Büromaterial; der Freistaat Sachsen schließt mit einem Beschäftigten einen Arbeitsvertrag.

2. Rechtsobjekte

Nach den Rechtssubjekten (Personen) befasst sich der zweite Abschnitt des Allgemeinen Teils des BGB in den §§ 90 ff. BGB mit den Sachen und Tieren, den sog. Rechtsobjekten. In diesem Abschnitt sind allerdings nicht alle denkbaren Vermögensgegenstände des Zivilrechts enthalten, die Gegenstand von Rechten sein können. Oberbegriff ist bei den Rechtsobjekten der Gegenstand. Der Begriff Gegenstand ist im Gesetz nicht definiert. Er umfasst körperliche und unkörperliche Gegenstände. Die ersteren sind nach § 90 BGB die Sachen, letztere Rechte und sonstige Vermögensgegenstände. Die Zuordnung der Rechtsobjekte bezeichnet man bei Sachen als Eigentum, sonst als Inhaberschaft. Man ist Eigentümer einer Sache, aber Inhaber von Rechten.

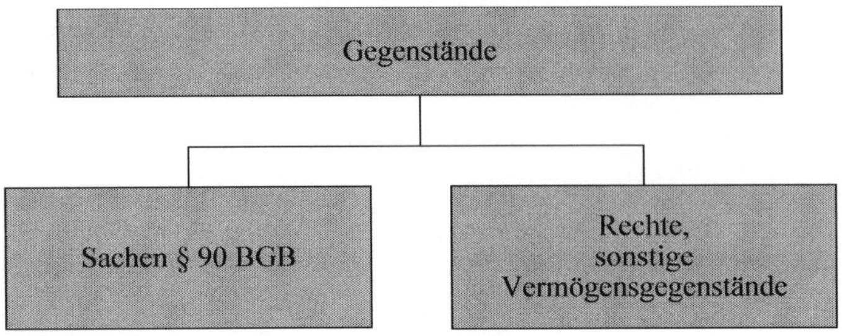

Der Allgemeine Teil des BGB befasst sich mit den Sachen nur insoweit, als er den Begriff Sache definiert und die Sachen in verschiedene Kategorien einteilt. Die Vorschriften über die Folgen, die sich aus der Beherrschung von Sachen durch Personen (Rechtssubjekte) ergeben, findet man im dritten Buch des BGB, im Sachenrecht (s. Dritter Teil, 3.3).

Beispiel:
Übertragung des Eigentums einer Uhr; §§ 929 ff. BGB; Verpfändung eines Fahrzeugs, § 1205 BGB.

2.1 Sachen

Sachen sind körperliche Gegenstände (§ 90 BGB). Sie können fest, flüssig oder gasförmig sein. Sachen müssen sinnlich wahrnehmbar und zudem räumlich abgrenzbar sein. Dies kann durch eigene körperliche Begrenzung oder durch Fassung in einem Behältnis geschehen.

Beispiel:
Ein Handy; eine Flasche Mineralwasser, eine Flasche Campinggas.

Daher sind Elektrizität, fließendes Wasser und freie Luft keine Sachen. Auch bei Grundwasser und bei Schnee fehlen in der Regel die Begrenzung und damit die Beherrschbarkeit. Immaterielle Güter (geistige Werke) sind nur dann Sachen, wenn sie verkörpert sind.

Beispiele:
Software auf einem Datenträger, E-Book

Nach § 90a BGB sind Tiere keine Sachen. Da jedoch nach § 90a Satz 3 BGB die für Sachen geltenden Vorschriften entsprechend anzuwenden sind, tritt gegenüber der früheren Rechtslage, nach der Tiere unter den Begriff „Sache" fielen, in der Regel keine Änderung ein.

Beispiel:
Ein Hund wird wie eine bewegliche Sache übereignet (§§ 929 ff., 90a BGB).

Die Sachen lassen sich unter verschiedenen Gesichtspunkten einteilen.

2.1.1 Einzelsachen und Sachgesamtheiten

Eine Einzelsache ist entweder eine natürliche Einheit

Beispiel:
Marmorblock, Diamant

oder eine natürliche Mehrheit von Sachen, die von der Verkehrsanschauung als einheitlicher körperlicher Gegenstand angesehen wird.

Beispiele:
Getreide- oder Sandhaufen

Auch eine zusammengesetzte Sache, in der mehrere früher selbstständige Sachen so aufgegangen sind, dass sie ihre Selbstständigkeit verloren haben, ist eine Einzelsache.

Beispiele:
Auto, Spielautomat

Sachgesamtheiten bestehen dagegen aus mehreren selbstständigen Sachen, die im Rechtsverkehr unter einer Bezeichnung zusammengefasst werden. Der Wert und die Funktionsfähigkeit einer Sachgesamtheit sind zudem durch ihre Vollständigkeit zumindest mitbestimmt.

Beispiele:
Briefmarkensammlung, Sitzgruppe

2.1.2 Bewegliche und unbewegliche Sachen

Eine rechtlich wichtige Unterscheidung ist die Einteilung der Sachen in bewegliche und unbewegliche Sachen. Eine Definition dieser Begriffe gibt das BGB nicht. Unbewegliche Sachen sind Grundstücke. Bewegliche Sachen (Fahrnis) sind alle übrigen Sachen. Die Unterscheidung ist vor allem für die Eigentumsübertragung erheblich (s. Dritter Teil, 3.3.1 und 3.3.2).

2.1.3 Vertretbare und nicht vertretbare Sachen

Vertretbare Sachen sind bewegliche Sachen, die aufgrund Verkehrsüblichkeit nach Zahl, Maß oder Gewicht bestimmt werden (§ 91 BGB).

Beispiele:
50 kg Kartoffeln; 20 Sack Mehl; ein neuer VW e-Golf, Baujahr 2024.

Nicht vertretbare Sachen sind dagegen solche, die die Verkehrsauffassung nach ihrer Individualität beurteilt.

Beispiele:
ein Originalgemälde von Picasso, ein Maßanzug.

Die Unterscheidung ist z. B. dort von Bedeutung, wo es um die Frage geht, ob bei Untergang der zur Lieferzeit vorgesehenen Sache eine andere gleichartige beschafft werden kann oder nicht.

Beispiele:
Ein neuer VW e-Golf Baujahr 2024 ist anderweitig zu erlangen, nicht dagegen das Originalgemälde von Picasso, falls es verbrannt ist.

2.1.4 Verbrauchbare und nicht verbrauchbare Sachen

Zu den verbrauchbaren Sachen gehören nach § 92 Abs. 1 BGB solche, deren bestimmungsmäßiger Gebrauch im Verbrauch oder in der Veräußerung liegt.

Beispiele:
Lebensmittel und Brennmaterial sind von Natur aus zum tatsächlichen Verbrauch der Substanz bestimmt. Geld und Wertpapiere werden zwar nicht in der Substanz verbraucht. Ihr bestimmungsmäßiger Gebrauch liegt aber in der Veräußerung i. S. v. Weitergabe. Sie sind deswegen verbrauchbare Sachen im Rechtssinne.

Als verbrauchbar gelten auch bewegliche Sachen, die zu einem Warenlager oder zu einem sonstigen Sachinbegriff gehören, dessen bestimmungsmäßiger Gebrauch in der Veräußerung der einzelnen Sachen besteht (§ 92 Abs. 2 BGB).

Beispiele:
die Anzüge im Warenlager eines Textilhändlers, die Sitzgruppe in der Ausstellung eines Möbelhändlers.

Die bloße Abnutzung einer Sache macht diese nicht zu einer verbrauchbaren Sache. Es handelt sich bei der Abnutzung nur um eine unangenehme Nebenerscheinung beim Gebrauch einer nicht verbrauchbaren Sache.

Beispiele:
der Anzug des Kunden des Textilhändlers, die Sitzgruppe im eigenen Wohnzimmer

Die Unterscheidung ist z. B. bei der Abgrenzung der Leihe (§§ 598 ff. BGB, s. Zweiter Teil, 3.1.5) und dem Sachdarlehen (§§ 607 ff. BGB, s. Zweiter Teil, 3.1.6.2) von Bedeutung. Gegenstand eines Leihvertrags über eine bewegliche Sache kann regelmäßig nur eine nicht verbrauchbare Sache sein, da der Entleiher genau diese Sache zurückgeben muss.

Beispiele:
das entliehene Buch oder Fahrrad

Beim Sachdarlehen dagegen wird die Sache verbraucht und es ist eine andere Sache gleicher Art, Güte und Menge zurückzugeben.

Beispiel:
A hat bei der Planung seiner Geburtstagsfeier die Getränke zu knapp kalkuliert. Er bittet deswegen seinen ebenfalls eingeladenen Nachbarn um einen Kasten Bier. Da er am nächsten Tag einen anderen vollen Kasten zurückgeben will, nimmt er ein Sachdarlehen (§ 607 BGB) auf. Im täglichen Sprachgebrauch spricht man hier fälschlich von „Leihe“.

2.1.5 Bestandteile

Bestandteile sind die Teile einer zusammengesetzten Sache, die durch Verbindung ihre Selbstständigkeit verloren haben.

Beispiel:
Eine zusammengesetzte Sache ist ein Auto oder eine Maschine.

Im Allgemeinen teilen Bestandteile das rechtliche Schicksal der Sache.

Beispiel:
Das Auto oder die Maschine werden nach §§ 929 ff. BGB als Einzelsache übereignet, obwohl beide aus einer Vielzahl von Bestandteilen zusammengesetzt sind.

Bestandteile sind dann wesentliche Bestandteile einer Sache, wenn sie voneinander nicht getrennt werden können, ohne dass die abgelösten oder zurückbleibenden Bestandteile zerstört oder in ihrem Wesen verändert werden (§ 93 BGB). Bei der Bewertung ist das Augenmerk darauf zu richten, ob die getrennten Teile nach der Trennung wie vor der Zusammenführung verwendet werden können. Ist das der Fall, ist keine Wesensänderung oder Zerstörung anzunehmen. Auf die Gesamtsache ist nicht abzustellen, da dies regelmäßig zu falschen Ergebnissen führt! Es kommt nicht auf die Folge für die zusammengesetzte Sache, sondern für die Bestandteile an. § 93 BGB gilt sowohl für bewegliche als auch für unbewegliche Sachen.

Beispiel:
Die Karosserie eines Autos ist deswegen ein wesentlicher Bestandteil. Zumindest bei älteren Modellen ist eine Trennung vom Fahrgestell ohne größere Beschädigung der Karosserie nicht möglich. Ein serienmäßig hergestellter Motor kann hingegen ausgetauscht und durch einen anderen ersetzt werden, sofern die Verbindung zwischen dem Motorblock und dem Rest des Fahrzeugs problemlos gelöst werden kann. Deshalb ist ein serienmäßig hergestellter Motor kein wesentlicher Bestandteil eines Fahrzeugs. Dies gilt auch für den Akku eines E-Autos.

Die Seiten in einem gebundenen Buch sind wesentliche Bestandteile des Buches. Denn reißt man eine Seite heraus, so ist das Rest-Buch nicht mehr vollständig und damit zerstört.

Wesentliche Bestandteile können nicht Gegenstand besonderer Rechte sein (§ 93 BGB a. E.).

Beispiel:
Die Karosserie allein kann nicht nach §§ 929 ff. BGB übereignet werden, wohl aber der Motor oder der Akku des E-Autos.

Der Begriff des wesentlichen Bestandteils wird in § 94 BGB für Grundstücke und Gebäude erweitert. Nach § 94 Abs. 1 BGB gehören die mit Grund und Boden festverbundenen Sachen zu den wesentlichen Bestandteilen des Grundstücks. Dies sind im Regelfall die aufstehenden Gebäude. Eine feste Verbindung ist immer dann anzunehmen, wenn die Trennung mit einem nicht geringen Aufwand verbunden ist.

Beispiele:
fest eingebaute Maschinen in einem Gebäude; ein mit Zementhalterungen verankerter Bootssteg.

Hierbei ist es im Gegensatz zu § 93 BGB ohne Bedeutung, ob die abgelösten Bestandteile bei einer Trennung zerstört oder in ihrem Wesen verändert werden.

Weiterhin sind die zur Herstellung eines Gebäudes eingefügten Sachen nach § 94 Abs. 2 BGB wesentliche Bestandteile des Gebäudes. Eine Einfügung zur Herstellung des Gebäudes setzt zwar einen räumlichen Zusammenhang zwischen Sache und Gebäude voraus, wobei dies jedoch nicht mit einer festen Verbindung i. S. v. § 94 Abs. 1 BGB gleichzusetzen ist. Eine Sache ist zur Herstellung eines Gebäudes eingefügt, wenn das Gebäude in seiner konkreten Gestalt insbesondere im Hinblick auf seinen Verwendungszweck ohne die eingefügte Sache als nicht fertiggestellt angesehen werden kann.

Beispiele:
Heizkörper und Fenster können zwar ohne großen Aufwand wieder entfernt werden, sind aber zur Herstellung eines Wohngebäudes eingefügt.

Das Zusammenspiel von § 94 Abs. 1 und Abs. 2 BGB kann dazu führen, dass eine in das Gebäude eingefügte Sache zum wesentlichen Bestandteil des Grundstücks werden kann.

Beispiele:
Aufzüge, Fenster, Türen und Heizungen sind wesentlicher Bestandteil des Gebäudes (§ 94 Abs. 2 BGB). Das Gebäude ist wesentlicher Bestandteil des Grundstücks (§ 94 Abs. 1 BGB). Das Eigentum am Grundstück erstreckt sich auf Aufzüge, Fenster, Türen und Heizungen, da diese nicht Gegenstand selbstständigen Eigentums sein können. Aufzüge, Fenster, Türen und Heizungen können nicht nach §§ 929 ff. BGB übereignet werden.

Keine Bestandteile sind dagegen die sog. **Scheinbestandteile** nach § 95 BGB. Das Gesetz musste die Tatsache berücksichtigen, dass bewegliche Sachen mit einem Grundstück oft nur zu einem vorübergehenden Zweck oder in Ausübung eines dinglichen Rechts an einem fremden Grundstück (s. Dritter Teil, 1.1) verbunden werden. Die Scheinbestandteile bleiben rechtlich selbstständig, mögen sie mit dem Grund und Boden noch so fest verbunden sein.

Beispiel:
Der Mieter eines Einfamilienhauses hat für die Dauer des Mietverhältnisses auf dem Grundstück eine Garage errichtet. Die Garage ist trotz der festen Verbindung mit dem Grund und Boden nicht wesentlicher Bestandteil des Grundstücks geworden, § 95 Abs. 1 BGB.

2.1.6 Zubehör

Hier handelt es sich um bewegliche Sachen, die zwar nicht Bestandteile der Hauptsache sind, die aber ihren wirtschaftlichen Zwecken dienen sollen und in einem entsprechenden räumlichen Verhältnis zu ihr stehen. Jedoch darf die Beziehung nicht vorübergehender Art sein (§ 97 BGB).

Beispiele:
Traktor auf landwirtschaftlichem Betrieb; Bagger auf Betriebsgrundstück eines Bauunternehmers.

Das Zubehör ist rechtlich selbstständig. Es kann ohne das Grundstück, zu dem es gehört, übereignet werden. Dennoch berücksichtigt das Gesetz, dass es in einem wirtschaftlichen Zusammenhang zur Hauptsache steht. Daher teilt das Zubehör im Zweifel deren rechtliches Schicksal. So gilt bei Grundstückskaufverträgen im Zweifel (also wenn es an einer konkreten abweichenden Vereinbarung fehlt) das Zubehör als mit verkauft (§ 311c BGB). Mit der Übereignung eines Grundstücks geht auch das Eigentum an dem Zubehör im Zweifel auf den Erwerber kraft Gesetzes über (§ 926 BGB).

Beispiele:
A ist Eigentümer einer Ziegelei. Er verkauft die Ziegelei für 150000 Euro an den B. Zum Abtransport der Ziegel benutzt A einen ihm gehörenden LKW, der Zubehöreigenschaft hat.

Der LKW ist mangels anderweitiger Abrede mitverkauft (§ 311c BGB), also im Kaufpreis enthalten. Mit dem Eigentumserwerb am Grundstück (Auflassung und Eintragung im Grundbuch, § 925 BGB; s. Dritter Teil, 3.3.2) wird B auch Eigentümer des LKW (§ 926 BGB).

2.1.7 Nutzungen und Früchte

Nutzungen (§ 100 BGB) ist der Oberbegriff und umfasst die Früchte (§ 99 BGB) und die Gebrauchsvorteile an Sachen und Rechten. Die rechtliche Bedeutung ergibt sich aus den Vorschriften, die sich mit Früchten und Nutzungen befassen. Dies sind z. B. die §§ 953 ff. BGB (Eigentumserwerb von Erzeugnissen = Früchte), §§ 581, 1030 ff. BGB (Nutzungsrecht des Pächters und Nießbrauchers) und §§ 987 ff. BGB (Herausgabe von Nutzungen, s. Dritter Teil, 3.4.2).

Unmittelbare Sachfrüchte i. S. v. § 99 Abs. 1 BGB sind die Erzeugnisse der Sache, d. h. alle natürlichen Tier- und Bodenprodukte sowie die sonstige Ausbeute.

Beispiele:
Eier; Kälber; Früchte eines Baumes; Sand einer Kiesgrube.

Unmittelbare Rechtsfrüchte i. S. v. § 99 Abs. 2 BGB sind die Erträge eines Rechts.

Beispiele:
Darlehenszinsen, wobei das Recht die Darlehensrückforderung darstellt.

Sachfrüchte i. S. v. § 99 Abs. 1 BGB sind dann unmittelbare Rechtsfrüchte, wenn sie z. B. von einem Pächter auf Grund seines Pachtrechts gewonnen werden.

Mittelbare Sach- und Rechtsfrüchte sind die Erträge, die die Sache oder das Recht auf Grund eines auf Nutzung oder Gebrauch gerichteten Rechtsverhältnisses gewährt (§ 99 Abs. 3 BGB).

Beispiele:
Die Mieteinnahme eines Mietshauses (mittelbare Sachfrucht); die Lizenzgebühr für die Überlassung eines Patentrechts (mittelbare Rechtsfrucht).

Unter **Gebrauchsvorteil** versteht man die Ausübung der mit der Innehabung einer Sache oder eines Rechts verbundenen Rechte.

Beispiele:
Fahren mit einem Mietwagen; ersparte Schuldzinsen; Stimmrecht eines GmbH-Gesellschafters.

2.1.8 Lasten

Lasten sind die auf einer Sache oder einem Recht liegende Verpflichtung zu Leistungen, die aus der Sache oder dem Recht zu entrichten sind und den Nutzungswert mindern.

Beispiele:
Erschließungsbeiträge (einmalige Lasten); Grundsteuer (regelmäßig wiederkehrende Lasten).

§ 103 BGB enthält eine Regelung für die Verteilung der Lasten.

2.2 Rechte

2.2.1 Absolute Rechte

Absolute Rechte sind solche, die gegenüber jedermann wirken. Grundsätzlich darf sie niemand verletzen.

Beispiele:
Leben, Körper, Gesundheit, Freiheit und Eigentum.

Absolute Rechte sind gegen unbefugte Eingriffe Dritter zivilrechtlich u. a. über § 823 BGB geschützt, da der Verletze einen Schadensersatzanspruch auslöst (s. Zweiter Teil, 3.2.2). Daneben hat eine Verletzung absoluter Rechte grundsätzlich auch strafrechtliche Folgen, wie § 223 StGB (Körperverletzung) oder § 303 StGB (Sachbeschädigung).

2.2.2 Relative Rechte

Relative Rechte bestehen nur zwischen bestimmten Personen und entfalten im Gegensatz zu den absoluten Rechten keine Wirkung gegen Dritte. Relative Rechte sind solche, die sich nur gegen eine ganz bestimmte Person richten und gerade ihr eine Verpflichtung auferlegen.

Beispiele:
Der Verkäufer hat nur Anspruch auf Zahlung des Kaufpreises gegenüber dem Käufer, nicht aber gegenüber anderen Personen.

3. Handlungsfähigkeit

Von der Rechtsfähigkeit ist die Handlungsfähigkeit zu unterscheiden. Die Handlungsfähigkeit befähigt den Rechtsfähigen, durch Handeln Rechte und Pflichten zu begründen, sie abzuändern oder aufzuheben. Die Handlungsfähigkeit ist ein Oberbegriff und umfasst die Geschäftsfähigkeit (§§ 104 ff. BGB) und die Deliktsfähigkeit (§§ 827, 828 BGB).

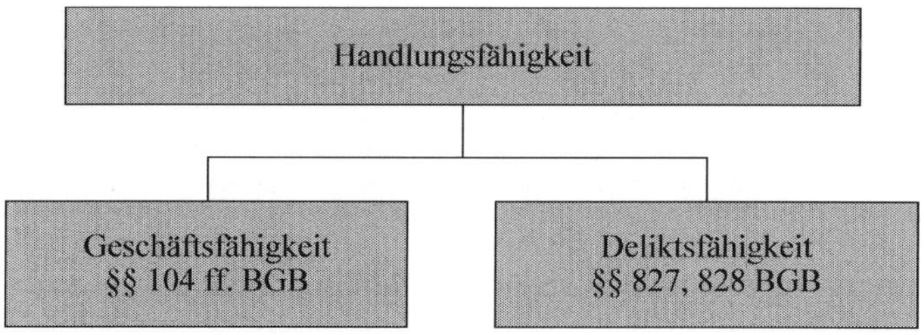

3.1 Geschäftsfähigkeit

Unter Geschäftsfähigkeit versteht man die Fähigkeit rechtswirksam Willenserklärungen (s. Erster Teil, 4.2) abgeben und entgegennehmen zu können. Dies setzt eine entsprechende Einsichtsfähigkeit und Verantwortlichkeit der jeweiligen Person voraus. Die Rechtsordnung verlangt für die Geschäftsfähigkeit ein Mindestmaß an Urteilsvermögen und Beherrschung des Erklärungsverhaltens. Menschen, deren Urteilsvermögen noch nicht oder nicht ausreichend entwickelt ist, werden durch die §§ 104 ff. BGB vor nachteiligen Folgen im Rechtsverkehr geschützt.

Das BGB unterscheidet deswegen in den §§ 104 ff. BGB grundsätzlich altersabhängig drei Stufen der Geschäftsfähigkeit.

Die Geschäftsunfähigkeit, die beschränkte Geschäftsfähigkeit und die unbeschränkte (volle) Geschäftsfähigkeit.

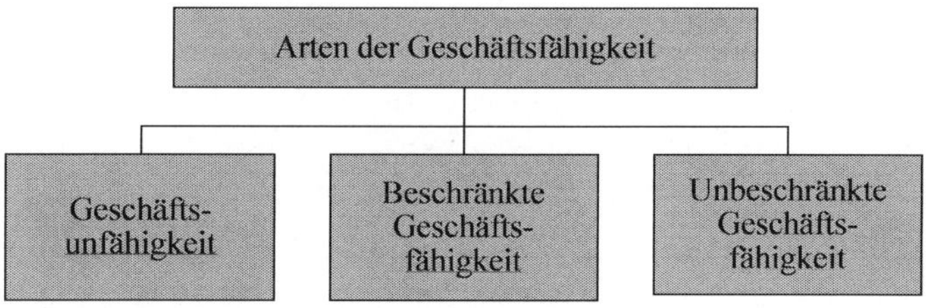

3.1.1 Geschäftsunfähigkeit

In § 104 BGB sind zwei Fälle der Geschäftsunfähigkeit geregelt: Einmal sind nach § 104 Nr. 1 BGB Menschen vor Vollendung des siebten Lebensjahres geschäftsunfähig. Weiterhin bestimmt § 104 Nr. 2 BGB, dass Menschen mit dauernder krankhafter Störung der Geistestätigkeit ebenfalls geschäftsunfähig sind. Die Willenserklärungen eines Geschäftsunfähigen sind nach § 105 Abs. 1 BGB nichtig. Die Willenserklärungen von Personen, die sich im Zustande der Bewusstlosigkeit oder einer vorübergehenden Störung der Geistestätigkeit befinden, sind nach § 105 Abs. 2 BGB ebenfalls nichtig.

Beispiele:
Der fünfjährige Max kauft für 10 Euro einen Fußball im Sportshop des S.

Ein wirksamer Kaufvertrag kam wegen der altersbedingten Nichtigkeit der Willenserklärung des Max nach §§ 105 Abs. 1, 104 Nr. 1 BGB nicht zustande.

Der 45-jährige Schluck verschenkt im Vollrausch sein Handy an seinen Zechkumpan Specht.

Ein wirksamer Schenkungsvertrag und eine wirksame Übereignung des Handys liegt wegen der Nichtigkeit der Willenserklärungen des Schlucks nach § 105 Abs. 2 BGB nicht vor.

Schließt ein volljähriger Geschäftsunfähiger ein Geschäft des (all)täglichen Lebens, das mit geringwertigen Mitteln bewirkt werden kann, so gilt der geschlossene Vertrag als wirksam, sobald Leistung und Gegenleistung bewirkt sind (vgl. § 105a BGB).

Beispiel:
Der geistig behinderte 20-jährige X erwirbt im Supermarkt Nahrungsmittel für seinen wöchentlichen Bedarf in angemessener Menge und zahlt bar an der Kasse.

Erhebliche Gefahren für die Person oder das Vermögen werden durch § 105a Satz 2 BGB vermieden.

3.1.2 Beschränkte Geschäftsfähigkeit

Personen, die das siebente Lebensjahr vollendet haben, sind bis zur Vollendung des 18. Lebensjahres beschränkt geschäftsfähig, §§ 106, 2 BGB. Die Willenserklärungen dieser Altersgruppe bedürfen grundsätzlich der Einwilligung des gesetzlichen Vertreters. Dies ergibt sich aus § 107 BGB unter Weglassung des Ausnahmetatbestands „durch die er nicht lediglich einen rechtlichen Vorteil erlangt“: Einwilligung bedeutet im Zivilrecht nach der im § 183 Satz 1 BGB enthaltenen gesetzlichen Definition die vorherige Zustimmung. Eine ohne Einwilligung des gesetzlichen Vertreters abgegebene Erklärung ist, sofern kein Ausnahmetatbestand gegeben ist, schwebend unwirksam, § 108 Abs. 1 BGB. Der gesetzliche Vertreter kann so er denn möchte durch Genehmigung der Willenserklärung zur Wirksamkeit verhelfen. Genehmigung bedeutet im Zivilrecht nach der im § 184 Abs. 1 BGB enthaltenen gesetzlichen Definition die nachträgliche Zustimmung. Wird die Genehmigung nicht erteilt, ist die vom Minderjährigen abgegebene Willenserklärung endgültig unwirksam. Die Beendigung des Schwebezustands liegt demnach in der Hand des gesetzlichen Vertreters.

Beispiel:
Der 16-jährige R kauft ohne Wissen seiner Eltern von A ein E-Bike zu einem sehr günstigen Preis. Der schwebend unwirksame Kaufvertrag wird erst bei einer Genehmigung (nachträgliche Zustimmung, § 184 Abs. 1 BGB) rückwirkend wirksam. Verweigern die Eltern die Genehmigung, ist der Vertrag endgültig unwirksam.

Allerdings hat auch der Vertragspartner des Minderjährigen die Möglichkeit, den Schwebezustand zu beenden und damit zu wissen, ob er noch damit rechnen muss, Vertragspflichten zu erfüllen oder nicht. Er kann den gesetzlichen Vertreter zur Erklärung über die Genehmigung auffordern. Wird diese binnen zwei Wochen nicht erklärt, gilt sie als verweigert (§ 108 Abs. 2 BGB).

Beispiel:
Wie oben. A fordert die Eltern des R am 30. Juni 2023 zur Erklärung über die Genehmigung auf. Diese genehmigen erst am 15. Juli 2023. Die Genehmigung erfolgte erst nach Ablauf von zwei Wochen (§§ 187 Abs. 1, 188 Abs. 2 BGB; s. Erster Teil, 7.2.1), so dass sie als verweigert gilt (§ 108 Abs. 2 Satz 2 BGB). Der Vertrag ist endgültig unwirksam.

Zudem gibt § 109 Abs. 1 BGB dem Vertragspartner grundsätzlich ein Widerrufsrecht bis zur Genehmigung.

Vorgenannte Regelungen verwirklichen einen gewissen Interessenausgleich zwischen dem Schutz des Minderjährigen vor Nachteilen im rechtsgeschäftlichen Verkehr und den Belangen des Vertragspartners.

Es gibt folgende Ausnahmen vom Grundsatz des Einwilligungserfordernisses, die jedoch wegen § 111 BGB nicht für einseitige Rechtsgeschäfte, z. B. Kündigung, gelten.

3.1.2.1 Rechtlicher Vorteil

Eine Einwilligung ist nach § 107 BGB nicht erforderlich, wenn der Minderjährige durch seine Willenserklärung und damit letztendlich durch den Vertrag, lediglich einen rechtlichen Vorteil erlangt.

Beispiel:
Der 16-jährige M erhält beim Besuch der IFA in Berlin als Werbegeschenk Bluetooth Kopfhörer. Hier ist ein ausschließlich rechtlicher Vorteil gegeben.

Rechtlich vorteilhaft ist nicht gleichbedeutend mit wirtschaftlich vorteilhaft.

Beispiel:
Der 16-jährige M kauft von H ein Mountainbike zum Preis von 100 Euro mit einem Verkehrswert von 500 Euro.

Der Kaufvertrag ist für den M zwar wirtschaftlich vorteilhaft, jedoch ergeben sich für den M auch Rechtsnachteile, hier die Verpflichtung, den Kaufpreis zu zahlen. Der Vertrag ist demnach nicht lediglich rechtlich vorteilhaft.

Generell gilt, dass alle Verpflichtungsgeschäfte des Schuldrechts einwilligungspflichtig sind, mit Ausnahme der Schenkung, §§ 516 ff. BGB (s. Zweiter Teil, 3.1.2). Diese ist ein einseitig verpflichtendes Rechtsgeschäft, durch das der Beschenkte lediglich einen rechtlichen Vorteil erlangt. Er geht keine eigene Leistungsverpflichtung ein. Rechtliche Nachteile, die nur mittelbar durch die Schenkung ausgelöst werden, bleiben außer Betracht.

Beispiel:
Der 16-jährige M erhält von seinem Onkel schenkungsweise ein Grundstück.

Die Grundsteuer und sonstige öffentliche Lasten schränken den rechtlichen Vorteil nur ein, sie heben ihn nicht auf.

3.1.2.2 *„Taschengeldparagraph"*

Wurden dem Minderjährigen von den gesetzlichen Vertretern oder mit dessen Zustimmung von einem Dritten (z. B. Großeltern) Mittel zur Verfügung gestellt, so ist hierin eine Einwilligung zur Vornahme von Rechtsgeschäften zu sehen. Vom Minderjährigen abgeschlossene Verträge sind dann von Anfang an wirksam, wenn der Minderjährige seine Verpflichtung aus dem Vertrag auch sofort vollständig erfüllt. Dies ergibt sich aus der Formulierung „bewirkt" in § 110 BGB.

Beispiel:
Der 16-jährige M bekommt monatlich 60 Euro Taschengeld von seinen Eltern. Er kauft von H ein gebrauchtes Mountainbike für 50 Euro und bezahlt in bar. Vereinbart M allerdings eine Ratenzahlung, bei der er die einzelne Rate aus seinem Taschengeld erbringen will, ist kein Fall des § 110 BGB gegeben, da keine vollständige Bewirkung der Leistung vorliegt.

3.1.2.3 *Ermächtigung zum selbstständigen Betrieb eines Erwerbsgeschäfts*

Der bisher dargestellte Minderjährigenschutz orientiert sich strikt am Alter. Die individuell unterschiedliche Reife junger Menschen spielte bislang keine Rolle.

Beispiel:
Eine geschickte verantwortungsbewusste 16-Jährige bedarf grundsätzlich der Einwilligung ihres gesetzlichen Vertreters, während ansonsten mit Vollendung des 18. Lebensjahres auch weniger reife junge Menschen voll geschäftsfähig sind.

Die Vorschrift des § 112 BGB bringt hier eine Ausgleichsmöglichkeit. Die gesetzlichen Vertreter können den Minderjährigen ermächtigen, selbstständig ein Erwerbsgeschäft zu betreiben, wenn sie der Meinung sind, dieser habe die erforderliche Reife. Da die Einschätzung der Fähigkeiten des eigenen Kindes sehr subjektiv ist, muss zusätzlich die Genehmigung des Familiengerichts vorliegen. Liegt diese vor, ist der Minderjährige für alle Rechtsgeschäfte unbeschränkt geschäftsfähig, die mit dem Erwerbsgeschäft zusammenhängen.

Beispiele:
Die handwerklich und kaufmännisch begabte 16-jährige Luise Lauger aus Görlitz wurde von ihren Eltern ermächtigt, einen Antikmöbelhandel zu betreiben. Die Genehmigung des Familiengerichts wurde erteilt. Luise hat mit Renate Rüstig einen Kaufvertrag über eine alte Kommode für 30 Euro abgeschlossen. Außerdem hat sie mit dem Nachbarn Hugo Hilfreich abgemacht, dass sie dessen leere Garage für monatlich 40 Euro nutzen könne. Mit ihrer Freundin Paula Pfiffig hat sie zudem vereinbart, dass diese ihr für eine monatliche Pauschalentlohnung von 100 Euro helfen solle.

Der Kaufvertrag mit R, der Mietvertrag mit H und der Arbeitsvertrag mit P sind von Anfang an wirksam, ohne dass es noch einer Zustimmung der Eltern bedarf, § 112 BGB.

Im Übrigen bleibt es aber bei der beschränkten Geschäftsfähigkeit.

Beispiel:
Mit dem Gewinn aus dem Betrieb möchte di Minderjährige eine Kreuzfahrt unternehmen. Ein von ihr geschlossener Pauschalreisevertrag (§§ 651a ff. BGB) ist schwebend unwirksam.

Kein Fall des § 112 BGB.

3.1.2.4 *Eingehung eines Dienst- oder Arbeitsverhältnisses*

Ermächtigt der gesetzliche Vertreter den Minderjährigen, in Dienst oder Arbeit zu treten, so ist dieser für alle Rechtsgeschäfte unbeschränkt geschäftsfähig, die mit seiner Tätigkeit zusammenhängen, § 113 Abs. 1 BGB.

Beispiele:
Anmietung von Zimmer am Arbeitsort etc.

Ein Eintritt des Minderjährigen in ein Ausbildungsverhältnis fällt nicht unter § 113 BGB.

3.2 Deliktsfähigkeit

Deliktsfähigkeit ist die Fähigkeit, für unerlaubte Handlungen durch **Leistung von Schadensersatz** einstehen zu können. Es wird hier nicht an eine Willensäußerung in Form einer Willenserklärung, sondern an ein tatsächliches Verhalten angeknüpft.

Beispiele:
Das Einschlagen eines Fensters; der Faustschlag gegen einen Mitmenschen.

Hierbei kommt es auf die Einsichtsfähigkeit und Verantwortlichkeit des Handelnden an, was wiederum abhängig vom Alter oder vom Zustand der jeweiligen Person ist. Das BGB unterscheidet deswegen in den §§ 827, 828 BGB drei Stufen der Deliktsfähigkeit. Die unbeschränkte (volle) Deliktsfähigkeit, die grundsätzlich mit Vollendung des 18. Lebensjahres eintritt, weiterhin die Deliktsunfähigkeit und die beschränkte Deliktsfähigkeit. Von der zivilrechtlichen Deliktsfähigkeit ist eine andere Fähigkeit im Rechtssinne zu unterscheiden, nämlich die Straffähigkeit (Strafmündigkeit). Hierunter versteht man die Fähigkeit, für eine Handlung **strafrechtlich** belangt werden zu können, mithin bestraft werden zu können. Dies bemisst sich nach § 19 StGB, also aus einer Vorschrift des öffentlichen Rechts. Die strafrechtliche Verantwortlichkeit beginnt mit der Vollendung des 14. Lebensjahres.

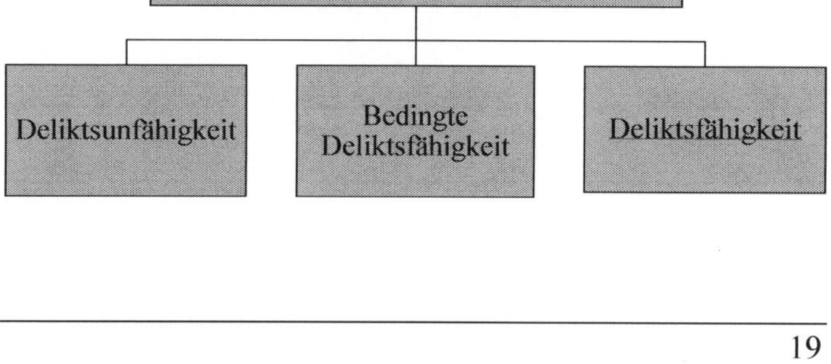

3.2.1 Deliktsunfähigkeit

Wer das siebente Lebensjahr noch nicht vollendet hat, ist als Deliktsunfähiger für einen von ihm angerichteten Schaden nicht verantwortlich, § 828 Abs. 1 BGB.

Beispiel:
Der 4-jährige Andreas schießt mit einem Fußball eine Scheibe ein. Eine eigene Haftung des Andreas scheidet aus; ob die Eltern haften, richtet sich nach der Haftung der Aufsichtspflichtigen, § 832 BGB.

Kinder zwischen sieben und zehn Jahren sind für Schäden, die sie bei einem Verkehrsunfall fahrlässig verursachen, nicht verantwortlich, § 828 Abs. 2 BGB. Diese Regelung gilt erst seit 1.8.2002 und soll die haftungsrechtliche Situation von Kindern im motorisierten Straßen- und Bahnverkehr nachhaltig verbessern. § 828 Abs. 2 BGB ist bei Unfällen mit nicht motorisierten Fahrzeugen (Fahrräder, Skateboards) nicht anwendbar. Kinder unter zehn Jahren sind in unserem komplizierten und oft unübersichtlichen Straßenverkehr überfordert. Sie haften erst dann für Schäden im motorisierten Straßenverkehr, wenn sie wirklich verantwortungsbewusste Teilnehmer hieran sein können. Dies ist nach der Vorstellung des Gesetzgebers erst ab dem 10. Lebensjahr der Fall.

Beispiele:
Rafael hat an seinem 8. Geburtstag einen Fußball geschenkt bekommen. Sofort läuft er los, um ihn seinem Freund Marius zu zeigen, der einige Häuser weiter wohnt. Auf dem Gehweg rutscht ihm der Ball aus den Händen und rollt zwischen zwei parkenden Autos auf die Fahrbahn. Rafael läuft hinterher, um ihn zu holen. Herr Huber muss deswegen mit seinem Pkw ausweichen und prallt auf einen Baum. Der Fahrzeugschaden beläuft sich auf 1 000 Euro.

Eine eigene Haftung des Rafael scheidet bereits wegen § 828 Abs. 2 BGB aus.

Wirft Marius allerdings absichtlich Steine von einer Autobahnbrücke, ist für die Anwendung des § 828 Abs. 2 BGB kein Raum, da in diesem Fall nicht der Straßenverkehr den Marius überfordert, sondern er vorsätzlich und für ihn ohne weiteres erkennbar etwas Falsches tut.

Deliktsunfähig ist auch ein Mensch im Zustand der Bewusstlosigkeit oder in einem die freie Willensbestimmung ausschließenden Zustande krankhafter Störung der Geistestätigkeit, § 827 Satz 1 BGB.

Beispiel:
Der volltrunkene Schluck streckt seinen Kumpan Specht mit einem Faustschlag nieder.

Hat sich der Täter allerdings aufgrund eigenen Verschuldens vorübergehend in einen derartigen Zustand versetzt, so muss er nach § 827 Satz 2 BGB dennoch dafür einstehen.

Beispiel:
Schluck hat in obigem Beispiel den Schaden des Specht wegen § 827 Satz 2 BGB fahrlässig herbeigeführt und haftet nach § 823 Abs. 1 BGB.

3.2.2 Beschränkte Deliktsfähigkeit

Zwischen der Vollendung des siebenten und des 18. Lebensjahres richtet sich die Deliktsfähigkeit danach, ob der konkret handelnde Minderjährige im Augenblick der Begehung der schädigenden Handlung die Einsicht hatte, die erforderlich war, seine Verantwortlichkeit zu erkennen, § 828 Abs. 3 BGB. Die Feststellung, inwieweit ein Minderjähriger die zur Erkenntnis der Verantwortlichkeit erforderliche Einsicht im Zeitpunkt der Tat hatte, ist im Streitfalle mit Hilfe eines Sachverständigen zu klären.

3.3 Geschäfts- und Deliktsfähigkeit juristischer Personen

Juristische Personen sind stets voll geschäftsfähig. Sie müssen aber immer durch natürliche Personen handeln, so beispielsweise der Verein nach § 26 Abs. 2 Satz 1 BGB durch seinen Vorstand.

Juristische Personen können zivilrechtliche Delikte dadurch begehen, dass der Vorstand, ein Mitglied des Vorstands oder ein anderer verfassungsmäßig berufener Vertreter eine unerlaubte Handlung begeht, § 31 BGB. Wegen § 89 BGB ist die Vorschrift des § 31 BGB auf juristische Personen des öffentlichen Rechts entsprechend anzuwenden.

Testfragen

1. Erläutern Sie die Begriffe Rechtsfähigkeit, Geschäftsfähigkeit und Deliktsfähigkeit
2. Wann beginnt die Rechtsfähigkeit einer natürlichen Person, wann die einer juristischen Person des Privatrechts?
3. Erläutern Sie die Begriffe Gegenstand und Sache.
4. Welchem Zweck dient ein wesentlicher Bestandteil einer Sache in Abgrenzung zum Zubehör?
5. Sie wollen mit Freunden einen Tennisverein gründen.
   Was ist hierbei nach §§ 57 bis 59 BGB zu beachten?
6. Was versteht man unter Einwilligung, was unter Genehmigung?
7. Bedarf die Willenserklärung eines beschränkt Geschäftsfähigen immer der Einwilligung seines gesetzlichen Vertreters?
8. Ist ein rechtlicher Vorteil gleichzusetzen mit einem wirtschaftlichen Vorteil?
9. A ist Eigentümer eines Seegrundstücks, auf dem sich folgende Gegenstände befinden: ein Wohnhaus, zwei im Eigentum des A stehende Mülltonnen, drei Obstbäume, ein Segelboot im gemauerten Bootshaus, eine Fertiggarage, eine

Gartenlaube, die B probeweise auf einem Fundament aufstellte. A veräußert das Grundstück an X, der auch als Eigentümer im Grundbuch eingetragen wird. Über das rechtliche Schicksal von Zubehör haben A und X keine Regelung getroffen. Was hat X zusammen mit dem Grundstück zu Eigentum erworben?

4. Rechtsgeschäfte

Die Rechtssubjekte (natürliche und juristische Personen) regeln ihre Beziehungen untereinander und ihre Stellung zu Rechtsobjekten dadurch, dass sie Erklärungen abgeben oder Verträge schließen. Diese Vorgänge nennt man allgemein Rechtsgeschäfte.

Beispiele:
B kauft im Supermarkt einen PC; der Erblasser verfasst ein eigenhändiges Testament; ein Pendler steigt in die S-Bahn.

Unter Rechtsgeschäften versteht man demnach einen Sachverhalt, der aus einer oder mehreren Willenserklärungen allein oder in Verbindung mit anderen Tatsachen besteht und verbindliche Rechte und/oder Pflichten auslöst.

4.1 Arten

Was die Arten der Rechtsgeschäfte angeht, so lassen sich mannigfaltige Unterscheidungen treffen. Nur die wichtigsten seien im Folgenden erwähnt.

4.1.1 Einseitige Rechtsgeschäfte

Einseitige Rechtsgeschäfte bestehen aus nur einer Willenserklärung. Eine Person erklärt etwas und dies hat rechtliche Folgen.

Beispiele:
Der Mieter M erklärt seinem Vermieter gegenüber, er kündige seine Wohnung; Erblasser E verfasst ein eigenhändiges Testament nach § 2247 BGB.

4.1.2 Zwei- oder mehrseitige Rechtsgeschäfte

Diese bestehen aus mindestens zwei einander entsprechenden Willenserklärungen verschiedener Personen. Diese Rechtsgeschäfte werden Verträge genannt.

Beispiele:
Käufer erklärt auf das Angebot des Verkäufers, er kaufe das angebotene Auto; Mieter erklärt auf das Angebot des Vermieters, er miete die angebotene Wohnung.

4.1.3 Verpflichtungsgeschäfte

Verpflichtungsgeschäfte sind Rechtsgeschäfte, durch die Jemandem das Recht zustehen soll, von einem Anderen ein Tun oder Unterlassen zu verlangen. Wirksame Verpflichtungsgeschäfte lassen lediglich Ansprüche entstehen. Eine unmittelbare Veränderung der Rechtslage in Hinblick auf das Rechtsobjekt tritt nicht ein.

Beispiele:
Ein wirksamer Kaufvertrag zwischen Käufer und Verkäufer über ein Auto verpflichtet den Verkäufer nur dazu, dem Käufer das Eigentum an dem verkauften Auto zu verschaffen. Mit Abschluss des wirksamen Kaufvertrages wird der Käufer noch nicht Eigentümer des Autos.

4.1.4 Verfügungsgeschäfte

Verfügungsgeschäfte greifen unmittelbar, also ohne weitere Schritte, in ein Recht übertragend, ändernd oder aufhebend ein. Sie führen zu einer Veränderung der Rechtslage in Hinblick auf das Rechtsobjekt.

Beispiele:
Erst wenn sich der Verkäufer mit dem Käufer i. S. d. § 929 Satz 1 BGB einigt und ihm das Auto übergibt, geht das Eigentum auf den Käufer über (s. Dritter Teil, 3.3.1).

Es ging aber nicht schon mit dem Abschluss des Kaufvertrages über, denn § 433 Abs. 1 BGB sagt nur, der Verkäufer werde durch den Vertragsabschluss verpflichtet, das Eigentum zu übertragen. Die Übereignung selbst liegt in der Verpflichtung eben noch nicht.

Verpflichtungs- und Verfügungsgeschäft sind voneinander getrennt zu betrachten und grundsätzlich unabhängig voneinander. Das Verpflichtungsgeschäft ist der Rechtsgrund für eine Zuwendung an einen anderen. Es sagt uns, aus welchem Grund jemand Leistungen an einen anderen bewirkt.

Es ist Grundlage für einen Anspruch und wird deshalb auch kausales Rechtsgeschäft genannt (lat. causa = Grund, Ursache). Das wirksame Verfügungsgeschäft dagegen ist abstrakt und lässt einen Rechtsgrund nicht erkennen. Es wird deshalb auch abstraktes Rechtsgeschäft genannt.

Beispiele:
Übereignet A dem B ein Auto (d. h., er überträgt das Eigentum), so kann das seinen Grund bspw. in einem Kaufvertrag oder in einem Schenkungsvertrag haben. Man sieht es aber der Übereignung als solcher nicht an, welcher Grund hinter ihr steht, denn in jedem Falle besteht die Übereignung nur aus der Einigung über den Eigentumsübergang und aus der Übergabe der Sache, § 929 Satz 1 BGB (s. Dritter Teil, 3.3.1)

Die Folge dieser dem BGB eigentümlichen Lösung des Verfügungsgeschäfts vom Verpflichtungsgeschäft (sog. Abstraktionsprinzip) ist, dass das Verfügungsgeschäft wirksam sein kann, auch wenn das Verpflichtungsgeschäft unwirksam ist.

Beispiel:
Der 16-jährige M kauft von H ein Mountainbike. H und M einigen sich zudem, dass M Eigentümer werden soll. H übergibt M das Mountainbike.

Der Kaufvertrag (= Verpflichtungsgeschäft) zwischen H und M ist (schwebend) unwirksam, § 108 Abs. 1 BGB. Wenn die Eltern des M es ablehnen, ihre Genehmigung zu dem Geschäft zu erteilen, ist der Kaufvertrag damit endgültig unwirksam. Trotzdem ist M Eigentümer des Mountain-

bikes geworden. Die Eigentumsübertragung (= Verfügungsgeschäft) ist von Anfang an wirksam, da dieses Rechtsgeschäft für M nur rechtlich vorteilhaft ist, §§ 929 Satz 1, 107 BGB. Sein Vermögen wird gemehrt, ohne dass dem eine Verpflichtung gegenübersteht (s. auch Erster Teil, 3.1.2.1).

Der wirksame Abschluss eines Kaufvertrages bedeutet also noch nicht, dass der Käufer damit Eigentümer des Kaufobjekts wird. Der Verkäufer muss es vielmehr noch dem Käufer zu Eigentum übertragen (§§ 929 ff. BGB). Diese Übereignung muss ihrerseits wiederum rechtswirksam erfolgen. Falsch wäre es, von der Unwirksamkeit des Kaufvertrages ohne Weiteres auf einen fehlenden Eigentumserwerb zu schließen.

4.2 Willenserklärungen

4.2.1 Begriff

Die Willenserklärung ist ein Baustein, aus dem ein Rechtsgeschäft besteht. Eine Definition der Willenserklärung enthält das BGB jedoch nicht. Unter Willenserklärung versteht man eine bewusste und nach außen erkennbare Äußerung, die auf Erzielung eines Rechtserfolgs gerichtet ist. Der Rechtserfolg kann in einem Zustandekommen eines Vertrages liegen. Er kann aber auch als Erfolg die Beendigung eines Vertrages bezwecken.

Beispiele:
Der Verkäufer; der eine Ware anbietet, tut dies in der Hoffnung, sein Angebot werde angenommen und er kann den Kaufpreis vom Käufer verlangen; der Mieter, der eine Kündigung ausspricht, tut dies deswegen, um aus seiner Sicht als Erfolg das Vertragsverhältnis zu beenden.

Unabhängig von der Art des Rechtsgeschäfts bleibt festzuhalten, dass ein Rechtsgeschäft mindestens immer eine Willenserklärung enthält. Sie besteht aus dem subjektiven Element des Willens und dem objektiven Element der Erklärung.

4.2.1.1 Der Wille

Begrifflich lässt sich der auf eine Erklärung gerichtete Wille in drei Willenselemente gliedern:

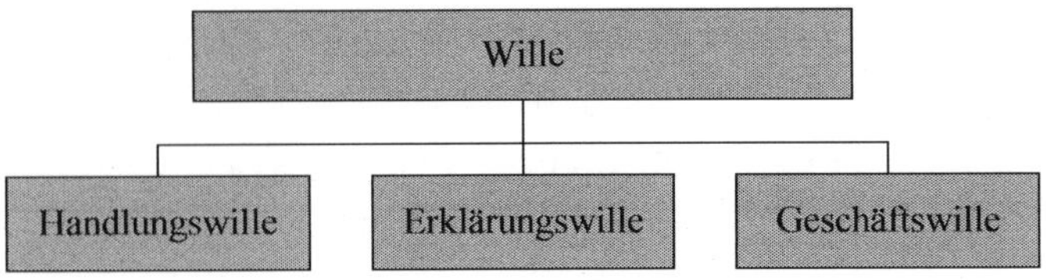

Handlungswille. Der Erklärende muss den Willen haben, die Erklärungshandlung überhaupt zu wollen. Unwillkürliche Handlungen enthalten keinen Handlungswillen.

Beispiele:
Sprechen im Schlaf; Führen von Selbstgesprächen; Gewaltsames Führen der Hand bei einer Unterschrift.

Fehlt der Handlungswille, liegt keine Willenserklärung vor.

Erklärungswille. Die Erklärung muss in dem Bewusstsein abgegeben werden, etwas rechtlich Erhebliches zu erklären (Erklärungsbewusstsein).

Beispiele:
A, der durch Handheben bei einer Versteigerung nur einen Bekannten grüßt, will das Gebot nicht erhöhen. B, der bei einer Sammelbestellung in der Annahme unterschreibt, es handelt sich um eine Glückwunschkarte, hat ebenfalls kein Erklärungsbewusstsein.

Fehlt der Erklärungswille, liegt gleichwohl eine wirksame Willenserklärung vor. Der Erklärende kann diese jedoch nach § 119 Abs. 1 Alt. 2 BGB anfechten.

Geschäftswille. Die Erklärung muss mit dem Willen abgegeben werden, einen bestimmten rechtsgeschäftlichen Erfolg herbeizuführen. Fehlt der Geschäftswille, liegt zwar eine wirksame Willenserklärung vor. Der Erklärende kann diese jedoch nach § 119 Abs. 1 Alt. 1 BGB anfechten.

Beispiel:
C hat keinen Geschäftswillen, wenn er als Mitglied einer gesetzlichen Krankenkasse behandelt werden will, aber versehentlich einen Vertrag über eine private Behandlung unterschreibt.

4.2.1.2 Die Erklärung

Der Wille einer Person, der sich nur in der Gedankenwelt abspielt, kann nur dann Rechtsverbindlichkeit entfalten, wenn er „erklärt" wird, also aus der Gedankenwelt heraus transportiert wird. Diese Willensäußerung kann auf verschiedenen Wegen erfolgen:

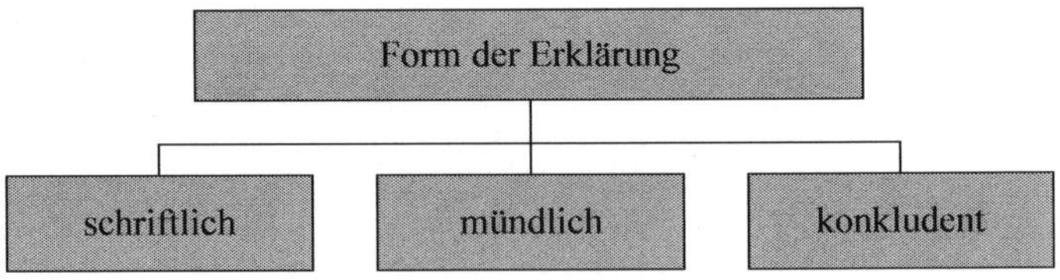

Einmal in ausdrücklicher mündlicher oder schriftlicher Form. Weiterhin in schlüssiger Form, was auch als konkludente Willenserklärung bezeichnet wird. Der Wille ergibt sich in Fällen dieser Art aus den Umständen der Erklärungshandlung und dem Verhalten der Person. Konkludente Willenserklärungen findet man häufig bei den Massengeschäften des täglichen Lebens.

Beispiele:
Einsteigen in ein öffentliches Verkehrsmittel; Hinlegen von Ware an die Kasse des Supermarkts.

Schweigen allein ist aber keine Willenserklärung; es kann zu keiner rechtlichen Bindung führen. Allerdings gibt es Ausnahmen von diesem Grundsatz. Dabei kann das Schweigen Zustimmung (§§ 416 Abs. l, 455 Satz 2, 516 Abs. 2 Satz 2 BGB) oder Ablehnung (§§ l08 Abs. 2 Satz 2, 177 Abs. 2 Satz 2, 415 Abs. 2 Satz 2 BGB) bedeuten.

Bei der Auslegung einer Willenserklärung ist nach § 133 BGB der wirkliche Wille zu erforschen und nicht an dem buchstäblichen Sinne des Ausdrucks zu haften.

Beispiele:
Will der Verkäufer für ein gebrauchtes Mountainbike 500 „bucks", will er natürlich den entsprechenden Geldbetrag.

§ 157 BGB verlangt zudem, dass Verträge so auszulegen sind, wie Treu und Glauben mit Rücksicht auf die Verkehrssitte es erfordern. Beide Vorschriften sind für die Auslegung von Willenserklärungen heranzuziehen.

4.2.2 Wirksamwerden der Willenserklärung

Im Zivilrecht ist für das Wirksamwerden der Willenserklärung zu unterscheiden zwischen empfangsbedürftigen und nicht empfangsbedürftigen Willenserklärungen.

4.2.2.1 Empfangsbedürftige Willenserklärung

Eine Willenserklärung ist empfangsbedürftig, wenn sie einem anderen gegenüber abzugeben ist, § 130 Abs. 1 Satz 1 BGB. Die meisten Willenserklärungen sind empfangsbedürftig, weil der Empfänger der Erklärung reagieren soll, sein Verhalten darauf einrichten muss oder seine Rechtsposition betroffen ist.

Beispiele:
Angebot zum Abschluss eines Vertrages; Kündigung eines Arbeitsvertrages.

Das BGB trifft für die empfangsbedürftige Willenserklärung eine weitere Unterscheidung, nämlich ob die Willenserklärung unter Anwesenden oder unter Abwesenden abgegeben wird, §§ 130, 147 BGB. Voraussetzung für die Wirksamkeit in beiden Fällen ist die Abgabe und der Zugang. Willenserklärungen unter Anwesenden werden wirksam, wenn sie vernehmlich erklärt werden (Abgabe) und der Erklärungsempfänger die Willenserklärung wahrnimmt (Zugang). Das Gesetz stellt keine ausdrückliche Regel auf, setzt in § 147 Abs. 1 Satz 1 BGB jedoch voraus, dass ein einem Anwesenden gemachter Antrag auf Vertragsschluss nur sofort angenommen werden kann, folglich mit Vernehmung des Gesprochenen wirksam wird. Nach § 147 Abs. 1 Satz 2 BGB ist ein Antrag unter Anwesenden auch gegeben, wenn ein Fernsprecher oder einer sonstigen technischen Einrichtung von Person zu Person benutzt wird.

Beispiele:
Videokonferenz, Chats

Willenserklärungen unter Abwesenden werden mit Abgabe und Zugang der Erklärung beim Erklärungsempfänger wirksam, § 130 Abs. 1 Satz 1 BGB. Eine wirksame Abgabe liegt vor, wenn der Erklärende die Willenserklärung so in den Rechtsverkehr bringt, dass er unter Zugrundelegung normaler Verhältnisse damit rechnen kann, sie werde auch ohne sein weiteres Zutun den Empfänger erreichen.

Beispiele:
SMS; E-Mail; Aufgabe eines Briefes; Übergabe eines Schriftstücks an einen Boten.

Ein wirksamer Zugang liegt vor, wenn die Willenserklärung so in den Machtbereich des Empfängers gelangt, dass bei Zugrundelegung normaler Verhältnisse damit zu rechnen war, dass er von ihr Kenntnis nehmen konnte, sofern kein rechtzeitiger Widerruf erfolgte.

Beispiele:
E-Mail, wenn auf Mailbox oder Provider abrufbar gespeichert; Einwurf eines Briefes in den Briefkasten des Empfängers.

Für das Wirksamwerden ist nicht entscheidend, ob der Empfänger tatsächlich Kenntnis von der Erklärung nimmt.

Beispiele:
Der Empfänger liest seine E-Mail nicht; er leert seinen Briefkasten nicht,

4.2.2.2 Nicht empfangsbedürftige Willenserklärung

Dass Willenserklärungen nur durch wirksame Abgabe ohne die Notwendigkeit des Empfangs durch Dritte wirksam werden, ist ein seltener Fall. Der Wichtigste ist die Errichtung eines Testaments. Das private Testament ist eine eigenhändig geschriebene und unterschriebene Erklärung und wird mit seiner Errichtung wirksam, § 2231 Nr. 2 i. V. m. § 2247 BGB (s. Fünfter Teil, 4.1). Ein weiteres Beispiel ist die Auslobung, §§ 657 ff. BGB.

4.2.2.3 Zusätzliche Wirksamkeitsvoraussetzungen

Hier ist in erster Linie die **Bedingung**, die **Befristung** und die **Zustimmung** zu nennen.

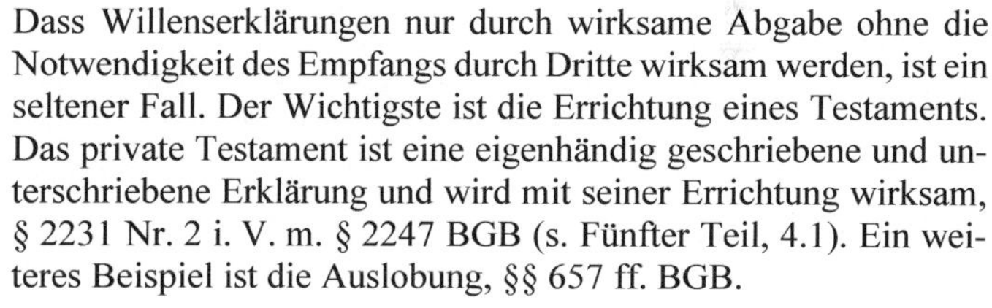

Die **Bedingung** ist ein künftiges ungewisses Ereignis. Rechtsgeschäfte und damit auch Willenserklärungen können nach § 158 BGB unter Bedingungen vorgenommen werden. Die Bedingung i. S. v. § 158 BGB ist etwas anderes als die im täglichen Leben häufig vorkommenden Vertrags-„bedingungen". Diese betreffen nur die näheren Bestimmungen eines Vertrages.

Beispiele:
Lieferbedingungen, Allgemeine Geschäftsbedingungen

Der § 158 BGB unterscheidet die aufschiebende und die auflösende Bedingung, wobei lediglich erstere zusätzliche Wirksamkeitsvoraussetzung ist.

Beispiele:
Ein reicher Onkel verspricht in der Form des § 516 BGB seinem Neffen Max ein Auto für den Fall des Bestehens der Abschlussprüfung ab der Note „gut". Die Wirksamkeit des Schenkungsversprechens ist von einem zukünftigen ungewissen Ereignis – hier einer aufschiebenden Bedingung – abhängig.

A und B vereinbaren in einem Grundstückskaufvertrag, dass der Vertrag unwirksam werden soll, wenn die beantragte Baugenehmigung versagt wird. Es liegt eine auflösende Bedingung vor: Ob der Kaufvertrag wirksam bleibt, hängt von einem zukünftigen ungewissen Ereignis ab – hier der Erteilung der Baugenehmigung.

Es gibt sog. **bedingungsfeindliche Rechtsgeschäfte.** Das sind solche, die eine Bedingung nicht zulassen und bei Nichtbeachtung der Bedingungsfeindlichkeit unwirksam sind. Hier ist die Auflassung zu nennen, bei der § 925 Abs. 2 BGB die Verknüpfung mit einer Bedingung verbietet. Weiterhin sind sog. statusbegründende Rechtsgeschäfte bedingungsfeindlich.

Beispiele:
So kann eine Eheschließung wegen § 1311 Satz 2 BGB oder eine Adoption wegen § 1750 Abs. 2 Satz 1 BGB nicht unter einer Bedingung erfolgen.

Gestaltungsrechte (z. B. Anfechtung, Kündigung, Rücktritt) sind ebenfalls bedingungsfeindlich. Der Adressat einer solchen einseitigen empfangsbedürftigen Willenserklärung muss Klarheit haben, um seine weiteren Dispositionen darauf abzustellen. Er soll vor der Unsicherheit geschützt werden, die durch eine bedingte Gestaltungserklärung entstehen würde.

Beispiele:
Der Vermieter kündigt dem Studenten S für den Fall (unter der Bedingung), dass seine Tochter einen Studienplatz in der Stadt bekommt, in der sich die Wohnung befindet. Die Kündigung ist bereits wegen der Verknüpfung mit einer Bedingung unwirksam. S soll wissen, woran er ist. Muss er sich eine neue Wohnung suchen oder nicht?

Handelt es sich jedoch um eine **Potestativbedingung,** d. h. hängt der Eintritt der Bedingung nur vom Verhalten des Erklärungsempfängers ab, liegt keine Unwirksamkeit des ausgeübten Gestaltungsrechts vor. Der Erklärungsempfänger hat es allein in der Hand, die Bedingung eintreten zu lassen oder nicht. Er weiß, woran er ist.

Beispiele:
Der Vermieter kündigt dem Studenten S wegen rückständiger Miete für den Fall außerordentlich, dass eine vollständige Zahlung der Rückstände (Bedingung) nicht binnen zwei Wochen ab Zugang der Kündigung erfolgt.

Die **Befristung** ist ein künftiges gewisses Ereignis. Die Vorschriften über die Bedingung sind nach § 163 BGB entsprechend anwendbar. Die Wirksamkeit einer Willenserklärung kann erst bei Bestimmung eines Anfangstermins eintreten.

Beispiele:
Mieter und Vermieter vereinbaren am 3. September 2023 den Beginn des Mietverhältnisses über einen Geschäftsraum ab 1. Dezember 2023.

Sie kann auch bei Bestimmung eines Endtermins wegfallen.

Beispiele:
Sie vereinbaren im obigen Beispiel gleichzeitig, dass der Mietvertrag mit Ablauf des 30. November 2024 enden solle. Der Mietvertrag endet dann automatisch mit Ablauf des 30. November 2024, ohne dass es einer Kündigung bedarf.

Die **Zustimmung** ist ein Oberbegriff und umfasst die Einwilligung (§ 183 BGB) und die Genehmigung (§ 184 BGB). Beim Fehlen einer erforderlichen Zustimmung ist die gleichwohl abgegebene Willenserklärung schwebend unwirksam, mithin fehlt ein zusätzliches Wirksamkeitserfordernis.

Beispiele:
Vertragsschluss eines beschränkt Geschäftsfähigen (§§ 107, 108 BGB) oder eines Vertreters ohne Vertretungsmacht (§ 177 Abs. 1 BGB).

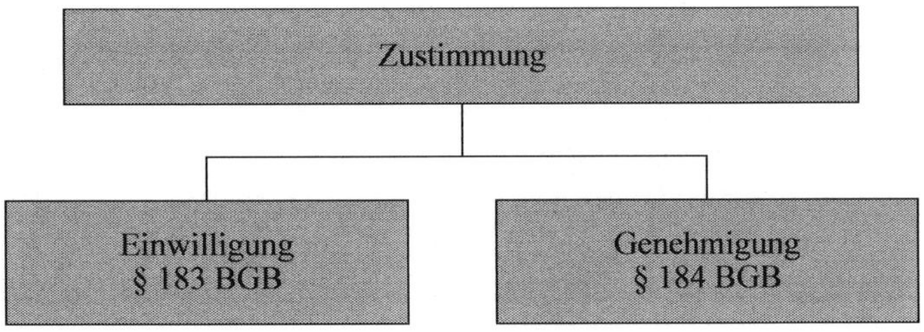

4.2.3 Form

Für die Wirksamkeit ist es grundsätzlich unerheblich, ob eine Willenserklärung mündlich, schriftlich, elektronisch oder durch schlüssiges Verhalten abgegeben wird. Dieser zivilrechtliche Grundsatz der Formfreiheit bedeutet, dass nur ausnahmsweise Formvorschriften zu beachten sind. Nur wenn das Gesetz eine bestimmte Form vorschreibt (z. B. §§ 311b Abs. 1, 518, 766, 925, 1410, 2249 BGB) oder die Vertragsparteien übereinstimmend die Wahrnehmung einer Form vereinbaren, ist diese Form dann auch einzuhalten.

Ermangelt eine Willenserklärung oder ein Rechtsgeschäft allerdings einer im Gesetz vorgeschriebenen Form, so ist die Rechtsfolge Nichtigkeit, § 125 Satz 1 BGB. Im Zweifel ist das auch anzunehmen, wenn eine Form vereinbart war und diese Form nicht eingehalten wird (§ 125 Satz 2 BGB).

Das BGB kennt folgende Formen:

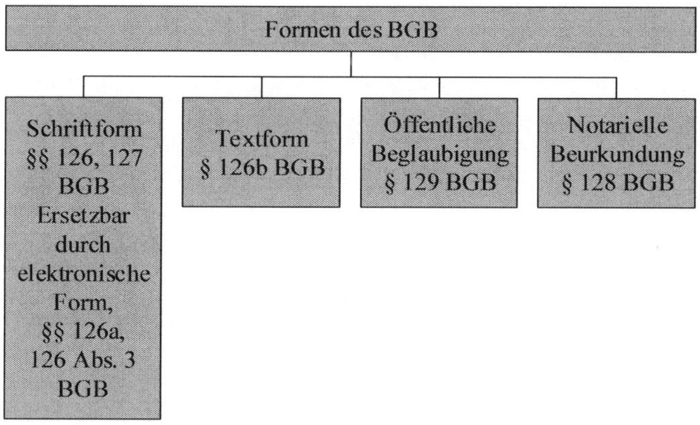

- **Gesetzliche Schriftform** durch eigenhändige Unterzeichnung mit Namensunterschrift (§ 126 BGB)

Beispiele:
Bürgschaftserklärung (§ 766 BGB); Schuldversprechen (§ 780 BGB).

Die schriftliche Form kann jedoch durch die elektronische Form (§ 126a BGB) ersetzt werden, wenn sich nicht aus dem Gesetz ein anderes ergibt, § 126 Abs. 3 BGB.

Beispiele:
Bei der Bürgschaftserklärung und dem Schuldversprechen ist die Erteilung in elektronischer Form ausgeschlossen, §§ 766 Satz 2, 780 Satz 2 BGB.

Die Kündigung eines Wohnraummietvertrags, § 568 Abs. 1 BGB oder das Stiftungsgeschäft, § 81 Abs. 3 BGB ist dagegen in elektronischer Form möglich; es ergibt sich hier nichts anderes aus dem Gesetz.

Soll die gesetzlich vorgeschriebene schriftliche Form durch die elektronische Form ersetzt werden, so muss der Aussteller der Erklärung dieser seinen Namen hinzufügen und das elektronische Dokument mit seiner qualifizierten elektronischen Signatur versehen, § 126a Abs. 1 BGB. Die elektronische Form kann die Schriftform nur dann wirksam ersetzen, wenn die Beteiligten ausdrücklich oder durch schlüssiges Handeln ihre Anwendung billigen und deshalb mit dem Zugang einer elektronischen Willenserklärung rechnen müssen. Bei einem Vertrag müssen die Parteien jeweils ein gleichlautendes Dokument elektronisch signieren, § 126a Abs. 2 BGB.

Textform

Ist durch Gesetz Textform vorgesehen, so muss die Willenserklärung lesbar auf einem dauerhaften Datenträger abgegeben werden. Es muss darin die Person des Erklärenden genannt sein, § 126b BGB. Eine eigenhändige Unterschrift wie in § 126 BGB ist entbehrlich.

Beispiele:
Mitteilung des Vermieters nach § 555c Abs. 1 Satz 1 BGB.

Öffentliche Beglaubigung

Öffentliche Beglaubigung bedeutet nach § 129 BGB die Unterzeichnung einer Erklärung in Anwesenheit eines Notars und Beglaubigung dieser Unterschrift als persönlich abgegeben durch den Notar (siehe auch §§ 39 ff. BeurkG).

Beispiele:
Erklärung der Satzungsänderung oder Änderung des Vereinsvorstandes im Vereinsrecht gegenüber dem Registergericht, §§ 71, 67, 77 BGB; Gehaltsabtretung eines Beamten, § 411 Satz 1 BGB.

Notarielle Beurkundung

Notarielle Beurkundung bedeutet nach §§ 128 BGB, 8, 13 BeurkG, dass die Erklärung nach Beratung durch den Notar diesem gegenüber abgegeben, niedergeschrieben, dem Erklärenden vorgelesen, von ihm genehmigt und unterschrieben wird. Der Notar unterzeichnet anschließend die Niederschrift.

Beispiele:
Grundstückskaufvertrag nach §§ 433, 311b Abs. 1 BGB; Schenkungsversprechen nach § 518 BGB.

Die o. g. Formvorschriften verfolgen verschiedene Zwecke: Sie dienen insbesondere der Klarstellung, ob und mit welchem Inhalt das Rechtsgeschäft zustande gekommen ist **(Beweisfunktion)**; sie schützen den Erklärenden vor übereilten vertraglichen Bindungen **(Warnfunktion)**; die notarielle Beurkundung stellt darüber hinaus die sachkundige Belehrung und Beratung durch den Notar sicher **(Beratungsfunktion)**.

4.3 Fehlerhafte Rechtsgeschäfte

Mängel der Willenserklärung können zur Nichtigkeit, zur Anfechtbarkeit sowie zur schwebenden Unwirksamkeit der Willenserklärung führen.

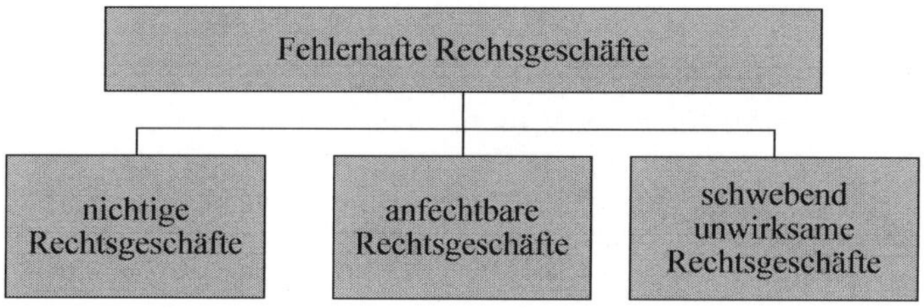

4.3.1 Nichtigkeit einer Willenserklärung

Die Gründe, die zur Nichtigkeit einer Willenserklärung nach den Regeln des BGB führen, können in der Person, in der Form oder im Inhalt der Willenserklärung begründet liegen. Nichtigkeit bedeutet, dass das Rechtsgeschäft von Anfang an keine Rechtswirkungen hervorbringen kann. Die Nichtigkeit wirkt für und gegen alle. Das Rechtsgeschäft bedarf der Neuvornahme; es kann grundsätzlich nicht geheilt werden (Ausnahmen: §§ 311b Abs. 1 Satz 2, 518 Abs. 2, 766 Satz 2 BGB).

4.3.1.1 Nichtigkeit wegen Mangels in der Person

Die Willenserklärungen von Geschäftsunfähigen sind ohne Heilungsmöglichkeit nichtig, § 105 Abs. 1 BGB.

Beispiele:
Nach § 104 BGB das Kind bis zur Vollendung des siebenten Lebensjahres sowie der geistig Kranke, dessen Zustand die freie Willensbestimmung ausschließt.

Geschäftsunfähige können nur durch ihre gesetzlichen Vertreter am Rechtsverkehr teilnehmen (Eltern § 1626 BGB, Vormund § 1793 BGB).

Nichtig sind auch Willenserklärungen, die im Zustand der Bewusstlosigkeit oder vorübergehender Störung der Geistestätigkeit abgegeben werden (§ 105 Abs. 2 BGB).

4.3.1.2 Nichtigkeit wegen Formmangels

Ein Rechtsgeschäft, das unter Missachtung der durch Gesetz vorgeschriebenen Form abgeschlossen wird, ist nichtig; ebenso ist es im Zweifel nichtig, wenn eine durch Rechtsgeschäft bestimmte Form nicht eingehalten wird, § 125 BGB.

Beispiele:
Bürgschaftsversprechen in mündlicher Form (§ 766 Satz 1 BGB). Mündliche Kündigung eines Geschäftsraummietvertrages, obwohl in dem Vertrag selbst vereinbart war, dass nur schriftliche Kündigung wirksam sein soll.

Gelegentlich wird der Formmangel durch nachfolgende Erfüllung geheilt. Die vom Gesetz gewollte Warnfunktion ist nicht mehr notwendig, wenn die zu schützende Person die Leistung erbringt.

Beispiele:
Der Grundstückskaufvertrag (§§ 433, 311b Abs. 1 Satz 2 BGB), das Schenkungsversprechen (§ 518 Abs. 2 BGB), das Bürgschaftsversprechen (§ 766 Satz 2 BGB).

4.3.1.3 Nichtigkeit wegen Gesetzesverstoß oder Sittenwidrigkeit

Rechtsgeschäfte, die gegen ein gesetzliches oder sonstiges Verbot verstoßen oder sittenwidrig sind, sind nach den §§ 134 bis 138 BGB nichtig.

Gesetzliche Verbote nach § 134 BGB sind im Allgemeinen gegenüber jedermann wirkende Verbote bestimmter Rechtsgeschäfte, die im BGB und anderen Gesetzen niedergelegt sind.

Beispiele:
Nichtübertragbarkeit bestimmter Forderungen, § 399 BGB; Verzicht auf künftigen Unterhalt gegenüber Verwandten, § 1614 BGB.

Rechtsgeschäfte, die **unvereinbar mit den guten Sitten** sind, entfalten ebenfalls von Anfang an keine Wirksamkeit, § 138 BGB. § 138 Abs. 1 BGB ist mit seinem Verweis auf den Begriff „Verstoß gegen die guten Sitten“ sehr stark von den jeweiligen Anschauungen der Zeit geprägt und bedarf der Auslegung. Ein Rechtsgeschäft verstößt dann gegen die guten Sitten, wenn es Wertmaßstäbe und Prinzipien, die der Rechtsordnung innewohnen, missachtet oder gegen die herrschenden ethischen und moralischen Vorstellungen der Gesellschaft in grober Weise verstößt. Ein Beispiel für ein sittenwidriges Rechtsgeschäft ist das Versprechen einer Person, sich gegen Geld für sexuelle Handlungen zur Verfügung zu stellen. Hier ist allerdings das Prostitutionsgesetz vom 20. Dezember 2001 (BGBl. I S. 3983), das am 1. Januar 2002 in Kraft getreten ist, zu beachten. Nach § 1 ProstG begründet eine Vereinbarung, sexuelle Handlungen gegen ein vorher vereinbartes Entgelt vorzunehmen, eine rechtswirksame Forderung.

§ 138 Abs. 2 BGB enthält für den Tatbestand des **Wuchers** einen Unterfall der Sittenwidrigkeit. Wucher setzt ein objektives Missverhältnis zwischen Leistung und Gegenleistung sowie subjektiv die Ausbeutung einer Zwangslage, der Unerfahrenheit, des Mangels an Urteilsvermögen oder der erheblichen Willensschwäche eines anderen voraus.

Beispiele:
A vermietet einem ausländischen Saisonarbeiter ohne Arbeitserlaubnis für vier Monate einen 11 m² großen feuchten Kellerraum als „Wohnung“ für 450 Euro/Monat.

Fehlt das subjektive Element der Ausbeutung, liegt trotz auffälligen Missverhältnisses zwischen Leistung und Gegenleistung kein Wucher vor.

Beispiele:
A gewährt dem Spekulanten S ein ungesichertes Darlehen über 15 000 Euro für drei Monate mit einem Zinssatz von 20 % auf das Jahr bezogen. Kein Wucher, da keine Ausnutzung einer Zwangslage o. ä.

4.3.1.4 Nichtigkeit von Willenserklärungen bei bewussten Willensmängeln

Das BGB regelt in den §§ 116 bis 118 einige Fälle des Auseinanderfallens von Wille und Erklärung.

Der **geheime Vorbehalt**, d. h. der Erklärende erklärt bewusst etwas anderes als gewollt (**§ 116 Satz 1 BGB**), kann das Wirksamwerden der Erklärung nicht verhindern. Der Erklärende ist an seine Willenserklärung gebunden und kann ihre Wirksamkeit nicht dadurch aufheben, dass er sich innerlich sagt: „Aber ich will das gar nicht“. Weiß die Gegenpartei einer empfangsbedürftigen Erklärung allerdings, dass der Erklärende das Erklärte nicht will, so bedarf die Gegenpartei wegen ihrer Kenntnis keines Vertrauensschutzes (§ 116 Satz 2 BGB). In diesem Fall ist also der wahre Wille entscheidend und die Erklärung nichtig.

Das **Scheingeschäft**, das die Parteien im Einverständnis miteinander eingehen (§ 117 Abs. 1 BGB), ist ein im gegenseitigen Einverständnis simuliertes Rechtsgeschäft und deshalb nichtig.

Beispiele:
A und B geben um Grunderwerbssteuer und Notarkosten zu „sparen" einvernehmlich bei der notariellen Beurkundung eines Grundstückskaufvertrages einen Kaufpreis von 50000 Euro an, obwohl sie sich vorher geeinigt haben, dass 100000 Euro zu zahlen sind. Das Verhalten erfüllt übrigens wegen § 370 Abs. 1 AO den Straftatbestand der Steuerhinterziehung.

Allerdings gilt das verdeckte (gewollte) Rechtsgeschäft, wenn seine Voraussetzungen vorliegen (§ 117 Abs. 2 BGB).

Beispiele:
A stellt sein Auto, das ein Geburtstagsgeschenk seiner Mutter war, seinem Freund B unentgeltlich zur Verfügung. Um sich nicht Vorwürfen seiner Mutter wegen seiner Gutmütigkeit auszusetzen, unterzeichnen beide zum Schein einen Mietvertrag. Vereinbart ist aber, dass der B nichts zahlen soll. Statt eines Mietvertrages (§§ 535 ff. BGB) liegt hier eine Leihe (§§ 598 ff. BGB) vor.

Eine **nicht ernstlich gemeinte Willenserklärung**, eine Scherzerklärung, ist nichtig, wenn der Erklärende die Erwartung hegte, der Mangel der Ernstlichkeit werde nicht verkannt (§ 118 BGB). Das Gesetz nimmt keine Rücksicht darauf, ob die Gegenseite die Nichternstlichkeit überhaupt erkennen konnte.

Beispiele:
Ein Zivilrechtsdozent macht in einer Vorlesung einem Studenten das Angebot, dessen Brillenetui für 25 Euro zu kaufen; Nichtigkeit der Erklärung, da der Dozent die Erwartung hegt, die Studenten erkennen den Schulungszweck.

Eine Schadensersatzpflicht kann nach §§ 122 Abs. 1 i. V. m. 118 BGB eintreten, wobei § 122 Abs. 2 BGB zu beachten ist.

4.3.2 Anfechtbare Rechtsgeschäfte

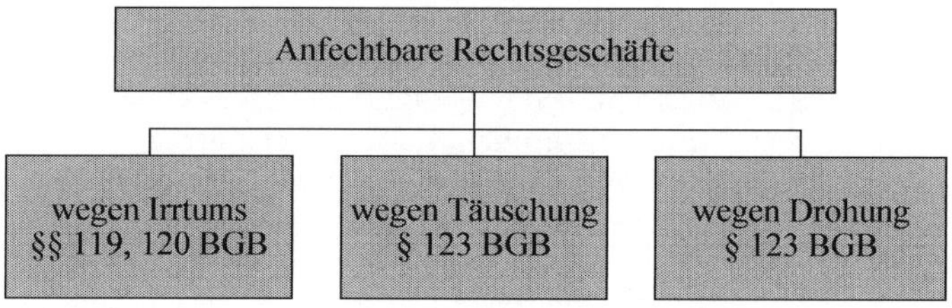

4.3.2.1 Anfechtbarkeit wegen Irrtums

Unter bestimmten Voraussetzungen, die vom Gesetz in den §§ 119 bis 122 BGB näher umschrieben sind, wird dem Er- klärenden die Möglichkeit gegeben, sich durch Anfechtung von den seinem Willen nicht entsprechenden Erklärungen zu befreien. Der Erklärungsempfänger hat bei wirksamer Anfechtung allerdings nach Maßgabe des § 122 BGB die Möglichkeit, Schadensersatz zu fordern.

Der **Erklärungsirrtum** ist in § 119 Abs. 1, Alt. 2 BGB geregelt. Der Erklärende irrt in seiner Erklärungshandlung, indem er sich verschreibt, verspricht oder vergreift.

Beispiele:
Bei der Abgabe eines Angebots unterläuft dem Erklärenden ein Schreibfehler, er gibt statt 21 Euro als Verkaufspreis 12 Euro an.

Ein besonderer Fall des Erklärungsirrtums bildet die unrichtige Übermittlung einer Willenserklärung durch Dritte, § 120 BGB. Gibt der Dritte versehentlich die ihm aufgetragene Willenserklärung unrichtig ab, so wird dies dem Erklärenden zugerechnet. Die Willenserklärung ist wirksam. Der Erklärende kann sich von ihr nur durch Anfechtung lösen. Übersetzt beispielsweise ein Dolmetscher die zu einem Vertrag führenden Abschlusserklärungen eines Unternehmers, der ihn zu den Verhandlungen mitgebracht hat, unrichtig, so handelt es sich um eine nach § 120 BGB anfechtbare Willenserklärung.

Der **Inhaltsirrtum** ist in § 119 Abs. 1 Alt. 1BGB geregelt. Der Erklärende erklärt das, was er erklären will, sein Irrtum bezieht sich aber auf die objektive Bedeutung des Erklärten.

Beispiele:
Der Pächter einer Toilettenanlage bestellt 25 Gros WC-Papierrollen (= 3600 Rollen) in der Annahme, es handele sich um 25 große Rollen.

Der **Irrtum über verkehrswesentliche Eigenschaften** der Person oder der Sache ist in § 119 Abs. 2 BGB geregelt. Dieser Irrtum berechtigt ebenfalls zur Anfechtung.

Beispiele:
G gewährt dem zahlungsunfähigen S ein Darlehen, weil er seine tatsächlichen wirtschaftlichen Verhältnisse nicht kennt und ihn für vermögend hält.

Nicht jeder Irrtum über eine Eigenschaft berechtigt jedoch zur Anfechtung. Keinen Anfechtungsgrund bilden die Motive einer Partei für die Abgabe einer Willenserklärung. Das Risiko fehlgeschlagener Erwartung trägt die jeweilige Partei selbst.

Beispiele:
Der schmächtige Schöngeist möchte seine Chancen bei der Wassersportlerin Pamela verbessern und kauft bei dem G einen Satz Hanteln. Diese heiratet jedoch den bereits durchtrainierten David. S kann den Hantelkauf nicht wegen seiner falschen Vorstellungen über seine Chancen bei P anfechten; es handelt sich um einen unbeachtlichen Motivirrtum.

4.3.2.2 Anfechtung wegen Täuschung oder Drohung

Ist der Wille des Erklärenden durch arglistige Täuschung oder widerrechtliche Drohung beeinflusst worden, so ist die abgegebene Willenserklärung gleichwohl wirksam, aber anfechtbar, § 123 Abs. 1 BGB. Es liegt in der Hand des Getäuschten oder Betrogenen, ob er das Rechtsgeschäft durch Anfechtung rückwirkend vernichten will.

Arglistige Täuschung bedeutet die bewusste Erregung oder Aufrechterhaltung eines Irrtums bei einem Anderen, um ihn zu einer Willenserklärung zu veranlassen.

Beispiele:
Ein Gebrauchtwagenverkäufer veräußert einen Pkw an einen Käufer. Die Frage des Käufers, ob das Fahrzeug unfallfrei sei, bejaht der Verkäufer wahrheitswidrig. Bei wahrheitsgemäßer Antwort hätte der Käufer vom Vertrag Abstand genommen.

Drohung bedeutet die Ankündigung eines Übels, wodurch sich der Bedrohte gezwungen sieht, eine Willenserklärung abzugeben.

Beispiele:
Schöngeist unterschreibt einen Kaufvertrag unter dem Druck ihm angekündigter Schläge.

4.3.2.3 Durchführung der Anfechtung

Die Anfechtung erfolgt durch einseitige empfangsbedürftige Willenserklärung und ist dem Anfechtungsgegner gegenüber auszusprechen, § 143 Abs. 1 BGB. Die Abgabe der Erklärung ist fristgebunden. Sie muss in den Fällen des Irrtums und der unrichtigen Übermittlung (§§ 119, 120 BGB) ohne schuldhaftes Zögern, d. h. unverzüglich erfolgen, nachdem der Irrende von dem Anfechtungsgrunde Kenntnis erlangt hat, § 121 Abs. 1 BGB. Unverzüglich ist nicht mit sofort gleichzusetzen, der Irrende hat eine angemessene Überlegungsfrist, ob er seine Willenserklärung anfechten will.

Der Getäuschte und der Bedrohte haben ein Jahr lang ab Entdeckung der Täuschung oder Ende der Drohung Zeit, sich von ihrer Willenserklärung zu lösen, § 124 Abs. 1 BGB.

In allen Fällen ist eine Anfechtung zehn Jahre nach Abgabe einer Willenserklärung ausgeschlossen (§ 121 Abs. 2, § 124 Abs. 3 BGB).

Nach § 142 Abs. 1 BGB wirkt die Anfechtung auf den Zeitpunkt der Abgabe der Willenserklärung zurück; das angefochtene Rechtsgeschäft gilt als von Anfang an nichtig.

4.3.2.4 Schadensersatzpflicht des Anfechtenden

Bei einer Anfechtungserklärung mit einem Anfechtungsgrund innerhalb der Anfechtungsfrist wird so getan, als ob das Rechtsgeschäft nie zustande gekommen sei. Im Fall der Irrtumsanfechtung muss allerdings ein Ausgleich dafür gefunden werden, dass der Irrende mit seinem Irrtum den Anlass dafür gegeben hat, dass das Rechtsgeschäft rückwirkend nichtig ist. Der Geschäftspartner durfte nach § 122 Abs. 2 BGB auf dessen Wirksamkeit vertrauen. Aus diesem Grund ordnet § 122 BGB in den Fällen der Irrtumsanfechtung aufgrund der §§ 119, 120 BGB eine Schadensersatzpflicht des Irrenden an. Der Anfechtende hat den Schaden zu ersetzen, den der andere dadurch erlitten hat, dass er darauf vertraute, die Erklärung werde Gültigkeit haben. Ersetzt wird der sog. Vertrauensschaden (negatives Interesse). Das ist der Schaden, der dadurch entstanden ist, dass der andere auf die Wirksamkeit des Vertrages vertraut hat.

Beispiele:
M hat eine Wohnung von V angemietet und bereits Aufwendungen in Höhe von 2500 Euro für den Umzug in die neue Wohnung getätigt. Vor Beginn des Mietverhältnisses ficht der V wirksam wegen Irrtums an. M kann obigen Betrag als Vertrauensschaden geltend machen.

Bei einer Anfechtung wegen Täuschung oder Drohung hat der Anfechtende naturgemäß keinen Schadensersatz zu leisten, weil der Anfechtungsgrund vorsätzlich von der anderen Seite gesetzt wurde.

4.3.3 Schwebend unwirksame Rechtsgeschäfte

Schwebende Unwirksamkeit bedeutet, dass ein Rechtsgeschäft, meistens ein Vertrag, nicht endgültig unwirksam, also bereits nichtig ist, sondern dass seine Wirksamkeit von einem fehlenden weiteren Erfordernis, z. B. der Willenserklärung einer dritten Person, abhängt. Wird die weitere Erklärung nicht beigebracht oder verweigert, so ist das Rechtsgeschäft von Anfang an unwirksam. Aufgrund der schwebenden Unwirksamkeit von Verträgen wird dritten Personen die Möglichkeit eingeräumt, den schwebend unwirksamen Vertrag durch Genehmigung (§ 184 Abs. 1 BGB) endgültig wirksam oder endgültig unwirksam zu machen.

Beispiele:
Die beiden Hauptfälle schwebender Unwirksamkeit sind von beschränkt Geschäftsfähigen geschlossene Verträge, die diesen nicht lediglich einen rechtlichen Vorteil bringen, §§ 107, 108 Abs. 1 BGB. Weiterhin die von Vertretern ohne Vertretungsmacht geschlossenen Verträge, § 177 Abs. 1 BGB (s. Erster Teil, 6.4).

5. Vertrag und Vertragsschluss

Der Vertrag ist die Haupterscheinungsform des Rechtsgeschäftes. Er ist auf die Herbeiführung eines bestimmten rechtlichen Erfolges gerichtet und kommt dadurch zustande, dass zwei, oder auch mehr Personen **übereinstimmende Willenserklärungen** abgeben, die auf einen Erfolg – nämlich einen wirksamen Vertrag – abzielen. Der Grundsatz der Übereinstimmung der Willenserklärungen zwischen den Parteien ist notwendige Voraussetzung für die Rechtsbindung, die zwischen den Parteien entsteht und die notfalls mit Hilfe des Gerichts eingeklagt werden muss.

5.1 Grundsätze des Vertragsrechts

- Der Grundsatz der Vertragsfreiheit bedeutet, dass es den beteiligten Parteien freisteht, ob sie überhaupt (**Abschlussfreiheit**) und mit welchem Inhalt (**Gestaltungsfreiheit**) sie einen Vertrag schließen. Abschluss, Änderung und Aufhebung von Verträgen stehen in ihrem Belieben. Grenzen sind lediglich dort gezogen, wo Verträge gegen das Gesetz oder die guten Sitten verstoßen. Von der Vertragsfreiheit gibt es einige Ausnahmen. Keine Vertragsfreiheit besteht im Sachenrecht. Dort herrscht der sog. Typenzwang. Die Vertragsfreiheit ist Ausdruck der das gesamte BGB beherrschenden **Privatautonomie**, der Selbstgestaltung der privaten Rechtsverhältnisse durch den Bürger. Die Vertragsfreiheit ist die Konkretisierung der allgemeinen Handlungsfreiheit nach Art. 2 Abs. 1 GG.

Vertragsfreiheit funktioniert aber nur auf Gebieten, in denen die Bürger sich ihre Vertragspartner wählen können. Die Inhaber von Monopolstellungen, beispielsweise die Unternehmen der Gas-, Wasser- und Elektrizitätsversorgung, die öffentlichen Verkehrsunternehmen sowie bestimmte Versicherungszweige, auch wenn sie ihre Betätigungen privatrechtlich organisieren, unterliegen grundsätzlich einem Abschlusszwang (Kontrahierungszwang).

Beispiele:
Öffentliche Theater, Museen, Bibliotheken.

Der Abschlusszwang gründet sich auf Gesetz oder Monopolstellung bei Versorgung mit lebenswichtigen Gütern und Leistungen.

- Der Grundsatz der Formfreiheit bedeutet, dass eine Willenserklärung mündlich, schriftlich, elektronisch oder durch schlüssiges Verhalten abgegeben werden kann. Es sind nur ausnahmsweise dann Formvorschriften zu beachten, wenn das Gesetz eine bestimmte Form vorschreibt oder die Vertragsparteien übereinstimmend die Wahrnehmung einer Form vereinbaren.
- Der Grundsatz der **Vertragstreue** bedeutet, dass wirksam geschlossene Verträge und Vereinbarungen grundsätzlich einzuhalten sind. Eine einseitige Rückgängigmachung oder Aufhebung eines Vertrages kommt nur dann in Betracht, wenn hierfür ein gesetzlicher oder vertraglicher Grund vorliegt.

Beispiele:
Der Getäuschte kann nach dem Gesetz (§ 123 BGB) einseitig den Vertrag durch Erklärung zerstören; hat sich bei einem Kaufvertrag der Käufer vertraglich den Rücktritt vorbehalten (§ 346 BGB), kann der Vertrag einseitig durch den Käufer wieder rückgängig gemacht werden.

Die Gestaltung rechtsgeschäftlicher Schuldverhältnisse durch **Allgemeine Geschäftsbedingungen** ist in den §§ 305 bis 310 BGB geregelt.

Diese Vorschriften entsprechen im Wesentlichen dem bis 31. Dezember 2001 geltenden Gesetz zur Regelung der Allgemeinen Geschäftsbedingungen (AGB-Gesetz). Allgemeine Geschäftsbedingungen sind alle für eine Vielzahl von Verträgen vorformulierten Vertragsbedingungen, die eine Vertragspartei der anderen Vertragspartei bei Abschluss eines Vertrages stellt, § 305 Abs. 1 Satz 1 BGB.

Die §§ 305 bis 310 BGB sollen den Missbrauch der Vertragsfreiheit durch Vertragspartner, die Allgemeine Geschäftsbedingungen aufstellen und sie ihren Verträgen mit den Kunden zugrunde legen, bekämpfen. In Allgemeinen Geschäftsbedingungen versucht der Verwender Vorschriften des bürgerlichen Rechts, die nicht zwingend sind, zu seinen Gunsten einseitig abzuändern. Die schwächere Seite, die Konsumenten, werden dadurch u. U. unzumutbar beeinträchtigt. Es soll die Gleichheit zwischen Anbietern und Abnehmern gewahrt werden.

Beispiele:
Grundsätzlich hat der Käufer bei Mängeln der gekauften Sache die in § 437 BGB aufgeführten Rechte. Die Anwendbarkeit dieser Vorschriften kann jedoch – zumindest einzelvertraglich – ausgeschlossen werden. Der Ausschluss der Gewährleistungsvorschriften in Allgemeinen Geschäftsbedingungen bei neu hergestellten Sachen ist nach § 309 Nr. 8b BGB unwirksam.

5.2 Antrag

Ein Vertrag kommt durch **Antrag** und **Annahme** zustande, der Inhalt der Erklärungen muss übereinstimmen. Regeln über den Vertragsschluss und die Vertragsauslegung finden sich in den §§ 145 bis 157 BGB.

Der Vertragsantrag – auch Angebot oder Bestellung – ist eine empfangsbedürftige Willenserklärung, durch die einem anderen der Abschluss eines Vertrages angetragen wird. Der Antrag bedarf zu seiner Wirksamkeit des Zugangs beim künftigen Vertragspartner. Wer einen Vertragsantrag abgibt, ist nach § 145 BGB für eine bestimmte Zeit an den Antrag gebunden, es sei denn, er schließt seine Gebundenheit aus.

Waren und Leistungsangebote sind nicht stets Anträge i. S. v. § 145 BGB. Wer Waren ausstellt oder für Waren und Leistungen wirbt, behält sich vor, welche Angebote er annehmen will und dann zu erfüllen hat. In Fällen dieser Art fordert der Werbende den Kunden auf, dass dieser Vertragsanträge machen soll, die er dann ggf. annimmt (**Aufforderung zur Abgabe von Angeboten = invitatio ad offerendum**).

Beispiele:
Angebote in Werbebroschüren, Zeitungen, Katalogen, Schaufenstern, Internet und im Fernsehen.

Die Gründe, warum in Gewerbe und Handel, aber auch bei Angeboten von privater Seite, Angebote als unverbindlich zu betrachten sind, sind darin zu sehen, dass der Werbende nicht mit jedem Kunden einen Vertrag abschließen will. Er hat beispielsweise kein Interesse, mit zahlungsunfähigen Kunden Verträge zu schließen. Weiterhin kann der angebotene Gegenstand beschränkt oder nur einmal zur Verfügung stehen.

5.3 Annahme

Die **Annahme** ist eine empfangsbedürftige Willenserklärung, durch die der Antrag unverändert angenommen wird. Diese Willenserklärung muss dem Antragenden grundsätzlich zugehen. Allerdings kann sich der Annehmende mit der Erklärung der Annahme nicht unbeschränkt Zeit lassen. Der Antragende, der an sein Angebot nach § 145 BGB gebunden ist, muss aus dieser Selbstbindung wieder gelöst werden, um anderen Personen ein neues Angebot machen zu können.

Der **Antrag unter Anwesenden** kann deswegen nur sofort angenommen werden. Dies gilt auch für ein telefonisch oder mittels einer sonstigen technischen Einrichtung von Person zu Person gemachtes Angebot, § 147 Abs. 1 BGB. Sofort bedeutet so schnell wie objektiv möglich.

Ein **Antrag unter Abwesenden** kann nach § 147 Abs. 2 BGB nur bis zu dem Zeitpunkt angenommen werden, in dem der Antragende den Eingang der Antwort unter regelmäßigen Umständen erwarten darf. Dies hängt von der Zeit für die Übermittlung des Antrags an den Empfänger, dessen Bearbeitungs- und Überlegungszeit und der Zeit für die Übermittlung der Antwort an den Antragenden ab. Die Schnelligkeit des Beförderungsmittels für die Annahmeerklärung muss dabei dem für den Antrag verwandten Beförderungsmittel entsprechen.

Beispiele:

Ein Fax- oder E-Mail-Angebot muss binnen zwei Tagen angenommen werden; ein briefliches Angebot binnen einer Woche.

Ausnahmsweise bedarf der Vertragsschluss keines Zugangs der Annahme, § 151 BGB. Der Antragsteller kann auf eine Antwort verzichten, sie kann auch nach der Verkehrssitte nicht zu erwarten sein. § 151 BGB verzichtet aber nicht darauf, dass der Empfänger eine Erklärung abgibt. Verzichtet wird nur darauf, dass diese Erklärungen gegenüber dem Antragenden abgegeben werden muss.

Beispiele:

Das Landratsamt Meißen schickt das Gesetz und Verordnungsblatt (GVBl.) 2016 dem Buchbinder B zu. Dieser antwortet nicht auf das Angebot, denn er weiß, was er zu tun hat, er bindet die Hefte und schickt sie mit Rechnung zurück.

Berthold Bucher bestellt beim Gasthof „Erbgericht" ein Doppelzimmer. Die Annahme erfolgt hier nach Verkehrssitte, indem der Gastwirt den Namen Bucher in seine Reservierungssoftware eingibt und das Zimmer freihält.

Bloßes Schweigen ist im bürgerlichen Recht allerdings keine Willenserklärung, also auch keine Annahme. Anders ist es in besonderen Fällen im Handelsrecht. So gilt beispielsweise das Schweigen auf ein kaufmännisches Bestätigungsschreiben als Zustimmung zu dem Inhalt, § 346 HGB.

5.4 Erlöschen und Widerruf des Antrages

Der Antrag erlischt nach § 146 BGB mit seiner Ablehnung durch den Empfänger oder durch nicht rechtzeitige Annahme nach §§ 147 bis 149 BGB. Nimmt der Empfänger den Antrag verspätet an, so gilt nach § 150 Abs. 1 BGB seine Annahme als neuer Antrag, den nunmehr der ehemals Antragende annehmen kann oder nicht.

Eine Annahme unter veränderten Vertragsbedingungen gilt nach § 150 Abs. 2 BGB als eine Ablehnung und gleichzeitig als ein neuer Antrag mit den soeben geschilderten Möglichkeiten für den ehemals Antragenden.

Eine gegenüber einem Abwesenden abgegebene Willenserklärung, die dem anderen noch nicht zugegangen ist, kann nach § 130 Abs. 1 Satz 2 BGB bis zum Augenblick des Zugangs, spätestens gleichzeitig mit ihm, widerrufen werden.

Beispiele:

Kurt Krösus sendet das Angebot zum Verkauf eines Gemäldes für 1 500 Euro am 3. Juni mit normaler Post an den Sigi Sammler ab. Am nächsten Morgen bietet ihm Norbert Neureich 2 000 Euro für das Gemälde. Krösus sendet dem Sammler eine E-Mail, in der er sein Angebot widerruft, Brief und E-Mail gehen dem Sammler gleichzeitig zu. Das Angebot von Krösus ist nicht wirksam geworden.

Testfragen

10. Erläutern Sie den Unterschied zwischen einem Verpflichtungs- und Verfügungsgeschäft
11. Definieren Sie den Begriff Willenserklärung.
12. Wann wird eine empfangsbedürftige Willenserklärung unter Abwesenden wirksam?
13. Handelt es sich bei Preisschildern an Waren in einem Kaufhaus um Angebote?

14a. Welche Arten von Formvorschriften kennt das BGB?

14b. Weshalb hat der Gesetzgeber im BGB in bestimmten Fällen Formvorschriften eingeführt?

14c. Welche Rechtsfolge hat ein Formmangel für ein Rechtsgeschäft?

15. Erläutern Sie die Begriffe Vertragsfreiheit, Formfreiheit und Vertragstreue.

6. Vertretung

6.1 Begriff und Wirkung

Vertretung im Sinne des bürgerlichen Rechts ist rechtsgeschäftliches Handeln im Namen des Vertretenen. Die Vertretung bezieht sich auf die Abgabe (§ 164 Abs. 1 BGB) oder die Entgegennahme (§ 164 Abs. 3 BGB) einer Willenserklärung. Nach § 164 Abs. 1 Satz 1 BGB wirkt die Willenserklärung des Vertreters unmittelbar für oder gegen den Vertretenen. Diese Wirkung tritt jedoch nur ein, wenn der Vertreter eine eigene wirksame Willenserklärung, erkennbar im Namen des Vertretenen im Rahmen der ihm zustehenden Vertretungsmacht abgibt.

6.2 Arten und Entstehung

Eine Vertretungsmacht wird entweder durch

- Rechtsgeschäft erteilt (sog. rechtsgeschäftliche Vertretung oder Vollmacht, § 167 Abs. 1 BGB) oder
- ergibt sich direkt aus dem Gesetz (z. B. § 1629 BGB).

Man spricht hier von gesetzlicher Vertretung.

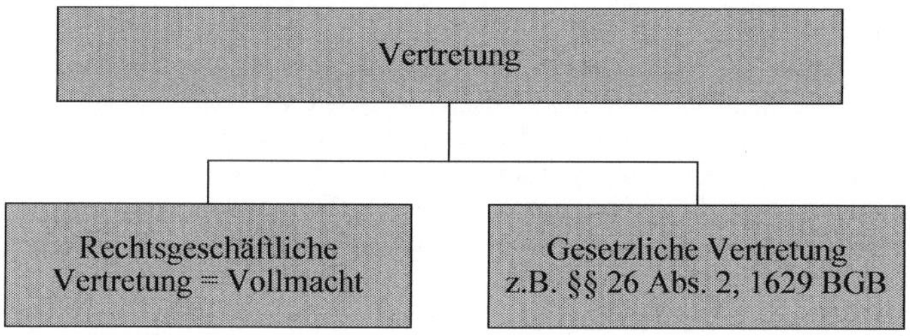

6.2.1 Rechtsgeschäftliche Vertretung

Die durch Rechtsgeschäft erteilte Vertretungsmacht, die als **Vollmacht** bezeichnet wird, entsteht durch entsprechende Erklärung gegenüber dem zu Bevollmächtigenden (§ 167 Abs. 1 Alt. 1 BGB, sog. **Innenvollmacht**), kann aber auch gegenüber dem Dritten erklärt werden (§ 167 Abs. 1 Alt. 2 BGB, sog. **Außenvollmacht**). Einer Annahmeerklärung bedarf es nicht. Nur aus der Vollmachtserteilung ergeben sich auch keine Handlungspflichten des Vertreters. Die Vollmachtserteilung ist grundsätzlich formfrei (§ 167 Abs. 2 BGB).

Der Vollmacht liegt aber in aller Regel ein Rechtsverhältnis zwischen dem Vertretenen und dem Vertreter zugrunde.

Beispiele:
Dienst- oder Werkvertrag oder ein Auftrag nach § 662 BGB.

Die Vollmacht ist unabhängig von diesen Grundgeschäften, d. h. ein eigenes Rechtsgeschäft.

Beispiele:
R bittet den technisch versierten T, für ihn ein Auto zu erwerben und bevollmächtigt ihn zum Abschluss eines entsprechenden Kaufvertrages. T ist einverstanden.

R hat dem T ein Angebot zum Abschluss eines Auftrags nach § 662 BGB gemacht, das dieser angenommen hat. Weiterhin hat R dem T Vollmacht erteilt. Insgesamt wurden hier drei Willenserklärungen abgegeben.

In der Regel ist die Vollmachtserteilung und das Erlöschen der Vollmacht jedoch mit dem zugrunde liegenden Rechtsverhältnis verbunden (§ 168 Satz 1 BGB).

Bei höchstpersönlichen Rechtsgeschäften ist eine Vertretung ausgeschlossen.

Beispiele:
Die Vertretung bei Eingehung der bürgerlich-rechtlichen Ehe ist ausgeschlossen, § 1311 Satz 1 BGB, obgleich das „Jawort" eine Willenserklärung ist, bei der eine Vertretung grundsätzlich möglich wäre; auch bei der Errichtung eines eigenhändigen Testaments ist eine Vertretung nicht möglich, § 2247 Abs. 1 BGB.

6.2.2 Gesetzliche Vertretung

Die Vertretungsmacht kann auch direkt auf gesetzlichen Vorschriften beruhen.

Beispiele:
Die Eltern vertreten nach § 1629 Abs. 1 BGB das Kind; der Vorstand vertritt nach § 26 Abs. 2 BGB den Verein.

Das Gesetz bezeichnet diese Vertreter deswegen auch als **gesetzliche Vertreter**.

6.3 Wirksamkeit der Vertretung

Die unmittelbare Wirkung einer vom Vertreter abgegebenen Willenserklärung für und gegen den Vertretenen tritt nur ein, wenn folgende Voraussetzungen gegeben sind:

6.3.1 Wirksame Willenserklärung des Vertreters

Der Vertreter muss eine eigene wirksame Willenserklärung abgeben. Hieraus ergibt sich, dass der Vertreter nicht geschäftsunfähig sein darf. Beschränkte Geschäftsfähigkeit reicht allerdings aus, § 165 BGB. Geschäftsunfähige können allenfalls Boten sein. Ein Bote überbringt eine bereits „fertige" Willenserklärung (Übermittlungsbote) oder nimmt sie entgegen (Empfangsbote). Er wird selbst nicht rechtsgeschäftlich tätig und hat keine Möglichkeit, auf den Inhalt des Vertrages Einfluss zu nehmen.

Sein Tun ist ein rein tatsächliches.

Beispiele:
K bittet seinen Freund F dem Fahrradhändler H auszurichten, K werde das gestern besichtigte Fahrrad kaufen. Hier hat F keine Einflussmöglichkeit auf den Vertrag; er übermittelt lediglich als Übermittlungsbote eine fertige Willenserklärung des K.

6.3.2 Handeln in fremdem Namen

Voraussetzung einer wirksamen Vertretungshandlung ist das Auftreten des Vertreters im Namen des Vertretenen. Der Vertreter muss im Namen des Vertretenen eine Willenserklärung abgeben oder entgegennehmen (§ 164 Abs. 1 und Abs. 3 BGB). Das Auftreten als Vertreter kann ausdrücklich oder durch schlüssige Handlungen erfolgen (§ 164 Abs. 1 Satz 2 BGB).

Ist für den Geschäftspartner nicht erkennbar, dass sein ihm gegenüberstehender Partner in fremdem Namen handelt, so scheidet eine für und gegen den Vertretenen wirkende Handlung des Vertreters aus. Vertragspartner wird dann, auch gegen seinen Willen, die Person, die an sich als Vertreter handeln will, § 164 Abs. 2 BGB.

Ist es einem Vertragspartner gleichgültig, mit wem er ein Geschäft abschließt, so wird auch ohne erkennbares Handeln in fremdem

Namen angenommen, dass ein Vertrag mit dem Vertretenen zustande kommt (sog. **Geschäft für den, den es angeht**).

Beispiele:
Bargeschäfte des täglichen Lebens, wie der Kauf eines Handys.

6.3.3 Im Rahmen der zustehenden Vertretungsmacht

Der Umfang der Vertretungsmacht wird durch die konkrete Bevollmächtigung oder das Gesetz bestimmt.

Der Umfang der Vollmacht ergibt sich aus der Erklärung entweder gegenüber dem zu Bevollmächtigenden (**Innenvollmacht**) oder gegenüber dem Dritten (**Außenvollmacht**), § 167 Abs. 1 BGB. Der Umfang der Vollmacht wird bei handelsrechtlichen Geschäften aus Gründen der Rechtssicherheit durch das Gesetz festgelegt, so für die Prokura in § 48 HGB, für die Handlungsvollmacht in § 54 HGB.

Die Arten der Vollmacht werden oft nach ihrem Umfang definiert: Generalvollmacht für alle oder einen großen Kreis von Geschäften; Spezialvollmacht für ein bestimmtes Geschäft oder für einige bestimmte Geschäfte.

Mit der Vertretungsmacht hängt auch zusammen, ob ein Bevollmächtigter allein (**Einzelvollmacht**) oder nur gemeinsam mit einem oder mehreren anderen handeln kann (**Gesamtvollmacht**). Die **Untervollmacht** schließlich ist eine vom Bevollmächtigten eingeräumte Vollmacht; sie ist zulässig, wenn der Vertreter damit einverstanden ist.

Im Innenverhältnis kann eine eingeschränktere Befugnis vereinbart sein als durch Vollmacht im Außenverhältnis erklärt ist. Der Umfang der Vollmacht richtet sich hier nicht nach dem Innenverhältnis, sondern nach dem Außenverhältnis, auf das der Dritte vertrauen darf. Auch die Wirkungsdauer der Vollmacht richtet sich nicht nach dem Widerruf im Innenverhältnis (§ 170 BGB).

Der Umfang der Vertretungsmacht gesetzlicher Vertreter wird in bestimmten Fällen vom Gesetz selbst eingeschränkt oder sogar gänzlich ausgeschlossen.

Beispiele:
§§ 1643 Abs. 1, 1850 bis 1854 BGB führen bei bestimmten Rechtsgeschäften zu einer Einschränkung der Vertretungsmacht der Eltern dahingehend, dass eine Genehmigung des Familiengerichts erforderlich ist; nach §§ 1629 Abs. 2, 1824 BGB sind die Eltern von der Vertretung der Kinder sogar ausgeschlossen. In diesen Fällen erhalten die Kinder einen Ergänzungspfleger, § 1809 Abs. 1 BGB, s. Vierter Teil, 3.3.

6.4 Vertreter ohne Vertretungsmacht

Tritt jemand für einen Dritten als Vertreter auf, ohne Vertretungsmacht zu haben, ist der Vertrag schwebend unwirksam, § 177 Abs. 1 BGB.

Beispiele:
Der seriös wirkende Scherzer begibt sich zum Autohändler Roadster und schließt mit diesem als Vertreter des Meyer – ohne dessen Wissen – einen Kaufvertrag über einen Smart zum sehr günstigen Preis von 3 000 Euro. Scherzer hat zwar eine eigene WE erkennbar im Namen des Meyer abgegeben, es fehlte aber an der Vertretungsmacht. Der Vertrag ist wegen § 177 Abs. 1 BGB schwebend unwirksam.

Der Vertretene kann – wenn er möchte – den Vertrag genehmigen (§ 177 Abs. 1 BGB) und damit den Schwebestand beseitigen.

Beispiele:
Hat in obigem Beispiel Meyer sowieso ein Auto kaufen wollen, kann er den Vertrag genehmigen. Dieser wird dann endgültig wirksam mit der Folge, dass Ansprüche daraus hergeleitet werden können.

Allerdings hat auch der Vertragspartner die Möglichkeit, den Schwebezustand zu beenden und damit zu wissen, ob er noch damit rechnen muss, Vertragspflichten zu erfüllen oder nicht. Er kann den „Vertretenen“ zur Erklärung über die Genehmigung auffordern. Wird diese binnen zwei Wochen nicht erklärt, gilt sie als verweigert, § 177 Abs. 2 BGB.

Beispiele:
Wie oben. Autohändler Roadster fordert den Meyer am 15. Juni 2023 zur Erklärung über die Genehmigung auf. Dieser genehmigt erst am 15. Juli 2023. Die Genehmigung erfolgte erst nach Ablauf von zwei Wochen (§§ 187 Abs. 1, 188 Abs. 2 BGB; s. Erster Teil, 7.2.1), so dass sie als verweigert gilt (§ 177 Abs. 2 Satz 2 BGB). Der Vertrag ist endgültig unwirksam.

Zudem gibt § 178 BGB dem Vertragspartner grundsätzlich ein Widerrufsrecht bis zur Genehmigung.

Handeln ohne Vertretungsmacht liegt nicht nur vor, wenn der Vertreter gar keine Vollmacht hat. Ohne Vertretungsmacht handelt auch, wer seine Vertretungsmacht überschreitet. Ein Schutz des auf das Vorliegen einer Vertretungsmacht vertrauenden Dritten besteht grundsätzlich nicht.

Lässt sich ein Dritter mit einem Vertreter ohne Vertretungsmacht in ein Geschäft ein, kommt ein Vertrag mit dem angeblich Vertretenen nicht zustande, wenn nicht eine entsprechende Außenvollmacht oder Vollmachtsurkunde (§ 172 BGB) vorliegt. Er hat aber Ansprüche gegen den vollmachtlos handelnden Vertreter. Denn handelt jemand ohne Vertretungsmacht oder überschreitet er seine Vertretungsmacht, so kann der Dritte ihn nach eigener **Wahl** auf Erfüllung oder auf Schadensersatz in Anspruch nehmen, wenn der Vertretene die Genehmigung des Vertrages verweigert (§ 179 Abs. 1 BGB). Nur wenn der Vertreter schuldlos gehandelt hat, haftet er vermindert (§ 179 Abs. 2 BGB). Kannte oder musste der Dritte den Mangel der Vertretungsmacht kennen, haftet der Vertreter nicht, ebenso nicht, wenn er in seiner Geschäftsfähigkeit beschränkt ist (§ 179 Abs. 3 BGB), es sei denn, er hat die Zustimmung seines gesetzlichen Vertreters gehabt.

6.5 In-Sich-Geschäft und Mehrfachvertretung

Die Vertretungsmacht des Vertreters wird insoweit eingeschränkt, dass es ihm grundsätzlich nicht gestattet ist, im Namen des Vertretenen mit sich selbst (In-Sich-Geschäft) oder als Vertreter eines Dritten (Mehrfachvertretung) Rechtsgeschäfte abzuschließen, § 181 BGB. Damit sollen vermutete Interessenkollisionen verhindert werden. Bei der Vorschrift handelt es sich um sog. dispositives Recht („soweit nicht ein anderes ihm gestattet ist"), so dass der Vertreter vom Vollmachtgeber von diesen Beschränkungen befreit werden kann. Liegt keine Befreiung von den Beschränkungen des § 181 BGB vor, ist die Willenserklärung des Vertreters schwebend unwirksam.

Beispiele:
Die S bittet den R, ein Fahrzeug mit bestimmten Merkmalen (wie z. B. Schiebedach etc.) zum Höchstpreis von 9 500 Euro zu erwerben, wobei eine Festlegung hinsichtlich der Fahrzeugmarke nicht erfolgt. Damit R den Auftrag i. S. v. § 662 BGB ausführen kann, kommt es auch zu einer Bevollmächtigung des R durch S nach § 167 BGB. Weitere Willenserklärungen und Äußerungen im Rahmen der Vollmachtserteilung werden nicht vorgenommen. Zufälligerweise will der R sein eigenes Fahrzeug, das von der Beschreibung und vom Preis auch dem von S gesuchten Fahrzeug entspricht, verkaufen. R schließt deswegen einen Kaufvertrag über sein eigenes Fahrzeug mit sich selbst als Vertreter der S.

Es liegt ein Fall des § 181 Abs. 1 Alt. 1 BGB (In-Sich-Geschäft) vor. Der Kaufvertrag ist schwebend unwirksam. Falls S das Geschäft recht ist, kann sie genehmigen.

Die S bevollmächtigt den R wiederum zum Ankauf eines Fahrzeugs zu den oben genannten Konditionen. Einige Stunden später kommt auch L auf R zu und bittet diesen, für ihn ein Fahrzeug zu verkaufen und erteilt ihm zusätzlich zu dem Auftrag nach § 662 BGB auch die entsprechende Verkaufsvollmacht. R schließt nunmehr einmal als Vertreter des L als Verkäufer, andererseits als Vertreter der S als Käuferin einen Kaufvertrag zum Preis von 9 500 Euro über das Fahrzeug von L. Es liegt hier ein Fall des § 181 Abs. 1 2. Alt. BGB (Mehrfachvertretung) vor. Der Kaufvertrag ist schwebend unwirksam. Falls S und L das Geschäft recht ist, können sie genehmigen.

7. Fristen und Termine

7.1 Allgemeines

Eine Frist ist ein abgegrenzter Zeitraum, während man unter Termin einen bestimmten Zeitpunkt versteht.

Auslegungsvorschriften über Fristen und Termine sind in den §§ 187 bis 193 BGB niedergelegt. Diese Bestimmungen gelten im gesamten bürgerlichen Recht. Sie gelten nach § 186 BGB auch für öffentlich-rechtliche Gesetze. Darüber hinaus verweisen zahlreiche Verfahrensgesetze ausdrücklich auf die §§ 187 bis 193 BGB.

Beispiele:
Nach § 31 Abs. 1 VwVfG sind, soweit in Abs. 2 bis 6 nichts anderes bestimmt ist, auch im Verwaltungsverfahrensrecht grundsätzlich die §§ 187 bis 193 BGB entsprechend anzuwenden. Nach § 222 ZPO gelten für die Berechnung der Fristen grundsätzlich die Vorschriften des BGB.

7.2 Fristenberechnung

Für die Berechnung von Fristen ist zwischen sog. Ereignisfristen und sog. Beginnfristen zu unterscheiden.

7.2.1 Ereignisfristen

Ereignisfristen sind Fristen, deren Beginn vom Eintritt eines bestimmten Ereignisses abhängt, § 187 Abs. 1 BGB.

Beispiele:
Anfechtungsfrist (§ 124 BGB), Verjährungsfristen (z. B. § 438 BGB); im öffentlichen Recht die Widerspruchsfrist (§ 70 Abs. 1 VwGO) und die Wiedereinsetzungsfrist (§ 32 Abs. 2 VwVfG).

Ereignisfristen beginnen mit Ablauf des Ereignistages, § 187 Abs. 1 BGB. Beim Fristende unterscheidet § 188 BGB zwischen Tages-, Wochen-, Monats- und Jahresfristen.

Ereignisfristen enden bei Tagesfristen mit Ablauf des letzten Tages (24.00 Uhr), § 188 Abs. 1 BGB.

Wochenfristen enden mit Ablauf des Tages, der den gleichen Namen hat wie der Ereignistag (z. B. Freitag), § 188 Abs. 2 Alt. 1 BGB.

Beispiele:
Ereignistag (z. B. Zugang einer Willenserklärung): Freitag, 1. Mai Fristbeginn: Samstag, 2. Mai, 0.00 Uhr; Fristdauer: einer Woche; Fristende: Freitag, 8. Mai, 24.00 Uhr.

Monatsfristen enden im nächsten Monat (bei mehreren Monaten im letzten Monat) mit Ablauf des Tages, der die gleiche Zahl (Nummer) hat wie der Ereignistag (z. B. „15"), § 188 Abs. 2 Alt. 1 BGB.

Beispiele:
Ereignistag: 15. März; Fristbeginn: 16. März, 0.00 Uhr; Fristdauer: ein Monat; Fristende: 15. April, 24.00 Uhr.

Fehlt im Ablaufmonat der Tag mit der gleichen Zahl (z. B. der 30. Februar oder der 31. April), so endet die Monatsfrist mit Ablauf des letzten Tages des Ablaufmonats, § 188 Abs. 3 BGB.

Beispiele:
Ereignistag: 30. Januar; Fristbeginn: 31. Januar, 0.00 Uhr; Fristdauer: ein Monat; Fristende: 28. Februar, 24.00 Uhr (bei Schaltjahr 29. Februar).

Jahresfristen werden behandelt wie Monatsfristen, § 188 Abs. 2 BGB.

Beispiele:
Ereignistag: 30. Januar 2023; Fristbeginn: 31. Januar 2023, 0.00 Uhr; Fristdauer: ein Jahr; Fristende: 30. Januar 2024, 24.00 Uhr.

7.2.2 Beginnfristen

Beginnfristen sind Fristen, deren Beginn nicht von einem bestimmten Ereignis, sondern allein vom Beginn eines bestimmten Tages abhängt, § 187 Abs. 2 BGB.

Beispiele:
Berechnung des Lebensalters wegen § 187 Abs. 2 Satz 2 BGB.

Sie beginnen am Anfang des Beginntages (0.00 Uhr), § 187 Abs. 2 BGB. Sie enden bei **Tagesfristen** mit Ablauf des letzten Tages (24.00 Uhr), § 188 Abs. 1 BGB. **Wochenfristen** enden mit Ablauf des Tages (24.00 Uhr), der dem Tag vorangeht, der den gleichen Namen hat wie der Beginntag, § 188 Abs. 2 BGB.

Beispiele:
Fristbeginn: Mittwoch, 5. Dezember, 0.00 Uhr; Fristdauer: eine Woche; Fristende: Dienstag, 11. Dezember, 24.00 Uhr.

Monatsfristen enden im nächsten Monat (bei mehreren Monaten im letzten Monat) mit Ablauf des Tages (24.00 Uhr), der dem Tag vorangeht, der die gleiche Zahl (Nummer) hat wie der Beginntag, § 188 Abs. 2 BGB.

Beispiele:
Fristbeginn: 16. November, 0.00 Uhr; Fristdauer: zwei Monate; Fristende: 15. Januar, 24.00 Uhr.

Fehlt im Ablaufmonat der errechnete Tag, so endet die Monatsfrist mit Ablauf des letzten Monatstages, § 188 Abs. 3 BGB.

Beispiele:
Fristbeginn: 31. Januar, 0.00 Uhr; Fristdauer: ein Monat; Fristende: 28. Februar; 24.00 Uhr (bei Schaltjahr: 29. Februar).

Jahresfristen werden ebenfalls behandelt wie Monatsfristen, § 188 Abs. 2 BGB.

Beispiele:
Wer am Monatsersten geboren ist, vollendet sein Lebensjahr mit Ablauf des vorhergehenden Monats. Für einen am 1. September 2015 Geborenen beginnt das nächste Lebensjahr mit Ablauf des 31. August 2016.

7.2.3 Sonderregelung des § 193 BGB

Für die Abgabe von Willenserklärungen oder das Bewirken einer Leistung werden Fristen und Termine nach § 193 BGB auf den nächsten Werktag verschoben, wenn das Fristende oder der Termin auf einen Sonnabend, Sonntag oder einen gesetzlichen Feiertag fällt. Dies gilt sowohl für Ereignis wie auch Beginnfristen.

Beispiele:
Ereignistag: 22.2.2008; Fristbeginn: 23.2.2008,0.00 Uhr; (Ereignis-) Fristdauer: ein Monat: Fristende: 25.3.2008, 24.00 Uhr, da der 22.3.2008 Ostersamstag war.

Fristbeginn: 11.4.2008, 0.00 Uhr; (Beginn-) Fristdauer: ein Monat; Fristende: Dienstag, 13.5.2008, da der 10.5.2008 Pfingstsamstag war.

Anders aber bei der Frist hinsichtlich der Gültigkeitsdauer von Nottestamenten, § 2252 Abs. 1 BGB. Errichtet E am 5.7.2008 ein wirksames Nottestament vor dem Bürgermeister (§ 2249 BGB) und verstirbt E am 6.10.2008 (Montag), gilt das Testament als nicht errichtet. Da es weder um die Abgabe von Willenserklärungen noch um die Vornahme einer Handlung geht, ist § 193 BGB nicht anwendbar.

8. Verjährung

Verjährung (§§ 194 – 218 BGB) ist der Zeitablauf, der für den Schuldner das Recht begründet, die Leistung zu verweigern.

8.1 Gegenstand und Wirkung

Wenn Ansprüche wirksam entstanden und noch nicht erloschen sind, wäre es für den Schuldner untragbar, wenn er diese Ansprüche ohne zeitliche Grenze bei Geltendmachung durch den Gläubiger erfüllen müsste. Ansprüche unterliegen deswegen nach § 194 BGB der Verjährung. Nach Eintritt der Verjährung gibt § 214 Abs. 1 BGB dem Schuldner die Befugnis, die geschuldete Leistung zu verweigern. Es kommt aber nicht zu einem Erlöschen des Anspruchs, da das zur Befriedigung eines verjährten Anspruchs Geleistete nicht zurückgefordert werden kann, § 214 Abs. 2 Satz 1 BGB. Der Verpflichtete muss sich vielmehr auf sein Recht berufen. Man nennt ein solches Gegenrecht, das davon abhängt, dass man es geltend macht, Einrede.

8.2 Dauer der Verjährung

8.2.1 Regelmäßige Verjährungsfrist

Die regelmäßige Verjährungsfrist beträgt drei Jahre, § 195 BGB. Sie gilt grundsätzlich für alle Ansprüche. Ausgenommen sind mit Einschränkungen Gewährleistungsansprüche und die unter § 196 BGB fallenden Ansprüche. Unter § 195 BGB fallen auch Ansprüche, die kraft Gesetzes entstanden sind, wie aus Delikt oder Gefährdungshaftung. Auch Ansprüche aus Geschäftsführung ohne Auftrag und ungerechtfertigter Bereicherung werden erfasst.

Die regelmäßige Verjährungsfrist beginnt nach § 199 Abs. 1 BGB mit dem Schluss des Jahres, in dem der Anspruch entstanden ist und der Gläubiger von den den Anspruch begründenden Umständen und der Person des Schuldners Kenntnis erlangt hat oder ohne grobe Fahrlässigkeit hätte erlangen müssen. Der Verjährungsbeginn setzt objektiv das Entstehen des Anspruchs voraus. Subjektiv ist Kenntnis oder grob fahrlässige Unkenntnis der Umstände erforderlich, auf denen der Anspruch beruht.

Voraussetzung ist weiter, dass der Gläubiger Kenntnis von der Person des Schuldners hat. Dazu gehört, dass dem Gläubiger Name und Anschrift des Schuldners bekannt sind.

Beispiele:

A verprügelt am 1. Januar 2012 den B. Dem B entsteht ein Schaden i. H. v. 1 000 Euro. B kennt den A und dessen Anschrift. Ebenfalls am 1. Januar 2012 wird der Außenspiegel des Kfz des B von C abgeschlagen. B kennt den C und dessen Anschrift und beobachtete auch dessen Tun.

In beiden Fällen unterliegen die Schadensersatzansprüche des B der regulären Verjährungsfrist von drei Jahren (§ 195 BGB). Die Frist beginnt nach § 199 Abs. 1 BGB jeweils mit Ablauf 2012 und endet mit Ablauf des 31. Dezember 2015.

Grob fahrlässig handelt der Gläubiger, wenn seine Unkenntnis auf einer besonders schweren Vernachlässigung der im Verkehr erforderlichen Sorgfalt beruht. Dem Gläubiger muss auch subjektiv ein schwerer Verstoß zur Last fallen. Die Frage, ob und inwieweit der Gläubiger, vor allem bei Schadensersatz- und Bereicherungsansprüchen, einem Verdacht nachgehen muss, hängt von den Umständen des Einzelfalls ab. An den Verbraucher (§ 13 BGB) sind insoweit geringere Sorgfaltsanforderungen zu stellen als an den Unternehmer (§ 14 BGB).

Ist der Gläubiger nicht geschäftsfähig, ist die Kenntnis oder grob fahrlässige Unkenntnis des gesetzlichen Vertreters entscheidend. Bei öffentlich-rechtlichen Körperschaften und Unternehmen kommt es auf den nach der Zuständigkeitsverteilung zuständigen Bediensteten an. Für rechtsgeschäftliche Ansprüche sind im Allgemeinen die zu § 166 BGB entwickelten Grundsätze der Wissenszurechnung anzuwenden.

Die wegen § 199 Abs. 1 Nr. 2 BGB subjektive Frist des § 195 BGB bedarf einer Ergänzung durch eine kenntnisunabhängige Höchstfrist. Andernfalls würde die Verjährung über die in nahezu allen Rechtsordnungen geltende Höchstfrist von 30 Jahren ausgedehnt. Ein im Interesse des Rechtsfriedens unerträgliches Ergebnis. Höchstfristen sind in § 199 Abs. 2 bis 4 BGB zu finden. Dabei wird zwischen Schadensersatzansprüchen einerseits (§ 199 Abs. 2 und 3 BGB) und anderen Ansprüchen als Schadensersatzansprüchen andererseits (§ 199 Abs. 4 BGB) eine 30- oder eine 10-Jahres-Frist unterschieden.

In § 199 Abs. 2 BGB ist die Verjährung von Schadensersatzansprüchen wegen der Verletzung des Lebens, des Körpers, der Gesundheit, der Freiheit oder der sexuellen Selbstbestimmung geregelt. Diese verjähren ohne Rücksicht auf ihre Entstehung und die Kenntnis oder grob fahrlässige Unkenntnis in 30 Jahren von der Begehung der Handlung, der Pflichtverletzung oder dem sonstigen den Schaden auslösenden Ereignis an.

Beispiele:

A verprügelt am 5. Januar 2012 den B. Dem B entsteht wieder ein Schaden i. H. v. 1 000 Euro. B kennt den A nicht. Am 7. Januar 2042 erfährt der B zufällig von der Täterschaft des A.

Nach § 199 Abs. 2 BGB ist bereits Verjährung eingetreten. Der Schadensersatzanspruch beruht auf einer Verletzung des Körpers und der Gesundheit und B hatte auch keine Kenntnis von der Person des Schädigers. Die Höchstfrist von 30 Jahren ist jedoch überschritten.

Beginn der Höchstfrist ist der Tag nach dem Ereignis (Zeitpunkt der Begehung der Handlung) mithin der 6. Januar 2012. Der Anspruch ist mit Ablauf des 5. Januar 2042 verjährt.

In § 199 Abs. 3 BGB ist die Verjährung für die in § 199 Abs. 2 BGB nicht genannten Schadensersatzansprüche, insbesondere wegen der Verletzung des Eigentums oder des Vermögens geregelt. Solche Ansprüche verjähren, wenn Kenntnis oder grob fahrlässige Unkenntnis nicht vorliegt, nach § 199 Abs. 3 Nr. 1 BGB in zehn Jahren von ihrer Entstehung an.

Beispiele:

C zerstört am 5. Januar 2012 den Außenspiegel des Kfz des B. B kennt den C nicht. Am 7. Januar 2022 erfährt der B zufällig von der Täterschaft des C.

Nach § 199 Abs. 3 Nr. 1 BGB ist bereits Verjährung eingetreten. Es handelt sich um eine Verletzung des Eigentums, so dass § 199 Abs. 2 BGB nicht eingreift. Die Höchstfrist von zehn Jahren des § 199 Abs. 3 Nr. 1 BGB ist jedoch überschritten. Beginn der Höchstfrist ist der Tag nach dem Ereignis (Zeitpunkt der Begehung der Handlung) am 6. Januar 2012. Der Anspruch ist mit Ablauf des 5. Januar 2022 verjährt.

Liegt auch die Voraussetzung der Entstehung des Anspruchs nicht vor, verjährt er ohne Rücksicht auf Entstehung und Kenntnis nach § 199 Abs. 3 Nr. 2 BGB in 30 Jahren von dem schadensauslösenden Ereignis an. Maßgeblich ist hierbei stets die im Ergebnis früher ablaufende Verjährungsfrist.

Beispiele:

Durch eine falsche Beratung beim Abschluss eines Gesellschaftsvertrages im Jahr 2006 entsteht im Jahr 2037 ein Spätschaden. Der Anspruch wird noch im Jahr 2037 gerichtlich geltend gemacht. Die Fristen der §§ 195, 199 Abs. 3 Nr. 1 BGB sind noch nicht abgelaufen. Ihr Lauf hat erst 2037 begonnen, da der Schadensersatzanspruch erst mit Eintritt des Schadens entsteht. Die Verjährung ist aber wegen Ablauf der 30-Jahres-Frist des § 199 Abs. 3 Nr. 2 BGB eingetreten.

In § 199 Abs. 4 BGB ist die Verjährung anderer Ansprüche als Schadensersatzansprüchen geregelt. Diese verjähren ohne Rücksicht auf die Kenntnis oder fahrlässige Unkenntnis in zehn Jahren von ihrer Entstehung an.

Beispiele:

Ansprüche aus ungerechtfertigter Bereicherung, §§ 812 ff. BGB; Ansprüche aus Geschäftsführung ohne Auftrag, §§ 677 ff. BGB.

8.2.2 Ausnahmen von der regelmäßigen Verjährungsfrist

Sonderregelungen gibt es in §§ 196, 197 BGB und einer Vielzahl von Vorschriften innerhalb und außerhalb des BGB. Diese gehen dann den §§ 195 ff. BGB vor.

Beispiele:

Ersatzansprüche des Vermieters gegen den Mieter, § 548 BGB; Ersatzansprüche des Verleihers wegen Verschlechterungen der verliehenen Sache, § 606 BGB.

Nach § 196 BGB verjähren Ansprüche auf Übertragung des Eigentums an einem Grundstück sowie auf Begründung, Übertragung oder Aufhebung eines Rechts an einem Grundstück oder auf Änderung des Inhalts eines solchen Rechts sowie Ansprüche auf die Gegenleistung in zehn Jahren.

Nach § 197 BGB verjähren in 30 Jahren Herausgabeansprüche aus Eigentum und anderen dinglichen Rechten (§ 197 Abs. 1 Nr. 1 BGB), familien- und erbrechtliche Ansprüche (§ 197 Abs. 1 Nr. 2 BGB), rechtskräftig festgestellte Ansprüche (§ 197 Abs. 1 Nr. 3 BGB), Ansprüche aus vollstreckbaren Vergleichen oder vollstreckbaren Urkunden (§ 197 Abs. 1 Nr. 4 BGB), Ansprüche, die durch die im Insolvenzverfahren erfolgte Feststellung vollstreckbar geworden sind (§ 197 Abs. 1 Nr. 5 BGB) und Ansprüche auf Erstattung der Kosten der Zwangsvollstreckung (§ 197 Abs. 1 Nr. 6 BGB).

Der Beginn der 10- und 30-jährigen Verjährung der §§ 196, 197 Abs. 1 Nr. 1 bis 2 BGB knüpft nach § 200 BGB rein objektiv an die Entstehung des jeweiligen Anspruchs an.

8.2.3 Hemmung, Ablaufhemmung und Neubeginn der Verjährung

Kann ein Anspruch aus bestimmten Gründen nicht geltend gemacht werden (§§ 203 bis 211 BGB), so wird der Ablauf der Verjährung gehemmt. Die Hemmung bewirkt, dass der Zeitraum, währenddessen die Verjährung gehemmt ist, in die Verjährungsfrist nicht eingerechnet wird, § 209 BGB. Die Verjährungsfrist verlängert sich also um die Dauer der Hemmung.

Hemmung der Verjährung bei Verhandlungen, § 203 BGB

Schweben zwischen dem Schuldner und dem Gläubiger Verhandlungen über den Anspruch oder die den Anspruch begründenden Umstände, so ist die Verjährung nach § 203 BGB gehemmt, bis der eine oder andere Teil die Fortsetzung der Verhandlungen verweigert. Verjährung tritt frühestens drei Monate nach Ende der Hemmung, mithin nach Abbruch der Verhandlungen ein. Diese Ablaufhemmung soll dem Gläubiger genügend Zeit geben, im Fall eines unerwarteten Abbruchs der Verhandlungen Rechtsverfolgungsmaßnahmen zu prüfen und gegebenenfalls einzuleiten.

Hemmung der Verjährung durch Rechtsverfolgung, § 204 BGB

Die Verjährung wird weiterhin durch Rechtsverfolgung gehemmt, § 204 Abs. 1 Nr. 1 bis 14 BGB. Dies geschieht beispielsweise durch Erhebung der Klage auf Leistung (§ 204 Abs. 1 Nr. 1 BGB) und durch die Zustellung des Mahnbescheids im Mahnverfahren (§ 204 Abs. 1 Nr. 3 BGB). Nach § 204 Abs. 1 Nr. 7 BGB ist der Antrag auf Durchführung eines selbstständigen Beweisverfahrens nach §§ 485 ff. ZPO ein Hemmungsgrund. Auch der erstmalige Antrag auf Gewährung von Prozesskostenhilfe (§§ 114 ff. ZPO) hemmt nach § 204 Abs. 1 Nr. 14 BGB die Verjährung.

Das Ende der Hemmung nach § 204 Abs. 1 BGB regeln die Absätze 2 und 3 des § 204.

Weitere Hemmungsgründe

Die Hemmung der Verjährung bei Leistungsverweigerungsrechten ist in § 205 BGB geregelt, bei höherer Gewalt in § 206 BGB und aus familiären und ähnlichen Gründen in § 207 BGB. Bei der Hemmung bei nicht voll Geschäftsfähigen (§ 210 BGB) und in Nachlasssachen (§ 211 BGB) handelt es sich jeweils um eine Ablaufhemmung. § 208 BGB hemmt die Verjährung von Ansprüchen wegen Verstoßes gegen die sexuelle Selbstbestimmung, bis der Geschädigte das 21. Lebensjahr vollendet hat.

Der Neubeginn der Verjährung führt demgegenüber dazu, dass eine gänzlich neue Verjährung zu laufen beginnt. Zu einem Neubeginn der Verjährung führen nach § 212 Abs. 1 Nr. 1 und 2 BGB nur das Anerkenntnis des Schuldners und die Vornahme oder Beantragung einer behördlichen oder gerichtlichen Vollstreckungshandlung.

Beispiele:
Der Schuldner zahlt zwei Monate vor Ablauf der Verjährungsfrist die Hälfte der geschuldeten Geldsumme (= Abschlagszahlung); Beantragung einer gerichtlichen Vollstreckungshandlung nach §§ 803 ZPO. Die Verjährungsfrist beginnt jeweils erneut zu laufen.

8.3 Ausschlussfristen

Die Ausschlussfrist bestimmt, dass ein Recht (nicht Anspruch!!) nur innerhalb einer bestimmten Frist ausgeübt werden kann. Ist die Frist abgelaufen, kann das Recht nicht mehr ausgeübt werden, das ausübbare Recht ist erloschen. Die Regeln der Verjährung, insbesondere § 214 BGB, finden auf Ausschlussfristen keine Anwendung.

Beispiele:
Kündigung eines Dienstverhältnisses aus wichtigem Grund innerhalb von zwei Wochen nach § 626 Abs. 2 BGB; die Anfechtungsfrist nach §§ 121 Abs. 1, 124 Abs. 1 BGB.

9. Durchsetzung der Rechte

9.1 Gerichtliche Durchsetzung

Erfüllt ein Schuldner seine Verpflichtungen nicht, so muss sich der Gläubiger zur Durchsetzung seiner Rechte an die Zivilgerichte wenden. Nach dem verfassungsrechtlich garantierten Rechtsstaatsprinzip sind Rechtsstreitigkeiten zwischen Personen durch die Gerichte zu entscheiden. Die Ausübung von Faustrecht ist mit dem Rechtsstaatsgrundsatz unvereinbar.

Auf welchem Wege und auf welche Weise der Bürger Streitigkeiten vor den Zivilgerichten ausfechten muss, wird durch das Verfahrensrecht geregelt. Das Verfahrensrecht ergänzt das materielle Recht in der Weise, dass es der gerichtlichen Durchsetzung von Ansprüchen dient. Das maßgebliche Verfahrensrecht für zivilrechtliche Streitigkeiten ist die Zivilprozessordnung (ZPO), die auch einen Teil des Zwangsvollstreckungsrechts enthält. Weiterhin ist das Gerichtsverfassungsgesetz (GVG) zu beachten.

Das Verfahrensrecht ist nicht Gegenstand dieser Darstellung. Es gibt allerdings einige wichtige Berührungspunkte zwischen dem materiellen Zivilrecht und dem Verfahrensrecht, die im Folgenden dargelegt werden sollen. Nicht jeder, der einen Anspruch hat, ist rechtlich in der Lage, diesen auch selbst gerichtlich durchzusetzen. Im bürgerlichen Recht ging es dabei um die Begriffe Rechtsfähigkeit und Geschäftsfähigkeit. Im Verfahrensrecht sind die korrespondierenden Begriffe Parteifähigkeit und Prozessfähigkeit.

9.1.1 Parteifähigkeit

Partei eines Zivilprozesses ist derjenige, von dem (Kläger) oder gegen den (Beklagter) beim Gericht Rechtsschutz verlangt wird. Parteifähig ist, wer rechtsfähig ist, § 50 ZPO. Deswegen sind alle natürlichen und juristischen Personen parteifähig; sie können klagen und verklagt werden.

9.1.2 Prozessfähigkeit

Prozessfähig ist nach § 52 Abs. 1 ZPO, wer sich durch Verträge verpflichten kann, mithin jeder, der geschäftsfähig im Sinne des BGB ist, § 52 ZPO. Die Prozessfähigkeit setzt damit grundsätzlich die unbeschränkte Geschäftsfähigkeit der Partei voraus. Der nicht voll Geschäftsfähige wird von seinem gesetzlichen Vertreter im Prozess vertreten.

Beispiele:
Die Eltern erheben als gesetzliche Vertreter ihres noch nicht geschäftsfähigen Kindes eine Klage des Kindes auf Schadensersatz und Schmerzensgeld wegen eines Unfalls gegen den Schadensverursacher.

Die Möglichkeit, ohne anwaltliche Hilfe seine Sache vor Gericht auszufechten, besteht grundsätzlich nur vor dem Amtsgericht. Für das Berufungsverfahren vor dem Landgericht, für in erster Instanz beim Landgericht erhobene Zivilklagen und für die Berufungsverfahren vor dem Oberlandesgericht sowie für die Revision vor dem Bundesgerichtshof müssen sich Kläger und Beklagter eines bei diesen Gerichten zugelassenen Rechtsanwalts bedienen, sog. Anwaltszwang, § 78 ZPO. Diese Regelung bedeutet einen Schutz für die Parteien, die ansonsten regelmäßig ohne rechtliche Kenntnisse ihren Prozess führen müssten. Eine fachmännische Beratung der Parteien ist damit gewährleistet, u. U. kommt es erst gar nicht zum Prozess.

9.2 Selbstverteidigung und Selbsthilfe

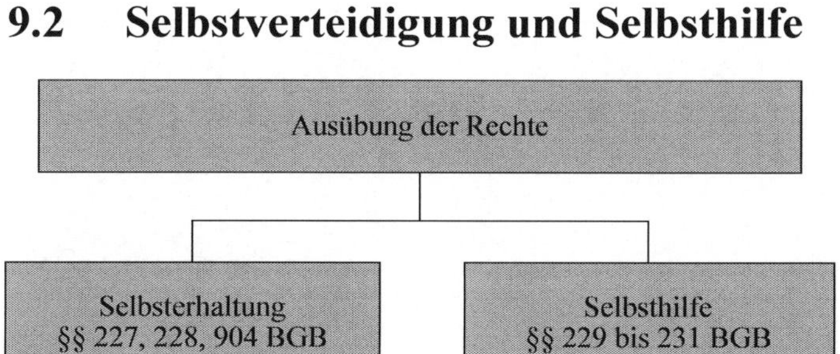

9.2.1 Notwehr

Die zivilrechtliche **Notwehr** in § 227 BGB stimmt mit dem strafrechtlichen Notwehrbegriff in § 32 StGB inhaltlich über- ein. Die Notwehr berechtigt zum Selbstschutz gegen einen rechtswidrigen Angriff durch einen anderen Menschen, § 227 Abs. 2 Alt. 1 BGB. Die **Nothilfe**, einem anderen in dieser Situation beizustehen, § 227 Abs. 2 Alt. 2 BGB.

Beispiele:
Zwei Jogger werden von einem Schläger angegriffen. Ihre Notwehr- und Nothilfehandlungen, die sie dem jeweilig anderen erbringen, sind gerechtfertigt. Der Schläger hat wegen eigener erlittener Verletzungen keine Ansprüche.

9.2.2 Notstand

Im Fall des Defensivnotstandes kann sich der Bedrohte gegen eine von einer Sache ausgehenden Gefahr wehren, § 228 BGB. Der **Aggressivnotstand** nach § 904 BGB berechtigt eine Person in einer Notstandslage zum Eingriff in eine Sache, auch wenn die Gefahr gerade nicht von dieser Sache ausgeht.

Beispiele:
Die beiden Jogger werden von einem Kampfhund angegriffen. Sie setzen das Tier mittels zweier Regenschirme außer Gefecht, die sie unbeteiligten Spaziergängern entreißen. Die Schirme gehen dabei zu Bruch und der Hund wird dabei schwer verletzt. Die Verletzung des Hundes ist durch § 228 BGB gerechtfertigt, die Zerstörung der Schirme durch § 904 BGB. Es bestehen deswegen keine Schadensersatzansprüche gegen die Jogger.

9.2.3 Selbsthilfe

Die Selbsthilfe nach §§ 229 bis 231 BGB dient der Sicherung eines privatrechtlichen Anspruchs mittels privater Gewalt. Sie darf nur als letztes Mittel, wenn staatliche Hilfe nicht zu erlangen ist, in Anspruch genommen werden.

Beispiele:
Z versucht die Diskothek „Dance Factory" ohne Bezahlung seiner Getränkerechnung zu verlassen. Der Türsteher Wuchtig ist berechtigt, den Z so lange festzuhalten, bis die Polizei zur Feststellung seiner Personalien eintrifft.

9.2.4 Selbsthilfe des Besitzers

Gegen verbotene Eigenmacht, die in § 858 BGB definiert wird, darf sich der Besitzer mit Gewalt erwehren, § 859 BGB.

Beispiele:
Mehrere Jugendliche dringen in das Wochenendgrundstück des Wuchtig ein, um dort eine Party zu feiern. Der dort gerade anwesende W kann die Eindringlinge nach § 859 Abs. 3 BGB notfalls mit Gewalt wieder vom Grundstück entfernen.

Testfragen

16. Grenzen Sie den Boten vom Vertreter ab!
17. Wann liegt eine wirksame Stellvertretung vor?
18. Können gesetzliche Vertreter natürlicher Personen in bestimmten Fällen von der Vertretung ausgeschlossen sein? Gibt es genehmigungspflichtige Rechtsgeschäfte gesetzlicher Vertreter natürlicher Personen?
19. Waldemar Wahr ist Angestellter bei der Firma Baumann. Die Geschäftsleitung schickt Wahr zu einer Messeveranstaltung, bei der eine neue Generation Kopierer vorgestellt wird. Er soll sich über die Neuerungen informieren und der Geschäftsleitung berichten. Eine Vollmacht zum Kauf eines neuen Kopierers hat Wahr nicht. Bei seinem Messerundgang kommt Wahr an den Messestand des Verkäufers Freddy Freudig. Er entdeckt ein ausgesprochen günstiges und leistungsfähiges Kopiergerät. Da er davon ausgeht, dass die Geschäftsleitung seiner Firma mit dem Kauf des Kopiergerätes einverstanden ist, schließt er im Namen seiner Firma mit Freudig einen Kaufvertrag im Namen seiner Firma mit Freudig einen Kaufvertrag über diesen Kopierer ab. Wahr erklärt jedoch ausdrücklich, dass er „momentan noch keine Legitimation habe". Die Fa. Baumann teilt die Einschätzung des Wahr nicht, sie hält den Kopierer nicht für ihre Firmenzwecke geeignet. Fa. Baumann nimmt deshalb vom Vertrag Abstand.
    a) Hat Freudig einen Anspruch gegen die Fa. Baumann auf Abnahme und Bezahlung des Kopierers?
    b) Falls nicht, hat Freudig einen Anspruch auf Schadensersatz gegen Wahr?
20. Was verstehen Sie unter Frist, was unter Termin?
21. Wie wirkt sich der Eintritt der Verjährung auf einen Anspruch aus?
22. Johann Jockey ist begeisterter Pferdesportler. Aus gesundheitlichen Gründen musste er auf Anraten seiner Ärzte diese Leidenschaft aufgeben. Jockey hat deswegen dem Didi Dressur mit E-Mail vom 10. Juli 2023 die Stute Polly zu einem Kaufpreis von 11.000 Euro zum Kauf angeboten. Dressur antwortet mit E-Mail vom 12. Juli 2023, dass er mit dem Kauf einverstanden sei, der Kaufpreis allerdings nur 10000 Euro betragen dürfe. Jockey erwidert mit E-Mail vom 22. September 2023, dass er nach reiflicher Überlegung den reduzierten Kaufpreis akzeptiere. Dressur schreibt zurück, inzwischen habe er das Interesse an dem Geschäft verloren. Die am 25. September 2023 versandte E-Mail des Dressur kommt aus technischen Gründen nicht in der Mailbox des Jockey an. Jockey verlangt von Dressur Zahlung des Kaufpreises von 10000 Euro Zug um Zug gegen Übergabe und Übereignung von Polly. Hat der Jockey einen Anspruch gegen Dressur auf Zahlung des Kaufpreises von 10000 Euro?
23. Der am 3. Dezember 1990 geborene Paul Pfiffig wohnt noch bei seinen Eltern. Am 29. November 2008 schließt Paul Pfiffig mit dem Antiquitätenhändler Anton Ahnungslos einen Kaufvertrag über einen antiken Schrank zum Preis von 800 Euro. Der wahre Wert des Schrankes wird von dem Paul Pfiffig zutreffend auf mindestens 1800 Euro taxiert. Anton Ahnungslos kennt die Familie Pfiffig seit Jahren persönlich. Deswegen verfasst er noch an diesem Abend ein Schreiben an Paula und Peter Pfiffig, den Eltern des Paul Pfiffig, mit dem Inhalt, dass diese dem Kaufvertrag nachträglich zustimmen sollen. Dieses Schreiben wirft der Anton Ahnungslos am 29. November 2008 (Samstag) gegen 23.30 Uhr in den Hausbriefkasten der Familie Pfiffig. Als der Paul Pfiffig am Abend des 29. November 2008 seinerseits seinen Eltern stolz den Kaufvertrag zeigt, sind diese entrüstet. Dies deswegen, da sie von diesem Kaufvertrag überhaupt nichts wussten und andererseits deswegen, da sie in ihrem Haus grundsätzlich nur hochmoderne Möbel dulden. Die Eltern des Paul Pfiffig verweigern diesem gegenüber deswegen ausdrücklich die Genehmigung des mitgeteilten Kaufvertrages. Am Morgen des l. Dezember 2008 leert Peter Pfiffig wie immer den Hausbriefkasten und liest zusammen mit Paula Pfiffig den Brief des Anton Ahnungslos. Die Eltern des Pfiffig sind der Auffassung, für sie habe sich hinsichtlich des Kaufvertrages alles erledigt und vernichten deswegen das Schreiben des Ahnungslos. Am 15. Dezember 2008 arbeiten Paul Pfiffig und sein Schulfreund Rudi Ruprecht als Nikolaus bzw. dessen Begleiter in einem großen Dresdner Warenhaus, um das Geld für den Schrankkauf zu verdienen. Paul Pfiffig und Rudi Ruprecht begeben sich deswegen erst um 17.30 Uhr des 15. Dezember 2008 in die Geschäftsräume des Anton Ahnungslos. Dort legt der Paul Pfiffig die vereinbarten 800 Euro auf den Ladentisch und verlangt von dem Anton Ahnungslos die Übereignung des Schrankes. Dieser hat allerdings mittlerweile erfahren, dass der wahre Wert des Schrankes den vereinbarten Kaufpreis bei weitem übersteigt. Anton Ahnungslos verweigert deswegen die Erfüllung des Kaufvertrages. Einerseits äußert er sich dem Paul Pfiffig gegenüber dahingehend, dass er hiermit den Kaufvertrag widerrufe. Sollte dies nicht möglich sein, ist er außerdem der Auffassung, dass eine Genehmigung der Eltern des Pfiffig bis heute nicht vorläge. Außerdem könne eine solche Genehmigung gar nicht mehr erklärt werden, da die diesbezügliche Zwei-Wochenfrist bereits überschritten sei. Hat der Paul Pfiffig einen Anspruch gegen den Anton Ahnungslos auf Übereignung des Schrankes?

24. Grit Grün bewundert im Garten ihres Nachbarn Naumann eine blühende Pflanze. Auf Nachfrage erklärt Naumann, dass es sich um eine Leptocladodia handelt. Grit Grün bestellt daraufhin schriftlich beim Händler Ahrensdorf 10 Pflanzen Leptocladodia zum Preis von 5 Euro pro Stück. Tatsächlich handelt es sich bei Leptocladodia aber nicht um eine blühende Blattpflanze, sondern um einen Zimmerkaktus. Dies stellt Grit Grün fest, als ihr die 10 Pflanzen am 9. September 2008 geliefert werden. Dem Lieferschein liegt eine Rechnung bei, auf der 50 Euro Kaufpreis, sowie 3,95 Euro Versandkosten aufgeschlüsselt sind. Grit Grün hat kein Interesse an den 10 Zimmerkakteen. Sie teilt Ahrensdorf den Irrtum am 10. September 2008 schriftlich mit und verweigert die Bezahlung des Kaufpreises.

a) Hat A einen Anspruch auf Bezahlung und Abnahme der Kakteen gegen G?

b) Falls nicht, hat A einen Anspruch auf Zahlung der Versandkosten gegen G?

Zweiter Teil: Recht der Schuldverhältnisse

1. Einführung

Das zweite Buch des Bürgerlichen Gesetzbuches „**Recht der Schuldverhältnisse**" beinhaltet vor allem Regelungen über den rechtsgeschäftlichen Verkehr.

Dazu gehören u.a.:

- **Regelungen über die wichtigsten Verträge**
- **Regelungen über Schadensersatz im Rahmen der gesetzlichen Schuldverhältnisse**
- **das Recht der Leistungsstörungen**

Ganz allgemein formuliert werden im Schuldrecht die einzelnen Rechte und Pflichten geregelt, die in einem Schuldverhältnis bestehen.

§ 241 Abs. 1 BGB beschreibt den Begriff des Schuldverhältnisses.

Darunter versteht man **die rechtliche Beziehung zwischen mindestens zwei Personen, aufgrund derer der eine Teil berechtigt ist, von dem anderen Teil eine bestimmte Leistung zu fordern.**

Dabei spricht der Gesetzestext vom „**Gläubiger**" und vom „**Schuldner**". Das sind die Personen, zwischen denen Rechte und Pflichten auf Grund des Schuldverhältnisses bestehen. Derjenige, dem ein Recht zusteht, wird Gläubiger genannt. Derjenige, der eine Pflicht hat, wird Schuldner genannt.

Das Schuldrecht ist wie folgt aufgebaut:

Allgemeiner Teil des Schuldrechts, §§ 241 bis 432 BGB

Hier sind Rechtsnormen enthalten, die grundsätzlich für alle Schuldverhältnisse bzw. für den größten Teil der Schuldverhältnisse gelten, falls im Besonderen Teil keine speziellen Regelungen zu finden sind.

Im 1. Abschnitt, also den §§ 241–304 BGB, werden die Schuldverhältnisse an sich behandelt.

Die Abschnitte 2, §§ 305–310 BGB und 3, §§ 311–359 BGB hingegen behandeln mit Ausnahme des § 311 Abs. 2 u. Abs. 3 BGB nur Schuldverhältnisse aus Verträgen.

Zum Allgemeinen Teil des Schuldrechts gehören u. a.

- **der Inhalt der Schuldverhältnisse,**
- **die Leistungsstörungen und**
- **das Erlöschen der Schuldverhältnisse.**

Besonderer Teil des Schuldrechts, §§ 433 bis 853 BGB

Im Besonderen Teil des Schuldrechts sind die für das Geschäftsleben bedeutsamen Regelungen wie z. B. der **Kaufvertrag, Mietvertrag, Darlehensvertrag** u. a. enthalten. Zur Wiederholung: Die vertraglichen Schuldverhältnisse entstehen durch mindestens zwei übereinstimmende Willenserklärungen.

Darüber hinaus finden sich aber auch Regelungen, die kraft Gesetzes zu Schadensersatz oder der Herausgabe des Erlangten führen, die gesetzlichen Schuldverhältnisse. Hierzu gehören die Geschäftsführung ohne Auftrag, §§ 677, 682 ff. BGB, die ungerechtfertigte Bereicherung, §§ 812 ff. BGB und die unerlaubte Handlung, §§ 823 ff. BGB.

Zum Besonderen Teil des Schuldrechts gehören v. a.

- **die wichtigsten Verträge und**
- **die gesetzlichen Schuldverhältnisse**

Zu beachten ist, dass diese Rechte und Pflichten nur zwischen Gläubiger und Schuldner wirken. Deshalb handelt es sich um „**relative**" Rechte (s. Erster Teil, 2.2.2).

Beispiele:
Der Vermieter (Gläubiger) hat einen Anspruch gegen den Mieter (Schuldner) auf Zahlung der vereinbarten Miete aus § 535 Abs. 2 BGB, der Besteller (Gläubiger) hat einen Anspruch gegen den Unternehmer (Schuldner) auf Herstellung des versprochenen Werkes aus § 631 Abs. 1 BGB.

Meist ist in BGB-Klausuren zu prüfen, ob der Gläubiger einen **Anspruch** (eine Forderung) gegen den Schuldner hat. Der Begriff des Anspruchs ist in § 194 BGB definiert.

Darunter ist **das Recht zu verstehen, von einem anderen ein Tun oder Unterlassen zu verlangen.**

Die Leistung kann also auch in einem **Unterlassen** bestehen.

Beispiele:
Ebert verkauft seine Bäckerei an Schmitz. Es wird vereinbart, dass Ebert es zu unterlassen hat, eine Bäckerei in derselben Straße zu eröffnen.

Der Inhalt des Anspruches (der Forderung) ist abhängig vom jeweiligen Schuldverhältnis.

Beispiele:
Victor verkauft Kurt zwei CDs. Die beiden haben ein Schuldverhältnis in Form eines Kaufvertrages gem. § 433 BGB geschlossen. Daraus ergibt sich für Victor nun ein Anspruch auf die Zahlung des Kaufpreises gegen Kurt. Die Pflicht des Kurt ist in § 433 Abs. 2 BGB geregelt. Deshalb ist § 433 Abs. 2 BGB die einschlägige Anspruchsgrundlage. Das Recht auf Kaufpreiszahlung hat Victor nur gegen Kurt, keinesfalls gegen völlig unbeteiligte Dritte. Im Gegenzug kann Kurt nach § 433 Abs. 1 BGB nur von Victor die Übergabe der CDs fordern, nicht aber vom Fachgeschäft nebenan. Victor ist Gläubiger in Bezug auf die Kaufpreiszahlung und dementsprechend ist Kurt Schuldner der Kaufpreiszahlung. Fragt man nach der Pflicht zur Übergabe der CDs, dann ist Kurt Gläubiger und Victor Schuldner.

Diese beidseitig eingegangenen Verpflichtungen stehen den beiden Vertragspartnern jeweils als Gläubiger zu, wirken nur gegenüber dem jeweils anderen Vertragspartner und sind deshalb relative Rechte bzw. Pflichten.

Victor hat im Ergebnis also einen Anspruch gegen Kurt auf Zahlung des Kaufpreises aus § 433 Abs. 2 BGB. Ebenso hat Kurt einen Anspruch auf

Übergabe der CDs gegen Victor aus § 433 Abs. 1 BGB, weil § 433 Abs. 1 BGB die Pflichten des Verkäufers festlegt.

Anhand dieses Beispiels soll verdeutlicht werden wie wichtig die **Aufgabenstellung** (Fallfrage) für die Bearbeitung einer Aufgabe ist. Es macht einen erheblichen Unterschied, ob nach dem Recht des Victor auf Kaufpreiszahlung oder nach dem Recht des Kurt auf Übergabe und Eigentumsverschaffung der CDs gefragt ist. Ausführlich hierzu s. Hinweise zur Klausurbearbeitung im Anhang.

2. Allgemeiner Teil des Schuldrechts

Im Allgemeinen Teil des Schuldrechts sind die Rechtsnormen zusammengefasst, die „vor der Klammer" stehen. Innerhalb des zweiten Buches Schuldrecht wird also die Systematik des Bürgerlichen Gesetzbuches beibehalten. Für die Fallbearbeitung ist es wichtig, den Grundsatz „Vorrang der speziellen Rechtsnorm vor der allgemeineren Rechtsnorm" zu beachten. Findet sich im Besonderen Teil des Schuldrechts (§§ 433 bis 852 BGB) keine spezielle Rechtsnorm, so muss auf den Allgemeinen Teil des Schuldrechts (§§ 241 bis 432 BGB) zurückgegriffen werden.

Beispiele:

In den §§ 439, 437 Nr. 1, 434 BGB ist ein Anspruch des Käufers auf Nacherfüllung gegen den Verkäufer geregelt. Hierbei handelt es sich um spezielle Rechtsnormen im Bereich des Kaufrechts. Bei Vorliegen eines Sachmangels der Kaufsache steht dem Käufer eine Anspruchsgrundlage unmittelbar aus dem Kaufrecht zur Verfügung. Wird nun aber die Kaufsache zu spät, d. h. nicht rechtzeitig geliefert, so finden sich im Besonderen Teil beim Kaufvertrag unmittelbar keine Anspruchsgrundlagen für den Ersatz von Verzögerungsschäden. Es ist daher auf den Allgemeinen Teil des Schuldrechts zurückzugreifen. Die §§ 280, 286 BGB beinhalten Voraussetzungen und Rechtsfolge für den Ersatz des Verzögerungsschadens.

Merke:
Betrifft eine Regelung nur eine Vertragsart, so findet sich die Regelung im Besonderen Teil des Schuldrechts. Den Mangel an der Kaufsache gibt es nur beim Kaufvertrag; daher §§ 439, 437 Nr. 1, 434 BGB.
Betrifft die Regelung mehrere Vertragsarten, so findet sich die Regelung im Allgemeinen Teil des Schuldrechts. Der Verzögerungsschaden kommt bei allen Vertragsarten vor. So kann die Kaufsache sowohl verspätet geliefert, als auch der Werklohn verspätet gezahlt werden. Daher finden sich die Regelungen in §§ 280 bis 286 BGB.

2.1 Begründung von Schuldverhältnissen

Schuldverhältnisse entstehen durch Rechtsgeschäft und kraft Gesetzes.

2.1.1 Begründung durch Rechtsgeschäft

Ein Schuldverhältnis kann durch **Rechtsgeschäft** entstehen. Rechtsgeschäfte finden sich nicht nur im Schuldrecht. Beispielsweise ist der „Ehevertrag" im Familienrecht geregelt. Daraus ergibt sich, dass die allgemeinen Regeln über Rechtsgeschäfte im Allgemeinen Teil des BGB, §§ 104–185 zu finden sind. Hierauf ist zurückzugreifen, falls keine speziellen Rechtsnormen im Schuldrecht verankert sind.

Zur Begründung eines Rechtsgeschäfts sowie zur Änderung des Inhalts eines Schuldverhältnisses ist grundsätzlich ein Vertrag erforderlich, § 311 Abs. 1 BGB. Dieser kommt durch zwei übereinstimmende Willenserklärungen, Antrag und Annahme, §§ 145 ff. BGB zustande.

Beispiele:

Frau Vogel und Herr Wunner schließen einen Mietvertrag über ein Auto. Der Mietvertrag (§ 535 BGB) kommt durch zwei übereinstimmende Willenserklärungen, Antrag und Annahme gem. §§ 145ff. BGB zustande. Frau Vogel schuldet die Zahlung der Miete, und Herr Wunner schuldet die Überlassung des Autos.

Engels schließt mit der Bank Dukatus einen Darlehensvertrag, § 488 BGB, über 5 000 Euro. Auch der Darlehensvertrag, § 488 BGB, kommt durch zwei übereinstimmende Willenserklärungen, Antrag und Annahme nach §§ 145 ff. BGB zustande. Die Bank schuldet Engels das Zur-Verfügung-Stellen des Geldbetrages in Höhe von 5 000 Euro, und Engels schuldet die Zinszahlung und bei Fälligkeit die Rückerstattung des Darlehens.

Nicht nur Verträge können zur Begründung von Schuldverhältnissen führen. Erforderlich hierfür ist, wie sich aus § 311 Abs. 1 BGB entnehmen lässt, eine entsprechende gesetzliche Regelung.

Beispiele:

Die Katze Maunz wird vermisst. Im Sächsischen Blatt erscheint eine Anzeige, in der von Frauke Frei ein Finderlohn in Höhe von 50 Euro für die Wiederbeschaffung der Katze versprochen wird. So entsteht ein Schuldverhältnis mit dem Finder, wenn er das Tier zurückbringt, sog. Auslobung, § 657 BGB.

Bei der o. g. Auslobung handelt es sich um ein sog. einseitiges Rechtsgeschäft. Auch einseitige Rechtsgeschäfte können zur Begründung eines Schuldverhältnisses führen.

Unbestellte Leistungen

Liefert ein Unternehmer unbestellte Sachen oder erbringt er sonstige unbestellte Leistungen an einen Verbraucher, so wird dadurch kein Anspruch gegen den Verbraucher begründet, § 241a Abs. 1 BGB. Zu den Begriffen **Verbraucher** und **Unternehmer** bitte §§ 13 und 14 BGB lesen! Lässt der Verbraucher die zugesandte Ware unbeachtet liegen, so fehlt es an der notwendigen Annahme durch den Verbraucher. Ein Vertragsverhältnis kommt deshalb nicht zustande. Problematisch ist es aber, wenn der Verbraucher die Ware nutzt.

Beispiele:
Zusendung von unbestellten Waren und die Nutzung dieser:

Da für einen Vertrag zwei übereinstimmende Willenserklärungen erforderlich sind, könnte in der Zusendung der Ware ein Antrag des Verkäufers zu sehen sein. Nach § 151 BGB kann eine Annahmeerklärung auch durch konkludentes Handeln erfolgen. Dies könnte die Nutzung der Waren sein. Damit wäre ein Vertrag zustande gekommen. Aus § 241a BGB folgt aber, dass durch die Zusendung unbestellter Waren durch einen Unternehmer an einen Verbraucher kein Anspruch entsteht. Selbst die Nutzung der unbestellten Sache führt nicht zur Annahme des Antrages, damit liegt kein Vertrag vor.

Gefälligkeitsverhältnis

Das Gefälligkeitsverhältnis begründet **keine** Leistungspflicht auf die Erbringung der zugesagten Gefälligkeit. Daher ist strikt zwischen einem Schuldverhältnis und einem Gefälligkeitsverhältnis zu unterscheiden. Bei einem Gefälligkeitsverhältnis fehlt es am **Rechtsbindungswillen,** daher werden im Gegensatz zum Schuldverhältnis keine Willenserklärungen abgegeben. Liegt nur ein Gefälligkeitsverhältnis vor, bestehen auch **keine Schadensersatzansprüche** bei Nichteinhaltung der zugesagten Gefälligkeit. Die Abgrenzung zwischen einem Schuldverhältnis und einem Gefälligkeitsverhältnis kann im Einzelfall jedoch schwierig werden, da es auch Zwischenformen gibt, wie z. B. das Gefälligkeitsverhältnis mit rechtsgeschäftlichem Charakter.

Beispiele:
Müller lädt Meier zum Abendessen ein. Als Meier pünktlich erscheint, erklärt ihm Müller, das Abendessen fände heute nicht statt. Meier hat weder einen Anspruch auf das Abendessen noch auf die Übernahme der Kosten für ein Abendessen in der Gaststätte gegenüber, da es sich um ein Gefälligkeitsverhältnis handelt.

Die Arbeitskollegen Schmidt und Krause bilden seit Längerem eine Fahrgemeinschaft für die Fahrt zur Arbeit. Krause vergisst eines Morgens Schmidt mitzunehmen. Dieser muss ein Taxi nehmen, weil er ansonsten eine wichtige Besprechung verpassen würde. Vorliegend wird man ein Schuldverhältnis annehmen können und damit einen Schadensersatzanspruch des Schmidt gegen Müller in Höhe der Taxikosten.

2.1.2 Begründung kraft Gesetzes

Ein Schuldverhältnis kann aber auch kraft Gesetzes entstehen, sog. gesetzliche Schuldverhältnisse. Die Entstehung der gesetzlichen Schuldverhältnisse ist an spezielle, dem jeweiligen Schuldverhältnis angepasste Voraussetzungen gebunden.

Im Lehrbrief wird auf die gesetzlichen Schuldverhältnisse im Vorfeld eines Vertrages sog. culpa in contrahendo, der unerlaubten Handlung und der ungerechtfertigten Bereicherung näher eingegangen.

2.1.2.1 Vorvertragliches Schuldverhältnis

Ein Schuldverhältnis entsteht nach § 311 Abs. 2 BGB auch durch

1. die Aufnahme von Vertragsverhandlungen,
2. die Anbahnung eines Vertrages, bei welcher der eine Teil im Hinblick auf eine etwaige rechtsgeschäftliche Beziehung dem anderen Teil die Möglichkeit zur Einwirkung auf seine Rechte, Rechtsgüter und Interessen gewährt oder diese ihm anvertraut, oder
3. ähnliche geschäftliche Kontakte.

Beispiele:
Eva Ernst überlegt den Vespa Roller von Britta Brink kaufen. Brink überlässt Ernst den Roller für eine alleinige Probefahrt. Auf dieser Probefahrt bleibt der Roller wegen eines technischen Defekts liegen. Britta Brink hatte vor der Probefahrt ein falsches Motoröl eingefüllt. Eva Ernst muss Taxikosten in Höhe von 70 Euro bezahlen, um zurückkehren zu können. Ein vertragliches Schuldverhältnis liegt mangels eines Vertragsschlusses (noch) nicht vor. Wenn die Voraussetzungen des § 311 Abs. 2 BGB vorliegen, dann entsteht ein Schuldverhältnis mit den Pflichten aus § 241 Abs. 2 BGB, ein vorvertragliches Schuldverhältnis, was zum Schadenersatzanspruch in Höhe von 70 Euro führen kann.

2.1.2.2 Unerlaubte Handlung

Zu den gesetzlichen Schuldverhältnissen gehört insbesondere die unerlaubte Handlung s. ausführlich u. Zweiter Teil, 3.2.2.

Beispiele:
Radfahrer Ullrich wird von Autofahrer Unaufmerksam übersehen, als Unaufmerksam links abbiegen will. Ullrich stürzt, als ihn der Kotflügel des Unaufmerksam streift. Ullrich bricht sich durch den Sturz eine Rippe. Ullrich und Unaufmerksam haben sicherlich keinen Vertrag abgeschlossen. Dennoch hat Ullrich einen Anspruch auf Schadensersatz gegenüber Unaufmerksam. Dieser ergibt sich aus § 823 Abs. 1 BGB, dem Grundtatbestand der unerlaubten Handlung.

2.1.2.3 Ungerechtfertigte Bereicherung

Bei der „ungerechtfertigten Bereicherung“ handelt es sich ebenfalls um ein gesetzliches Schuldverhältnis (s. ausführlich hierzu Zweiter Teil, 3.2.1). Hauptzweck ist es, unberechtigte Vermögensverschiebungen rückgängig zu machen.

Beispiele:
Der zwölfjährige Sigi hat sich ohne Wissen der Eltern ein Handy für 100,00 Euro bei Händler Emsig gekauft. Den Kaufpreis hat er bezahlt. Das Handy soll noch geliefert werden. Die Eltern verweigern die erforderliche Genehmigung. Der Kaufvertrag ist unwirksam. Damit hat Emsig den Kaufpreis von 100,00 Euro ohne rechtlichen Grund erlangt. Diese ungerechtfertigte Vermögensverschiebung wird durch § 812 Abs. 1 Satz 1 BGB beim Vorliegen aller Tatbestandsvoraussetzungen rückgängig gemacht.

Hinweis: *Zur beschränkten Geschäftsfähigkeit vgl. Erster Teil, 3.1.2.*

2.1.2.4 Geschäftsführung ohne Auftrag

Auch die Ansprüche aus der Geschäftsführung ohne Auftrag entstehen kraft Gesetzes, ohne dass es der Abgabe von Willenserklärungen bedarf.

Beispiele:
Spaziergänger Frey rettet den bewusstlosen Autofahrer Glück aus dessen verunglücktem Pkw. Durch die Rettungsaktion wird die Lederjacke des Frey mit Blut beschmutzt. Frey hat kraft Gesetzes einen Anspruch auf den Ersatz der Reinigungskosten gegen Glück aus §§ 683, 670 BGB.

Die Geschäftsführung ohne Auftrag (GoA), §§ 677 ff. BGB gehört ebenfalls zu den gesetzlichen Schuldverhältnissen. Die GoA entsteht, indem jemand für einen anderen ein Geschäft besorgt, ohne von ihm beauftragt oder berechtigt zu sein.

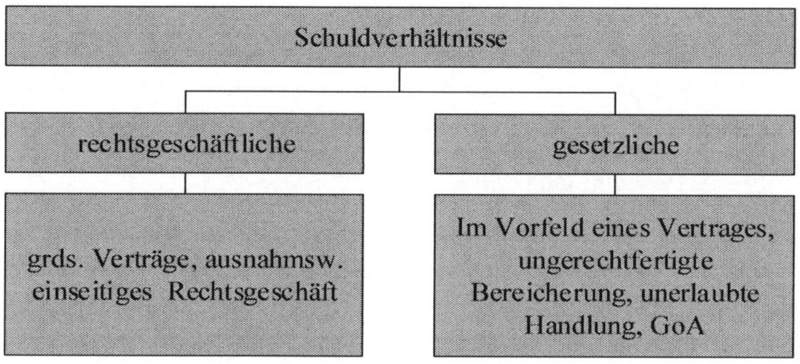

2.2 Inhalt von Schuldverhältnissen

Die Vertragspartner können auf Grund der Vertragsfreiheit (s. o. Erster Teil, 5.1) die Verträge weitestgehend so ausgestalten, wie es ihren Bedürfnissen entspricht. Werden allerdings nicht sämtliche Einzelheiten eines Vertrages durch die Vertragsparteien bestimmt, so sieht sowohl der Allgemeine Teil des Schuldrechts als auch der besondere Teil des Schuldrechts gesetzliche Regelungen vor, auf die zurückgegriffen werden kann.

Beispiel:
Der Student Christopher (Käufer) aus Chemnitz schließt am Telefon mit der Studentin Aiyana (Verkäuferin) einen Kaufvertrag über ein Lehrbuch. Es wird nur über den Kaufpreis, nicht aber über die Liefermodalitäten gesprochen. Hier greift die gesetzliche Regelung des § 269 Abs. 1 BGB. Aiyana schuldet die Übergabe des Lehrbuchs. Christopher muss das Lehrbuch bei der Schuldnerin Aiyana in Chemnitz abholen.

Bargeschäfte

Bei einigen Schuldverhältnissen wird sofort erfüllt, d. h. die Leistung wird sofort erbracht. Man nennt diese Schuldverhältnisse **„Bargeschäfte“**.

Beispiel:
Der Kauf von Brötchen wird in der Regel sofort abgewickelt. Der Verkäufer erfüllt seine Verpflichtung aus§ 433 Abs. 1 BGB und übergibt die Brötchen und verschafft dem Käufer das Eigentum daran. Der Käufer erbringt die Gegenleistung, indem er bezahlt und seine Brötchen mitnimmt.

Dauerschuldverhältnisse

Schuldverhältnisse, bei denen die Leistungen zwischen den Vertragspartnern nicht einmalig, sondern fortlaufend erbracht werden, bezeichnet man als **„Dauerschuldverhältnisse“**. Darlehen, Miete, Pacht, Leihe, Verwahrung aber auch der Arbeitsvertrag gehören zu den Dauerschuldverhältnissen innerhalb des BGB.

Beispiel:
Vermieter Jakob und Mieter Roth vereinbaren die entgeltliche Überlassung einer 2-Raum-Wohnung auf unbestimmte Dauer. Jakob wird dadurch verpflichtet, Roth die Wohnung dauernd zu überlassen, erbringt somit dauernd die geschuldete Leistung. Roth wird verpflichtet, wiederkehrend die Gegenleistung Mietzahlung zu erbringen. Sowohl die Leistung, Überlassung der Wohnung, als auch die Gegenleistung Bezahlung der Miete erfolgen bis zur Beendigung des Mietverhältnisses.

Sukzessivlieferungsvertrag

Ein Unterfall des Dauerschuldverhältnisses ist der sog. **Sukzessivlieferungsvertrag**. Dabei verpflichtet sich der eine Vertragspartner zur Lieferung von Waren und der andere zur gesonderten Zahlung für jede Lieferung. Die Besonderheit liegt darin, dass die Leistungen und auch die Gegenleistungen mit der Fortdauer des Vertrages zunehmen.

Beispiel:
Gastwirt Maurer schließt mit der Brauerei Badeberger einen Vertrag über die Lieferung von Bier über einen Zeitraum von 10 Jahren.

2.2.1 Bestimmtheit der Leistung

Der Inhalt der Leistungspflicht muss **bestimmt**, zumindest **bestimmbar** sein. Bei Unbestimmtheit liegt **kein** wirksamer Vertrag vor.

Beispiel:
Verspricht der Schuldner, „Wein“ oder „Holz“ ohne weitere Mengenangabe zu liefern, ist er eine unbestimmte Verpflichtung eingegangen.

2.2.2 Leistungsort

Der **Leistungsort** (auch Erfüllungsort genannt) ist der Ort, an dem der Schuldner die **Leistungshandlung zu erbringen hat**.

a) Grundsätzlich ist der Leistungsort frei durch die Vertragspartner vereinbar, vgl. § 269 Abs. 1 Alt. 1 BGB („Ort der Leistung ist bestimmt“).
b) Die Vertragspartner können aber im Rahmen der Vertragsfreiheit auch eine sog. **Bringschuld** vereinbaren. Der Schuldner muss dann dem Gläubiger die Leistung an dessen Wohnsitz bringen. Erfüllung tritt dann erst mit Abschluss der Lieferung ein. Der Schuldner trägt das sog. Transportrisiko. Transportschäden werden dem Schuldner zugerechnet. Wird die geschuldete Ware bei einer Bringschuld auf dem Transport beschädigt, so hat der Verkäufer eine mangelhafte Sache geliefert.

Beispiel:
Karl vereinbart mit dem Möbelhaus Möbler exclusiv die Lieferung der Schrankwand nach Hause, die vor Ort aufgebaut werden soll. Der Kaufvertrag ist erst nach Aufbau der Schrankwand vollständig erfüllt.

c) Bei der sog. **Schickschuld** muss der Schuldner dem Gläubiger die Leistung schicken. Grundsätzlich trägt dann der Gläubiger (im Beispiel Karl) das Transportrisiko. Hier sind aber Ausnahmen durch den Verbraucherschutz zu beachten, vgl. dazu Näheres beim Kaufvertrag.

Beispiel:
Vereinbaren Christopher und Aiyana, dass Aiyana das Lehrbuch per Post schickt, so wurde eine Schickschuld vereinbart.

In der Regel wird es sich bei den meisten Vereinbarungen über die Lieferung um die Vereinbarung einer Schickschuld handeln.

d) Haben die beiden Vertragspartner nichts vereinbart, so kann sich der Leistungsort aus der **Natur des Schuldverhältnisses** ergeben, § 269 Abs. 1 Alt. 2 BGB.

Beispiel:
Beim Einbau einer Dachgaube ist der Leistungsort für den Zimmermann (Schuldner) das Dach des Bestellers (Gläubiger).

e) Haben die Vertragspartner nichts vereinbart und lässt sich auch aus der Natur des Schuldverhältnisses kein Leistungsort ableiten, greift die gesetzliche Regelung des § 269 Abs. 1 Alt. 3 BGB ein. Dies bedeutet, der Gläubiger muss die Leistung beim Schuldner holen (sog. **Holschuld**).

Beispiel:
Christopher und Aiyana haben nichts über den Leistungsort vereinbart. Damit muss Christopher das Lehrbuch bei Aiyana abholen. Schäden, die auf dem Heimweg passieren, hat Christopher zu tragen. Als Gläubiger trägt er das Transportrisiko.

f) Bei **Geldschulden** ist § 270 Abs. 1 BGB zu beachten. Dieser legt fest, dass Geldschulden, falls nichts anderes vereinbart ist, **Schickschulden** sind. Die Vorschrift trifft allerdings eine Ausnahmeregelung zum Transportrisiko.

Beispiel:
Christopher bezahlt das Lehrbuch per Überweisung. Das Geld kommt aber nicht bei Aiyana an. Christopher muss nochmals bezahlen! Dies ergibt sich aus § 270 Abs. 1 BGB als Sonderregelung zu § 269 BGB. Bei Geldschulden trägt der Schuldner ausnahmsweise das Transportrisiko.

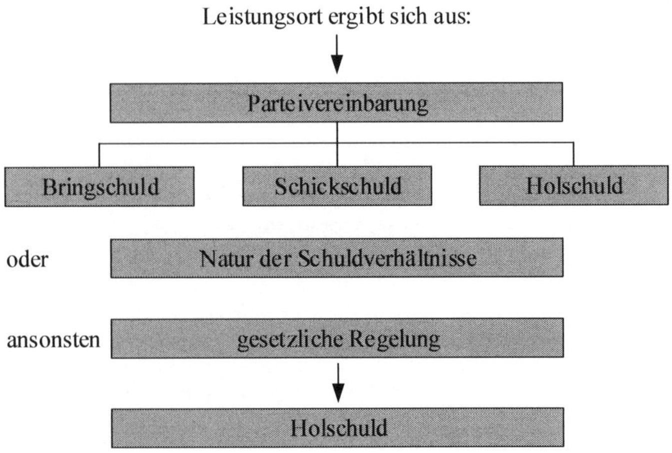

2.2.3 Leistungszeit

Die Leistungszeit legt fest, wann der Schuldner die Leistung erbringen darf, aber auch, wann er sie spätestens erbringen muss. Dadurch wird die **Fälligkeit** der Leistung bestimmt.

Die sofortige Fälligkeit stellt nach § 271 Abs. 1 BGB die Grundregel dar. Die Leistung ist sofort zu erbringen. Ist eine Leistungszeit (von den Vertragsparteien) bestimmt oder ergibt sie sich aus den Umständen, so greift die spätere Leistungszeit.

Beispiel:
Christopher und Aiyana haben im Kaufvertrag vom 20. August des Jahres für die Übergabe des Lehrbuchs den 9. Oktober des Jahres bestimmt. Grundsätzlich wäre das Lehrbuch nach § 271 Abs. 1 BGB sofort nach Abschluss des Kaufvertrages zu übergeben gewesen. Durch die Vereinbarung wird die Fälligkeit auf den 9. Oktober festgelegt.

Fixgeschäft

Beim sog. Fixgeschäft kommt es dem Gläubiger im Gegensatz zum normalen Geschäft gerade auf die Leistung zu einem bestimmten Zeitpunkt oder innerhalb eines bestimmten Zeitraums an.

Beispiel:
Lieferung einer Hochzeitstorte für die Hochzeitsfeier.

Man unterscheidet zwischen dem „absoluten" und dem „relativen" Fixgeschäft.

Beim **absoluten Fixgeschäft** ist wegen der Nichteinhaltung der Leistungszeit die Leistung i. S. d. § 275 Abs. 1 BGB unmöglich geworden.

Beispiele:
Erhebliche Verspätung des bestellten Taxis für die Fahrt zum Flughafen, so dass der gebuchte Flug nicht mehr angetreten werden kann, Verspätung eines Schauspielers, so dass auf die Zweitbesetzung zurückgegriffen werden muss.

Beim **relativen Fixgeschäft** wird durch eine Vereinbarung deutlich, dass die Einhaltung der Leistungszeit für den Gläubiger so wichtig ist, dass er auch ohne Nachfristsetzung vom Vertrag zurücktreten kann. Dies wird ermöglicht durch § 323 Abs. 2 Nr. 2 BGB. Danach ist die (Nach)Fristsetzung entbehrlich, wenn der Schuldner die Leistung zu einem im Vertrag bestimmten Termin oder innerhalb einer bestimmten Frist nicht bewirkt und der Gläubiger im Vertrag den Fortbestand seines Leistungsinteresses an die Rechtzeitigkeit der Leistung gebunden hat.

Beispiel:
Einzelhändler Emil schließt im Herbst mit dem Hersteller Heinrich einen Vertrag über die Lieferung von 150 Räuchermännchen für seinen Stand auf dem Leipziger Weihnachtsmarkt, der vom 1. bis 23. Dezember stattfindet. Bereits vor Abschluss des Kaufvertrages hatte Emil den Heinrich darauf hingewiesen, dass eine fristgerechte Lieferung der Räuchermännchen bis zum 1. Dezember zwingend notwendig ist, da sonst wichtige Ware fehle. Die Räuchermännchen sind der Verkaufsmagnet auf seinem Stand.

2.2.4 Grundsatz von Treu und Glauben

Der Grundsatz von Treu und Glauben ist in § **242 BGB** verankert. Diese grundlegende Vorschrift bestimmt: „Der Schuldner hat die Leistung so zu erbringen, wie Treu und Glauben mit Rücksicht auf die Verkehrssitte es erfordern." Dieser Grundsatz ist so bedeutend, dass er über das BGB hinaus in **allen Rechtsgebieten** angewendet wird, u. a. auch im öffentlichen Recht bei der Annahme der Verwirkung von Rechten, z. B. des Widerspruchsrechts, wenn nach den konkreten Umständen des Einzelfalles seit der angefochtenen Verwaltungsentscheidung zu viel Zeit verstrichen ist.

Die Generalklausel des § 242 BGB dient dazu, Einzelfallgerechtigkeit zu schaffen. Sie ist manchmal auch Ausgangspunkt für die Schaffung neuer Vorschriften. So gehen die Regelungen zu den allgemeinen Geschäftsbedingungen (vgl. §§ 305 ff. BGB) auf die Rechtsprechung des Bundesgerichtshofs zur Wirksamkeit von Vertragsklauseln auf Grundlage des § 242 BGB zurück.

2.2.5 Abgrenzung der Stückschuld von der Gattungsschuld

Es handelt sich um eine Stückschuld, wenn die geschuldete Sache nach individuellen Merkmalen konkret bestimmt ist. Ein ganz bestimmter Gegenstand wird geschuldet. Wird nun dieser Gegenstand zerstört, so ist es für den Schuldner nicht mehr möglich die Leistung zu erbringen. Der Gläubiger ist nicht verpflichtet einen ähnlichen Gegenstand anzunehmen.

Beispiel:
Müller kauft nach Besichtigung einen VW Golf Trendline, Bj. 2020, 12 000 km, Silber, beim Gebrauchtwagenhändler Böhm für 15 800 Euro. Inhalt des Schuldverhältnisses ist genau dieses Fahrzeug. Sollte das Auto vor Übergabe bei Händler Böhm zerstört werden, so kann Böhm nicht verlangen, dass Müller ein ähnliches Fahrzeug statt des vereinbarten annimmt. Geschuldet war dieser konkrete VW Golf. Durch seine bisherige Nutzung hat er individuelle Merkmale, die kein anderer baugleicher VW Golf aufweist.

Von einer Gattungsschuld spricht man, wenn die geschuldete Leistung nur nach allgemeinen Merkmalen bestimmt ist. Der Schuldner ist nach § 243 Abs. 1 BGB nur verpflichtet, eine Sache von **mittlerer Art und Güte** zu leisten.

Beispiel:
Jede Bestellung des Käufers einer Ware über den Online-Shop eines Verkäufers führt zu einer Gattungsschuld des Verkäufers.

Wird die Gattung durch mehrere Bestimmungsmerkmale weiter begrenzt, indem man beispielsweise bei Wein neben der Rebsorte auch den Jahrgang vereinbart, so handelt es sich um eine **Vorratsschuld.** Das Schuldverhältnis beschränkt sich dann auf die Verpflichtung, aus dem Vorrat zu leisten.

Beispiel:
Müller geht zum Bäcker und bestellt fünf doppelte Brötchen. Im Brotkorb liegen ca. 100 doppelte Brötchen. Müller überlässt die Auswahl der fünf Brötchen der Fachverkäuferin. Er hat keinen Anspruch auf die Größten der Brötchen, muss sich aber auch nicht mit den Kleinsten abspeisen lassen. Der Vorrat beschränkt sich auf die vorrätigen Brötchen.

Im Gegensatz zur Stückschuld wird der Schuldner bei der Zerstörung einer Sache aus der Gattung nicht von seiner Leistungspflicht befreit. Er muss so lange leisten wie der Vorrat reicht! Bei der „unbeschränkten" Gattungsschuld trifft den Schuldner der Ware sogar eine Beschaffungspflicht auf dem Markt, unabhängig davon, ob er die Unmöglichkeit verschuldet hat.

Besonders wichtig im Zusammenhang mit der Gattungsschuld ist § 243 Abs. 2 BGB, die sog. **Konkretisierung**. Diese macht aus der Gattungsschuld eine Stückschuld. Dies geschieht immer dann, wenn der Schuldner der Ware „das zur Leistung seinerseits Erforderliche getan hat." Im Regelfall wird die Konkretisierung durch das Aussondern, Bereitstellen, Kennzeichnen erfolgen. Je nachdem, wo der Leistungsort vereinbart wurde, kann z. B. bei der Schickschuld noch das ordnungsgemäße Verpacken und Absenden hinzukommen.

Beispiel:
Wurden beim Winzer 6 Flaschen Weißburgunder Jahrgang 2022 in einen Karton verpackt und zur Abholung bereitgestellt, hat der Winzer das seinerseits Erforderliche getan. Er hat konkretisiert, d. h. aus der Vorratsschuld eine Stückschuld gemacht und schuldet nun nur diesen Karton Wein. Sollte dieser zerstört werden, ist er nicht mehr zur Nachlieferung aus dem Vorrat verpflichtet. Es liegt vielmehr die Unmöglichkeit der Leistung nach § 275 Abs. 1 BGB vor.

2.3 Erlöschen von Schuldverhältnissen

Gerade in einer Klausur ist es wichtig zu prüfen, ob ein geltend gemachter Anspruch noch besteht oder erloschen ist. Die Erfahrung zeigt, dass hier Schwierigkeiten bestehen, die einzelnen Gründe zu finden. Zum besseren Verständnis soll an dieser Stelle ein systematischer Überblick über Fundstellen gegeben werden, die zum Erlöschen eines Anspruchs führen.

Der Normalfall des Erlöschens eines vertraglichen Anspruchs ist die Erfüllung nach §§ 362 ff. BGB. Daneben kann ein Schuldverhältnis durch Rechtsgeschäft (wie Kündigung oder Rücktritt) beendet werden.

Hinweis: *Bei der Anfechtung (vgl. Erster Teil, Kapitel. 4.3.2) besteht von Anfang an kein Vertrag, da die Anfechtung das Schuldverhältnis von Anfang an beseitigt.*

Weiterhin können Schuldverhältnisse durch **einseitige, rechtsgeschäftliche Aufhebungsakte** wie z. B. Anfechtung, Kündigung oder Rücktritt erlöschen bzw. umgestaltet werden. Auf die Anfechtung wurde bereits ausführlich im Ersten Teil u. 4.3.2 eingegangen.

Die **Kündigung** ist eine einseitige Willenserklärung, die das Schuldverhältnis für die Zukunft auflöst. Sie ist allgemein in § 314 BGB geregelt. Die Kündigung kommt bei Dauerschuldverhältnissen (wie Mietvertrag oder Arbeitsvertrag) zur Anwendung. Hier ist zu beachten, dass Spezialvorschriften aus dem Besonderen Teil des BGB (z. B. §§ 543, 626 BGB) die Regelung des § 314 BGB verdrängen.

Nach § 346 Abs. 1 BGB gelten die §§ 346 ff. BGB sowohl für das **vertragliche** als auch für das **gesetzliche Rücktrittsrecht**. Die Folgen des Rücktritts sind die Rückgewähr der empfangenen Leistungen und die Herausgabe der empfangenen Nutzungen, § 346 Abs. 1 BGB. Unter Zweiter Teil, 2.3.4 wird anhand eines Beispiels diese Rechtslage aufgezeigt.

Das Erlöschen der Schuldverhältnisse ist im Abschnitt 4 des Rechts der Schuldverhältnisse (vgl. Inhaltsübersicht zu Beginn des BGB) geregelt. Dieser Abschnitt 4 ist wiederum unterteilt in vier Titel. Titel 1 regelt dabei den Grundtatbestand der Erfüllung, die Titel 2 bis 4 regeln Sonderfälle der Erfüllung, wie Hinterlegung, Aufrechnung und Erlass.

2.3.1 Erfüllung

Unter Erfüllung versteht man die **Tilgung** der Schuld, in dem die geschuldete Leistung an den Gläubiger erbracht wird, § 362 Abs. 1 BGB.

Erfüllt ist nur dann, wenn

- der richtige Schuldner
- dem richtigen Gläubiger
- die richtige Leistung
- am richtigen Ort erbringt.

Beispiel:
Übergibt Victor Kurt die CDs und Kurt bezahlt den Kaufpreis, so haben beide ihre Verpflichtungen aus dem Kaufvertrag, § 433 Abs. 1 und 2 BGB erfüllt; das Schuldverhältnis ist erloschen.

Die Bewirkung der Leistung i. S. d. § 362 Abs. 1 BGB erfordert nicht nur die Leistungshandlung, sondern auch die **Herstellung des Leistungserfolges**.

Beispiel:
Haben Victor und Kurt vereinbart, dass Victor die CD an Kurt schickt, so genügt nicht das Aufgeben zur Post (Leistungshandlung), sondern Kurt muss die CD in Empfang genommen haben, erst dann ist der Leistungserfolg eingetreten und Victor hat erfüllt. Das Schuldverhältnis ist erloschen.

2.3.2 Hinterlegung

Hinterlegung ist die **Übergabe der Schuldsache** für den Gläubiger an eine **öffentliche Stelle** (Hinterlegungsstelle), § 372 BGB. Demnach ist die Hinterlegung **Erfüllungsersatz**. Voraussetzung für die Hinterlegung ist, dass ein Hinterlegungsgrund besteht und dass die Sache hinterlegungsfähig ist.

In den §§ 372 ff. BGB wird die privatrechtliche Seite der Hinterlegung geregelt.

Nach § 372 Satz 1 BGB ist ein Hinterlegungsgrund der Annahmeverzug des Gläubigers. Weitere Hinterlegungsgründe sind in § 372 Satz 2 BGB benannt. Wenn der Schuldner aus einem anderen in der Person des Gläubigers liegenden Grund oder infolge einer nicht auf Fahrlässigkeit beruhenden Ungewissheit über die Person des Schuldners seine Verbindlichkeit nicht oder nicht mit Sicherheit erfüllen kann, so liegt ebenfalls ein Hinterlegungsgrund vor.

Hinterlegt werden können nur geschuldete **bewegliche Sachen**. Ob eine solche Sache zur Hinterlegung geeignet ist, bestimmt sich nach § 372 Satz 1 BGB. Danach können nur Geld, Wertpapiere, sonstige Urkunden sowie Kostbarkeiten hinterlegt werden. Falls es sich um eine nicht hinterlegungsfähige Sache handelt, z. B. ein Tier und der Hinterlegungsgrund im Annahmeverzug des Gläubigers besteht, kann der Schuldner die Sache versteigern lassen und den Erlös hinterlegen, § 383 BGB.

Das Verfahren der Hinterlegung ist seit 2011 nicht mehr in der bundesrechtlichen Hinterlegungsordnung (HintO), sondern in den jeweiligen Landesgesetzen geregelt. Das Hinterlegungsverhältnis ist ein öffentlich-rechtliches Verhältnis, ein Fall der öffentlichrechtlichen Verwahrung.

2.3.3 Aufrechnung

Die Aufrechnung ist die **Tilgung** einer Forderung des Gläubigers **durch Verrechnung** mit einer Gegenforderung des Schuldners, § 387 BGB.

Die Forderungen müssen **gegenseitig** sein. Sie müssen zwischen den gleichen Personen bestehen, d. h. jeder muss zugleich Gläubiger und Schuldner sein.

Weitere Voraussetzung für die Aufrechnung ist die **Gleichartigkeit** der Forderungen. Wegen dieser Voraussetzung beschränkt sich die Aufrechnung im Wesentlichen auf Geldforderungen.

Außerdem müssen Hauptforderung und Gegenforderung entstanden sein. Zusätzlich muss die **Gegenforderung fällig** sein. Erfahrungsgemäß bereiten die Begriffe Hauptforderung und Gegenforderung große Schwierigkeiten. Um künftig eine Verwechslung zu vermeiden, sollte man sich die Aufrechnung am nachfolgenden Beispiel verdeutlichen.

Beispiel:
Aiyana (Verkäuferin) hat am 20.3. einen Kaufvertrag mit Christopher (Käufer) geschlossen: Am 15.4. schließt Aiyana (Bestellerin) einen Werkvertrag mit Christopher (Unternehmer). Der Kaufpreis ist am 20.4. fällig; der Werklohn ist am 15.5. fällig.

Wenn Aiyana die Aufrechnung erklärt, so begleicht sie als Bestellerin ihre Werklohnschuld aus dem Werkvertrag gegenüber Christopher. Gleichzeitig macht sie als Verkäuferin ihren Kaufpreisanspruch gegen Christopher geltend. Aiyana kann ihre Werklohnschuld vor Fälligkeit zahlen, vgl. § 271 Abs. 2 BGB. Ihren Kaufpreisanspruch kann sie erst bei Fälligkeit von Christopher verlangen, vgl. § 271 Abs. 2 BGB. Aiyana kann die Aufrechnung erst erklären, wenn beide obigen Voraussetzungen (Entstehung ihrer

Schuld und Fälligkeit ihrer Forderung) erfüllt sind. Dies ist im Beispiel der 15.5.; für Christopher wäre dies der 20.4.

> **Merke:**
> Ich kann immer dann die Aufrechnung erklären, wenn ich Gläubiger eines fälligen (Gegen-)anspruchs bin.

Mit der Aufrechnung bezahlt Aiyana den Werklohnanspruch des Christopher. Deswegen ist bei einer Aufrechnungserklärung durch Aiyana die Forderung des Aufrechnungsgegners die *Hauptforderung*. Weil Aiyana ihre Forderung dagegen gibt, ist dies die *Gegenforderung.*

> **Merke:**
> Hauptforderung = Forderung des Aufrechnungsgegners
> Gegenforderung = Forderung des Aufrechnenden

Wir machen die Probe: Christopher darf am 20.4. die Aufrechnung erklären. Nach dem 1. Merksatz darf er dann die Aufrechnung erklären, wenn er Gläubiger eines fälligen Gegenanspruchs ist. Gegenanspruch ist nach dem 2. Merksatz seine Forderung. Er ist derjenige, der die Aufrechnung erklärt. Das Datum 20.4. ist zutreffend. An diesem Tag muss natürlich die Hauptforderung schon entstanden sein!

Bedeutung haben diese Zeitpunkte nur für den § 389 BGB.

Beispiel:
Erklärt Aiyana am 15.5 die Aufrechnung, so erlöschen beide Forderungen bereits am 20.4. Dies ist der Zeitpunkt, an dem sich beide Forderung erstmals aufrechenbar gegenüberstanden. Unbedeutend ist, wann die Aufrechnung tatsächlich erklärt worden ist.

Der Erlöschenszeitpunkt nach § 389 BGB hat nur Bedeutung für Nebenforderungen, wie Zinsen.

In nachfolgenden Fällen ist die Aufrechnung ausgeschlossen:

- Ausschluss aufgrund einer vertraglichen Vereinbarung der Vertragsparteien
- Ausschluss nach § 392 BGB (Aufrechnung gegen eine beschlagnahmte Forderung)
- Ausschluss nach § 393 BGB (keine Forderung gegen eine Aufrechnung aus unerlaubter Handlung)
- Ausschluss nach § 394 BGB (keine Aufrechnung gegen unpfändbare Forderung)

Bedeutsam ist das Aufrechnungsverbot des § 393 BGB. Es soll Selbstjustiz verhindert werden.

Beispiel:
Karl und Viktor haben einen Kaufvertrag abgeschlossen. Der Käufer Karl zahlt bei Fälligkeit den Kaufpreis von 2 000 Euro nicht. Viktor zerkratzt deswegen vorsätzlich das Auto des Karl, sodass ein Schaden von 2 000 Euro entsteht. Als Karl Schadenersatz für sein zerkratztes Auto geltend macht, erklärt Viktor die Aufrechnung mit dem offenen Kaufpreis. Hier greift das Aufrechnungsverbot des § 393 BGB. Der vorsätzlich handelnde Täter Victor kann nicht mit der ihm zustehenden Forderung (hier: Kaufpreisanspruch) gegen den Anspruch des Opfers Karl aufrechnen. Viktor muss den Schadenersatzanspruch des Karls zahlen und muss weiter hoffen, von Karl den Kaufpreis zu erhalten.

2.3.4 Rücktritt

Durch den Rücktritt wird die vor dem Vertragsschluss bestehende Rechtslage wiederhergestellt. Der Rücktritt wirkt, anders als die Anfechtung, nicht rückwirkend, sog. „ex nunc“. Das bedeutet, nach erfolgter Rücktrittserklärung wandelt sich das Schuldverhältnis in ein Abwicklungsverhältnis um. Die Parteien haben dann die empfangenen Leistungen zurückzugewähren und die gezogenen Nutzungen herauszugeben, § 346 Abs. 1 BGB.

Voraussetzung für einen Rücktritt ist:

- Eine Vertragspartei hat ein Rücktrittsrecht vertraglich vorbehalten hat (sog. „vertragliches Rücktrittsrecht“) oder
- das Gesetz räumt ein Rücktrittsrecht ein (sog. „gesetzliches Rücktrittsrecht“).

Ein **vertragliches Rücktrittsrecht** kommt durch Parteivereinbarung zustande. Dies kann ausdrücklich oder konkludent vereinbart werden.

Gesetzliche Rücktrittsrechte ergeben sich direkt aus dem Gesetz und sind z. B. bei Sachmängelhaftung in §§ 437 Nr. 2, 634 Nr. 3 BGB verankert. Weitere Regelungen finden sich daneben außerdem in §§ 313 Abs. 3, 321 Abs. 2, 323, 324, 326 Abs. 5 BGB.

Weitere Voraussetzung für den Rücktritt (sowohl beim vertraglichen Rücktrittsrecht als auch beim gesetzlichen Rücktrittsrecht) ist die Abgabe einer einseitigen, empfangsbedürftigen Willenserklärung, § 349 BGB, der sog. Rücktrittserklärung.

Die Rechtsfolgen des Rücktritts im Einzelnen

Nach § 346 Abs. 1 BGB sind die empfangenen Leistungen zurückzugewähren und die gezogenen Nutzungen herauszugeben.

Die „Rückgewähr“ der (bereits) empfangenen Leistungen ist nur eine schuldrechtliche Verpflichtung. Zu beachten ist deshalb, dass bei einer Rückübertragungspflicht des Eigentums die Rückgewähr nach sachenrechtlichen Vorschriften vorgenommen werden muss.

Beispiel:
Beyer und Fritsche hatten einen Kaufvertrag über einen Fernseher abgeschlossen. Beyer hatte sich ein vertragliches Rücktrittsrecht vorbehalten. Gleichwohl war von Beyer dem Fritsche das Eigentum nach § 929 Satz 1 BGB übertragen worden, s. Dritter Teil, 3.3.1.1. Beyer erklärte einige Tage später den Rücktritt vom Vertrag gegenüber Fritsche, nach § 349 BGB. Allein die Abgabe der Rücktrittserklärung führt nicht zur Übereignung des Fernsehgerätes.

Hinzukommen muss noch die (Rück-)Übereignung gem. §§ 929 ff. BGB. Erst dann hat Beyer die „empfangene Leistung zurückgewährt“.

Nutzungen sind gem. § 100 BGB die Früchte einer Sache oder eines Rechts sowie die Gebrauchsvorteile der Sache oder des Rechts.

Beispiel:
Sachfrüchte sind Eier, Früchte eines Rechts sind Darlehenszinsen, Gebrauchsvorteil ist das Fahren mit einem Mietauto.

Sollte die Rückgewähr nach § 346 Abs. 1 BGB nicht möglich sein, so regelt § 346 Abs. 2 BGB den **Wertersatz** an Stelle der Rückgewähr.

Es sind drei Fälle normiert, in denen statt der Rückgewähr verschuldensunabhängig Wertersatz zu leisten ist.

Die **Ersatzpflicht** besteht nach § 346 Abs. 2

- Nr. 1, wenn die Rückgewähr oder die Herausgabe nach der Natur des Erlangten ausgeschlossen ist,
- Nr. 2, wenn der Schuldner den empfangenen Gegenstand verbraucht, veräußert, belastet, verarbeitet oder umgestaltet hat,
- Nr. 3, wenn der empfangene Gegenstand sich verschlechtert hat oder untergegangen ist.

Nach § 346 Abs. 3 Satz 1 Nr. 1 BGB entfällt die Pflicht zum Wertersatz, wenn sich der zum Rücktritt berechtigende Mangel erst während der Verarbeitung oder Umgestaltung des Gegenstandes gezeigt hat,

- nach Nr. 2, soweit der Gläubiger die Verschlechterung oder den Untergang zu vertreten hat oder der Schaden bei ihm gleichfalls eingetreten wäre,
- nach Nr. 3, wenn im Fall eines gesetzlichen Rücktrittsrechts die Verschlechterung oder der Untergang beim Berechtigten eingetreten ist, obwohl dieser diejenige Sorgfalt beobachtet hat, die er in eigenen Angelegenheiten anzuwenden pflegt.

Entfällt die Pflicht zum Wertersatz aus einem der genannten Gründe, so ist „nur" eine verbleibende Bereicherung herauszugeben, § 346 Abs. 3 Satz 2 BGB.

In Absatz 4 des § 346 BGB wird wegen einer Verletzung der Rückgewährpflicht ein Schadensersatzanspruch nach Maßgabe der §§ 280 bis 283 BGB eingeräumt.

Der Rücktritt wird durch eine empfangsbedürftige Willenserklärung **erklärt,** § 349 BGB.

Es handelt sich beim Rücktritt also um die **einseitige Aufhebung** eines Schuldverhältnisses. Der Rücktritt ist daher streng vom Aufhebungsvertrag zu trennen, da dieser zwei übereinstimmende Willenserklärungen erfordert.

Beispiel:
Jutta Kleinschmidt hat beim Autohaus Mitsu einen Geländewagen gekauft. Nach einem halben Jahr tritt sie wegen eines Mangels des gekauften Autos vom Kaufvertrag gemäß §§ 437 Nr. 2, 323 BGB zurück (ausführlich zur Sachmängelhaftung beim Kaufvertrag s. u. Zweiter Teil, 2.1.1.2). Die empfangenen Leistungen sind daher zurückzugewähren, d. h. Jutta Kleinschmidt muss die Kaufsache, den mangelhaften Geländewagen, zurückgeben und das Autohaus muss den Kaufpreis zurückerstatten, § 346 Abs. 1 BGB. Jutta Kleinschmidt hat neben dem Auto auch die gezogenen Nutzungen gem. § 346 Abs. 1 BGB herauszugeben. Darunter fallen auch die Gebrauchsvorteile, § 100 BGB. Sie muss somit die Vorteile herausgeben, die sie durch die Benutzung des Autos in dem halben Jahr gezogen hat.

2.3.5 Kündigung von Dauerschuldverhältnissen

Während z. B. der Kaufvertrag durch einen einmaligen Leistungsaustausch gekennzeichnet ist, sind sog. Dauerschuldverhältnisse auf länger andauernde oder wiederholte Leistungen zugeschnitten.

Beispiel:
Beim Mietvertrag wird die Leistung „Gebrauch der Sache" dauernd erbracht. Gleiches gilt u. a. für den Leihvertrag und den Pachtvertrag. Auch der Dienstvertrag und der Arbeitsvertrag sind Dauerschuldverhältnisse.

Anders als beim einmaligen Leistungsaustausch (wie z. B. beim Kauf) bedarf das Dauerschuldverhältnis einer gesonderten Beendung. Dies kann durch Fristablauf erfolgen wie z. B. bei befristeten Verträgen oder durch Kündigung.

Ordentliche Kündigung

Ein Dauerschuldverhältnis kann durch eine ordentliche Kündigung beendet werden. Hierfür finden sich bei den einzelnen Dauerschuldverhältnissen zahlreiche Spezialvorschriften, z. B. § 542 Abs. 1 BGB, § 573 BGB, § 620 Abs. 2 BGB, § 621 BGB

Durch die Kündigung wird das Dauerschuldverhältnis mit Ablauf der Kündigungsfrist beendet.

Außerordentliche Kündigung

Die Vorschrift des § 314 regelt die Kündigung aus wichtigem Grund ohne Einhaltung einer Kündigungsfrist. Ein wichtiger Grund liegt gem. § 314 Abs. 1 Satz 2 BGB vor, wenn dem kündigenden Teil unter Berücksichtigung aller Umstände des Einzelfalls und unter Abwägung der beiderseitigen Interessen die Fortsetzung des Vertragsverhältnisses nicht mehr zugemutet werden kann. Das bedeutet, dass die vereinbarte Beendigung, das Ende durch Zeitablauf, bei einem befristeten Dauerschuldverhältnis oder die Zeit bis zum Ablauf einer ordentlichen Kündigung unzumutbar geworden ist. Vorrang haben allerdings auch hier die Spezialvorschriften, sofern vorhanden. Bei der außerordentlichen Kündigung wird das Dauerschuldverhältnis ebenfalls für die Zukunft beendet. Wird die außerordentliche Kündigung als fristlose Kündigung erklärt, so tritt die Wirkung sofort ein.

Sobald der Kündigungsberechtigte vom Kündigungsgrund Kenntnis erlangt hat, beginnt die Frist für die Kündigungserklärung zu laufen. Lässt der Berechtigte diese Frist verstreichen, ohne die Kündigung zu erklären, ist davon auszugehen, dass die Fortsetzung des Dauerschuldverhältnisses doch zumutbar ist.

Beispiele:
§ 543 BGB, § 626 BGB, Unzumutbarkeit kann vorliegen bei Straftaten oder dauernder Verweigerung der Leistung. Zusätzlich erforderlich sind grundsätzlich aber Frist zur Abhilfe bzw. Abmahnung.

2.3.6 Erlass

Der Erlass ist ein Vertrag zwischen Gläubiger und Schuldner, durch den der Gläubiger auf die **Forderung verzichtet**, § 397 BGB. Der Abschluss des Erlassvertrages ist formfrei. Da ein Vertrag erforderlich ist und der Vertrag durch zwei übereinstimmende Willenserklärungen zustande kommt, kann der Gläubiger nicht einseitig auf seine Forderung verzichten.

Beispiel:
Der Onkel hatte seinem Neffen ein zinsloses Darlehen über 5 000 Euro zur Anschaffung eines Pkw gegeben, damit der Neffe besser die Hochschule erreichen kann. Der Neffe besteht die Zwischenprüfung als Bester. Der Onkel bietet seinem Neffen an, die Hälfte der Rückzahlungsverpflichtung zu erlassen, was der Neffe gerne annimmt.

Testfragen

1. Wie werden Schuldverhältnisse begründet?
2. Was versteht man unter dem Leistungsort?
3. Wann greift die gesetzliche Regelung des § 269 Abs. 1 BGB nur ein?
4. Wodurch erlöschen Schuldverhältnisse?
5. Fred Frei erhält am 9.11.2015 ein Päckchen per Post. Es enthält einen Spargelschäler. Absender des Päckchens ist die Firma Koch, bei der Fred Frei bislang noch nichts bestellt hatte. Dem Päckchen lag folgendes Schreiben bei: „Wir freuen uns, Ihnen ein Spitzenprodukt anbieten zu können. Es handelt sich um eine Weltneuheit; Ihr Spargel wird sich fast von selbst schälen. Sollten Sie den Spargelschäler nicht innerhalb von drei Wochen zurückschicken, gehen wir davon aus, dass Sie ihn zum Vorzugspreis von 9,95 Euro kaufen.“ Fred Frei benötigt keinen neuen Spargelschäler. Er möchte für die Rücksendung keine Portokosten aufwenden und legt den Spargelschäler zur Seite. Nach 23 Tagen erhält er eine Rechnung der Firma Koch. Daraufhin ruft Fred Frei bei der Firma Koch an und teilt mit, dass er den Spargelschäler zur Abholung bereitgelegt habe, er aber nicht bereit sei die Rechnung zu begleichen.

   Kann die Firma Koch (K) die Kaufpreiszahlung von Fred Frei (F) verlangen?

2.4 Störungen im Schuldverhältnis

Im Normalfall wird ein Schuldverhältnis erfüllt. Jede Vertragspartei erbringt die geschuldete Leistung. Wird die Abwicklung des Schuldverhältnisses jedoch gestört, liegt eine sog. Leistungsstörung vor. Das BGB spricht nunmehr von Pflichtverletzungen, vgl. z. B. § 280 BGB.

Wichtig ist genau darauf zu achten, dass der Begriff des Schuldverhältnisses im doppelten Sinn verwendet wird.

Beispiel:
Der Kaufvertrag (Schuldverhältnis im weiteren Sinn) besteht aus den Einzelschuldverhältnissen (Schuldverhältnisse im engeren Sinn): Übereignungspflicht der Kaufsache und Zahlungspflicht des Kaufpreises.

Die Pflichtverletzungen beziehen sich immer auf das Schuldverhältnis im engeren Sinn. Für zweiseitige Schuldverhältnisse bedeutet dies, dass in der Regel in einem Schuldverhältnis die Pflicht verletzt ist, während im anderen Schuldverhältnis keine Störung besteht. Damit ist bei gegenseitigen Verträgen zu klären, wie sich die Pflichtverletzung in dem Schuldverhältnis auf die Gegenleistung auswirkt.

Beispiel:
Es wurde ein Kaufvertrag über ein Bild abgeschlossen. Vor der Übereignung wird das Bild durch einen Brand zerstört. Die Verpflichtung der Lieferung des Bildes ist gestört. Das Schuldverhältnis „Zahlungspflicht“ könnte trotzdem erfüllt werden. Hier liegt keine Störung vor.

Um zu klären, welche Rechtsnormen für die Pflichtverletzungen einschlägig sind, ist es wichtig, die unterschiedlichen Arten solcher „Störungen“ zu kennen, da es von der Art der Störung abhängt, welche Vorschriften bzw. Rechtsinstitute zur Lösung des Problems herangezogen werden müssen.

Die wichtigsten Fälle der Störung eines Schuldverhältnisses sind die:

- **Unmöglichkeit der Leistung**: Die geschuldete Leistung kann nicht mehr erbracht werden, weil z. B. die bestellte Sache vor Lieferung verbrannt ist.
- **verspätete Leistung**, z. B. wird die Geburtstagstorte einen Tag zu spät geliefert, oder der Kaufpreis wird erst eine Woche nach Fälligkeit beglichen.
- **Mangelhafte Leistung**, z. B. hat der gekaufte Markenpullover einen Webfehler.
- **Allgemeine Pflichtverletzung**, z. B. beschädigt der Hauswerker bei der Reparatur der Dachrinne mit der Leiter die Fassade.

Darüber hinaus ist es möglich, bereits im **Vorfeld eines Vertrages** Pflichten zu verletzen, z. B. rutscht ein Interessent im Reisebüro auf dem gerade geputzten, glatten Boden aus und verletzt sich.

Im Folgenden werden diese unterschiedlichen „Störungen“ genauer behandelt, nicht ohne den Hinweis, dass sich der Lehrbrief nur mit den wichtigsten Störungen des Schuldverhältnisses beschäftigt.

2.4.1 Pflichtverletzungen

Die Pflichtverletzung ist jeder Fall, in dem der Schuldner die Leistung nicht so erbringt, wie dies vertraglich vereinbart war. Man unterscheidet zwischen den Hauptleistungs- und den Nebenpflichten. Diese Unterscheidung ist bei der Fallbearbeitung für die Auswahl der einschlägigen Anspruchsgrundlage wichtig.

2.4.1.1 *Hauptleistungspflichten*

Die Hauptleistungspflichten ergeben sich aus dem jeweils zu Grunde liegenden Vertrag. Handelt es sich um die gesetzlich geregelten Vertragstypen, so können sie dem Gesetzestext entnommen werden. Andernfalls werden sie durch die Vertragspartner festgelegt. Dies ist aufgrund der Vertragsfreiheit, hier insbesondere der Typenfreiheit möglich.

Beispiele:
Verpflichtung des Reiseveranstalters eine Gesamtheit von Reiseleistungen zu erbringen, § 651a Abs. 1 Satz 1 BGB, Verpflichtung des Reisenden den vereinbarten Reisepreis zu zahlen, § 651a Abs. 1 Satz 2 BGB. Der Unternehmer wird zur Herstellung des versprochenen Werkes, der Besteller zur Entrichtung der vereinbarten Vergütung verpflichtet, § 631 Abs. 1 BGB, Verpflichtung desjenigen, welcher Dienste zusagt diese zu leisten, Verpflichtung des anderen zur Gewährung der zugesagten Vergütung, § 611 Abs. 1 BGB.

2.4.1.2 *Nebenpflichten*

Leistungsbezogene Nebenpflichten

Um die Hauptleistungspflichten tatsächlich erfüllen zu können, gibt es im Gesetz ergänzende Regelungen, sog. **leistungsbezogene Nebenpflichten**. Darunter versteht man die Pflicht, sich so zu verhalten, dass der Vertragszweck erreicht werden kann und nicht gefährdet oder beeinträchtigt wird.

Beispiele:
In § 448 Abs. 1 BGB wird bestimmt, dass der Verkäufer die Kosten der Übergabe der Sache, der Käufer die Kosten der Abnahme und der Versendung der Sache nach einem anderen Ort als dem Erfüllungsort trägt; Pflicht des Arbeitnehmers zur Verschwiegenheit.

Nichtleistungsbezogene Nebenpflichten

Diese sind in § 241 Abs. 2 BGB beschrieben; es handelt sich um die Verpflichtung, Rücksicht auf die Rechte, Rechtsgüter und Interessen des jeweils anderen Teils zu nehmen. Schutz-, Fürsorge- und Obhutspflichten fallen ebenso darunter wie Informations- und Aufklärungspflichten. Etwaige Schadensersatzansprüche werden über die Anspruchsgrundlage des § 280 Abs. 1 BGB abgewickelt. Hingewiesen sei insbesondere auf § 311 Abs. 2 BGB. Danach entsteht bereits ein Schuldverhältnis nach § 241 Abs. 2 BGB durch die Aufnahme von Vertragsverhandlungen, die Anbahnung eines Vertrages oder geschäftliche Kontakte. Damit ist nicht in jedem Fall ein Vertragsschluss erforderlich, um ein Schuldverhältnis mit nicht leistungsbezogenen Pflichten entstehen zu lassen (s. u. Zweiter Teil, 2.4.2.4).

Beispiele:
In der Buchhandlung fällt dem Kaufinteressenten ein Buch aus dem Regal auf den Kopf, weil es von einem Mitarbeiter nicht ordnungsgemäß hingestellt wurde. Beim Verlassen des Kaufhauses nach dem Einkauf stürzt der Käufer im Eingangsbereich, weil der Boden bedingt durch Nässe glatt ist.

2.4.2 Die Pflichtverletzungen im Einzelnen

Im Bereich des Allgemeinen Teils des Schuldrechts gibt es die Anspruchsgrundlage des § 280 BGB, der an den zentralen Begriff der Pflichtverletzung, s. u. Zweiter Teil, 2.4.1 anknüpft.

Die Pflichtverletzung ist jeder Fall, in dem der Schuldner die Leistung nicht so erbringt, wie dies vertraglich vereinbart war.

§ 280 BGB ist einheitliche Anspruchsgrundlage auf Schadensersatz, unabhängig davon, ob eine Schlechtleistung, **Unmöglichkeit** oder **Verzug** vorliegt. Zu beachten sind aber Abs. 2 und 3 des § 280 BGB, denn über diese Vorschriften werden zusätzliche Voraussetzungen für den jeweiligen Schadensersatzanspruch aufgestellt. Eine Ausnahme hiervon bildet § 311a Abs. 2 BGB, der eine eigenständige Anspruchsgrundlage für die sog. anfängliche Unmöglichkeit darstellt, s. u. Zweiter Teil, 2.4.2.1.

Durch § 311a Abs. 2 BGB wird geregelt, welche Ansprüche entstehen, wenn ein Vertrag auf eine von vornherein unmögliche Leistung gerichtet ist. Es wird ausdrücklich ein Anspruch auf Schadensersatz statt der Leistung gewährt.

Im Folgenden wird an Hand von Beispielen in das Recht der Leistungsstörungen eingeführt.

Grundlegende Bestimmungen des Leistungsstörungsrechts

§ 275 Abs. 1 BGB regelt den Fall, dass die Leistung für den Schuldner oder für jedermann unmöglich ist, also z. B. wenn der geschuldete Gegenstand zerstört wurde. Es muss sich hierbei um eine Stückschuld handeln, denn für Gattungsschulden gibt es andere gesetzliche Regelungen, s. u. Zweiter Teil, 2.2.5.

Eine Differenzierung zwischen anfänglicher und nachträglicher Unmöglichkeit besteht nicht. Erkennbar ist dies an der Formulierung „ist" im Wortlaut des § 275 Abs. 1 BGB.

Ebenso wird nicht zwischen objektiver und subjektiver Unmöglichkeit differenziert. Dies wird dadurch zum Ausdruck gebracht, dass § 275 Abs. 1 BGB davon spricht, dass die Leistung „für den Schuldner oder für jedermann unmöglich ist."

Weiterhin unterscheidet § 275 Abs. 1 BGB nicht zwischen zu vertretender und nicht zu vertretender Unmöglichkeit.

§ 280 Abs. 1 BGB ist die zentrale Anspruchsgrundlage für den Anspruch auf Schadensersatz des Gläubigers. Nach § 280 Abs. 1 Satz 1 BGB kann der Gläubiger von seinem Schuldner Schadensersatz verlangen, wenn dieser eine Pflicht aus dem Schuldverhältnis verletzt hat.

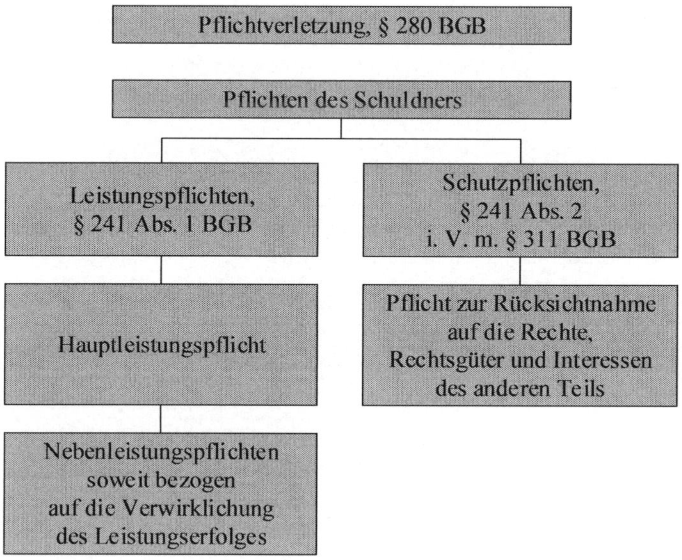

Die „Pflichtverletzung" i. S. d. § 280 Abs. 1 Satz 1 BGB bezieht sich darauf, dass die geschuldete Leistung nicht, nur zum Teil, verzögert oder schlecht erbracht wird. Verletzt der Schuldner Schutz- und Obhutspflichten, vgl. § 241 Abs. 2 BGB, und dem Gläubiger entsteht hieraus ein Schaden, so ist er ihm nach § 280 Abs. 1 Satz 1 BGB zu ersetzen.

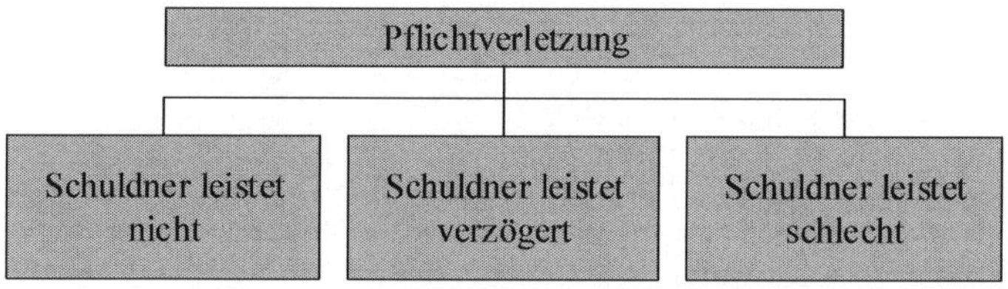

Die Pflichtverletzung bezieht sich sowohl auf die (echten) vertraglichen Nebenpflichten (Informationspflichten), die der Erfüllung des spezifisch vertraglichen Leistungsinteresses des Gläubigers dienen als auch auf die Schutzpflichten.

Pflichtverletzungen, die einen Anspruch aus einem vorvertraglichen Schuldverhältnis (Vorfeld eines Vertrages) auslösen, fallen unter § 280 BGB, vgl. § 311 Abs. 2 u. Abs. 3 i. V. m. § 280 Abs. 1 Satz 2 BGB.

Voraussetzung für eine Schadensersatzpflicht soll das **Vertretenmüssen** des Schuldners sein. Dies ergibt sich aus § 280 Abs. 1 Satz 2 BGB. Die Verantwortlichkeit bemisst sich nach den Vorschriften der §§ 276 bis 278 BGB.

Ohne die Darlegung und ggf. den Nachweis des Tatbestandes der Pflichtverletzung kann sich der Gläubiger aber auf die Vermutung des Vertretenmüssens nicht berufen.

In § 280 Abs. 2 BGB findet sich eine Sonderregelung für den Verzug. Bleibt der Schuldner in zeitlicher Hinsicht (die Leistung wird verspätet erbracht) hinter den Pflichten aus dem Schuldverhältnis zurück, so ist dies eine Pflichtverletzung. Für den **Ersatz des Verzögerungsschadens** müssen die zusätzlichen Voraussetzungen des § **286 BGB** (Verzug) gegeben sein.

Durch § 280 Abs. 3 BGB wird auf zusätzliche Voraussetzungen, abhängig von der jeweiligen Leistungsstörung, für den Anspruch auf Schadensersatz statt der Leistung verwiesen.

§ 281 BGB gilt nur für den Verzug und die Schlechtleistung.

§ 281 Abs. 1 Satz 1 BGB bestimmt, dass **Schadensersatz statt der Leistung** nur unter der Voraussetzung einer angemessenen Fristsetzung zur Leistung oder Nacherfüllung verlangt werden kann. Nicht mehr erforderlich ist die sog. Fristsetzung mit Ablehnungsandrohung.

In Satz 2 der gleichen Bestimmung wird die Teilleistung geregelt. Danach kann der Gläubiger nur Schadensersatz verlangen, wenn er an der Teilleistung kein Interesse hat.

Liegt eine Schlechtleistung vor, so kann der Gläubiger nur Schadensersatz statt der Leistung verlangen, wenn die Pflichtverletzung erheblich ist, § 281 Abs. 1 Satz 3 BGB.

§ **282 BGB** setzt die **Verletzung einer nichtleistungsbezogenen Nebenpflicht** voraus, die z. B. aus § 241 Abs. 2 BGB resultieren kann.

§ 283 Satz 1 BGB bestimmt die Voraussetzungen für den **Schadensersatz statt der Leistung** im Fall der Unmöglichkeit. Voraussetzung für den Anspruch ist, dass der Schuldner nach § 275 Abs. 1 oder 2 BGB nicht zu leisten braucht.

In Satz 2 ist die Teilunmöglichkeit und die Unmöglichkeit bei einer Schlechtleistung geregelt. Wählt der Gläubiger Schadensersatz statt der Leistung in Form des großen Schadensersatzes, soll er ebenso wie im Falle des § 281 die empfangenen Leistungen nach Maßgabe des Rücktrittsrechts zurückzugewähren haben.

§ 284 BGB enthält eine Anspruchsgrundlage für den **Ersatz vergeblicher Aufwendungen**. Anstelle des Schadensersatzes statt der Leistung kann der Gläubiger Ersatz der Aufwendungen verlangen, die er im Vertrauen auf den Erhalt der Leistung gemacht hat.

Durch § 311 Abs. 2 u. 3 BGB werden **Pflichtverletzungen im Vorfeld eines Vertrages** normiert. Anspruchsgrundlage ist § 280 Abs. 1 i. V. m. 311 Abs. 2 u. 3 BGB.

§ 311a Abs. 2 Satz 1 BGB bestimmt, welche **Sekundäransprüche** geltend gemacht werden können, wenn ein Vertrag auf eine von vornherein unmögliche Leistung gerichtet ist. Daher handelt es sich um eine Anspruchsgrundlage. Der Gläubiger kann bei Vorliegen der Voraussetzungen zwischen Schadensersatz statt der Leistung und Aufwendungsersatz wählen.

Nach § 311 Abs. 2 Satz 2 BGB ist der Ersatzanspruch des Gläubigers ausgeschlossen, wenn der Schuldner das Leistungshindernis nicht kannte und seine Unkenntnis auch nicht zu vertreten hatte.

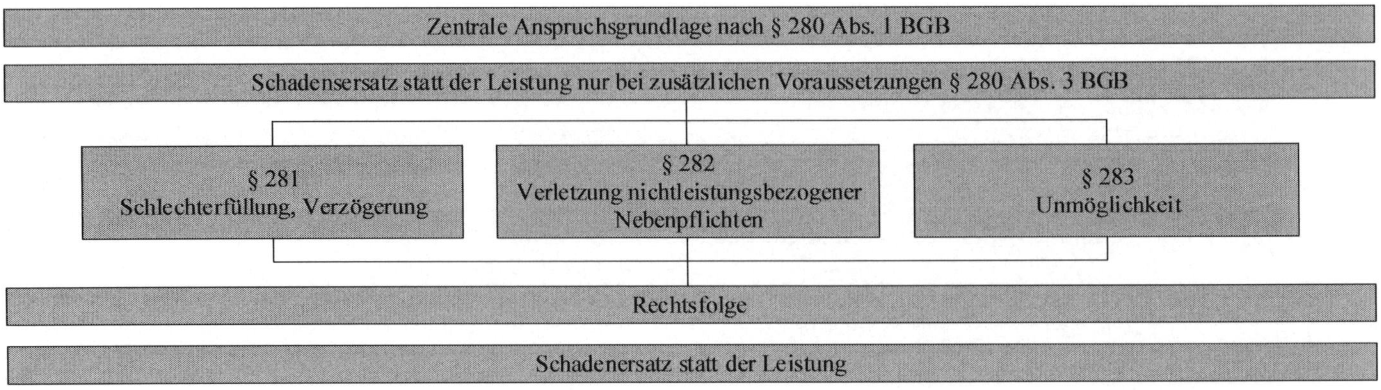

2.4.2.1 Unmöglichkeit der Leistung

Die Unmöglichkeit regelt den Fall der Nichterbringung der Leistung. Abzugrenzen ist die Unmöglichkeit vom Schuldnerverzug, da beim Schuldnerverzug die Leistung noch nachholbar ist.

Bei der Pflichtverletzung der Unmöglichkeit ist es wichtig, die verschiedenen Arten der Unmöglichkeit zu kennen.

Übersicht über den Begriff der Unmöglichkeit

Von **objektiver Unmöglichkeit** spricht man, wenn die Leistung von niemandem mehr erbracht werden kann.

Beispiel:
Das verkaufte Gemälde ist verbrannt.

Die **subjektive Unmöglichkeit** (teilweise auch Unvermögen genannt) liegt vor, wenn der (konkrete) Schuldner die Leistung nicht mehr erbringen kann, aber ein Dritter sie noch erbringen könnte.

Beispiel:
Das verkaufte Gemälde wurde vor der Übereignung an den Käufer an einen Dritten verkauft und übereignet. Nun könnte zwar der Dritte die Leistung Übereignung erbringen, aber der Verkäufer kann dies nicht mehr tun.

Die **anfängliche (ursprüngliche) Unmöglichkeit** ist gegeben, wenn die Unmöglichkeit schon bei Entstehung des Schuldverhältnisses gegeben ist.

Beispiel:
Das Gemälde war bereits bei Vertragsschluss verbrannt oder einem Dritten übereignet worden.

Nachträgliche Unmöglichkeit liegt vor, wenn die Unmöglichkeit erst nach Entstehung des Schuldverhältnisses eingetreten ist.

Beispiel:
Das Gemälde wird nach Vertragsschluss an einen Dritten übereignet oder zerstört.

Wirtschaftliches Unvermögen und persönliche Unvermögen führen nach § 275 Abs. 2 und Abs. 3 BGB unter den genannten Voraussetzungen zu einem Leistungsverweigerungsrecht des Schuldners und damit faktisch auch zu einem Ausschluss der Leistungspflicht des Schuldners.

Beispiel:
Der Sänger ist vertraglich verpflichtet am Montag um 20:00 Uhr aufzutreten. Seit Montagmorgen plagt ihn absolute Heiserkeit.

Im Folgenden werden die einzelnen Varianten der Unmöglichkeit an Hand von Beispielsfällen dargestellt und erläutert.

Nachträgliche Unmöglichkeit

Die Fälle der nachträglichen Unmöglichkeit werden über die Anspruchsgrundlage des § 280 Abs. 1, 3 i. V. m. § 283 BGB gelöst. Die **Voraussetzungen** sind im Einzelnen:

1. Es muss ein Schuldverhältnis bestehen.
2. Der Schuldner muss eine objektive Pflicht aus dem Schuldverhältnis verletzt haben.
3. Es muss ein Fall der Unmöglichkeit nach § 275 Abs. 1 bis 3 BGB vorliegen.
4. Der Schuldner muss die Umstände, die zur Unmöglichkeit geführt haben, zu vertreten haben, § 280 Abs. 1 Satz 2 BGB.

Die Rechtsfolge ist Schadensersatz statt der Leistung.

Beispiel 1:
Die Studentin Tina verkauft ihren heißgeliebten Fiat 500 für 500 Euro an ihren Wohnheimnachbarn Willi. Bevor es zur Übergabe des Autos kommt, brennt der Schuppen ab, in dem das Auto untergestellt war. Die Ursache für den Brand war ein Blitzschlag Der Fiat ist völlig zerstört. Welche Ansprüche hat Willi gegen Tina?

1. *Der Anspruch Willis auf Übergabe und Eigentumsverschaffung aus § 433 Abs. 1 Satz 1 BGB ist wegen der Zerstörung des Fiats unmöglich geworden. Tina kann ihre Verpflichtung aus dem Kaufvertrag nicht mehr erfüllen. Der Anspruch Willis auf Übergabe und Eigentumsverschaffung aus § 433 Abs. 1 Satz 1 BGB ist gemäß § 275 Abs. 1 ausgeschlossen, weil der Fiat zerstört wurde.*
2. *Willi könnte einen Anspruch auf Schadensersatz statt der Leistung aus §§ 280 Abs. 1 u. 3, 283 Satz 1 i. V. m. § 275 Abs. 4 BGB gegen Tina haben.*

Die Voraussetzung des § 275 Abs. 1 BGB liegt vor, da der Fiat 500 völlig zerstört ist. Tina kann ebenso wenig wie jemand anderer die Leistung erbringen. Die Leistung Übergabe und Eigentumsverschaffung aus dem Kaufvertrag, § 433 Abs. 1 Satz 1 BGB, ist unmöglich geworden. Nach § 275 Abs. 4 BGB bestimmen sich die Rechte des Gläubigers nach den §§ 280, 283 bis 285, 311a und § 326 BGB.

§ 280 Abs. 1 BGB verlangt eine Pflichtverletzung. Die Pflichtverletzung liegt hier darin, dass Tina den Fiat nicht mehr übergeben und das Eigentum daran nicht mehr verschaffen kann.

Weiterhin muss der Schuldner die Pflichtverletzung zu vertreten haben. Zu vertreten hat der Schuldner nach § 276 BGB Vorsatz und Fahrlässigkeit. Außerdem muss ein Schaden durch die Pflichtverletzung entstanden sein.

Hier vorliegend ist die Voraussetzung „Vertretenmüssen" nicht erfüllt. Der Blitzschlag, der ursächlich für die Unmöglichkeit der Leistung war, stellt höhere Gewalt dar.

Somit scheidet ein Anspruch des Willi gegen Tina auf Schadensersatz aus.

Im obigen Beispielsfall 1 liegt eine nachträgliche, objektive, von keinem zu vertretende Unmöglichkeit vor. Beachte: Es geht hier nur um die gestörte Leistung der Übereignung des Fiat! Zur Gegenleistung siehe unten.

Nachträglich ist die Unmöglichkeit, weil sie erst nach Entstehung des Schuldverhältnisses eingetreten ist. Objektiv ist die Unmöglichkeit, weil die Leistung von niemandem mehr erbracht werden kann. Weder der Schuldner noch der Gläubiger haben die Pflichtverletzung zu vertreten.

Was mit der Gegenleistung (Kaufpreisschuld) geschieht, blieb bisher offen. Die Lösung findet sich in §§ 275 Abs. 4 BGB. Dort wird auf den § 326 BGB verwiesen, der das Schicksal der Gegenleistung bei der Unmöglichkeit regelt.

Grundsätzlich regelt § 326 Abs.1 BGB, dass im Fall der Unmöglichkeit nach § 275 Abs. 1 BGB oder des Unvermögens nach § 275 Abs. 2, 3 BGB der Anspruch auf Gegenleistung entfällt.

Das bedeutet im obigen Beispiel 1, dass Tina zwar den Fiat nicht übereignen muss, sie dadurch aber den Anspruch auf den Kaufpreis verliert.

Beispiel 2:
Tina schließt einen Kaufvertrag über ihren Fiat 500 für 500 Euro mit dem Autohändler Willi. Nach Vertragsschluss, aber vor der Übergabe des Autos entsteht im Schuppen ein Brand, bei dem der Fiat zerstört wird. Die Brandursache war ein von Tina unsachgemäß gebrauchter Lötkolben. Bereits bei Vertragsschluss hätte Willi den Fiat 500 für 1 000 Euro an seinen Kunden Klaus weiterverkaufen können.

Was kann Willi von Tina verlangen?

1. *Der Anspruch des Willi auf Übergabe und Eigentumsverschaffung aus § 433 Abs. 1 Satz 1 BGB ist gemäß § 275 Abs. 1 BGB ausgeschlossen, weil der Fiat zerstört wurde.*
2. *Willi könnte einen Anspruch auf Schadensersatz statt der Leistung aus §§ 280 Abs. 1 u. 3, 283 Satz 1 i. V. m. § 275 Abs. 4 BGB gegen Tina haben.*

Die Voraussetzung des § 275 Abs. 1 BGB liegt vor, da der Fiat 500 völlig zerstört ist. Tina kann ebenso wenig wie jemand anderer die Leistung erbringen. Die Leistung Übergabe und Eigentumsverschaffung aus dem Kaufvertrag, § 433 Abs. 1 Satz 1 BGB, ist unmöglich geworden. Nach § 275 Abs. 4 BGB bestimmen sich die Rechte des Gläubigers nach den §§ 280, 283 bis 285, 311a und § 326 BGB.

§ 280 Abs. 1 BGB verlangt eine Pflichtverletzung. Die Pflichtverletzung liegt hier darin, dass Tina den Fiat nicht mehr übergeben und das Eigentum daran nicht mehr verschaffen kann.

Weiterhin muss der Schuldner die Pflichtverletzung zu vertreten haben. Zu vertreten hat der Schuldner nach § 276 BGB Vorsatz und Fahrlässigkeit. Tina hat, indem sie unsachgemäß mit dem Lötkolben hantierte, die im Verkehr erforderliche Sorgfalt außer Acht gelassen. Sie handelte somit fahrlässig und hat damit die Pflichtverletzung zu vertreten, § 276 Abs. 2 BGB.

Außerdem muss ein Schaden durch die Pflichtverletzung entstanden sein. Der aus der Pflichtverletzung resultierende Schaden beläuft sich auf 500 Euro.

§ 280 Abs. 3 BGB verweist auf die §§ 281, 282, 283 BGB. Für die Fälle des § 275 BGB ist nur § 283 Satz 1 BGB anwendbar. Die Voraussetzungen des § 283 Satz 1 BGB liegen vor, s. o.

Damit hat Willi einen Anspruch auf Schadensersatz statt der Leistung gegen Tina aus §§ 280 Abs. 1 u. 3, 283 Satz 1 i. V. m § 275 Abs. 4 BGB i. H. v. 500 Euro. Dies ist der entgangene Gewinn aus dem Weiterverkauf des Fiat.

Hinweis: Der Anspruch der Tina auf den Kaufpreis besteht nicht mehr, vgl. Beispiel 1.

Bei Beispiel 2 handelt es sich ebenfalls um eine nachträgliche, objektive Unmöglichkeit. Im Gegensatz zu Beispiel 1 hat der Schuldner (Tina) die Unmöglichkeit zu vertreten.

Beispiel 3:
Tina hat mit Willi einen Kaufvertrag über ihren Fiat 500 zum Preis von 500 Euro geschlossen. Die Übereignung des Pkw soll erst in einigen Tagen erfolgen. Kurz nach Abschluss des Kaufvertrages, aber vor Übergabe des Autos verursacht Willi einen Brand im Schuppen, indem er ein Streichholz achtlos wegwirft. Bei dem Brand wird der Fiat zerstört. Willi hat keinen Anspruch auf Übereignung des Fiat, vgl. § 275 Abs. 1 BGB.

Kann Tina von Willi den Kaufpreis von 500 Euro verlangen?

Tina könnte einen Anspruch auf Kaufpreiszahlung gegen Willi aus § 433 Abs. 2 BGB haben. Tina wird von der Verpflichtung zur Leistung (Übergabe und Eigentumsverschaffung) gem. § 275 Abs. 1 BGB frei. Grundsätzlich entfällt dann auch der Anspruch auf die Gegenleitung nach § 326 Abs. 1 BGB. § 326 Abs. 1 Satz 1 BGB bestimmt: „Braucht der Schuldner (Tina) nach § 275 Abs. 1 bis 3 nicht zu leisten, entfällt der Anspruch auf die Gegenleistung". Demnach wäre Willi von seiner Leistungspflicht aus § 433 Abs. 2 BGB befreit.

Im vorliegenden Fall greift die Ausnahme des § 326 Abs. 2 Satz 1 Alt. 1 BGB ein. Willi (Gläubiger) ist für den Umstand, der Tina die Leistung unmöglich macht, allein oder weit überwiegend verantwortlich. Damit behält Tina ihren Anspruch auf die Gegenleistung, den Kaufpreis.

Willi ist Gläubiger bzgl. der Übergabe und Eigentumsverschaffung. Tina ist Schuldnerin und war auf Grund § 275 Abs. 1 BGB von dieser Leistungspflicht befreit, weil die Leistung unmöglich geworden ist. Willi ließ die im Verkehr erforderliche Sorgfalt außer Acht, als er das Streichholz achtlos wegwarf und handelte somit fahrlässig, § 276 Abs. 2 BGB. Demnach ist er für den Brand und damit die Pflichtverletzung allein verantwortlich.

Tina hat einen Anspruch auf Zahlung des Kaufpreises gegen Willi aus § 433 Abs. 2 BGB.

Wie aus den obigen Ausführungen erkennbar ist, liegt bei Beispiel 3 wiederum eine nachträgliche, objektive, Unmöglichkeit vor. Hier nun hat der Gläubiger die Unmöglichkeit zu vertreten.

Wichtig:
Die Norm des § 326 BGB beschäftigt sich zwar mit der Gegenleistung bei einem gegenseitigen Vertrag im Falle einer Unmöglichkeit. Die Begriffe „Gläubiger" und „Schuldner" beziehen sich aber auf die gestörte Leistung! Hier geschehen sehr oft Fehler.

Beispiel:
In den Fällen 1 bis 3 ist die gestörte Leistung die Verpflichtung zur Übereignung des Fiat. Schuldner dieses Übereignungsanspruchs ist Tina; Gläubiger dieses Übereignungsanspruchs ist Willi.

Anfängliche Unmöglichkeit

Für die anfängliche Unmöglichkeit stellt § 311a Abs. 2 BGB eine eigenständige Anspruchsgrundlage für den Fall der anfänglichen Unmöglichkeit dar. § 275 Abs. 4 BGB verweist daher auch auf § 311a BGB. Die Anspruchslage ist gerichtet auf Schadensersatz statt auf die Leistung bei Vorliegen eines Leistungshindernisses bei Vertragsschluss.

Voraussetzungen sind:

1. Wirksamer Vertrag
2. ein anfängliches Leistungshindernis gem. § 275 Abs. 1 bis 3 BGB
3. Leistungshindernis lag bei Vertragsschluss vor.
4. § 311a Abs. 2 Satz 2 BGB, Schuldner kannte das Leistungshindernis oder er hat seine Unkenntnis zu vertreten, §§ 276, 278 (Umkehrschluss aus § 311a Abs. 2 Satz 2 BGB)

Die **Rechtsfolge** ist Schadensersatz statt der Leistung oder Aufwendungsersatz.

Beispiel 1:
Tina hat auf ihrer Geschäftsreise einen Kaufvertrag mit Willi über ihren Fiat 500 zum Preis von 500 Euro geschlossen. Tina war allerdings unbekannt, dass kurz vor Vertragsschluss der Fiat durch einen Brand zerstört worden war. Willi hatte Telefon und Faxkosten in Höhe von 10 Euro. Er hätte das Auto für 1 000 Euro weiterverkaufen können.

Was kann Willi verlangen?

Willi könnte einen Anspruch auf Schadensersatz statt der Leistung gegen Tina aus § 311a Abs. 2 BGB i. V. m. § 275 Abs. 4 BGB haben. § 311a Abs. 2 Satz 1 BGB regelt die Rechtsfolge, die entsteht, wenn ein Vertrag auf eine von vornherein unmögliche Leistung gerichtet ist. Es wird ausdrücklich ein Anspruch auf Schadensersatz statt der Leistung, also das positive Interesse gewährt. Anstelle des Schadensersatzes statt der Leistung kann der Gläubiger Ersatz der Aufwendungen verlangen, § 284 BGB.

Zu beachten ist jedoch § 311a Abs. 2 Satz 2 BGB. Dieser stellt klar, dass der Anspruch auf Schadensersatz statt der Leistung bzw. Aufwendungsersatz entfällt, wenn der Schuldner das Leistungshindernis bei Vertragsschluss nicht kannte und seine Unkenntnis auch nicht zu vertreten hat.

Zwischen Willi und Tina ist ein Kaufvertrag zustande gekommen. Tina ist die Leistung unmöglich geworden, § 275 Abs. 1 BGB. Bereits bei Vertragsschluss lag das „Leistungshindernis", hier die Unmöglichkeit vor. Grundsätzlich haftet zwar Tina gemäß § 311a Abs. 2 Satz 1 BGB auf Schadensersatz statt der Leistung: Hier greift nun die Ausnahme des § 311a Abs. 2 Satz 2 BGB. Tina wusste zum Zeitpunkt des Vertragsabschlusses nichts von der Zerstörung ihres Autos. Dieses „Nichtwissen" hat sie auch nicht zu vertreten, sie handelte weder fahrlässig noch vorsätzlich, § 276 BGB. Somit scheidet ein Anspruch auf Schadensersatz statt der Leistung aus § 311a Abs. 2 Satz 1 BGB aus. Mit der gleichen Begründung ist der Aufwendungsersatz für die Telefon u. Faxkosten in Höhe von 10 Euro abzulehnen.

Bei Beispiel 1 liegt eine anfängliche Unmöglichkeit vor, weil die Unmöglichkeit bereits bei Vertragsschluss gegeben war. Die Unmöglichkeit ist objektiv, weil niemand mehr die Leistung erbringen kann. Weder der Gläubiger noch der Schuldner haben die Unmöglichkeit zu vertreten, daher ist sie von keinem zu vertreten.

Beispiel 2:
Tina hat mit Willi einen Kaufvertrag über ihren Fiat 500 zum Preis von 500 Euro geschlossen. Eine halbe Stunde vor Vertragsschluss war der Fiat aus dem gesicherten Schuppen von einem Dieb gestohlen worden. Willi hätte den Fiat für 1 000 Euro weiterverkaufen können.

Was kann Willi von Tina verlangen?

1. *Der Anspruch des Willi gegen Tina auf Übergabe und Eigentumsverschaffung aus § 433 Abs. 1 BGB ist gem. § 275 Abs. 1 BGB ausgeschlossen, s. o.*
2. *Willi könnte einen Anspruch auf Schadensersatz gegen Tina aus § 311a Abs. 2 Satz 1 i. V. m. § 275 Abs. 4 BGB haben.*

Zwischen Tina und Willi ist ein Kaufvertrag zustande gekommen. Tina ist von der Verpflichtung zur Leistung gem. § 275 Abs. 1 BGB frei. Zum Zeitpunkt des Vertragsschlusses bestand das Leistungshindernis bereits.

Grundsätzlich liegen die Voraussetzungen des § 311a Abs. 2 Satz 1 BGB vor. Zu beachten ist jedoch wieder Absatz 2 Satz 2 des § 311a. Demnach haftet der Schuldner nicht, wenn er das Leistungshindernis nicht kannte und seine Unkenntnis nicht zu vertreten hat. Tina wusste nichts von dem Diebstahl. Da der Diebstahl erst eine halbe Stunde vor Vertragsschluss stattfand, kann man auch nicht von einem Vertretenmüssen ausgehen. Damit scheidet ein Anspruch auf Schadensersatz statt der Leistung aus § 311a Abs. 2 Satz 1 BGB aus.

Bereits bei Entstehung des Schuldverhältnisses lag die Unmöglichkeit vor. Im Gegensatz zum vorhergehenden Beispiel 1 handelt es sich bei Beispiel 2 um eine subjektive Unmöglichkeit, da nur der Schuldner nicht leisten kann. Der Dieb hingegen könnte leisten. Vertretenmüssen kann keiner Vertragspartei angelastet werden. Daher liegt eine anfängliche, subjektive, nicht zu vertretende Unmöglichkeit vor.

Beispiel 3:
Gleicher Fall wie oben, nur war Tina seit mehreren Wochen nicht mehr bei ihrem Auto. Das Auto war in einer öffentlich zugänglichen Tiefgarage abgestellt.

1. *Der Anspruch des Willi gegen Tina auf Übergabe und Eigentumsverschaffung aus § 433 Abs. 1 BGB ist gem. § 275 Abs. 1 BGB ausgeschlossen, s. o.*
2. *Willi könnte einen Anspruch auf Schadensersatz gegen Tina aus § 311a Abs. 2 Satz 1 i. V. m. § 275 Abs. 4 BGB haben.*

Zwischen Tina und Willi ist ein Kaufvertrag zustande gekommen. Tina ist von der Verpflichtung zur Leistung gem. § 275 Abs. 1 BGB frei. Zum Zeitpunkt des Vertragsschlusses bestand das Leistungshindernis bereits. Grundsätzlich liegen die Voraussetzungen des § 311a Abs. 2 Satz 1 BGB vor.

Fraglich ist, ob hier auch der Abs. 2 Satz 2 des § 311a greift. Demnach haftet der Schuldner nicht, wenn er das Leistungshindernis nicht kannte und seine Unkenntnis nicht zu vertreten hat. Tina wusste nichts von dem Diebstahl. Sie muss sich aber Fahrlässigkeit gem. § 276 BGB zurechnen lassen. Es entspricht der im Verkehr erforderlichen Sorgfalt, sich von dem Vorhandensein bzw. vom Zustand der Kaufsache, hier des Fiats, zu überzeugen. Indem Tina mehrere Monate nicht nach ihrem in einer öffentlichen Tiefgarage stehenden Auto gesehen hatte, ließ sie diese Sorgfalt außer Acht.

Sie hat damit ihre Unkenntnis des Leistungshindernisses zu vertreten und haftet aus § 311a Abs. 2 Satz 1 BGB auf Schadensersatz statt der Leistung in Höhe von 500 Euro.

Übersicht zur Unmöglichkeit

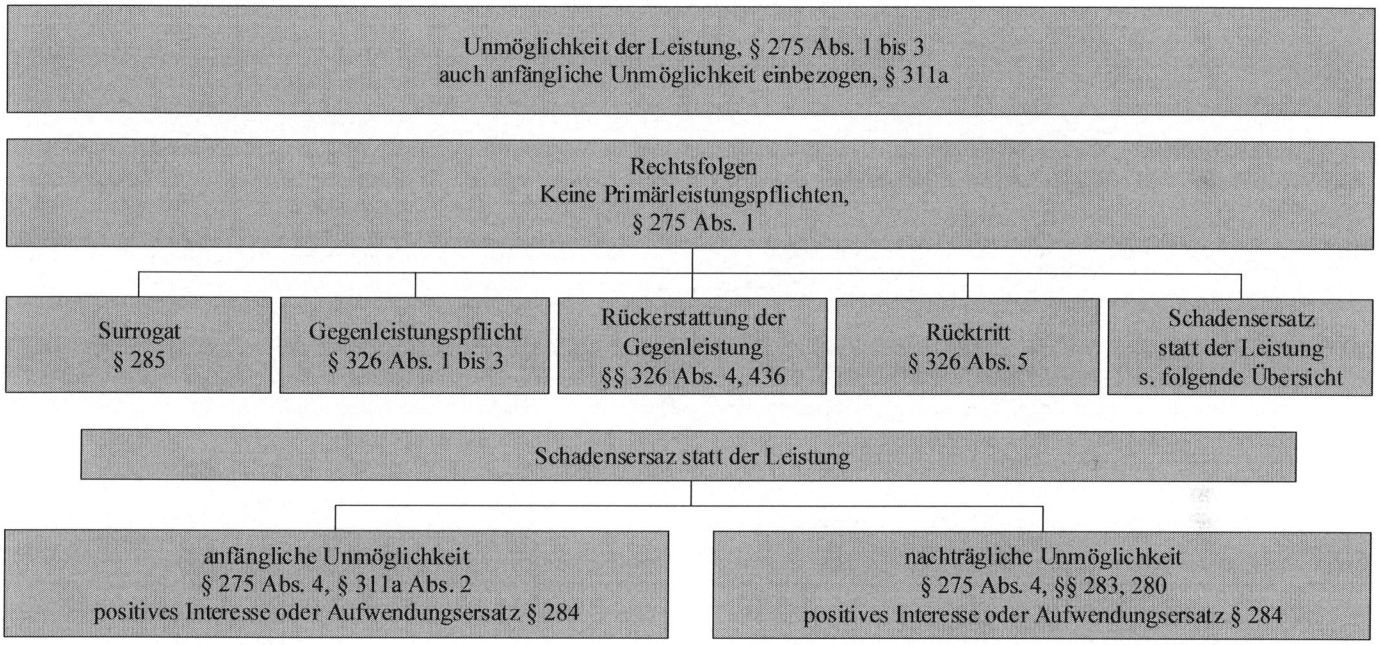

2.4.2.2 Schuldnerverzug

Schuldnerverzug setzt eine **schuldhafte Nichtleistung** trotz **Fälligkeit** und **Mahnung** voraus.

Schuldnerverzug liegt dann vor, wenn die Leistung infolge Versäumnisses des Schuldners nicht rechtzeitig erfolgt. Die Abgrenzung zur Unmöglichkeit liegt darin, dass bei der Unmöglichkeit zwar ebenfalls bei Fälligkeit eine Leistung nicht erbracht wird, diese allerdings im Gegensatz zum Schuldnerverzug auch nicht mehr nachholbar ist.

Liegen die Voraussetzungen des Schuldnerverzuges vor, so kann der Gläubiger nach §§ 280 Abs. 1 u. 2, 286 BGB vom Schuldner den **Ersatz des Verzugsschadens** verlangen. Verzugsschaden ist der Schaden, der auf Grund der Verzögerung entstanden ist. Dabei ist zu beachten, dass dem Gläubiger nach wie vor der Anspruch auf Erfüllung der Leistungspflichten erhalten bleibt.

Anspruchsgrundlage für den Ersatz des Verzugsschadens ist § 280 Abs. 1, 2 BGB. Es muss also ein Schuldverhältnis bestehen.

Die **Pflichtverletzung** ist die verspätete Leistung, d. h. das Nichterbringen der Leistung trotz Fälligkeit. Es sei denn, dass der Schuldner die Pflichtverletzung i. S. d. § 276 BGB nicht zu vertreten hat gem. § 280 Abs. 1 Satz 2 BGB.

Außer dem Nichterbringen der Leistung trotz Fälligkeit muss das Vorliegen des **Schuldnerverzuges** geprüft werden gem. §§ 280 Abs. 2, 286 BGB.

Der Schuldnerverzug setzt eine **Mahnung** voraus, § 286 Abs. 1 Satz 1 BGB. Dabei handelt es sich um eine formlose, einseitige, empfangsbedürftige Aufforderung an den Schuldner, die Leistung zu erbringen.

Die Mahnung ist aber gem. § 286 Abs. 2 BGB entbehrlich,

- wenn gem. Nr. 1 für die Leistung eine Zeit nach dem Kalender bestimmt ist oder
- gem. Nr. 2, wenn der Leistung ein Ereignis vorauszugehen hat und eine angemessene Zeit für die Leistung in der Weise be-

stimmt ist, dass sie sich von dem Ereignis an nach dem Kalender berechnen lässt oder,

- wenn der Schuldner gem. Nr. 3 die Leistung ernsthaft und endgültig verweigert oder
- gem. Nr. 4, wenn aus besonderen Gründen unter Abwägung der beiderseitigen Interessen der sofortige Eintritt des Verzuges gerechtfertigt ist.
- Nach § 286 Abs. 3 BGB kommt der Schuldner einer Entgeltforderung spätestens in Verzug, wenn er nicht innerhalb von 30 Tagen nach Fälligkeit und Zugang einer Rechnung oder gleichwertigen Zahlungsaufstellung leistet. Dies gilt gegenüber einem Schuldner, der Verbraucher ist, nur, wenn der Verbraucher (vgl. § 13 BGB) auf diese Folgen in der Rechnung oder Zahlungsaufstellung besonders hingewiesen worden ist.

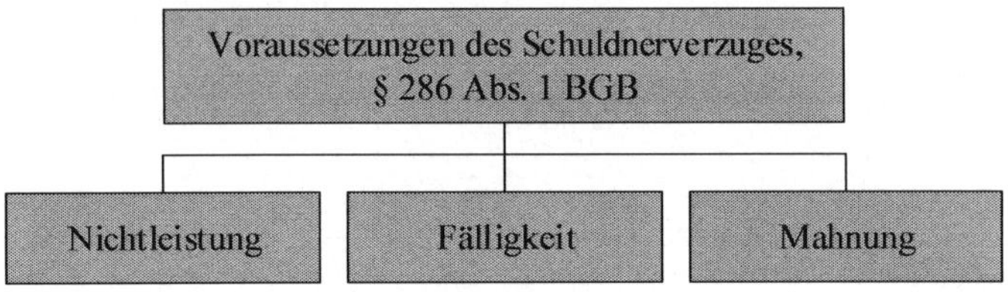

Rechtsfolge des Verzuges ist gem. §§ 280 Abs. 1 u. 2, 286 BGB der **Ersatz des Verzögerungsschadens**. Verzögerungsschaden ist der Schaden, der entstanden ist, weil die Leistung nicht rechtzeitig erbracht wurde, s. hierzu Beispiel 1.

Handelt es sich um eine Geldschuld, so ist Rechtsfolge des Verzuges die **Verzinsung** gem. § 288 BGB. Dabei unterscheidet sich der Zinssatz. § 288 Abs. 1 BGB ist der Grundfall. Der Zinssatz erhöht sich bei Rechtsgeschäften, an denen ein Verbraucher nicht beteiligt ist. § 288 Abs. 2 BGB. Der in § 288 Abs. 1 u. 2 BGB genannte Basiszinssatz wird in § 247 BGB definiert. Beachte: Er verändert sich jeweils zum 1. Januar und 1. Juli eines Jahres.

Eine weitere Folge des Schuldnerverzugs kann der Untergang eines Anspruches durch **Rücktritt vom Vertrag** sein, hierzu Beispiel 2, wobei § 323 Abs. 1 BGB nur den Rücktritt wegen Pflichtverletzungen aus einem gegenseitigen Vertrag regelt!

Beispiel 1:
Hans leiht Georg sein Auto für eine Woche. Nach Ablauf der Woche hat Georg das Auto nicht zurückgegeben. Daraufhin mahnt Hans Georg. Dieser gibt Hans das Auto trotzdem nicht zurück. Hans muss, da er sein Fahrzeug benötigt, einen Mietwagen nehmen. Dadurch entstehen ihm Kosten i. H. v. 300 Euro.

Kann Hans von Georg Schadensersatz i. H. v. 300 Euro verlangen?

Hans könnte einen Schadensersatzanspruch gegen Georg aus §§ 280 Abs. 1 und Abs. 2, 286 BGB haben.

Voraussetzung hierfür ist das Vorliegen des Tatbestandes des § 280 Abs. 1 BGB. Zwischen Hans und Georg war ein Leihvertrag (§ 598 BGB) über das Auto zustande gekommen. Nach § 604 BGB ist Georg zur Rückgabe des Autos verpflichtet. Diese Rückgabepflicht hat Georg verletzt, indem er Hans das Auto nicht nach einer Woche zurückgegeben hat. Die Leistung (Rückgabe) war nach einer Woche fällig.

Georg hat die Nichtleistung nach §§ 276, 280 Abs. 1 Satz 2 BGB auch zu vertreten, da er durch das „Vergessen" die im Verkehr erforderliche Sorgfalt außer Acht gelassen und somit fahrlässig nach § 276 Abs. 2 BGB gehandelt hat.

§ 280 Abs. 2 BGB bestimmt, dass im Falle des Schadensersatzes wegen Verzögerung der Leistung die zusätzlichen Voraussetzungen des § 286 BGB vorliegen müssen.

Grundsätzlich hätte Hans gem. § 286 Abs. 1 Satz 1 mahnen müssen. Die Mahnung war aber gem. § 286 Abs. 2 Nr. 1 BGB entbehrlich, da für die Leistung (Rückgabe des Autos nach einer Woche) eine Zeit nach dem Kalender bestimmt war.

Hans verlangt Ersatz des Schadens, der durch die Verspätung entstanden ist. Hätte Georg rechtzeitig geleistet, so wäre Hans nicht gezwungen gewesen, ein Mietfahrzeug für 300 Euro zu nehmen. Es handelt sich daher bei den Mietwagenkosten um einen Verzögerungsschaden.

Im Ergebnis kann Hans von Georg Schadensersatz i. H. v. 300 Euro verlangen.

Beispiel 2:
Ladenbesitzerin Uhl bestellt beim Winzer Neumann fünf Kartons Wein. Neumann liefert aber die bestellte Ware nicht. Uhl möchte sofort vom Kaufvertrag zurücktreten, da Winzer Müller ohnehin einen vergleichbaren Wein zu einem günstigeren Preis liefern kann.

Neumann hat nach Vertragsschluss neben dem Anspruch auf Kaufpreiszahlung einen Anspruch auf Abnahme der Sache aus § 433 Abs. 2 BGB. Dieser Anspruch könnte jedoch durch Rücktritt der Uhl untergegangen sein.

Voraussetzungen für den Rücktritt ist eine Rücktrittserklärung, § 349 BGB, sowie das Vorliegen einer Rücktrittsnorm.

§ 323 Abs. 1 BGB setzt voraus, dass zwischen Uhl und Neumann ein gegenseitiger Vertrag vorliegt. Beide schlossen einen Kaufvertrag nach § 433 BGB. Beim Kaufvertrag stehen Leistung und Gegenleistung in einem Abhängigkeitsverhältnis; der Kaufvertrag ist daher ein gegenseitiger Vertrag. Weiterhin müsste Neumann eine fällige Leistung nicht oder nicht vertragsgemäß erbracht haben. Die Leistung war nach § 271 BGB sofort fällig, da keine anderweitige Vereinbarung getroffen wurde. Die Leistung, Lieferung der fünf Weinkartons, wurde nicht erbracht. Grundsätzlich müsste Uhl Neumann eine angemessene Frist zur Leistung gesetzt haben. Dies hat Uhl nicht getan.

Die Fristsetzung ist auch nicht nach § 323 Abs. 2 Nr. 1 u. 2 entbehrlich, da weder eine Leistungsverweigerung des Neumann, noch ein Termin zur Leistung bestimmt war. Entbehrlichkeit der Fristsetzung nach § 323 Abs. 2 Nr. 3 BGB scheidet hier gleichfalls aus. Die Möglichkeit sofort einen vergleichbaren Wein sogar günstiger zu erhalten stellt keine besonderen Umstände dar, die den sofortigen Rücktritt rechtfertigen würden.

Anders wäre der Fall gelagert, wenn Uhl Neumann deutlich gemacht hätte. dass sie den Wein zu einem bestimmten Termin brauche, z. B. als Hochzeitsgeschenk.

Im Ergebnis hat Neumann einen Anspruch auf Kaufpreiszahlung und Abnahme der Sache gegen Uhl aus § 433 Abs. 2 BGB.

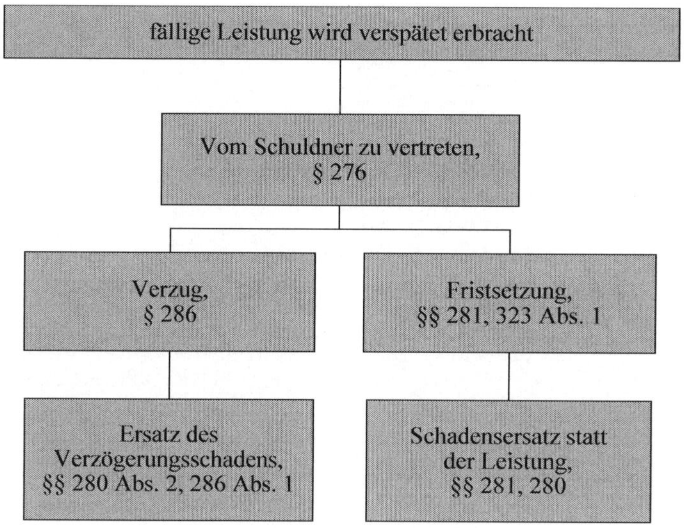

2.4.2.3 Schadensersatz bei Nicht- und Schlechtleistung

Eine Pflichtverletzung liegt vor, soweit es um die **Verletzung von Haupt-, Nebenleistungspflichten** oder von **nichtleistungsbezogenen Nebenpflichten** geht. Pflichten aus einem Schuldverhältnis sind die (echten) vertraglichen Nebenpflichten, die der Erfüllung des spezifisch vertraglichen Leistungsinteresses des Gläubigers dienen.

Auch die (bloßen) Schutzpflichten, die der Bewahrung der sonstigen Rechte und Güter vor Schäden des Gläubigers dienen, fallen unter den Begriff „Pflicht" i. S. d. § 280 Abs. 1 BGB und führen damit zu einem möglichen Schadensersatzanspruch.

Die Unterscheidungsschwierigkeiten bei den Begriffspaaren mittelbarer Schaden, unmittelbarer Schaden sowie Mangelschaden und Mangelfolgeschaden werden durch § 280 Abs. 1 Satz 1 BGB erleichtert.

Findet sich im speziellen Schuldverhältnis keine Regelung über die Schlechtleistung, so ergibt sich der Anspruch auf Schadensersatz wegen eines Schadens, der auf der Mangelhaftigkeit der Leistung beruht (kleiner Schadensersatz), aus §§ 280 Abs. 1 Satz 1, Abs. 3, 281 Abs. 1 BGB.

Ein großer Schadensersatzanspruch ist unter den weiteren Voraussetzungen des § 281 Abs. 1 Satz 3 möglich, allerdings muss die **Pflichtverletzung erheblich** sein.

Schadensersatz bei Nebenpflichtverletzungen ergibt sich aus §§ 280 Abs. 1, 241 Abs. 2 BGB, vgl. hierzu das Fallbeispiel zur Schadensersatzpflicht bei Schlechtleistung.

Beispiel:

Gernot Müller stellt fest, dass der Heizkörper in seinem Büro nicht funktioniert. Daraufhin schließt Gernot Müller einen Werkvertrag mit dem ortsansässigen Installateur Silbermann über die Reparatur des Heizkörpers. Bei der Entlüftung des Heizkörpers schlägt Silbermann versehentlich mit seinem schweren Werkzeugkoffer gegen einen Monitor, der auf dem Schreibtisch im Büro Müllers steht. Der Monitor wird beschädigt.

Kann Gernot Müller von Silbermann Schadensersatz verlangen?

Gernot Müller könnte einen Anspruch auf Schadensersatz gegen Silbermann aus §§ 280 Abs. 1, 241 Abs. 2 BGB haben.

1. *Silbermann müsste eine Pflicht aus einem Schuldverhältnis verletzt haben. Zwischen Silbermann und Gernot Müller besteht ein Werkvertrag über die Reparatur des Heizkörpers. Dadurch ist ein Schuldverhältnis auch mit Pflichten gem. § 241 Abs. 2 BGB entstanden. Aus dem Werkvertrag ergibt sich nicht nur die Pflicht, das versprochene Werk herzustellen, § 631 Abs. 1 BGB, sondern die Vertragspartner haben auch weitere Pflichten bzgl. der Rechtsgüter des anderen. Zu den Pflichten aus dem Schuldverhältnis gehören auch Schutz-, Fürsorge-, Obhuts- und Sorgfaltspflichten. Bei der Reparatur des Heizkörpers im Büro hat der Unternehmer gerade gegenüber dem Besteller Sorgfaltspflichten zu beachten, die auch dessen Eigentum umfassen. Diese Pflicht wurde durch das Anstoßen mit dem Werkzeugkoffer verletzt.*

2. *Silbermann müsste die Pflichtverletzung schuldhaft begangen haben. Silbermann war unaufmerksam. Er hat die im Verkehr erforderliche Sorgfalt außer Acht gelassen, §276 Abs. 2 BGB. Durch die schuldhafte Pflichtverletzung ist Gernot Müller ein Schaden entstanden, da der Desktop beschädigt wurde.*

   Hinweis: In vielen Fällen wird der Unternehmer nicht selbst handeln, sondern seinen Angestellten zur Erfüllung der vertraglichen Pflichten senden. Das Verschulden des Angestellten wird dann dem Unternehmer zugerechnet, vgl. dazu unten unter 2.4.6.

Im Ergebnis hat Gernot Müller einen Anspruch auf Schadensersatz gegen Silbermann aus §§ 280 Abs. 1, 241 Abs. 2, 278 BGB.

Grundschema Schadensersatz wegen einer objektiven Pflichtverletzung	
Voraussetzungen:	Rechtsfolgen:
Schadensersatz gem. § 280 Abs. 1 BGB	
1. Schuldverhältnis – vertraglich, § 311 Abs. 1 BGB oder – vorvertraglich § 311 Abs. 2 u. 3 oder – gesetzlich – bei Nicht- u. Schlechtleistung, § 281 BGB – bei Verletzung einer Nebenpflicht, § 282 – bei Unmöglichkeit, § 283 BGB 2. Verletzung einer objektiven Pflicht aus dem Schuldverhältnis – Verletzung von Leistungslichten – Verletzung von Nebenpflichten, § 241 Abs. 2 BGB 3. Keine Entlastung des Schuldners (zu vertreten), § 280 Abs. 1 Satz 2 BGB	• Ersatz des durch die Pflichtverletzung entstandenen Schadens • Verzögerungsschaden • Schadensersatz statt der Leistung, §§ 281, 282, 283 BGB – Bei Nichts- u. Schlechtleistung, § 281 BGB – Bei Verletzung einer Nebenpflicht, § 282 BGB – Bei Unmöglichkeit, § 283 BGB

Voraussetzungen:	Rechtsfolgen:
Ersatz des Verzögerungsschadens, § 280 Abs. 1 BGB	
1. Schuldverhältnis 2. Pflichtverletzung wegen verspäteter Leistung, § 280 Abs. 1 BGB 3. Schuldnerverzug, §§ 280 Abs. 2, 286 BGB 4. Keine Entlastung des Schuldners (zu vertreten), § 280 Abs. 1 Satz 2 BGB	– Ersatz des Verzögerungsschadens – Verzinsung bei Geldforderungen, § 288 BGB
Schadensersatz wegen Nicht- oder Schlechtleistung, § 280 Abs. 1 i. V. m. § 281 BGB	
1. Schuldverhältnis 2. Pflichtverletzung (Nicht- oder Schlechtleistung), §§ 280 Abs. 1 BGB 3. Erfolgloser Ablauf einer dem Schuldner gesetzten Frist, § 281 Abs. 1 Satz 1 BGB oder Entbehrlichkeit der Fristsetzung gem. § 281 Abs. 2 BGB 4. Keine Entlastung des Schuldners (zu vertreten), § 280 Abs. 1 Satz 2 BGB	– Schadensersatz statt der Leistung
Schadensersatz statt der Leistung bei anfänglicher Unmöglichkeit, § 311a Abs. 2 BGB	
1. Schuldverhältnis 2. Anfängliches Leistungshindernis, § 275 Abs. 1 bis 3 BGB 3. Keine Entlastung des Schuldners (zu vertreten), § 311a Abs. 2 Satz 2 BGB	– Schadensersatz statt der Leistung oder – Aufwendungsersatz
Schadensersatz statt der Leistung bei nachträglicher Unmöglichkeit, § 280 Abs. 1 i. V. m. § 283 BGB	
1. Schuldverhältnis 2. Pflichtverletzung, §§ 280 Abs. 1, 283 BGB 3. Unmöglichkeit gem. § 275 Abs. 1 bis 3 BGB 4. Keine Entlastung des Schuldners (zu vertreten), § 280 Abs. 1 Satz 2 BGB	– Schadensersatz statt der Leistung
Schadenersatz statt der Leistung bei einer Nebenpflichtverletzung, § 280 Abs. 1 i. V. m. § 282 BGB	
1. Schuldverhältnis 2. Pflichtverletzung nach § 241 Abs. 2 BGB – hier nichtleistungsbezogene Nebenpflicht – 3. Leistung ist dem Gläubiger nicht mehr zumutbar 4. Keine Entlastung des Schuldners (zu vertreten), § 280 Abs. 1 Satz 2 BGB	– Schadensersatz statt der Leistung

2.4.2.4 Schadensersatz im Vorfeld eines Vertrages (vorvertragliches Schuldverhältnis)

Bereits vor Vertragsschluss kann eine Beziehung zwischen den Beteiligten entstehen, die es nahelegt, diese wie Vertragspartner einer **vertragsähnlichen Haftung** zu unterwerfen.

Nach § 311 Abs. 2 BGB entsteht ein Schuldverhältnis mit Pflichten auch durch

1. die Aufnahme von Vertragshandlungen,
2. die Anbahnung eines Vertrages oder
3. ähnliche geschäftliche Kontakte

Durch § 311 Abs. 3 BGB wird klargestellt, dass ein Schuldverhältnis auch mit dritten Personen, die nicht Vertragspartner werden sollen, entstehen kann.

§ 311 Abs. 2 Nr. 1 BGB setzt ein vertragsähnliches Vertrauensverhältnis voraus. Ein solches Vertrauensverhältnis ist das „Rechtsverhältnis der Vertragsverhandlungen". Das Schuldverhältnis entsteht durch den Beginn der Vertragsverhandlungen und endet bei Beendigung der Verhandlungen oder mit Abschluss des Vertrages. Primäre Leistungspflichten können sich aus dem Schuldverhältnis nicht ergeben, weil eben gerade noch kein Vertrag und damit keine Pflichten aus dem Vertrag entstanden sind. Es bleiben aber Pflichten, die den Schutz der Rechtsgüter des anderen Teils gewährleisten sollen, z. B. Rücksichts-, Fürsorge- und Sorgfaltspflichten, vgl. Wortlaut „Schuldverhältnis mit Pflichten nach § 241 Abs. 2".

Durch die in § 311 Abs. 2 Nr. 2 BGB festgelegte Anbahnung eines Vertrages wird auch die **Kontaktaufnahme** zwischen potenziellen Vertragspartnern in den Schutzbereich einbezogen. Kontakte, bei denen z. B. noch kein Vertrag angebahnt, ein solcher aber vorbereitet werden soll, werden durch § 311 Abs. 2 Nr. 3 BGB erfasst.

§ 311 Abs. 3 Satz 1 BGB bestimmt, dass ein vertragliches Schuldverhältnis auch mit Personen entstehen kann, die nicht selbst Vertragspartei werden sollen.

Beispiel:
Begleitet bspw. der Sohn seinen Vater bei einem Besuch der Ausstellungsräume eines Fahrzeugherstellers und dem Sohn entsteht ein Schaden durch herumliegendes Werkzeug, so ist über § 311 Abs. 3 BGB zwischen dem Sohn und dem Aussteller ein Schuldverhältnis entstanden.

Dem System der zentralen Anspruchsgrundlage folgend ist § 280 Abs. 1 BGB einschlägig bei Pflichtverletzungen im Rahmen eines Schuldverhältnisses des § 311 Abs. 2 BGB. § 241 Abs. 2 ist über § 311 Abs. 2 BGB Grundlage für die Haftung aus einem vorvertraglichen Schuldverhältnis.

Der Schuldner ist zum Ersatz des durch die Pflichtverletzung entstandenen Schadens verpflichtet. Es sei denn, er hat diese nicht zu vertreten.

Beispiel:
Sigi Sorglos trifft sich mit Benno Bauer, um sich über dessen Garage zu informieren, da Sorglos diese evtl. mieten möchte. Bei der Besichtigung der Garage schwingt das Garagentor wegen eines Windstoßes nach unten. Dabei erleidet Sorglos Verletzungen an der Schulter. Bauer hatte aus Unachtsamkeit das Garagentor nicht ordnungsgemäß gesichert. Kann Sigi von Bauer Ersatz der Behandlungskosten verlangen?

Sigi könnte einen Anspruch auf Ersatz der Behandlungskosten gegen Bauer aus §§ 280 Abs. 1, 311 Abs. 2 Nr. 2, 241 Abs. 2 BGB haben. Dafür müssen folgende Voraussetzungen vorliegen.

1. *Bauer müsste eine Pflicht aus einem Schuldverhältnis verletzt haben. Zwischen Sigi und Bauer liegt die Anbahnung eines Vertrages vor, § 311 Abs. 2 Nr. 2 BGB. Bauer hat Sorglos die Garage in Hinblick auf einen eventuellen Vertragsschluss gezeigt. Dadurch ist ein Schuldverhältnis i. S. d. § 241 Abs. 2 entstanden.*

2. *Bauer müsste eine daraus resultierende Pflicht schuldhaft verletzt haben. Zu den Pflichten aus dem Schuldverhältnis gehören u. a. Fürsorge-, Schutz- und Sorgfaltspflichten. So muss Sorglos Mietinteressenten vor Schäden schützen.*

3. *Zum Vertretenmüssen: Bauer müsste schuldhaft gehandelt haben. Indem er das Garagentor nicht ordnungsgemäß sicherte, ließ er die im Verkehr erforderliche Sorgfalt außer Acht und handelte fahrlässig gem. § 276 Abs. 2 BGB.*

4. *Durch die Verletzung der Fürsorge- und Sorgfaltspflichten ist Sigi ein Schaden in Form der Behandlungskosten entstanden. Diese kann er von Bauer ersetzt verlangen. Art und Umfang richten sich nach den §§ 249 ff. BGB.*

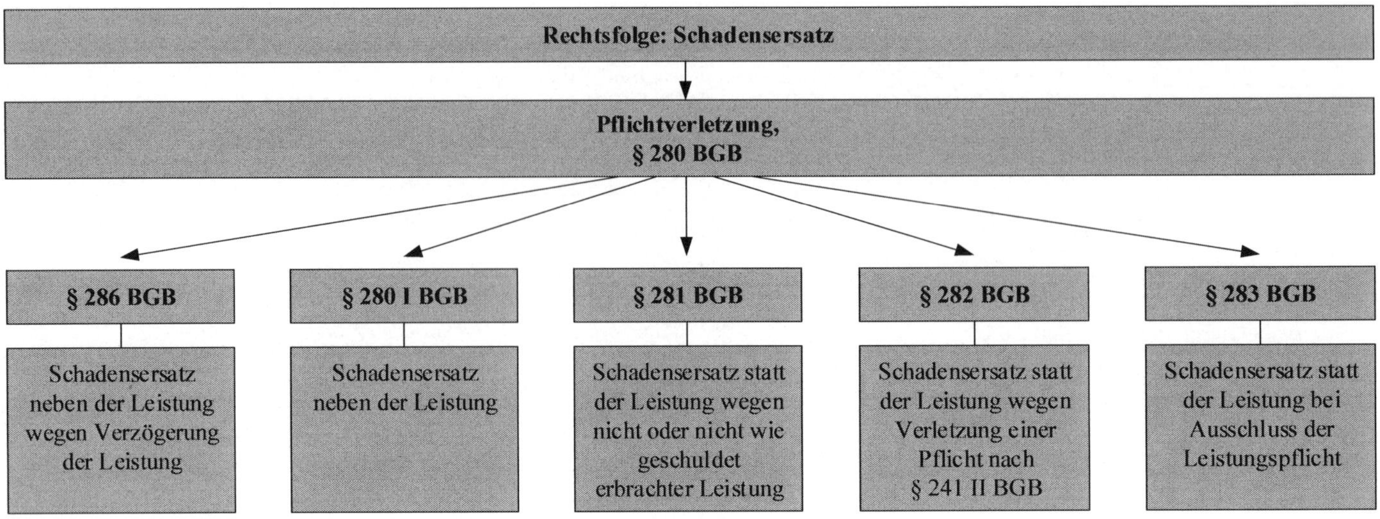

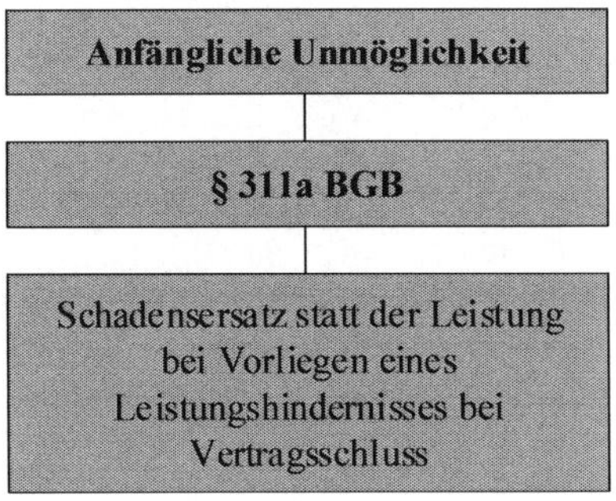

2.4.2.5 Gläubigerverzug (Annahmeverzug)

Der Gläubigerverzug ist eine weitere Störung im Schuldverhältnis. Nicht nur der Schuldner kann Pflichten verletzen, ebenso kann der Gläubiger den Schuldner an der Leistungserbringung hindern.

Die §§ 293 ff. BGB regeln Voraussetzungen und Folgen des Gläubigerverzuges.

Die Voraussetzungen sind:

- Der Schuldner muss zur Leistung berechtigt sein,
- er muss zur Leistung bereit und imstande sein,
- er muss die Leistung angeboten haben.
- Der Gläubiger hat die ihm angebotene Leistung nicht angenommen.

Folgen des Gläubigerverzuges sind:

- Haftungserleichterung gem. § 300 Abs. 1 BGB für den Schuldner. Während des Annahmeverzuges hat der Schuldner nur für Vorsatz und grobe Fahrlässigkeit einzustehen.
- Bei Gattungsschulden geht die Leistungsgefahr auf den Gläubiger über, wenn er die angebotene Sache nicht annimmt, § 300 Abs. 2 BGB.
- Außerdem kann der Schuldner die Mehraufwendungen ersetzt verlangen, die ihm durch den Annahmeverzug entstanden sind, § 304 BGB.

Beispiel:
Der Käufer holt nicht, wie vereinbart, das gekaufte Auto beim Verkäufer ab.

Der Gläubigerverzug führt aber nicht zu einer Befreiung des Schuldners von seiner Leistungspflicht!

Testfragen

6. Bei welchen Leistungsstörungen ist § 275 BGB zu prüfen?
7. Nennen Sie die zentrale Anspruchsgrundlage für Pflichtverletzungen!
8. Was beinhaltet der Begriff der Pflichtverletzung?
9. Ist § 284 BGB eine Anspruchsgrundlage, falls ja, wofür?
10. Worauf ist der Schadensersatz bei Ansprüchen im Vorfeld eines Vertrages gerichtet?
11. Weshalb gibt es beim vorvertraglichen Schuldverhältnis keine primären Leistungspflichten?
12. Welche Rechtsnormen müssen zitiert werden, wenn ein Anspruch auf Ersatz des Verzögerungsschadens zu prüfen ist?
13. K interessiert sich für die Kochbücher „Britische Köstlichkeiten“ und „Herzhaftes aus Soho“ im Second Hand-Laden des V. Diese liegen ganz oben auf einem Regal. Als V die zwei Bände herausgreift, fallen mehrere Dutzend Bücher auf den Kopf des K. Dieser erleidet eine Platzwunde.

    Welche Ansprüche hat K?

    Bearbeitervermerk: Deliktsrecht ist nicht zu prüfen.
14. Victor hat Kurt seinen VW Käfer für 3000 Euro verkauft. Victor liefert nicht, weil er es aufgrund mehrerer anderer Termine vergessen hatte. Daher lässt Kurt ihn durch seinen Anwalt auffordern, seiner Pflicht zur Lieferung nachzukommen.

    Kann Kurt die Anwaltskosten von Victor verlangen?
15. Berta kauft Meißner Porzellan, um es gewinnbringend weiterzuverkaufen. Beim Stöbern im Verkaufsraum des Händlers Kurt entdeckt sie 2 Teetassen, die sie erwerben möchte, da sie vermutet, dass Thea, eine Kundin von ihr, diese für ihre Sammlung haben will. Berta will aber erst sicherheitshalber mit Thea sprechen. Berta und Kurt vereinbaren, dass Berta Blau abends Kurt Kunz auf seinem Handy anruft, da dieser wegen eines Außentermins nicht in seinem Geschäft erreichbar ist. Berta erreicht Kurt telefonisch am Abend und kauft beide Tassen. Beide wussten zu diesem Zeitpunkt allerdings nicht, dass vor dem Telefonat Diebe *eine* Tasse gestohlen hatten. In der Nacht kamen die Diebe zurück, brachen ein und stahlen die *andere* Tasse sowie weiteres Porzellan. Die Verkaufsräume waren bestmöglich gesichert.

    Berta verlangt von Kurt Ersatz des entgangenen Gewinns in Höhe von je 150 Euro pro Tasse.

    Kurt verlangt die Zahlung des Kaufpreises von Berta.

2.5 Schadensersatzpflicht

2.5.1 Schadensbegriff

Ist durch die Verletzung vertraglicher Pflichten oder durch unerlaubte Handlung ein Schaden entstanden und sind die Tatbestandsvoraussetzungen der konkreten Anspruchsgrundlage, also „dem Grunde nach“ gegeben, stellt sich die Frage, wie der Schaden ausgeglichen wird. Der Gesetzgeber hat in den §§ 249 ff. BGB allgemeine Regelungen für die Art und den Umfang des Schadenersatzes geschaffen. Beachte: Die §§ 249 ff. BGB sind keine Anspruchsgrundlage. Sie sind beschreibende Normen. Die Anspruchsgrundlage ergibt sich aus einer gesonderten Norm, z. B. § 280 Abs. 1 BGB oder § 823 Abs. 1 BGB.

Man versteht unter Schaden **jeden Nachteil, den jemand durch ein bestimmtes Ereignis an seinem Vermögen oder an seinen rechtlich geschützten Gütern erleidet** („unfreiwilliges Vermögensopfer“). Im BGB selbst findet sich keine Definition des Schadens, daher muss auf die Rechtsprechung zurückgegriffen werden.

Um den Schaden ermitteln zu können, wird vereinfacht ausgedrückt der gegenwärtige Zustand mit dem hypothetischen Zustand, der ohne das schädigende Ereignis bestünde, verglichen.

Beispiel:
Ohne den Zusammenstoß des Radfahrers mit dem Auto wären sowohl der Arm des Radfahrers als auch das Fahrrad noch in Ordnung.

Aufwendungen

Vom Schaden als unfreiwilliges Vermögensopfer zu unterscheiden sind die sog. „Aufwendungen“. Dabei handelt es sich um freiwillige Vermögensopfer.

Beispiel:
Wenn der Vermieter bei winterlichen Temperaturen, obwohl er vom Mieter auf die defekte Heizungsanlage hingewiesen worden ist, keine Abhilfe schafft, kann der Mieter einen Installateur mit der Reparatur beauftragen und die erforderlichen Aufwendungen vom Vermieter verlangen (s. hierzu unter Zweiter Teil, 3.1.3.2)

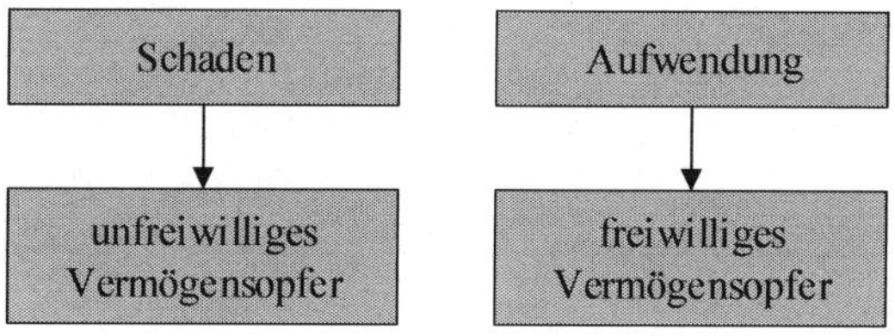

2.5.2 Arten des Schadens

Die Arten des Schadens lassen sich nach mehreren Kriterien unterteilen.

2.5.2.1 Vermögens- und Nichtvermögensschaden

Es kann ein sog. **Vermögensschaden** entstanden sein. Darunter versteht man jede in Geld bewertbare Einbuße, die jemand an seinem Vermögen erleidet.

Es wird der bestehende Wert des Vermögens mit dem Wert verglichen, der bestehen würde, wenn das Schadensereignis nicht eingetreten wäre, sog. Differenzhypothese.

Beispiel:
Das Fahrrad wird bei einem Unfall am Rahmen beschädigt. Verglichen wird nun der Wert des Rades (als Teil des Vermögens) vor und nach dem Unfall.

Es kann aber auch ein Nichtvermögensschaden (immaterieller Schaden) entstanden sein.

Wird beispielsweise der Arm des Radfahrers verletzt, so ist seine Gesundheit verletzt. Die Gesundheit fällt zwar nicht unter den Vermögensbegriff. Aufgrund der Gesundheitsverletzung entstehen aber Heil- und Pflegekosten. Diese sind gem. § 249 BGB zu ersetzen, da sie Einbußen des Vermögens darstellen.

Unter die **Nichtvermögensschäden** fallen Einbußen an den Rechtsgütern ideeller Natur, die keine Einbuße des Vermögens darstellt. Das können Gesundheit, Lebensfreude, körperliches Wohlbefinden, Urlaubsfreude, Freiheit oder Ehre sein. Immaterielle Schäden sind keine Einbußen des (materiellen) Vermögens.

Beispiel:
Der Radfahrer erleidet Schmerzen wegen seines gebrochenen Armes.

Der Anspruch auf Ausgleich immaterieller Schäden hat dennoch seine Berechtigung, da er sowohl eine Ausgleichs- als auch eine Genugtuungsfunktion erfüllt.

Laut § 253 Abs. 1 BGB kann „wegen eines Schadens, der nicht Vermögensschaden ist, Entschädigung in Geld nur in den durch Gesetz bestimmten Fällen gefordert werden". Damit wollte der Gesetzgeber die Ausgleichs- und Genugtuungsfunktion auf bestimmte Fälle beschränken.

Beispiel:
Wird der geliebte Familienhund durch einen Unfall getötet, so besteht nur ein Anspruch auf Wertersatz für das Tier, nicht aber ein Anspruch auf Ersatz des immateriellen Wertes, den der Hund für die Familie darstellte, weil eine gesetzliche Grundlage fehlt.

§§ 651 f. Abs. 2 BGB hingegen bestimmt, dass eine angemessene Entschädigung wegen nutzlos aufgewendeter Urlaubszeit verlangt werden kann (nur bei Vorliegen eines Reisevertrages i. S. d. § 651a BGB sowie weiterer Voraussetzungen!).

Beispiel:
Die Reise fällt komplett aus oder die gebuchte Unterkunft steht wegen einer Doppelbuchung nicht zur Verfügung und der Reisende tritt deshalb unverzüglich die Rückreise an.

2.5.2.2 Schmerzensgeld

Durch die Vorschrift des § 253 Abs. 2 BGB wird festgelegt, unter welchen Voraussetzungen ein Anspruch auf Schmerzensgeld besteht.

Dieser bestimmt: „Ist wegen Verletzung des Körpers, der Gesundheit, der Freiheit oder der sexuellen Selbstbestimmung Schadensersatz zu leisten, kann auch wegen des Schadens, der nicht Vermögensschaden ist, eine billige Entschädigung in Geld gefordert werden, wenn

1. die Verletzung vorsätzlich herbeigeführt wurde oder
2. der Schaden unter Berücksichtigung seiner Art und Dauer nicht unerheblich ist."

Durch § 253 Abs. 2 BGB besteht ein einheitlicher und übergreifender Anspruch auf Schmerzensgeld bei Verletzungen von Körper, Gesundheit, Freiheit oder sexueller Selbstbestimmung.

Dieser ist unabhängig davon, ob eine vertragliche oder eine außervertragliche Haftung zugrunde liegt.

Beispiele:
Auf dem Weg zur Kasse rutscht der Kaufwillige auf einem Salatblatt aus. Er bricht sich den Arm. Aufgrund des vorvertraglichen Schuldverhältnisses (§§ 280 Abs. 1, 311 Abs. 2 Nr. 1, 241 Abs. 2 BGB) kann er die Heil- und. Pflegekosten ebenso verlangen wie Schmerzensgeld nach § 253 Abs. 2 BGB.

Der Radfahrer hat neben seinem Anspruch auf Ersatz der Heil- und Pflegekosten aus § 823 Abs. 1 BGB auch einen Anspruch auf Schmerzensgeld aus § 253 Abs. 2 BGB.

2.5.2.3 Unmittelbarer und mittelbarer Schaden

Durch ein Tun oder Unterlassen durch den Schädiger kann ein Schaden direkt am verletzten Rechtsgut auftreten. Dabei handelt es sich um den unmittelbaren Schaden.

Beispiel:
Der Radfahrer erleidet durch den Armbruch einen unmittelbaren Schaden an den Rechtsgütern Körper u. Gesundheit.

Der mittelbare Schaden ist der Schaden, der sich in der Folge des unmittelbaren Schadens ergibt: Er wird als **Folgeschaden** bezeichnet.

Beispiel:
Wegen der Armverletzung (unmittelbarer Schaden) entsteht dem Radfahrer ein mittelbarer Schaden durch seinen Verdienstausfall in Form des entgangenen Gewinns.

2.5.2.4 Erfüllungs- und Vertrauensschaden

Im rechtsgeschäftlichen Bereich wird zwischen dem Erfüllungs- und dem Vertrauensschaden unterschieden. Ob der Erfüllungsschaden oder der Vertrauensschaden zu ersetzen ist ergibt sich aus der Anspruchsgrundlage, nicht aus den §§ 249 ff. BGB.

Erfüllungsschaden (positives Interesse) ist der Schaden, der dem Vertragspartner entstanden ist, weil der andere nicht erfüllt hat. Eine vertragliche Verbindlichkeit wurde nicht ordnungsgemäß erfüllt. Es müssen die Einbußen ersetzt werden, die bei ordnungsgemäßer Erfüllung der vertraglichen Pflichten des Schuldners nicht entstanden wären. Zu fragen ist, wie hätte der Vertragspartner bei ordnungsgemäßer Erfüllung gestanden.

Beispiele:
Anspruch auf Schadensersatz aus §§ 280 Abs. 1, 3, 283 BGB, Anspruch auf Schadensersatz aus § 179 Abs. 1 BGB

Vertrauensschaden (negatives Interesse) ist der Schaden, der dadurch entstanden ist, dass der Vertragspartner auf die Gültigkeit des Rechtsgeschäftes vertraut hat.

Der Geschädigte ist so zu stellen, wie er stehen würde, wenn er von dem Geschäft keine Kenntnis gehabt hätte, als wäre das geweckte Vertrauen erst gar nicht entstanden.

Beispiele:
Anspruch auf Schadensersatz aus § 122 Abs. 1 BGB, Anspruch auf Schadensersatz aus § 179 Abs. 2 BGB

Im Regelfall wird der Erfüllungsschaden höher sein als der Vertrauensschaden. Dies muss aber nicht zwangsläufig so sein. Deshalb wird in § 122 Abs. 1 BGB der Schadensersatz, gerichtet auf das negative Interesse (Vertrauensschaden) auf das Erfüllungsinteresse begrenzt. Ebenso ist § 179 Abs. 2 BGB formuliert. Auch hier wird der Schadensersatz, gerichtet auf den Vertrauensschaden, durch den Betrag des Interesses begrenzt, welcher der andere Teil an der Wirksamkeit des Vertrages hat (Erfüllungsinteresse).

Beispiel:
Jakob kauft schriftlich für 400 Euro einen Satz Reifen von Baumann. Meier möchte ebenfalls diese Reifen kaufen und bietet Baumann 450 Euro an. Baumann lehnt das Angebot Meiers ab mit dem Hinweis auf den Kaufvertrag mit Jakob. Nun wird der Kaufvertrag durch Jakob angefochten, weil er sich verschrieben hat (er wollte 350 Euro erklären). Das negative Interesse beträgt für Baumann 450 Euro, weil ihm ein Kaufpreis in dieser Höhe angeboten wurde. Zu berücksichtigen ist aber, dass Baumann bei Gültigkeit des Vertrages nur 400 Euro (Erfüllungsinteresse) von Jakob erhalten hätte. Der Ersatz des Vertrauensschadens 450 Euro wird hier gem. § 122 Abs. 1 BGB durch das Erfüllungsinteresse 400 Euro begrenzt.

2.5.3 Art und Umfang der Ersatzpflicht

Die §§ 249 ff. BGB bestimmen, was vom Begriff des Schadensersatzes umfasst ist. Sie sind, außer § 253 Abs. 2 BGB, deshalb keine Anspruchsgrundlagen!

Schadensersatz kann grundsätzlich auf zwei verschiedene Arten geleistet werden: im Wege der **Naturalherstellung** oder im Wege des **Geldersatzes**.

Beispiel:
Der Autofahrer Alex übersieht beim Linksabbiegen den Radfahrer Rudi. Rudi stürzt und bricht sich den Arm. Der Rahmen seines Fahrrades wird beschädigt. Wegen der Armverletzung kann Rudi vier Wochen nicht als selbstständiger Fahrradkurier arbeiten. Es wird vorausgesetzt, dass Rudi einen Anspruch auf Schadensersatz gegen Alex aus § 823 Abs. 1 BGB dem Grunde nach hat. Die Rechtsnormen der §§ 249 ff. BGB legen fest, was unter Schadensersatz zu verstehen ist.

2.5.3.1 Naturalherstellung

Zum einen kann durch die sog. Naturalherstellung Schadensersatz geleistet werden, d. h. „es ist der Zustand wiederherzustellen, der bestehen würde, wenn der zum Ersatz verpflichtende Umstand nicht eingetreten wäre", § 249 Abs. 1 BGB. Bei obigem Beispiel wäre das die Reparatur des Fahrradrahmens. Das wäre eigentlich der Grundfall!

2.5.3.2 Geldersatz

Zum anderen besteht die Möglichkeit, den Schaden durch Geldzahlung zu ersetzen. § 249 Abs. 2 Satz 1 BGB bestimmt: „Ist wegen Verletzung einer Person oder wegen Beschädigung einer Sache Schadensersatz zu leisten, so kann der Gläubiger statt der Herstellung den dazu erforderlichen Geldbetrag verlangen".

Der Verletzte bzw. der Geschädigte bekommt also vom Gesetz die Möglichkeit eingeräumt, die Heilbehandlung bzw. Reparatur der Sache selbst zu veranlassen. Er wird sich vom Ersatzpflichtigen den erforderlichen Geldbetrag erstatten lassen. Für die ärztliche Heilbehandlung des gebrochenen Armes, quasi die „Wiederherstellung" des Armes, wird R nach § 249 Abs. 2 Satz 1 BGB den für die Naturalherstellung erforderlichen Geldbetrag verlangen.

Im obigen Beispiel könnte Rudi von Alex nach § 249 Abs. 1 BGB verlangen, den Urzustand (genauer den wirtschaftlich vergleichbaren Zustand) wiederherstellen zu lassen. Er kann aber auch den Geldbetrag verlangen, der für die tatsächliche Reparatur beim Fahrradhändler angefallen ist. Rudi könnte aber auch den Geldbetrag verlangen, der bei einer Reparatur anfallen würde. Hierzu kann er sich einen Kostenvoranschlag erstellen lassen.

Ob nun der Geschädigte den Geldbetrag tatsächlich für die Reparatur verwendet oder z. B. den Rahmen des Rades selbst repariert und stattdessen das Geld anderweitig verwendet, bleibt ihm überlassen. Durch § 249 Abs. 2 Satz 2 BGB wird klargestellt, dass die **Umsatzsteuer** nur dann zu ersetzen ist, wenn sie zur Wiederherstellung des ursprünglichen Zustandes tatsächlich anfällt.

Beispiel:
Felix beschädigt das Privatauto des Nachbarn Neumann. Er hatte sein Fahrrad neben Neumanns Auto geparkt und es war auf das Auto gestürzt. Es entstanden Kratzer an der Fahrertür.

Felix bietet an, den Schaden auszugleichen. Nachbar Neumann entscheidet sich dafür, ein Gutachten über den Schaden erstellen zu lassen, aber weiter mit den Kratzern zu fahren, weil sie ihn nicht weiter stören. Die Reparatur würde 300 Euro plus Mehrwertsteuer kosten. Da Nachbar Neumann die Mehrwertsteuer für die Reparatur nicht zahlt, muss Felix diesen Betrag nach § 249 Abs. 2 Satz 2 BGB auch nicht ersetzen. Es wäre auch möglich, das Auto in der Werkstatt reparieren zu lassen. Dann müsste Felix die Netto-Reparaturkosten in Höhe von 300 Euro zuzüglich der Umsatzsteuer ersetzen. Neumann musste in der Werkstatt den Bruttobetrag bezahlen.

Ist eine nicht vertretbare Sache allerdings völlig zerstört, so bleibt nur die Möglichkeit der **Geldentschädigung** nach § 251 BGB.

Beispiel:
Das Gemälde verbrennt, das Auto erleidet einen Totalschaden.

Des Weiteren räumt § 251 Abs. 1 Alt. 2 BGB die Möglichkeit ein, den **merkantilen Minderwert** erstattet zu bekommen.

Beispiel:
Ein sog. Unfallfahrzeug wird trotz technisch einwandfrei durchgeführter Reparatur regelmäßig einen niedrigeren Verkaufspreis erzielen. Dieser Minderwert ist Teil des Schadens und kann verlangt werden.

Sollte die Naturalherstellung nur mit unverhältnismäßigen Aufwendungen möglich sein, so kann der Schädiger den Gläubiger in Geld entschädigen, § 251 Abs. 2 BGB.

Beispiel:
Handelt es sich um ein älteres Unfallfahrzeug, so können die Reparaturkosten höher als der Wert des Autos sein. Man spricht von einem „wirtschaftlichen Totalschaden".

2.5.3.3 Entgangener Gewinn

Der „entgangene Gewinn" ist nach § 252 Satz 1 BGB ebenfalls zu ersetzen. Der Gläubiger muss darlegen, welchen Gewinn er mit Wahrscheinlichkeit ohne das Schadensereignis erzielt hätte.

Beispiel:
R ist selbstständiger Fahrradkurier und kann wegen eines von ihm nicht verschuldeten Verkehrsunfalls zwei Wochen keine Aufträge annehmen. R kann den Gewinn ersetzt verlangen, den er in diesen zwei Wochen wahrscheinlich erzielt hätte.

2.5.3.4 Mitverschulden

Nicht übersehen werden sollte § 254 BGB. Dieser wird sowohl im Vertragsrecht als auch beim Recht der Unerlaubten Handlung angewendet. Hat der Geschädigte bei der Entstehung des Schadens mitgewirkt, so kann sich sein Schadensersatzanspruch entsprechend des Anteils seiner Mitverursachung mindern. Denkbar ist sogar, dass durch einen entsprechend hohen Mitverschuldensanteil der Schadensersatzanspruch entfällt.

Beispiel:
Ist der Radfahrer in der Dunkelheit ohne ausreichende Beleuchtung gefahren, und konnte er deshalb nicht rechtzeitig vom Autofahrer gesehen werden, so kann ihm ein Mitverschulden angelastet werden. Das Mitverschulden führt dazu, dass der Radfahrer nicht mehr Ersatz des ganzen Schadens verlangen kann. Er erhält nur Schadensersatz gemindert um seinen Verschuldensanteil.

Testfragen

16. Definieren Sie die Begriffe Erfüllungs- und Vertrauensschaden.
17. Welche Rechtsnorm führt zur Ausweitung des Schmerzensgeldanspruchs auf die Haftung aus Vertrag und die Gefährdungshaftung?

2.6 Verschulden und Verantwortlichkeit des Schuldners

Vorweg sei darauf hingewiesen: **Weder § 276 noch § 278 BGB sind Anspruchsgrundlagen!**

§ 276 Abs. 1 Satz 1 BGB bestimmt: „Der Schuldner hat Vorsatz und Fahrlässigkeit zu vertreten, wenn eine strengere oder mildere Haftung weder bestimmt noch aus dem sonstigen Inhalt des Schuldverhältnisses, insbesondere aus der Übernahme einer Garantie oder eines Beschaffungsrisikos zu entnehmen ist."

Der Oberbegriff für Vorsatz und Fahrlässigkeit ist „Verschulden". Im Gesetzestext werden häufig die Worte „zu vertreten" verwendet. Zu den Begriffen „Vorsatz" und „Fahrlässigkeit" s. u. Zweiter Teil, 2.6.2. Eine besondere Form des Willens stellt die Garantie dar. Hier möchte der Versprechende für den Erfolg einstehen.

Hat der Schuldner das Beschaffungsrisiko übernommen und kann er seine Verpflichtung nicht erfüllen, so hat er dies ebenfalls zu vertreten.

Beispiel:
Meister hat beim Bauern Lampe einen Zentner Äpfel zum Einkellern bestellt. Vereinbart wurde, dass Lampe die Äpfel bei Meister anliefert. Lampe ist Gattungsschuldner, da die geschuldete Leistung nur nach allgemeinen Merkmalen bestimmt ist. Geschuldet waren „nur" Äpfel, keinesfalls Äpfel, die nach individuellen Merkmalen bestimmt waren. Sollten die Äpfel beim Transport von Lampe zu Meister bei einem Unfall vernichtet werden, hat Lampe dies zu vertreten, weil er das Beschaffungsrisiko trägt. Dies ist völlig unabhängig davon, ob er den Unfall verschuldet hat oder ein Dritter. Im Ergebnis muss Lampe nochmals einen Zentner Äpfel liefern.

2.6.1 Verschuldensfähigkeit

Hinsichtlich der folgenden Begrifflichkeiten kann auf die Ausführungen zum Allgemeinen Teil des BGB verwiesen werden.

Um etwas verschulden zu können, muss die Verschuldensfähigkeit vorliegen. Bei der Verschuldensfähigkeit sind die §§ 828, 827 BGB zu beachten. Dies ergibt sich aus § 276 Abs. 1 Satz 2 BGB.

Zu unterscheiden sind Personen, die verschuldensunfähig, bedingt verschuldensfähig oder verschuldensfähig sind.

Verschuldensunfähigkeit

Alle Personen vor Vollendung des siebenten Lebensjahres (vgl. § 828 Abs. 1 BGB) sowie Personen, die im Zustande der Bewusstlosigkeit oder in einem die freie Willensbestimmung ausschließenden Zustande krankhafter Störung der Geistestätigkeit gehandelt haben (vgl. § 827 BGB), sind verschuldensunfähig.

Bedingte Verschuldensfähigkeit

§ 828 Abs. 2 bestimmt: „Wer das siebente, aber nicht das zehnte Lebensjahr vollendet hat, ist für den Schaden, den er bei einem Unfall mit einem Kraftfahrzeug, einer Schienenbahn oder einer Schwebebahn einem anderen zufügt, nicht verantwortlich. Dies gilt nicht, wenn er die Verletzung vorsätzlich herbeigeführt hat."

Beispiel:
Die 8-jährige Alexa hat am Straßenrand stehend ihre Freundin Sandra auf der gegenüberliegenden Straßenseite entdeckt. Sie läuft, ohne nach rechts und links zu schauen, zu ihr hinüber. Der Autofahrer Umsichtig kann einen Zusammenstoß mit Alexa nur dadurch verhindern, dass er scharf nach rechts lenkt und dabei ein dort parkendes Auto rammt. Alexa ist für den durch sie verursachten Schaden nicht verantwortlich, da sie noch nicht zehn Jahre alt ist.

Die Festlegung der Altersgrenze für die Verantwortlichkeit von Kindern im motorisierten Straßenverkehr ist begründet in den kindlichen Eigenheiten wie z. B. Impulsivität, mangelnde Konzentrationsfähigkeit und gruppendynamisches Verhalten. Kinder sind laut wissenschaftlichen Erkenntnissen frühestens ab Vollendung des zehnten Lebensjahres in der Lage, die besonderen Gefahren des motorisierten Straßenverkehrs zu erkennen und sich dementsprechend zu verhalten.

Verursachen Kinder, die das siebente Lebensjahr vollendet haben, allerdings vorsätzlich einen Schaden, so gilt die o. g. Regelung nicht.

Beispiel:
Wirft Alexa absichtlich mit Steinen auf ein fahrendes Auto, so haftet sie für den entstandenen Schaden. Sie stellt sich den Erfolg (das Auto zu treffen) als möglich vor und nimmt den Eintritt des Erfolges in Kauf. Damit liegt (bedingter) Vorsatz vor.

Kurz gefasst bedeutet Vorsatz: mit Wissen und Wollen des rechtswidrigen Erfolges.

In § 828 Abs. 3 BGB ist festgelegt: „Wer das achtzehnte Lebensjahr noch nicht vollendet hat, ist, sofern seine Verantwortlichkeit nicht nach den Absätzen 1 oder 2 ausgeschlossen ist, für den Schaden, den er einem anderen zufügt, nicht verantwortlich, wenn er bei der Begehung der schädigenden Handlung nicht die zur Erkenntnis der Verantwortlichkeit erforderliche Einsicht hat."

§ 828 Abs. 3 BGB stellt auf die intellektuellen Fähigkeiten des Jugendlichen ab. Besitzt der Jugendliche die geistige Entwicklung, um das Unrecht seiner Handlung gegenüber seinen Mitmenschen zu erkennen und die daraus resultierende Verpflichtung, in irgendeiner Weise für die Folgen seiner Handlung einstehen zu müssen, so hat er die erforderliche Einsicht.

Beispiel:
Beachtet ein 16-jähriger Radfahrer die Ampelregelung nicht und verschuldet dadurch einen Zusammenstoß mit einer Fußgängerin, so ist er für den Schaden verantwortlich.

Verschuldensfähigkeit

Alle übrigen Personen, die nicht in den §§ 828, 827 BGB aufgeführt sind, sind verschuldensfähig.

2.6.2 Verschuldensformen

Wie bereits oben gesagt, geht das Gesetz von den Verschuldensformen Vorsatz und Fahrlässigkeit aus. Nicht vergessen werden darf, dass, um überhaupt die Verschuldensform prüfen zu können, erst die Verschuldensfähigkeit vorliegen muss, s. o.

Unter **Vorsatz** versteht man das Wissen und Wollen des rechtswidrigen Erfolges. Der Begriff ist nicht im Gesetz definiert und sollte daher auswendig gelernt werden.

Mit Vorsatz handelt nach der Rechtsprechung der Schädiger, wenn er zumindest „billigend in Kauf" genommen hat, dass der Verletzungserfolg und mithin ein Schaden eintritt.

Beispiel:
Der Einbrecher zerschlägt die Fensterscheibe. Er weiß, dass er eine Eigentumsverletzung begeht und will diese auch. Damit handelt er vorsätzlich.

Mit weniger Mühe lässt sich der Begriff der **Fahrlässigkeit** bestimmen, weil in § 276 Abs. 2 BGB eine Legaldefinition dafür zu finden ist. „Fahrlässig handelt, wer die im Verkehr erforderliche Sorgfalt außer Acht lässt."

Dabei unterscheidet man üblicher Weise zwischen einfacher und grober Fahrlässigkeit. Letztere liegt vor, wenn der Handelnde besonders unaufmerksam vorgegangen ist.

Beispiel:
Radfahrer Ullrich wird von Autofahrer Unaufmerksam übersehen, als Unaufmerksam links abbiegen will. Ullrich stürzt, als ihn der Kotflügel des Autos des Unaufmerksam streift. Ullrich bricht sich durch den Sturz eine Rippe.

Ullrich hat einen Anspruch auf Schadensersatz gegenüber Unaufmerksam. Dieser ergibt sich aus der unerlaubten Handlung, §§ 823 ff. BGB. Im Rahmen der Prüfung des § 823 Abs. 1 BGB (ausführlich u. Zweiter Teil, 3.2.2) ist das Verschulden zu prüfen.

Autofahrer Unaufmerksam ließ die im Verkehr erforderliche Sorgfalt außer Acht; er hätte sich sorgfältig und umsichtig überzeugen müssen, dass das Abbiegen gefahrlos möglich ist. Da er dies nicht getan hat, handelte er fahrlässig. Grobe Fahrlässigkeit liegt hier nicht vor, da Unaufmerksam nicht in besonders grobem Maße die im Verkehr erforderlich Sorgfalt außer Acht gelassen hat.

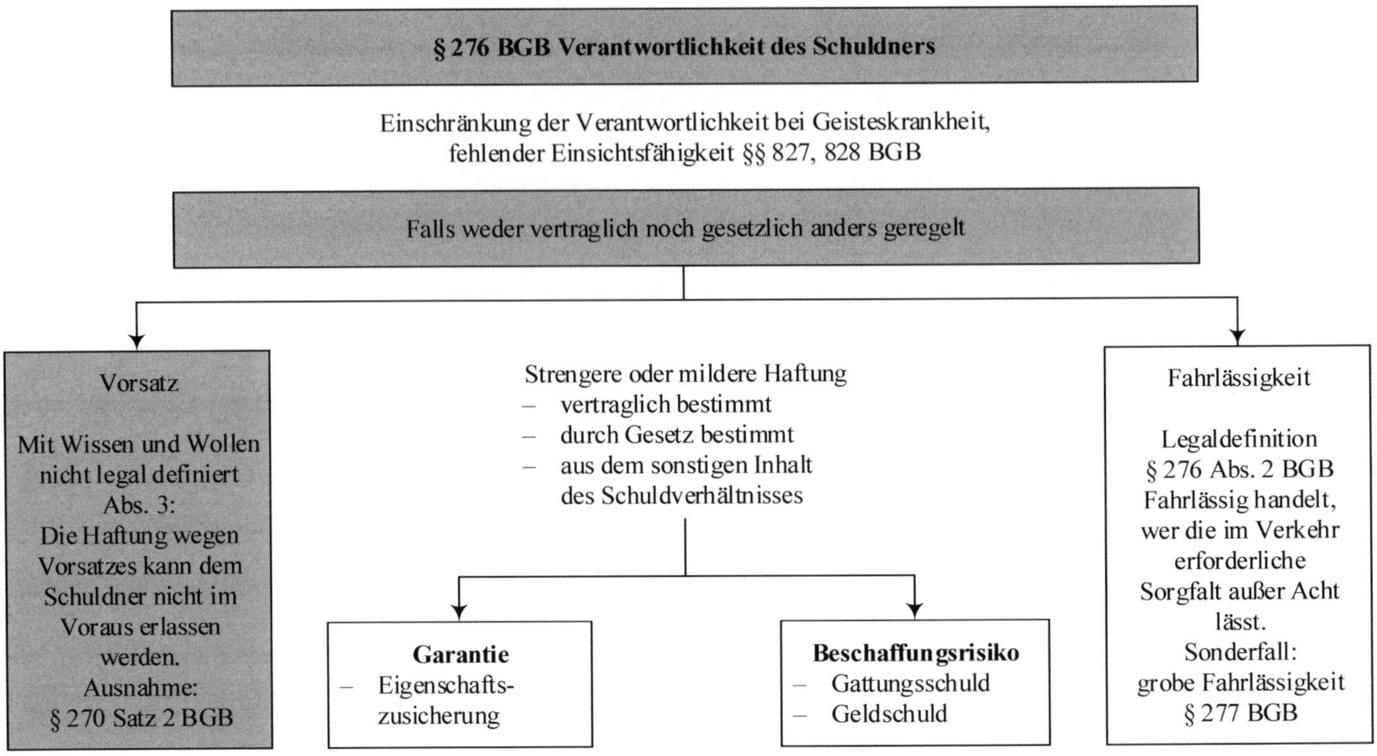

2.6.3 Haftung für eigenes Verschulden

Der Schuldner kann selbst eine Pflichtverletzung verursacht haben. Es handelt sich dann um die Frage der Haftung für eigenes Verschulden.

Beispiel:
Der Gastwirt weist den Gast nicht darauf hin, dass das Treppengeländer im Eingangsbereich der Gaststätte frisch gestrichen ist. Der Mantel des Gastes muss für 30 Euro gereinigt werden. Der Gastwirt hat im Beispielsfall selbst die Pflichtverletzung aus dem Vertrag verursacht.

Auch die Haftung des Geschäftsherrn gem. § 831 BGB fällt unter die Haftung für eigenes Verschulden. Die Haftung des Geschäftsherrn beruht darauf, dass er den Gehilfen nicht sorgfältig ausgesucht und überwacht hat, ausführlich u. Zweiter Teil, 3.2.2.3.

2.6.4 Haftung für fremdes Verschulden

2.6.4.1 Haftung für den Erfüllungsgehilfen

Für den Schuldner ist es vorteilhaft, wenn „er sich zur Erfüllung seiner Verbindlichkeit“ einer Person bedienen kann. Eine Vielzahl von Tätigkeiten wird der Schuldner nicht selbst erbringen können oder wollen. Daher nutzt er die Möglichkeit, seine vertragliche Verpflichtung einer anderen Person zu übertragen. Falls nun diese Person auf Grund ihres Fehlverhaltens einen Schaden verursacht, so muss sich der Schuldner (i. d. R. der Vertragspartner) dies zurechnen lassen.

Im Ergebnis führt es dazu, dass der Schuldner genauso haftet, wie wenn er die Pflichtverletzung selbst begangen hätte. Die gesetzliche Grundlage hierfür findet sich in § 278 Satz 1 Alt. 2 BGB: „Der Schuldner hat ein Verschulden der Personen, deren er sich zur Erfüllung seiner Verbindlichkeit bedient, in gleichem Umfang zu vertreten wie eigenes Verschulden.“ § 278 BGB ist daher keine Anspruchsgrundlage, sondern eine **Zurechnungsnorm.**

Beispiel:
Malermeister Mai beschäftigt in seinem Betrieb drei Gesellen und einen Lehrling. Mai schließt mit Meißner einen Vertrag über das Tapezieren des Treppenhauses bei Meißner. Mais Geselle Gerald, der von Mai beauftragt wurde das Treppenhaus zu tapezieren, verputzt das Treppenhaus, weil er bei der Besprechung des Arbeitseinsatzes unaufmerksam war. Durch die Entfernung des Putzes entstehen Schäden am Mauerwerk.

Kann sich Meißner an Malermeister Mai halten?

Vertragspartner sind Mai und Meißner (hier ein Werkvertrag, § 631 BGB).

An sich wäre Mai als Vertragspartner verpflichtet, selbst zu tapezieren. Hätte er den Schaden verursacht, so läge ein Fall der Haftung für eigenes Verschulden vor.

Da aber nicht Mai selbst, sondern Geselle Gerald den Schaden verursacht hat, ist zu fragen, ob ein Fall der Haftung für fremdes Verschulden vorliegt. Ist Mai das Fehlverhalten seines Gesellen zuzurechnen?

Die Zurechnung geschieht über § 278 BGB, der folgende Voraussetzungen hat:

Gerald müsste Erfüllungsgehilfe sein. Mai hat sich willentlich des Gerald zur Erfüllung seiner Verbindlichkeit Tapezieren bedient. Außerdem ergibt sich aus § 278 BGB, dass der Erfüllungsgehilfe schuldhaft, d. h. vorsätzlich oder fahrlässig gehandelt haben muss. Vorliegend ließ Gerald die im Verkehr erforderliche Sorgfalt außer Acht, weil er während der Besprechung nicht konzentriert zugehört hatte. Er handelte somit fahrlässig, § 276 Abs. 2 BGB.

Die Voraussetzungen des § 278 BGB liegen vor, daraus folgt, Mai muss sich das Verschulden seines Gehilfen Gerald in gleichem Umfange zurechnen lassen, wie wenn er den Schaden selbst verschuldet hätte. Meißner kann sich also wegen der Schäden an seinen Vertragspartner Mai halten.

Wichtig: Die Vorschrift des § 278 BGB spricht nur davon, dass sich der Schuldner einer Person zur Erfüllung einer Verbindlichkeit bedient. Damit muss kein Schuldverhältnis zwischen Schuldner und Hilfsperson bestehen. In der Mehrzahl der Fälle wird aber ein Schuldverhältnis, wie im Beispielsfall zwischen Mai und Gerhard, bestehen.

Große Schwierigkeiten bereitet bei der Fallbearbeitung die Abgrenzung zwischen dem Erfüllungsgehilfen, geregelt in § 278 BGB und dem Verrichtungsgehilfen, geregelt in § 831 BGB.

Um bei der Fallbearbeitung zu den richtigen Ergebnissen zu kommen, ist es wichtig, sich die Unterschiede zu verdeutlichen.

Der **Erfüllungsgehilfe** spielt nur bei *vertraglichen* Schadenersatzansprüchen eine Rolle. Zwischen dem Geschädigten und dem Schuldner des Schadenersatzes muss ein Vertragsverhältnis bestehen. Schadensverursacher ist ein Dritter, der sog. Erfüllungsgehilfe. Das Verschulden des Dritten wird dem Schuldner des Schadenersatzes zugerechnet (Haftung für fremdes Verschulden). Der Schuldner des Schadenersatzes kann sich nicht exkulpieren.

Der **Verrichtungsgehilfe** spielt bei Schadenersatzansprüchen aus unerlaubter Handlung eine Rolle. Der Geschädigte hat einen Anspruch aus unerlaubter Handlung. Schuldner des Schadenersatzes ist eine Person, die den Schadensverursacher zur Verrichtung bestellt hat. Der Schuldner des Schadenersatzes haftet für (vermutetes) eigenes Verschulden bei der Auswahl oder Überwachung des Verrichtungsgehilfen. Er kann sich exkulpieren, wenn er nachweist, dass er den Verrichtungsgehilfen ordnungsgemäß ausgewählt und überwacht hat.

Beachte: Innerhalb einer Anspruchsgrundlage (z. B. Anspruch auf Schadenersatz aus § 280 Abs. 1) können *niemals* beide Normen zusammen geprüft werden! Denkbar ist, dass in einem Fall Ansprüche aus § 831 BGB und §§ 280 BGB i. V. m. 278 BGB in getrennten Anspruchsgrundlagen zu prüfen sind.

Erfüllungsgehilfe **§ 278 BGB**	**Verrichtungsgehilfe** **§ 831 Abs. 1 BGB**
Ist keine Anspruchsgrundlage, nur eine Zurechnungsnorm.	Ist eine selbstständige Anspruchsgrundlage aus unerlaubter Handlung.
Ist nur bei einem Schuldverhältnis anwendbar. Die Anspruchsgrundlage ergibt sich entweder aus dem zu Grunde liegenden Vertrag oder der Pflichtverletzung je nach Fallgestaltung.	Setzt kein Schuldverhältnis voraus.
Ist die Haftung für fremdes Verschulden (dasjenige des Gehilfen).	Ist die Haftung für eigenes Verschulden des Geschäftsherrn bei der Auswahl und Überwachung des Verrichtungsgehilfen.
Besteht bei Vorliegen der Haftung aus § 278 BGB keine Möglichkeit des Schuldners sich zu entlasten.	Räumt in Abs. 1 Satz 2 die Möglichkeit der Entlastung (Exkulpation) des Geschäftsherrn ein.
Ist nur bei der Voraussetzung Verschulden im Rahmen der Prüfschemata abzuhandeln.	Verschulden des Verrichtungsgehilfen ist nicht erforderlich, ausreichend ist ein rechtswidriges Handeln.
Kein soziales Abhängigkeitsverhältnis zwischen Schuldner und Erfüllungsgehilfe erforderlich.	Verrichtungsgehilfe muss sozial abhängig (weisungsgebunden sein).

2.6.4.2 Haftung für den gesetzlichen Vertreter

Nach § 278 Satz 1 Alt. 1 BGB wird ein Verschulden des gesetzlichen Vertreters des Schuldners dem Schuldner genauso zugerechnet, wie wenn der Schuldner (selbst etwas) verschuldet hätte.

Können natürliche Personen keine wirksamen Rechtsgeschäfte schließen, weil sie **geschäftsunfähig** oder **beschränkt geschäftsfähig** sind, handelt der gesetzliche Vertreter für sie. Aber auch Personen, die aufgrund **ihres Amtes** für andere handeln können, fallen unter den Begriff des gesetzlichen Vertreters.

Beispiele:
Eltern § 1626 BGB, Vormund § 1774 BGB, Betreuer § 1814 BGB, Pfleger § 1882 BGB, Verwalter im Insolvenzverfahren § 80 InsO, Testamentsvollstrecker § 2205 BGB

Für die übrigen Voraussetzungen der Haftung für den gesetzlichen Vertreter wird auf die u. Zweiter Teil, 2.6.4.1 gemachten Ausführungen zu § 278 BGB verwiesen.

Testfragen

18. Der 5-jährige Paul spielt vor dem Haus auf dem Rasen. Er sieht, dass bei Nachbar Thieme das Fenster offen steht. Er möchte seine Wurfkünste testen und wirft Dreckklumpen in die Wohnung durch das Fenster. Er trifft Thiemes wertvolle Ming-Vase, die dabei zu Bruch geht.

    Haftet Paul für den Schaden, den er angerichtet hat?

19. Was ist Vorsatz?
20. Nennen Sie die Unterschiede zwischen dem Erfüllungs- und dem Verrichtungsgehilfen.

3. Besonderer Teil des Schuldrechts

Im Besonderen Teil des Schuldrechts wird in den §§ 433 bis 853 BGB eine Vielzahl von Schuldverhältnissen geregelt. Bedeutsam ist die Unterscheidung zwischen rechtsgeschäftlichen und gesetzlichen Schuldverhältnissen.

Wir erinnern uns an die Abgrenzung zwischen dem Allgemeinen Teil des Schuldrechts und dem Besonderen Teil des Schuldrechts. Im Allgemeinen Teil des Schuldrechts finden sich Regelungen, die für *mehrere* Schuldverhältnisse gelten („vor die Klammer gezogen"). Im Besonderen Teil des Schuldrechts finden sich Regelungen, die sich nur für *einzelne* Schuldverhältnisse gelten.

Beispiel:
Die Formvorschrift zur Bürgschaftserklärung findet sich im Besonderen Teil des Schuldrechts, in § 766 BGB. Sie gilt nur für das Schuldverhältnis der Bürgschaft (Titel 20, §§ 765 ff. BGB) und für kein anderes Schuldverhältnis.

Der Kaufvertrag über ein Grundstück bedarf der notariellen Beurkundung: Jedoch findet sich in Titel 1, Kauf und Tausch (§§ 433 ff. BGB) keine Regelung zum Formzwang. Diese findet sich in § 311b BGB, einer Vorschrift aus dem Allgemeinen Teil des Schuldrechts. Aber warum? Die Vorschrift des § 311b BGB fordert eine notarielle Beurkundung bei Verträgen, bei denen sich jemanden verpflichtet, Eigentum an einem Grundstück zu übertragen oder zu erwerben. Die Verpflichtung Eigentum an einem Grundstück zu erwerben kann sich sowohl aus einem Kaufvertrag (Titel 1, § 433 ff. BGB) als auch aus einem Schenkungsvertrag (Titel 4, §§ 516 ff. BGB) ergeben. Die Regelung des § 311b BGB gilt für mehrere Schuldverhältnisse. Sie ist daher vor die Klammer zu ziehen und im Allgemeinen Teil des Schuldrechts zu regeln.

Wichtig: Das BGB verwendet im Gesetzestext die Begriffe des Allgemeinen Teil bzw. des Besonderen Teil des Schuldrechts nicht! Diese wurden von der Lehre entwickelt.

3.1 Vertragliche Schuldverhältnisse

Hingewiesen sei nochmals auf die Vertragsfreiheit. Dazu gehört die Abschlussfreiheit, also die Möglichkeit zu entscheiden, ob überhaupt ein Vertrag geschlossen werden soll. Auch bei der Ausgestaltung des jeweiligen Vertrages sind die Vertragspartner frei, sog. **Typenfreiheit.** Sie können entweder auf bereits vorhandene Verträge zurückgreifen und ihren jeweiligen Bedürfnissen anpassen oder aber völlig neue Vertragsarten „schaffen".

Beispiel:
Der Vermieter kann entgegen des Wortlautes des § 535 Abs. 1 Satz 3 BGB die Lasten der Mietsache, z. B. die Grundsteuer, auf den Mieter abwälzen. Selbstverständlich bedarf es hierfür einer entsprechenden Vereinbarung zwischen Vermieter und Mieter.

Sog. „Leasingverträge" sind mittlerweile fester Bestandteil des Wirtschaftslebens; einen entsprechend benannten Vertrag wird man im BGB vergeblich suchen.

Werden Elemente verschiedener gesetzlicher Vertragstypen miteinander kombiniert spricht man von **gemischten Verträgen.**

Beispiele:
Beim Besuch einer Gaststätte werden u. a. Elemente des Kauf-, Miet-, und Werkvertrages miteinander gemischt.

Veräußerungsverträge	Entgeltlich	Kauf §§ 433 bis 479, Tausch § 480
	Unentgeltlich	Schenkung §§ 516 bis 534
Gebrauchsüberlassungsverträge	Entgeltlich	Miete §§ 535 bis 580a, Pacht §§ 581 bis 597
	Unentgeltlich	Leihe §§ 598 bis 606
Verbrauchsüberlassungsverträge	Darlehen §§ 488 bis 504	
	Sachdarlehen §§ 607 bis 609	
Dienstleistungsverträge	Entgeltlich	Dienstvertrag §§ 611 bis 630
	Entgeltlich	Werkvertrag §§ 631 bis 650
	Entgeltlich	Werklieferungsvertrag § 650

3.1.1 Kaufvertrag

Der Kaufvertrag ist ein gegenseitiger Vertrag, der wirtschaftlich gesehen den Umsatz von Sachen oder Rechten gegen Geld regelt. Der Kaufvertrag ist das wichtigste Rechtsgeschäft des täglichen Lebens; entsprechend beginnt der Besondere Teil des Schuldrechts mit den Regelungen über den Kaufvertrag, §§ 433 ff. BGB. Sind in den Vorschriften der §§ 433 bis 514 keine speziellen Regelungen bzgl. des Kaufvertrages getroffen worden, so ist auf das Allgemeine Schuldrecht, §§ 241 bis 432 BGB und den Allgemeinen Teil, §§ 1 bis 240 BGB zurückzugreifen.

Beispiel:
Klara möchte wissen, wie ein Kaufvertrag im Supermarkt zustande kommt. Die §§ 433 ff. BGB enthalten dazu keine Regelungen. Das deutet darauf hin, dass die Regelungen über den Vertragsschluss vor die Klammer gezogen worden sind. So findet sich im Schuldrecht Allgemeiner Teil in § 311 Abs. 1 BGB, dass ein Schuldverhältnis durch Vertrag zustande kommen kann. Wie ein Vertrag abzuschließen ist, ist weiter vor die Klammer gezogen und im Allgemeinen Teil des BGB, in den §§ 145, 147 BGB zu finden. Die Regelungen zum Vertragsabschluss finden sich im Allgemeinen Teil des BGB, da es im gesamten BGB Vertragsabschlüsse gibt.

Gegenstand des Kaufvertrages

Gegenstand des Kaufes können **Sachen** (vgl. § 433 Abs. 1), **Rechte** und alle **verkehrsfähigen Güter**, auch **digitale Inhalte** (vgl. § 453 Abs. 1 BGB) sein.

Zu den Sachen gehören bewegliche und unbewegliche Sachen. Rechte, die Gegenstand eines Kaufvertrages sein können, sind grundsätzlich alle Rechte, die übertragbar sind. Darunter fallen u. a. Forderungen, Patente, Verlagsrechte, aber auch Grundpfandrechte.

Verkehrsfähige Güter sind u. a. Unternehmen, aber auch z. B. Strom, Wärme oder Ähnliches. Nach § 453 Abs. 1 BGB finden die Vorschriften über den Kauf entsprechende Anwendung auf den Kauf von Rechten und sonstigen Gegenständen.

Beispiel:
Rechtanwalt Ratlos verkauft aus Altersgründen seine Rechtsanwaltskanzlei.

Digital Inhalte sind Daten, die in digitaler Form erstellt und bereitgestellt werden, § 327 Abs. 2 BGB.

3.1.1.1 Pflichten aus dem Kaufvertrag

Die Pflichten aus dem Kaufvertrag ergeben sich für die Vertragspartner Käufer und Verkäufer aus § 433 BGB. Das sind die **Hauptleistungspflichten**: Übergabe der mangelfreien Sache und Eigentumsverschaffung daran sowie die Kaufpreiszahlung.

Daneben entstehen aber auch **Nebenpflichten**. Hier wird zwischen leistungsbezogenen und nicht leistungsbezogenen Nebenpflichten unterschieden.

Beispiele:
Abnahme der gekauften Sache (leistungsbezogene), Beratungs- und Aufklärungspflichten (nicht leistungsbezogene) Nebenpflichten

Auch die (bloßen) Schutzpflichten, die der Bewahrung der sonstigen Rechte und Güter vor Schäden des Gläubigers dienen, fallen unter den Begriff „Pflicht" i. S. d. § 280 Abs. 1 BGB und führen damit zu einem möglichen Schadensersatzanspruch.

Pflichten des Verkäufers

Der Verkäufer ist verpflichtet, dem Käufer die Sache zu übergeben und ihm das Eigentum daran zu verschaffen, § 433 Abs. 1 Satz 1 BGB.

Beispiel:
Tierhändler Rolf und Kunde Karl haben einen Kaufvertrag über einen Papagei (§ 90a BGB lesen!) für 20 Euro abgeschlossen. Nach dem Vertragsschluss besteht Karl auf einer eingehenden Beratung zu Ernährung von Papageien, da er nur Erfahrung mit Schildkröten hat.

Wie muss die Fallbearbeitung beginnen, wenn nach den Ansprüchen (beachte den Plural in der Fragestellung!) von Karl gegen Rolf gefragt ist?

Rolf ist nach § 433 Abs. 1 Satz 1 BGB verpflichtet, Karl den Papagei zu übergeben. Das heißt, Rolf muss Karl den unmittelbaren Besitz an dem Papagei verschaffen oder zumindest ein mittelbares Besitzverhältnis vereinbaren, § 854 BGB.

Weiterhin muss Rolf dem Karl das Eigentum an dem Papagei verschaffen. Das bedeutet, Rolf muss das Eigentum an dem Papagei dem Karl übertragen. Näheres zu den sachenrechtliehen Vorschriften im Dritten Teil, Kapitel 3.3.

Eine weitere Verkäuferpflicht ergibt sich aus § 433 Abs. 1 Satz 2 BGB.

Der Verkäufer ist zur Leistung einer mangelfreien Sache verpflichtet. Der Papagei darf bspw. nicht krank sein. Ausführlich zur Sachmängelhaftung u. Zweiter Teil, 3.1.1.2.

Außerdem muss Rolf als vertragliche Nebenpflicht, den Karl über die Haltung des Tieres aufklären, z. B. welches Futter geeignet ist und Ähnliches. Weiterhin muss er den Papagei transportgerecht verpacken.

Die Fallbearbeitung müsste beginnen mit:

„Karl könnte einen Anspruch auf Übergabe des Papageis und Eigentumsverschaffung an dem Papagei gegen Rolf aus § 433 Abs. 1 BGB haben.

Dafür müsste ein wirksamer Kaufvertrag gem. § 433 BGB zustande gekommen sein. Voraussetzung für einen... usw.". Danach wären die weitern Pflichten abzuprüfen.

Pflichten des Käufers

Die Leistungspflichten des Käufers sind die Zahlung des Kaufpreises, § 433 Abs. 2 BGB, und die Pflicht zur Abnahme der gekauften Sachen. Haben die Vertragspartner nichts anderes vereinbart, so muss der Käufer nur Zug um Zug gegen die Übertragung des Kaufgegenstandes leisten, §§ 320, 322 BGB.

Die Pflicht zur Kaufpreiszahlung ist eine Geldschuld, deshalb werden die §§ 244 ff. BGB angewendet. Der Kaufpreis ist, falls nichts anderes vereinbart wurde, in Geld zu bezahlen.

Beispiel:
Karl ist also aus § 433 Abs. 2 BGB zur Kaufpreiszahlung verpflichtet. Übergibt Rolf dem Karl den Papagei, so muss Karl diesen Zug um Zug bezahlen., vgl. §§ 320 Abs. 1, 322 BGB.

Soweit Rolf und Karl nichts anderes vereinbart haben, muss die Zahlung in bar erfolgen. Außerdem muss Karl sofort bezahlen. Dies ergibt sich aus § 271 Abs. 1 BGB, weil Rolf und Karl nichts anderes vereinbart haben.

Hinweis: Mit dem Aushang der verschiedenen Symbole für Bezahlkarten erklärt sich der Verkäufer einverstanden neben Bargeld auch die Kartenzahlung als Zahlungsmittel zu akzeptieren.

Eigentumsvorbehalt

Ein Kauf unter Eigentumsvorbehalt liegt nach der Auslegungsregel des § 449 Abs. 1 BGB vor, wenn der Verkäufer einer beweglichen Sache das Eigentum unter der aufschiebenden Bedingung vollständiger Kaufpreiszahlung überträgt.

Beispiel:
Stoffhersteller Knitter verkauft Anzugsstoffe an den Inhaber der Kleiderfabrik Banano. Knitter und Banano haben in ihrem schriftlichen Kaufvertrag folgenden Zusatz aufgenommen: „Die Ware bleibt bis zur vollständigen Kaufpreiszahlung Eigentum des Verkäufers.“ Banano zahlt nur einen Teil des Kaufpreises. Er erhält zwar den Kaufgegenstand (d. h. die Übergabe nach § 929 BGB ist erfolgt), Knitter bleibt aber Eigentümer, weil noch keine Einigung (zwei übereinstimmende Willenserklärungen, §§ 145 f. BGB) über den (sofortigen) Eigentumswechsel vorliegt. Die Willenserklärung Knitters, die für die Einigung erforderlich ist, steht unter der aufschiebenden Bedingung (vgl. § 158 Abs. 1 BGB, vollständige Kaufpreiszahlung). Erst bei vollständiger Zahlung des Kaufpreises wird Banano, ohne dass es dann noch einer Mitwirkung des Verkäufers bedarf, Eigentümer. Vorher ist der Verkäufer Eigentümer und mittelbarer Besitzer.

Beim Kauf unter Eigentumsvorbehalt schließen die Vertragspartner einen **unbedingten** (i. S. v. bedingungsfreien) **Kaufvertrag** gem. § 433 BGB.

Da ein Kaufvertrag den Käufer nach § 433 Abs. 1 BGB zur sofortigen Eigentumsübertragung an der Kaufsache verpflichtet, hat der Gesetzgeber den Eigentumsvorbehalt im schuldrechtlichen Kaufvertragsrecht geregelt, um klarzustellen, dass nicht der Kaufvertrag, sondern die dingliche Einigung im Rahmen des (sachenrechtlichen) Verfügungsgeschäftes unter der **aufschiebenden Bedingung**, § 158 Abs. 1 BGB der vollständiger Kaufpreiszahlung steht.

Die Vereinbarung eines Eigentumsvorbehaltes kann für beide Vertragspartner vorteilhaft sein. Häufig möchte der Käufer eine Sache sofort besitzen und damit auch nutzen können, ohne sie gleich vollständig bezahlen zu müssen.

Durch die Vereinbarung eines Eigentumsvorbehaltes behält der Verkäufer das Eigentum an der Sache, solange die vollständige Kaufpreiszahlung nicht erfolgt ist. Er hat damit noch die Sicherheit, sein Eigentum wieder herausverlangen zu können, falls der Käufer nicht bezahlt.

3.1.1.2 Gewährleistungsrechte im Kaufrecht

Der Verkäufer ist nach § 433 Abs. 1 Satz 2 BGB verpflichtet, dem Käufer die Sache frei von Sach- und Rechtsmängeln zu verschaffen. Damit stellt jede Lieferung einer mangelhaften Sache eine Pflichtverletzung des Verkäufers dar.

In § 437 BGB sind die **Rechte des Käufers** bei Lieferung einer mangelhaften Sache benannt. Darunter fallen:

- Nacherfüllung nach § 437 Nr. 1 BGB,
- Rücktritt, Minderung nach § 437 Nr. 2 BGB
- Schadensersatz oder Aufwendungsersatz nach § 437 Nr. 3 BGB.

Mangelbegriff

Wann ein Sachmangel vorliegt, bestimmt sich nach § 434 BGB. Der Rechtsmangel ist in § 435 BGB geregelt. Die Vorschrift des Sachmangels (§ 434 BGB) wurde mit Wirkung zum 1.1.2022 (Umsetzung der EU-Warenverkaufsrichtlinie) vollständig neu gefasst.

Nach § 434 Abs. 1 Satz 1 BGB ist eine Sache mangelfrei, wenn sie bei Gefahrübergang (vgl. § 446 BGB) den subjektiven Anforderungen (vgl. § 434 Abs. 2 BGB), den objektiven Anforderungen (vgl. § 434 Abs. 3 BGB) und den Montageanforderungen (vgl. § 434 Abs. 4 BGB) entspricht. Ergänzt wird dies durch § 434 Abs. 5 BGB, wonach einem Sachmangel gleichsteht, wenn eine andere als die vertraglich geschuldete Sache geliefert wird.

Beachte: Die subjektiven Anforderungen und die objektiven Anforderungen müssen kumulativ vorliegen.

Gefahrübergang nach § 446 BGB

Im Zeitpunkt der Übergabe der Kaufsache muss die Mangelfreiheit vorliegen. Dabei ist zu beachten, dass eine Kaufsache auch dann mangelhaft ist, wenn der Mangel bei Übergabe versteckt war und erst nach der Übergabe zutage tritt.

Beispiel:
Der Rechtsanwalt Rudi hat sich für sein Büro im Ladengeschäft des Händlers Heinrich eine Kaffeemaschine erworben, bezahlt und sofort mitgenommen. Bei der Produktion war der Einschalter nicht ordnungsgemäß mit der Platine verlötet worden (sog. kalte Lötstelle). Anfangs lässt sich die Maschine ordnungsgemäß einschalten. Nach einigen Wochen funktioniert der Einschalter infolge der kalten Lötstelle nicht mehr. Dies ließe sich auch mittels Gutachter nachweisen.

Hier liegt bereits im Zeitpunkt des Gefahrübergangs ein Mangel (kalte Lötstelle) vor. Bei der Übergabe war die kalte Lötstelle bereits vorhanden, auch wenn sich die Auswirkungen erst später zeigen. In der Praxis liegt das Problem im Nachweis. Hier könnte der Gutachter den Nachweis erbringen.

Hinweis: Liegt ein Verbrauchsgüterkauf (vgl. § 474 Abs. 1 BGB) vor, so wird nach § 477 Abs. 1 BGB vermutet, dass der Mangel bereits im Zeitpunkt des Gefahrübergangs vorlag. Damit muss der Verkäufer beweisen, dass die Ware Im Zeitpunkt des Gefahrübergangs mangelfrei war.

In § 447 BGB hat der Gesetzgeber klargestellt, dass bei der Versendung einer Ware der Gefahrübergang bereits mit der Übergabe an den Spediteur oder dem Transportunternehmen übergeht. Das bedeutet, wird die Sache auf dem Transport beschädigt, liegt kein Sachmangel vor. Bei der Übergabe an den Transporteur war die Sache mangelfrei!

Aber Achtung: Diese Regelung gilt nicht bei Verbrauchsgüterkäufen nach § 474 Abs. 1 BGB (also Kaufverträgen, bei denen ein Unternehmer bewegliche Sachen an einen Verbraucher verkauft! Näheres dazu unten beim Verbrauchsgüterkauf unter 3.1.1.3).

Subjektive Anforderungen nach § 434 Abs. 2 BGB

Subjektive Anforderungen ergeben sich, wenn eine *Beschaffenheit der Kaufsache vereinbart* worden ist, vgl. § 434 Abs. 2 Nr. 1 BGB. Diese Beschaffenheitsvereinbarung kann ausdrücklich aber auch konkludent erfolgen und sich aus den Umständen ergeben. Die Beschaffenheitsvereinbarung muss eindeutig feststellbar sein. Der Verkäufer muss zu erkennen geben, dass er für alle Folgen des Fehlens der Eigenschaft einstehen will.

Beispiel:
Das Pkw-Modell Sprint hat eine Überarbeitung erfahren (sog. Facelift) Der Händler Heinrich hat seit 6 Monaten das Vorgängermodell in seiner Ausstellung stehen. Es ist lediglich vom Transporter in die Ausstellungshalle gefahren worden. Der Käufer Karl wünscht ein Neufahrzeug. Händler Heinrich verkauft das in der Ausstellung stehende Fahrzeug als „Neuwagen“. Hier liegt kein Neuwagen mehr vor, da das Fahrzeug nunmehr verändert produziert wird. Hier ist konkludent eine Beschaffenheitsvereinbarung vor.

Ist eine Beschaffenheit nicht vereinbart worden, so muss sich nach § 434 Abs. 2 Nr. 2 BGB die Kaufsache für die *nach dem Vertrag vorausgesetzte Verwendung eignen.* Hierzu reicht eine gemeinsame Vorstellung der Vertragsparteien vom Verwendungszweck aus.

Eine Sache entspricht den subjektiven Anforderungen, wenn sie mit dem vereinbarten Zubehör und den vereinbarten Anleitungen übergeben wird, § 434 Ans. 2 Nr. 3 BGB.

Objektive Anforderungen nach § 434 Abs. 3 BGB

Die Regelung des § 434 Abs. 3 BGB enthält eine kumulative Aufzählung von Voraussetzungen, die zusammen erfüllt sein müssen:

Die Sache muss

1. sich für die gewöhnliche Verwendung eignen *und*
2. eine Beschaffenheit aufweisen, die bei Sachen derselben Art üblich ist und die der Käufer erwarten kann, vgl. dazu auch § 434 Abs. 3 Satz 2 BGB. Dabei sind die Art der Sache und öffentliche Äußerungen des Verkäufers oder Herstellers, die in der Werbung oder auf dem Etikett abgegeben worden sind, zu berücksichtigen und
3. soweit es der Käufer erwarten kann mit Zubehör, Verpackung, sowie Montage- oder Installationsanleitung übergeben werden, vgl. § 434 Abs. 3 Nr. 4 BGB.

Hat der Käufer eine Probe oder ein Muster erhalten, greift zusätzlich noch § 434 Abs. 3 Nr. 3 BGB.

Montageanforderungen nach § 434 Abs. 4 BGB

Ist auch eine Montage durchzuführen, so sind auch die Voraussetzungen des § 434 Abs. 4 BGB zu prüfen.

Nacherfüllung nach §§ 437 Nr. 1, 439 BGB

Dem Käufer steht im Fall eines Sachmangels vorrangig ein Nacherfüllungsanspruch aus §§ 437 Nr. l, 434, 439 Abs. 1 BGB zu. Nacherfüllung bedeutet grundsätzlich ein Wahlrecht zwischen der Beseitigung des Mangels und einer Ersatzlieferung. Der Verkäufer hat daher *grundsätzlich* eine zweite Chance die Pflicht der mangelfreien Übereignung nach § 433 Abs. 1 Satz 2 BGB zu erfüllen. Gelingt ihm das nicht oder ist eine Nacherfüllung unmöglich, so ist erst dann der Rücktritt möglich.

Dies ergibt sich aus § 323 Abs. 1 BGB, wonach vor einem Rücktritt grundsätzlich die Setzung einer Nachfrist zur Nacherfüllung erforderlich ist. Rücktritt und Minderung sind daher nachrangig (subsidiär).

Von dem Grundsatz der zweiten Chance treffen die § 323 Abs. 2 und § 440 BGB Ausnahmeregelungen. Sind diese Ausnahmeregelungen einschlägig, so ist ausnahmsweise ein sofortiger Rücktritt möglich. Ist die Nacherfüllung (Beseitigung des Mangels oder eine Ersatzlieferung) unmöglich, so kann ebenfalls nach § 326 Abs. 5 BGB ein sofortiger Rücktritt erfolgen. Anstelle des Rücktritts ist auch eine Minderung nach § 441 Abs. 1 BGB möglich.

Andererseits ist der Rücktritt in einigen Fällen ausgeschlossen, z. B. bei der Unerheblichkeit des Mangels, vgl. §§ 437 Nr. 2 i. V. m. § 323 Abs. 5 Satz 2 BGB

Zwar wird dem Käufer durch § 439 Abs. 1 BGB ein Wahlrecht zwischen Mängelbeseitigung und Nachlieferung eingeräumt; dies kann aber stark eingeschränkt sein.

Der Verkäufer kann unter bestimmten Voraussetzungen die vom Käufer gewählte und mögliche Nacherfüllung verweigern (**Leistungsverweigerungsrecht**), wenn

- der Schuldner (Verkäufer) ein Leistungsverweigerungsrecht für den Fall hat, dass die Leistung einen Aufwand erfordert, der in einem groben Missverhältnis zu dem Leistungsinteresse des Gläubigers steht, § 275 Abs. 2 BGB.
- Weiterhin hat der Schuldner ein Leistungsverweigerungsrecht, wenn er die Leistung persönlich zu erbringen hat und sie ihm unter Abwägung seines Hinderungsgrundes und des Leistungsinteresses des Gläubigers nicht zugemutet werden kann, § 275 Abs. 3 BGB.
- Außerdem kann der Verkäufer die Nacherfüllung verweigern, wenn sie nur mit unverhältnismäßigen Kosten möglich ist, § 439 Abs. 3 Satz 1 BGB.

Beispiel:

Clementine kauft vom Vertragshändler Michael eine neue Waschmaschine mit Schleuderprogramm. Die Maschine wird komplett übergeben und ordnungsgemäß angeschlossen. Nach einigen Waschgängen stellt Clementine fest, dass die Waschmaschine nicht richtig schleudert. Die Wäsche bleibt triefnass. Hat Clementine einen Anspruch auf Nacherfüllung gegen Michael?

Clementine könnte einen Anspruch auf Nacherfüllung gegenüber Michael aus §§ 437 Nr. 1 434, 439 BGB haben. Dafür müssten folgende Voraussetzungen vorliegen:

Ein wirksamer Kaufvertrag nach § 433 BGB ist zustande gekommen.

Weiterhin müsste die Waschmaschine mangelhaft sein. Ein Mangel liegt gem. § 434 Abs. 1 Satz 1 BGB dann vor, wenn bei Gefahrübergang die Waschmaschine nicht den subjektiven Anforderungen, den objektiven Anforderungen und ggf. den Montageanforderungen entspricht.

Clementine und Michael haben keine Vereinbarung über die Beschaffenheit der Waschmaschine getroffen. Nach den gemeinsamen Vorstellungen von Clementine und Michael schleudert eine Waschmaschine so, dass die Wäsche jedenfalls danach nicht mehr nass ist. Die Maschine wurde komplett übergeben, d.h. mit Anleitungen. Die Waschmaschine entspricht nicht den subjektiven Anforderungen. Dies wäre nur gegeben, wenn alle Voraussetzungen erfüllt sind. Sie eignet sich aber nicht für die nach dem Vertrag vorausgesetzte Verwendung.

Die Waschmaschine entspricht nicht den objektiven Anforderungen. Sie eignet sich weder für die gewöhnliche Verwendung nach § 434 Abs. 3 Nr. 1 BGB. Denn eine Waschmaschine mit Schleuderprogramm wird üblicherweise zum Schleudern der Wäsche verwendet. Funktioniert die Waschmaschine dahingehend nicht einwandfrei, dann ist sie nicht zur gewöhnlichen Verwendung geeignet. Weiter ist § 434 Abs. 3 Nr. 2 BGB zu prüfen. Danach ist die Kaufsache nur mangelfrei, wenn sie eine Beschaffenheit aufweist, die bei Sachen der gleichen Art üblich ist und die der Käufer nach der Art der Sache erwarten kann. Daran fehlt es hier.

Eine Montage wurde ordnungsgemäß durchgeführt.

Da die Waschmaschine nicht den subjektiven und den objektiven Anforderungen entspricht, liegt ein Sachmangel i. S. d. § 434 Abs. 1 BGB vor.

Somit hat Clementine einen Anspruch auf Nacherfüllung gegen Michael aus §§ 439, 437 Nr. 1, 434 BGB. Clementine kann wählen, ob sie die Beseitigung des Mangels, also die Reparatur oder die Lieferung einer mangelfreien Sache, also Ersatzlieferung verlangt. Diese Rechtfolge sieht § 439 Abs. 1 BGB vor. Allerdings ist Absatz 4 des § 439 BGB zu beachten. Falls die vom Käufer gewählte Form der Nacherfüllung mit unverhältnismäßig hohen Kosten verbunden ist, so hat der Verkäufer die Möglichkeit, diese zu verweigern. Im Beispielsfall käme es auf die Details an. Lesen Sie dazu § 439 Abs. 4 Satz 2 BGB. Anhaltspunkte für unverhältnismäßige Kosten ergeben sich aus dem Sachverhalt nicht. Daher hat Clementine die Wahl zwischen der Reparatur oder einer Ersatzlieferung.

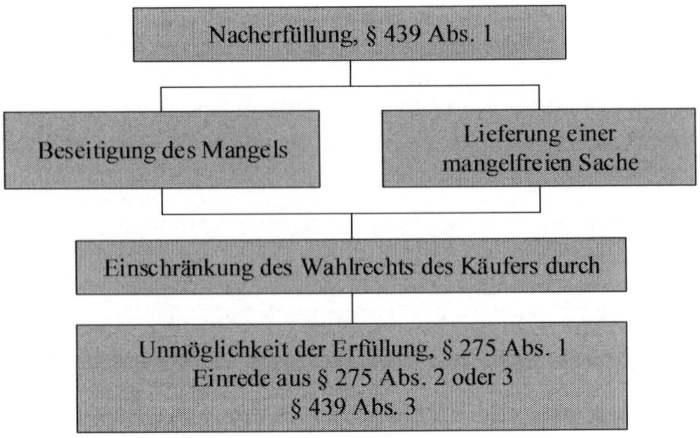

Minderung

Der Minderung liegt der Gedanke zu Grunde, dass der **Minderleistung** des Verkäufers die Kaufpreiszahlung des Käufers entsprechen soll. Weil die Minderung nach § 441 Abs. 1 BGB alternativ neben dem Rücktritt steht, müssen die Rücktrittsvoraussetzungen vorliegen.

Beispiel:

Gleicher Sachverhalt wie oben.

Kann Clementine eine Minderung des Kaufpreises verlangen? Clementine könnte einen Anspruch auf Minderung des Kaufpreises gegen Michael aus §§ 441 Abs. 1 Satz 1, 323, 437 Nr. 2 Alt. 2, § 434 Abs. 1 Satz 2 Nr. 2 BGB haben.

Ein Kaufvertrag zwischen Clementine und Michael liegt vor. Ebenso ist ein Sachmangel gegeben, s. o. Um mindern zu können, müssen die Voraussetzungen des Rücktritts vorliegen, vgl. Formulierung des Gesetzestextes. Nach § 323 Abs. 1 BGB müssen folgende Voraussetzungen für ein Rücktrittsrecht vorliegen:

Es muss sich um einen gegenseitigen Vertrag handeln. Die Leistung muss fällig gewesen sein. Der Schuldner muss die Leistung nicht vertragsgemäß erbracht haben. Diese Voraussetzungen liegen vor. Außerdem muss der Gläubiger dem Schuldner eine angemessene Frist zur Leistung oder Nacherfüllung bestimmt haben. Clementine hat Michael keine Frist zur Nacherfüllung gesetzt, deshalb liegt diese Voraussetzung nicht vor.

Daher kann Clementine nicht mindern.

Schadensersatz und Aufwendungsersatz

Schadensersatz bzw. Aufwendungsersatz können neben Rücktritt und Minderung geltend gemacht werden, § 437 Nr. 2 BGB. § 437 Nr. 3 BGB verweist hierfür auf die allgemeinen Regelungen der §§ 440, 280, 281, 283, 311a und 284 BGB.

Liegt ein Fall anfänglicher Unmöglichkeit vor, so ergibt sich der Anspruch des Käufers auf Schadensersatz aus §§ 437 Nr. 3, 311a Abs. 2 BGB.

Handelt es sich um einen Fall der nachträglichen Unmöglichkeit, ergibt sich der Anspruch auf Schadensersatz aus §§ 437 Nr. 3, 280 Abs. 1, Abs. 3, 283 BGB.

Für den Aufwendungsersatz ist § 284 BGB heranzuziehen.

Kleiner Schadensersatz

Der Käufer hat einen Anspruch auf Ersatz des Schadens, der aufgrund des Mangels der Kaufsache entstanden ist. Dieser Anspruch ergibt sich aus §§ 437 Nr. 3, 280 Abs. 3, 281 Abs. 1 Satz 1 BGB. Der Kaufvertrag an sich wird weiter abgewickelt.

Der Mangelschaden kann darin bestehen, dass Kosten angefallen sind, um den Mangel zu beseitigen. Ebenso ist denkbar, dass aufgrund der mangelhaften Kaufsache Vermögensschäden entstanden sind, z. B. entgangener Gewinn oder die Kaufsache ist wegen des Mangels weniger wert, der Schaden ist die Differenz zwischen mangelfreier und mangelhafter Kaufsache.

Großer Schadensersatz

Unter großem Schadensersatz versteht man den Schadensersatz unter Rückabwicklung des Kaufvertrages. Dies unterscheidet den großen Schadensersatz vom kleinen Schadensersatz. Dieser Anspruch ergibt sich aus §§ 437 Nr. 3, 280 Abs. 3, 281 Abs. 1 Satz 1 BGB.

Mangelfolgeschaden

§ 280 Abs. 1 BGB umfasst u. a. die Fälle der Schlechtleistung. Ergeben sich nun aufgrund einer Schlechtleistung Folgeschäden an anderen Rechtsgütern, so sind diese bei Vorliegen der Voraussetzungen nach §§ 280 Abs. 1, 437 Nr. 3 BGB zu ersetzen. Der Ersatz solcher Folgeschäden wird nicht durch die Leistung einer mangelfreien Sache ausgeglichen. Vielmehr tritt der Schadensersatzanspruch für die Folgeschäden neben den Anspruch auf die Leistung.

Beispiel:

Kuno hatte bei Neumann einen Dampfkochtopf gekauft. Wegen eines fehlerhaften Ventils entwich unkontrolliert Dampf aus dem Topf. Kuno zog sich Verbrennungen an der Hand zu und musste einen Arzt aufsuchen.

Bzgl. des Dampfkochtopfes hat Kuno einen Anspruch auf Nacherfüllung aus §§ 437 Nr. 1, 434, 439 BGB. Er kann zwischen Ersatzlieferung und Nachbesserung wählen.

Der Anspruch auf Schadensersatz für die entstandenen Arztkosten ergibt sich aus §§ 280 Abs. 1, 437 Nr. 3, 434 Abs. 1 Satz 2 Nr. 2 BGB.

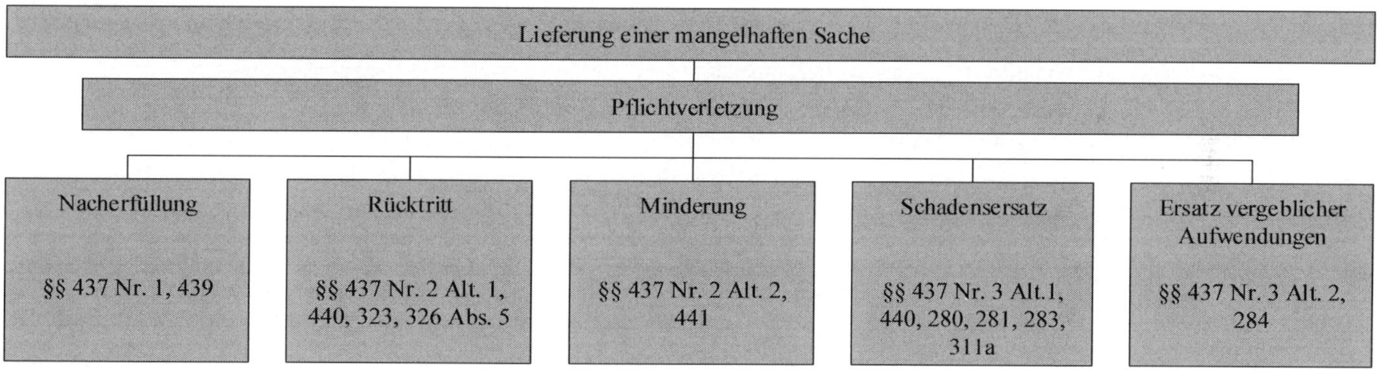

Gewährleistungsausschluss

Die Ansprüche aus der Sachmangelhaftung können durch Vereinbarungen ausgeschlossen werden. Dies ist aber nicht unbeschränkt möglich.

Grenzen des Gewährleistungsausschlusses:

1. Ausschluss der Gewährleistungsrechte bei Individualverträgen gem. § 444 BGB
   - Verkäufer kann sich nicht auf den Ausschluss berufen, wenn er den Mangel arglistig verschwiegen hat oder
   - eine Beschaffenheitsgarantie übernommen hat oder
   - ein Verbrauchsgüterkauf (vgl. Kapitel 3.1.1.3) vorliegt, § 475 Abs. 1 BGB
2. Ausschluss der Gewährleistungsrechte durch Allgemeine Geschäftsbedingungen
   - Begrenzung des Haftungsausschlusses durch § 309 Nr. 8 b) aa)–ff) BGB
3. Kenntnis des Käufers
   - Kennt der Käufer bei Vertragsschluss den Mangel, so sind die Rechte des Käufers ausgeschlossen, § 442 Abs. 1 BGB
   - Bei grober Fahrlässigkeit des Käufers sind die Rechte des Käufers ebenfalls ausgeschlossen, außer der Verkäufer hat den Mangel arglistig verschwiegen oder der Verkäufer hat eine Beschaffenheitsgarantie übernommen, § 442 Abs. 2 BGB
4. Haftungsbegrenzung bei öffentlichen Versteigerungen, § 445 BGB

Verjährungsfrist

Die Verjährungsfrist beim Kauf beweglicher Sachen beträgt zwei Jahre von der Ablieferung an. Dies ergibt sich aus § 438 Abs. 1 Nr. 3 BGB. Die Verjährungsfrist bei Bauwerken oder beim Kauf von Baumaterial, das zur Mangelhaftigkeit eines Bauwerkes geführt hat, beginnt ebenfalls mit der Ablieferung der Sache. Sie beträgt fünf Jahre gem. § 438 Abs. 1 Nr. 2 BGB. Nach § 438 Abs. 2 BGB beginnt die Verjährung mit der Ablieferung der Sache bzw. mit der Übergabe des Grundstücks.

3.1.1.3 Verbrauchsgüterkauf

Durch §§ 474 ff. BGB wurde der sog. Verbrauchsgüterkauf in das BGB einbezogen. Der Begriff ist missverständlich. Es handelt sich dabei nicht um Kaufverträge über Verbrauchsgüter, sondern um Sonderregelungen für Kaufverträgen zwischen einem Verbraucher und einem Unternehmer.

Bei Verbrauchsgüterkauf handelt es sich um einen Kaufvertrag zwischen einem Verbraucher als Käufer und einem Unternehmer als Verkäufer, § 474 Abs. 1 Satz 1 BGB. **Verbraucher** ist nach § 13 BGB jede natürliche Person, die ein Rechtsgeschäft zu einem Zwecke abschließt, der überwiegend weder ihrer gewerblichen noch ihrer selbstständigen beruflichen Tätigkeit zugerechnet werden kann. **Unternehmer** ist nach § 14 BGB eine natürliche oder juristische Person oder eine rechtsfähige Personengesellschaft, die bei Abschluss eines Rechtsgeschäfts in Ausübung ihrer gewerblichen oder selbstständigen beruflichen Tätigkeit handelt.

Weitere Voraussetzung nach § 474 Abs. 1 Satz 1 BGB ist, dass es sich um eine bewegliche Sache handelt, vgl. Erster Teil, 2.1.1.

Die Sonderregelung des Verbrauchsgüterkaufs (§§ 474 ff. BGB) kommen dementsprechend nicht zur Anwendung bei

- Kaufverträgen zwischen zwei Unternehmern,
- Kaufverträgen zwischen Verbrauchern und Unternehmern, bei denen der Verbraucher als Verkäufer auftritt,
- Kaufverträgen zwischen zwei Verbrauchern.

Eine gravierende Auswirkung des Vorliegens eines Verbrauchsgüterkaufes ist in § § 475 Abs. 2 BGB der **Ausschluss der Anwendung des § 447 BGB**.

Wie bereits dargestellt, regelt § 447 BGB, dass der Zeitpunkt des Gefahrübergangs bei einer Schickschuld (also wenn die Ware versandt wird) nicht erst vorliegt, wenn die Ware vom Transporteur an den Käufer übergeben wird, sondern bereits dann, wenn der Verkäufer die Ware dem Transporteur übergibt.

Beispiel:
Die freiberufliche Hausärztin Sarah bestellt im Onlineshop für Ärztebedarf 20 Ordner für ihre Praxis. Der Onlineshop übergibt das Paket mit den ordnungsgemäßen Ordnern an den Postdienstleister. Durch ein Versehen fällt das Paket mit den Ordnern vom Lkw. Die Ordner werden dabei beschädigt. Als Sarah das erhaltene Paket öffnet, verlangt sie vom Onlineshop die Ersatzlieferung von 20 Ordnern gegen Rückgabe der beschädigten Ordner. Die Ordner seien mangelhaft.

Die Auffassung der Sarah ist unzutreffend. Wegen § 447 BGB kommt es auf den Zeitpunkt der Übergabe an den Transporteur an. Zu diesem Zeitpunkt waren die Ordner mangelfrei. Den Schaden muss Sarah gegen den Transporteur als Transportschaden geltend machen.

Die Regelung des § 447 ist für den rechtsunkundigen Verbraucher sehr nachteilig und schwierig zu handhaben. Er kennt nicht den Inhalt des Transportvertrages, den der Verkäufer abgeschlossen hat. Oft wird der Transporteur einwenden, dass der Verkäufer die Ware nicht ordnungsgemäß verpackt hat und den Transporteur kein Verschulden am Schaden treffe. Damit würde der Verbraucher in die Mühlen zwischen Transporteur und Verkäufer geraten. Dies verhindert der Ausschluss des § 447 BGB. Es gilt dann auch beim Versendungskauf der § 446 BGB. Die Gefahr geht mit der Übergabe der Kaufsache vom Transporteur an den Käufer über. Dieser Zeitpunkt ist entscheidend, ob eine Ware mangelfrei ist oder nicht. Bei Transportschäden ist es daher nicht erforderlich, dass der Käufer, der Verbraucher ist, gegen den Spediteur vorgehen muss.

Beispiel:
Die Privatmann Paul bestellt im Onlineshop eine Glasvitrine. Der Onlineshop übergibt das ordnungsgemäß verpackte Paket an den Postdienstleister. Durch ein Versehen fällt das Paket vom Förderband und stürzt 20 Meter in die Tiefe auf den Hallenboden der Verteilstation. Die Glasvitrine geht zu Bruch. Paul öffnet das Paket mit dem klappernden Inhalt im Beisein des Postdienstleisters.

Paul kann nun vom Onlineshop die Nacherfüllung nach §§ 437 Nr. 1, 439 BGB verlangen. Im Zeitpunkt der Übergabe vom Transporteur an ihn war die Kaufsache mangelhaft.

Der Onlineshop hat das Transportrisiko gegenüber dem Käufer zu tragen. Er kann aber gegenüber dem Postdienstleister Ansprüche geltend machen, da dieser seine Transportleistung nicht ordnungsgemäß erbracht hat.

§ 475 BGB regelt weitere wichtige Besonderheiten des Verbrauchsgüterkaufs. So kann der Unternehmer sich nicht auf getroffene Vereinbarungen berufen, die zum Nachteil des Verbrauchers gehen. Eine Abweichung von den §§ 433 bis 435, 437, 439 bis 443 BGB sowie der Vorschriften über den Verbrauchgüterkauf ist für den Unternehmer nicht möglich, § 475 Abs. 1 BGB.

Nach § 475 Abs. 2 BGB ist es nicht möglich die Verjährungsfrist der in § 437 bezeichneten Ansprüche zu verkürzen.

Wie bereits dargestellt enthält § 477 BGB eine **Beweislastumkehr** zu Gunsten des Verbrauchers. Zeigt sich innerhalb eines Jahres seit Gefahrübergang ein Sachmangel, so wird vermutet, dass die Sache bereits mit Gefahrübergang mangelhaft war. Die Beweislastumkehr gilt nicht, wenn sie mit der Art der Sache oder der Art des Mangels nicht vereinbar ist.

Beispiel:
Fritz bringt den defekten Akkuschrauber in den Baumarkt zurück. Beim Öffnen des Akkuschraubers wird festgestellt, dass Ursache eine Überlastung beim Gebrauch war.

§ 477 Abs. 1 BGB regelt die Anforderungen, die an eine **Garantieerklärung** geknüpft werden. Die Garantieerklärung muss einfach und verständlich abgefasst sein.

Die Garantieerklärung muss den Hinweis enthalten, dass durch die Garantie keine gesetzlichen Rechte eingeschränkt werden.

Weiterhin muss die Garantieerklärung den Inhalt der Garantie und die wesentlichen Angaben, die für die Geltendmachung der Garantie erforderlich sind, enthalten. Darunter fallen: Dauer, räumlicher Geltungsbereich des Garantieschutzes, Namen und Anschrift des Garantiegebers. Außerdem kann der Verbraucher verlangen, dass die Garantieerklärung in Textform vorliegt.

Testfragen

21. Der am 7. Januar 2006 geborene Schüler Kuno Kurz schließt ohne Wissen seiner Eltern am 6. Januar 2024 mit dem Händler Harry Hirsch einen Kaufvertrag über einen Laptop zum Preis von 1 000 Euro, wobei vertraglich vereinbart wird, dass der Kaufpreis erst am 15. Januar 2024 zu bezahlen ist. Kuno hofft, dass ihm seine Eltern im Hinblick auf seinen bevorstehenden Geburtstag nachträglich die Zustimmung zu diesem Vertrag erteilen.

    Als Kuno am 6. Januar 2024 seine Eltern über den von ihm abgeschlossenen Vertrag in Kenntnis setzt und die Frage stellt, ob sie hiermit einverstanden seien, erklären diese, dass sie sich die Angelegenheit erst noch einige Zeit überlegen müssten.

    Kuno bekommt daraufhin Gewissensbisse. Am 8. Januar 2024 geht er daher vormittags zum Händler Harry Hirsch und erklärt diesem gegenüber, dass er das Gerät nicht **mehr wolle.**

    Am Nachmittag desselben Tages, also am 8. Januar 2024, erscheinen die Eltern des Kuno, die von dieser Erklärung ihres Sohnes nichts wissen, bei Harry Hirsch und äußern diesem gegenüber, dass sie mit dem von ihrem Sohn geschlossenen Vertrag einverstanden seien. Kann Harry Hirsch von Kuno Kurz am 15. Januar 2024 Zahlung der 1 000 Euro und Abnahme des Laptops verlangen?

22. Pina Pausch benötigt für ihr Büro ein Faxgerät. Sie kauft das Gerät „Fax-Fix" bei dem Elektronik-Händler Schluder.

    Nach dem Aufstellen und Anschließen des Faxgerätes stellt sich heraus, dass das Gerät zwar Faxe senden kann, aber keine Faxe empfangen kann. Grund hierfür ist eine nicht ordnungsgemäß funktionierende Faxweiche im Gerät.

    Fragen:

    1. Welche rechtlichen Möglichkeiten hat Pina Pausch wegen des defekten Gerätes gegen den Elektronik-Händler Schluder?
    2. Wozu würden Sie Pina im vorliegenden Fall raten?
    3. Wie lange könnte sich Pina mit der Geltendmachung ihrer Ansprüche Zeit lassen?

23. Wann ist eine gekaufte Sache mangelhaft?

3.1.2 Schenkung

Die Schenkung ist eine **unentgeltliche Zuwendung,** durch die jemand aus seinem Vermögen einen anderen bereichert, § 516 BGB. Der Beschenkte erfährt eine Vermögensmehrung, beim Schenker tritt eine Vermögensminderung ein.

3.1.2.1 Handschenkung

Bei der Handschenkung wird ohne ein vorheriges Schenkungsversprechen dem Beschenkten **sofort** der Gegenstand verschafft. Die Schenkung wird sofort vollzogen. Verpflichtungs- und Verfügungsgeschäft finden gleichzeitig statt. Für die Handschenkung bedarf es **keiner Form**. Die Parteien müssen sich über die Unentgeltlichkeit der Zuwendung **einig** sein. Aus § 516 Abs. 2 BGB ergibt sich, dass die Zuwendung auch vor der Einigung, also ohne den Willen des anderen vollzogen werden kann.

Damit der Schenkungsvertrag in diesem Fall zustande kommen kann, ist die Annahme durch den Beschenkten erforderlich.

Beispiel:

Hajo Herrgesell schenkt Lieschen Müller zum Geburtstag eine Flasche Sekt. Als Lieschen Müller auf ihrer Geburtstagsfeier mit Hajos Rivalen Kunz tanzt, fordert er die Flasche Sekt von Lieschen zurück. Er begründet dies mit seinen BGB-Kenntnissen und verweist auf § 518 Abs. 1 BGB. Seiner Ansicht nach liegt wegen Formmangels kein Vertrag vor.

Hat Hajo Recht?

Indem Hajo Lieschen die Flasche Sekt übergab, waren sich beide über den Eigentumsübergang an der Flasche Sekt einig. Ebenso einig waren sie sich über die Unentgeltlichkeit der Zuwendung.

Hajo hat somit nicht Recht, da es sich bei dem Schenken der Flasche Sekt um eine Handschenkung und kein Schenkungsversprechen handelt. Es liegt kein Verstoß gegen die Formvorschrift des § 518 Abs. 1 BGB vor. Lieschen kann die Flasche Sekt behalten.

3.1.2.2 Schenkungsversprechen

Das Schenkungsversprechen ist ein einseitig verpflichtender Vertrag. Der Schenker verspricht einem anderen die unentgeltliche Zuwendung einer Leistung. Der Beschenkte nimmt an. Die Formvorschrift des § 518 Abs. 1 BGB bestimmt, dass zur Gültigkeit des Schenkungsversprechens die notarielle Beurkundung erforderlich ist. Zu beachten ist aber § 518 Abs. 2 BGB, der eine Heilung des Formmangels durch die Bewirkung der Leistung vorsieht.

Beispiel:

Um Lieschen für sich einzunehmen, bietet Hajo am gleichen Abend Lieschen an, ihr seine wertvolle, vom Sänger Kuno Kopf handsignierte Lieblingsschallplatte zu schenken. Beglückt nimmt Lieschen das Angebot an. Am Tag nach der Geburtstagsfeier verlangt Lieschen die Platte von Hajo. Dieser weigert sich, weil er über den Ablauf des Abends nach wie vor verstimmt ist.

Von Hajo und Lieschen wurden die Willenserklärungen, Antrag und Annahme, §§ 145 ff. BGB zur Schließung eines Schenkungsvertrages gem. § 516 BGB abgegeben.

Zu beachten ist allerdings die Formvorschrift des § 518 Abs. 1 i. V. m. § 128 BGB. Danach muss das Schenkungsversprechen notariell beurkundet werden. Eine notarielle Beurkundung erfolgte nicht; der Schenkungsvertrag ist nach § 125 BGB nichtig.

Auch die Heilung des Formmangels gem. § 518 Abs. 2 BGB ist nicht möglich, weil die versprochene Leistung nicht bewirkt wurde. Lieschen hat die Schallplatte nicht erhalten.

Im Ergebnis kann Lieschen die Schallplatte nicht von Hajo verlangen.

Liegt ein Schenkungsversprechen vor, kann der Schenker die Erfüllung seines Schenkungsversprechens verweigern, wenn sein angemessener Unterhalt gefährdet würde, § 519 BGB.

§ 528 BGB räumt dem Schenker nach vollzogener Schenkung ein Rückforderungsrechts wegen Notbedarfs ein.

Widerrufen kann der Schenker die Schenkung wegen groben Undankes, falls es sich nicht um eine Pflicht oder Anstandsschenkung handelt, §§ 530, 534 BGB.

3.1.3 Miete

Unter Miete ist die entgeltliche Überlassung einer Sache an einen anderen zum Gebrauch auf Zeit zu verstehen. Durch den Mietvertrag verpflichtet sich der Vermieter, eine Sache entgeltlich dem Mieter zum Gebrauch auf Zeit zu überlassen. Gegenstand des Mietvertrages können also nur Sachen i. S. v. § 90 BGB, nicht aber Rechte sein. Die vermietete Sache kann beweglich oder unbeweglich sein.

Die Vorschriften des Mietrechts unterscheiden zwischen Mietverträgen über bewegliche Sachen, Wohnräumen, sonstigen Räumen und Grundstücken. Das können Mietverträge über Häuser, Wohnungen, Autos, Geschirr für Festivitäten u. s. w. sein.

Das Mietverhältnis entsteht durch Vertragsschluss. Erforderlich ist eine Einigung über den Mietgegenstand, die Miete (Entgelt) sowie die Mietparteien.

Beispiel:
Mandy Mondrian mietet sich bei Armin Reich von Freitag bis Sonntag ein Cabriolet für 50 Euro pro Tag.

Muss der Mietvertrag in einer bestimmten Form abgeschlossen werden?

Zwischen Mandy und Armin ist ein Mietvertrag, § 535 BGB durch zwei übereinstimmende Willenserklärungen §§ 145 ff. BGB zustande gekommen.

Eine Formvorschrift gibt es nicht, daher ist der Mietvertrag formfrei.

Die Verkehrsbetriebe der Stadt Dresden fragen an, ob es möglich ist, die Außenflächen der stadteigenen Straßenbahn zu Reklamezwecken an eine Großbäckerei zu vermieten.

Es ist durchaus möglich, Teile von Sachen zu mieten. Die Verkehrsbetriebe müssten sich mit dem Interessenten über den Mietgegenstand, den Mietpreis und die Mietzeit einigen. Dies geschieht durch zwei übereinstimmende Willenserklärungen, §§ 145 ff. BGB.

Das durch den Mietvertrag begründete Mietverhältnis ist ein sog. Dauerschuldverhältnis.

Grundsätzlich ist der Mietvertrag formfrei. In der Praxis werden jedoch meist Musterverträge verwendet. Wird bspw. ein Auto angemietet, geschieht dies in der Regel durch die Unterzeichnung eines schriftlichen Vertrages, § 127 BGB. Gleiches gilt für die Wohnraummiete.

Eine Ausnahme von der Formfreiheit findet sich in §§ 550, 578 BGB für Wohnraummietverhältnisse und Mietverhältnisse über andere Sachen, insb. Grundstücke. Danach bedürfen Mietverträge, die für längere Zeit als ein Jahr geschlossen werden, der Schriftform: Ein Verstoß gegen die Formvorschrift macht den Mietvertrag nicht nach §125 BGB nichtig, sondern er gilt als für unbestimmte Zeit geschlossen, auch wenn in dem Vertrag eine befristete Mietzeit vereinbart war. Bei unbefristeten Mietverträgen ist damit der Verstoß gegen die Formvorschrift letztlich ohne Auswirkung.

3.1.3.1 Pflichten des Vermieters

Der Vermieter ist verpflichtet, dem Mieter den Gebrauch der gemieteten Sache während der Mietzeit zu gewähren, § 535 Abs. 1 BGB. § 535 Abs. 1 Satz 2 BGB bestimmt, dass der Vermieter die Mietsache dem Mieter in einem zum vertragsgemäßen Gebrauch geeigneten Zustand überlassen und sie während der Mietzeit in diesem Zustand zu erhalten hat. Außerdem hat der Vermieter die auf der Mietsache ruhenden Lasten zu tragen, § 535 Abs. 1 Satz 3 BGB. Diese können anteilig auf den Mieter übertragen werden, z. B. Grundsteuer.

Beispiel:
Mietet sich Max für drei Tage ein Auto, so muss ihm Victor für die vereinbarte Dauer von drei Tagen den Gebrauch des Autos gewähren.

Weiterhin ist der Vermieter verpflichtet, die Mietsache zu erhalten.

Dazu gehört u. a., dass der Vermieter die Mietsache regelmäßig überprüft und entsprechende Reparaturen durchführt. Vertraglich kann die Pflicht zur Erhaltung aber teilweise auf den Mieter übertragen werden, so z. B. bei Schönheitsreparaturen.

Soweit der Mieter die Grenzen des vertragsmäßigen Gebrauchs nicht überschreitet, hat der Mieter Abnutzung (Veränderung oder Verschlechterung) nicht zu vertreten, § 538 BGB.

Beispiel:
Bei einem Mietfahrzeug ist der Mieter nicht verpflichtet, für die Reifenabnutzung aufzukommen.

3.1.3.2 Verletzung der Vermieterpflichten

Bei Verletzung der Vermieterpflichten gibt es, abhängig von der Fallgestaltung, verschiedene Anspruchsgrundlagen für den Mieter.

Aus § 535 Abs. 1 Satz 1 BGB kann der Mieter die Gebrauchsüberlassung der Mietsache verlangen. Dabei handelt es sich um den Erfüllungsanspruch.

Rechte des Mieters bei Mängeln

Der Begriff des Mangels findet sich in § 536 Abs. 1 BGB.

Die Mietsache muss zur Zeit der Überlassung an den Mieter einen Mangel haben, der ihre Tauglichkeit zum vertragsmäßigen Gebrauch aufhebt. Oder es entsteht ein solcher Mangel während der Mietzeit. Es darf aber kein Mangel sein, der nur eine unerhebliche Minderung der Tauglichkeit darstellt.

Nach ständiger Rechtsprechung ist unter einem Mangel die für den Mieter nachteilige Abweichung des tatsächlichen Zustands der Mietsache von dem vertraglich geschuldeten zu verstehen.

Nach § 536 Abs. 2 BGB liegt ein Sachmangel auch vor, wenn der Mietsache eine zugesicherte Eigenschaft fehlt oder diese später wegfällt. Im Folgenden wird nur auf den Sachmangel, nicht auf den Rechtsmangel eingegangen.

Beispiele:
Schimmelbefall in Wohnräumen, Abweichung der vereinbarten Wohnfläche zur tatsächlichen Wohnfläche um mehr als 10%, defekte Klimaanlage im Mietauto

Der Mangel muss erheblich sein. Als unerheblich gilt ein Mangel, wenn er leicht erkennbar ist und schnell und mit geringen Kosten beseitigt werden kann.

Beispiele:
Tropfender Wasserhahn, kurzzeitiger Ausfall der Heizung

Zum einen ergibt sich aus § 535 Abs. 1 Sätze 1 u. 2 BGB der Anspruch des Mieters gegen den Vermieter auf Erfüllung der Hauptleistungspflicht und der Nachbesserungspflicht, wenn die Mietsache einen Mangel hat.

Außerdem steht dem Mieter das Recht zu, die Miete nach § 536 Abs. 1 BGB zu **mindern**. Zu beachten ist, dass die Prüfung im Rahmen der Prüfung eines Anspruchs des Vermieters auf Entrichtung der Miete gem. § 535 Abs. 2 BGB erfolgt!

Nach § 536a Abs. 1 BGB ist der Mieter berechtigt, **Schadensersatz** zu fordern. Der Vermieter ist verpflichtet, Schadensersatz zu leisten, wenn der Mangel bereits bei Vertragsschluss vorhanden war oder später infolge eines vom Vermieter zu vertretenden Umstandes entsteht oder wenn der Vermieter mit der Beseitigung des Mangels in Verzug ist, § 536a Abs. 1 BGB. Zu beachten ist, dass § 536a BGB drei Alternativen enthält! Es bietet sich an, sich diese im Gesetzestext hervorzuheben.

Voraussetzungen § 536a Abs. 1 BGB

§ 536a Abs. 1 Alt. 1 BGB Mangel bei Vertragsschluss	**§ 536a Abs. 1 Alt. 2 BGB** Mangel später entstanden	**§ 536a Abs. 1 Alt. 3 BGB** Verzug des Vermieters bei Mangelbeseitigung
Kein Vertretenmüssen als Voraussetzung	Vertretenmüssen ist Voraussetzung	Nur Vertretenmüssen des Verzuges, nicht des Mangels

Rechtsfolge: Schadensersatzanspruch sowohl der Mangel- als auch der Mangelfolgeschäden

Eine weitere Anspruchsgrundlage stellt § 536a Abs. 2 BGB dar, die den **Aufwendungsersatz** zum Inhalt hat. Der Mieter kann den Mangel selbst beseitigen und Ersatz der erforderlichen Aufwendungen verlangen, wenn der Vermieter mit der Beseitigung des Mangels in Verzug ist, § 536a Abs. 2 Nr. 1 BGB. Oder die umgehende Beseitigung des Mangels ist zur Erhaltung oder Wiederherstellung des Bestandes der Mietsache notwendig, § 536a Abs. 2 Nr. 2 BGB.

Weiterhin hat der Mieter hat die Möglichkeit gem. § 543 Abs. 2 Satz 1 Nr. 1 BGB **zu kündigen**.

Beispiel 1:
Ist eine Wohnung wegen Feuchtigkeit mit Schimmel befallen, liegt ein Fehler vor, der die Tauglichkeit zu dem vertragsmäßigen Gebrauch aufhebt oder mindert, abhängig von der Schwere des Befalls. Der Mieter hat das Recht auf Mietminderung aus § 536 Abs. 1 i. V. m. § 549 Abs. 1 BGB. Geprüft wird: Der Vermieter könnte einen Anspruch auf Zahlung der Miete gegen den Mieter aus § 535 Abs. 2 BGB haben. Voraussetzung ist ein Mietvertrag zwischen Vermieter und Mieter. Der Anspruch des Vermieters könnte ganz oder teilweise erloschen sein. In Betracht kommt eine Mietminderung gem. § 536 Abs. 1 BGB. Die Mietsache müsste einen Mangel haben. Ein Mangel liegt vor, wenn die Tauglichkeit zum vertragsgemäßen Gebrauch aufgehoben oder gemindert ist, § 536 Abs. 2 Satz 1 BGB. Im Ergebnis hat der Vermieter einen Anspruch auf Entrichtung der Miete aus § 535 Abs. 2 BGB. Gem. § 536 Abs. 1 BGB ist der Anspruch teilweise erloschen. Der Mieter ist verpflichtet, eine geminderte Miete zu entrichten.

Beispiel 2:

Mirko Meier mietet am 30. September zum 1. Oktober kurzentschlossen ein Zimmer bei Vera Vogel in Meißen. Der Mietvertrag wurde in Dresden bei einer gemeinsamen Freundin geschlossen, bei der sich Vera seit längerer Zeit zu Besuch aufhält.

Am 1. Oktober stellt sich heraus, als Mirko einziehen will, dass das Zimmer in der Nacht vom 29. September zum 30. September durch einen Rohrbruch, der zur Durchfeuchtung des Fußbodens geführt hatte, beschädigt wurde. Es ist eine Woche nicht bewohnbar. Mirko zieht daraufhin in eine Pension, wodurch ihm Mehrkosten entstehen.

Kann Mirko die Mehrkosten von Vera verlangen?

M könnte einen Anspruch auf Schadensersatz wegen Nichterfüllung gegen V aus § 536a Abs. 1 BGB haben.

Dazu muss ein wirksamer Mietvertrag zwischen V und M geschlossen worden sein. Der Abschluss des Mietvertrages fand am 30. September statt. Zu diesem Zeitpunkt war das Zimmer bereits durch den Rohrbruch beschädigt. § 536a Abs. 1 Alternative 1 BGB ist eine spezielle Vorschrift im Rahmen der mietvertraglichen Regelungen.

§ 536a Abs. 1 BGB verweist auf § 536 BGB. Das Zimmer ist durch den Rohrbruch mit einem Fehler behaftet, der den Gebrauch zu Wohnzwecken bis zur Sanierung aufhebt. Das Zimmer war bei Abschluss des Mietvertrages infolge des Rohrbruchs mit einem erheblichen Mangel behaftet. Liegt bereits bei Abschluss des Mietvertrages ein erheblicher Mangel vor, so kommt es auf ein Verschulden des Vermieters nicht an. M kann von V Schadensersatz aus § 536a Abs. 1 BGB verlangen. Der Schaden umfasst die Mehrkosten für die Anmietung des Zimmers in der Pension.

Der Mieter hat einen Erfüllungs- u. Nachbesserungsanspruch aus § 535 Abs. 1 Satz 1, 2 BGB.

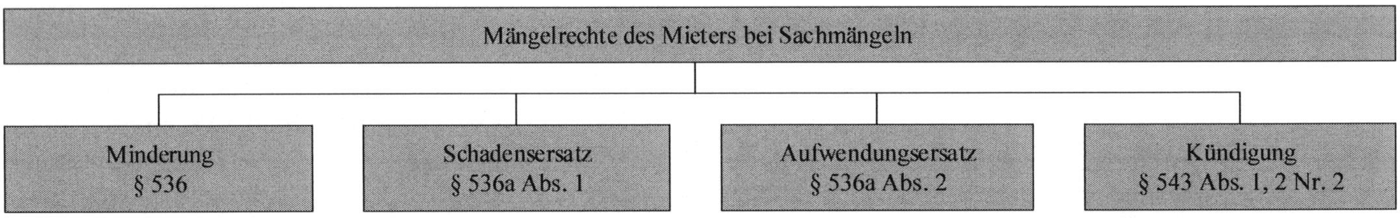

Die **Rechte, die in §§ 536 und 536a BGB dem Mieter zustehen, sind ausgeschlossen**, wenn

- eine entsprechende Vereinbarung zwischen den Mietparteien getroffen wurde. Dies gilt allerdings nicht, wenn der Vermieter den Mangel arglistig verschwiegen hat, § 536d BGB.
- der Mieter bei Abschluss des Vertrages Kenntnis von dem Mangel hatte oder grob fahrlässige Unkenntnis, § 536b BGB.
- der Mieter versäumt einen nach Vertragsschluss aufgetretenen Mangel anzuzeigen, § 536c BGB.

3.1.3.3 Pflichten des Mieters

Der Mieter ist verpflichtet, die vereinbarte Miete zu entrichten, § 535 Abs. 2 BGB. Außerdem darf er den vertragsgemäßen Gebrauch nicht überschreiten. Nach Beendigung des Mietverhältnisses ist der Mieter verpflichtet, die Mietsache zurückzugeben, § 546 BGB.

3.1.3.4 Verletzung der Mieterpflichten

Verletzt der Mieter seine Zahlungspflicht aus § 535 Abs. 2 BGB, so kann er sich nicht auf einen persönlichen Hinderungsgrund berufen, § 537 Abs. 1 BGB. Unter den Voraussetzungen des § 543 Abs. 1, 2 Satz 1 Nr. 3 BGB kann der Vermieter kündigen.

Der Vermieter hat einen Anspruch auf **Schadensersatz** aus § 280 BGB, wenn der Mieter den vertragsgemäßen Gebrauch schuldhaft überschreitet und dadurch ein Sachschaden an der Mietsache entstanden ist.

Aus § 541 BGB ergibt sich ein **Unterlassungsanspruch** des Vermieters gegen den Mieter, wenn der Mieter trotz einer Abmahnung den vertragswidrigen Gebrauch fortsetzt. Aus § 543 Abs. 1, 2 Satz 1 Nr. 2 BGB ergibt sich ein Kündigungsrecht des Vermieters.

Verletzt der Mieter seine **Rückgabepflicht**, so kann der Vermieter als Entschädigung die vereinbarte Miete verlangen, § 546a Abs. 1 BGB und nach § 571 BGB unter zusätzlichen Voraussetzungen Schadensersatz.

Beispiel:

Wunner und Berger schließen einen Mietvertrag über eine Zweizimmerwohnung zu Wohnzwecken. Wunner richtet ohne Wissen Bergers einen Pizza-Service ein. Die anderen Hausbewohner fühlen sich durch den Lärm, auch während der Nachtstunden, bei der Abholung der Pizzen durch die Kunden des Wunner und den permanenten Pizza-Duft gestört. Was kann Berger tun?

Der Mieter darf die Mietsache vertragsgemäß benutzen, s. o. Gebraucht der Mieter die Mietsache vertragswidrig, wie im Beispielfall, so ist er zu Ersatz des daraus entstandenen Schadens verpflichtet. Der Vermieter kann daneben auf Unterlassung klagen, § 541 BGB, oder das Mietverhältnis kündigen, § 573 Abs. 1 BGB. Bei der ordentlichen Kündigung des Vermieters, § 573 Abs. 1 BGB, ist Voraussetzung, dass der Vermieter ein berechtigtes Interesse an der Beendigung des Mietverhältnisses hat. Denkbar ist ebenfalls eine außerordentliche Kündigung nach §§ 543 Abs. 1 u. 3, 549, 569 BGB. Der Hausfrieden könnte durch Wunner nachhaltig gestört sein. Er hat vorsätzlich, mit Wissen und Wollen, somit schuldhaft i. S. d. § 276 BGB, die Störung des Hausfriedens durch die Pflichtverletzung verursacht.

3.1.3.5 Besonderheiten der Wohnraummiete

Während die §§ 535 bis 548a BGB für alle Mietverhältnisse gelten, gelten die §§ 549 bis 577a BGB nur für Wohnräume. Darin hat der Gesetzgeber den Gedanken des **Mieterschutzes** einfließen lassen. Dieses zeigt sich in folgenden Vorschriften:

Der Kauf eines vermieteten Wohnraums „bricht nicht Miete“, § 566 BGB. Vielmehr tritt der Erwerber in das Mietverhältnis anstelle des vormaligen Vermieters.

Ein Zeitmietvertrag ist nur unter den Voraussetzungen des § 575 Abs. 1 BGB zulässig. Beachte, dass zur Wirksamkeit der Befristung der Mietvertrag der Schriftform bedarf, § 550 BGB.

Der Vermieter muss eine Begründung bei der ordentlichen Kündigung im Kündigungsschreiben abgeben, § 573 Abs. 3 Satz 1 BGB.

Der Mieter kann unter weiteren Voraussetzungen gegen die Kündigung widersprechen, § 574 BGB.

Dem Mieter wird ein Vorkaufsrecht nach § 577 BGB eingeräumt.

Hinweis: Für Mietverhältnisse, die keine Wohnräume betreffen, greifen neben den o. g. §§ 535 bis §§ 548a BGB noch die §§ 578 bis 580a BGB.

3.1.3.6 Beendigung des Mietverhältnisses

Das Mietverhältnis kann durch Fristablauf, Kündigung oder Aufhebungsvertrag enden.

Nach § 542 Abs. 2 BGB endet ein Mietverhältnis, das auf bestimmte Zeit eingegangen ist, mit dem **Ablauf** der vereinbarten Zeit. Eine Ausnahme stellt § 575 BGB für Mietverhältnisse über Wohnräume dar.

Eine weitere Möglichkeit, ein Mietverhältnis zu beendigen bietet die **Kündigung**.

Man unterscheidet die ordentliche und die außerordentliche Kündigung. Bei der außerordentlichen Kündigung ist im Gegensatz zur ordentlichen Kündigung das Vorliegen eines wichtigen Grundes erforderlich.

Weiterhin wird zwischen der befristeten und der unbefristeten Kündigung unterschieden. Bei der befristeten Kündigung endet das Mietverhältnis nach dem Ablauf einer Frist. Sollten wichtige Gründe vorliegen, besteht das Recht zur außerordentlichen Kündigung, z. B. wegen Zahlungsverzugs des Mieters, § 543 Abs. 2 Nr. 3 BGB. Die unbefristete Kündigung hingegen wirkt sofort.

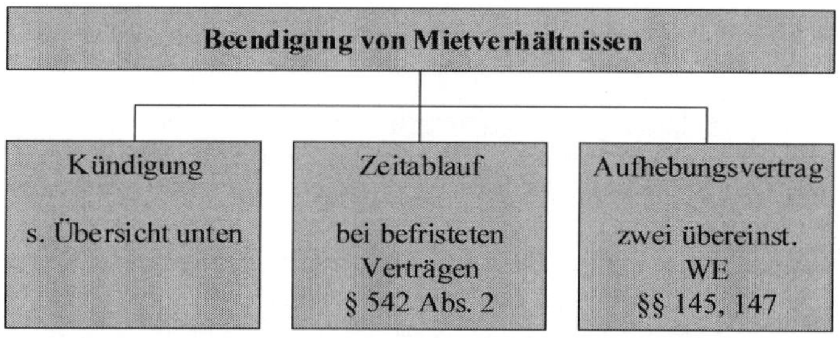

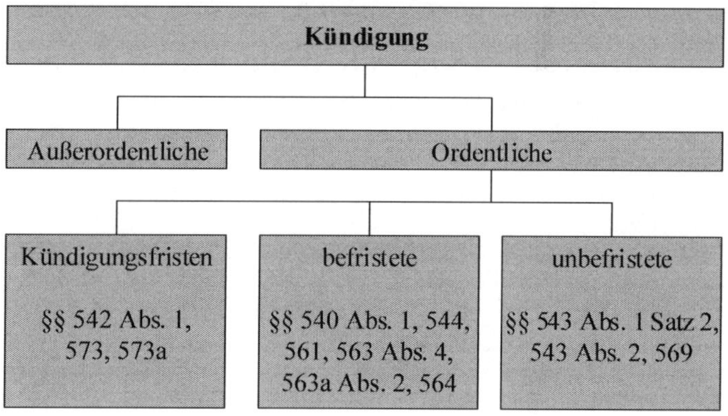

Dabei ist wieder zu beachten, dass die Kündigungsvorschriften im Bereich der §§ 549 bis 577a BGB nur für Wohnräume gelten!

3.1.4 Pacht

Pacht ist ein schuldrechtlicher, gegenseitiger Vertrag, durch den sich der Verpächter gegen Zahlung des vereinbarten Pachtzinses verpflichtet, dem Pächter den Gebrauch des verpachteten Gegenstandes und den Genuss der bei ordnungsgemäßer Wirtschaft anfallenden Früchte zu gewähren.

Beispiel:

Lina Lose möchte sich selbstständig machen. Sie mietet im Zentrum Meißens ein Lokal komplett mit der Einrichtung und eröffnet die Studentenkneipe „Schluckauf“.

Handelt es sich tatsächlich um einen Mietvertrag?

Es handelt sich um einen Pachtvertrag gem. § 581 BGB.

Der Pachtvertrag unterscheidet sich vom Mietvertrag, insofern er dem Pächter den Genuss der Früchte gewährt. Zum Begriff der Frucht s. § 99 BGB. Lina möchte einen Gewinn erwirtschaften, dieser stellt die Früchte aus dem Pachtvertrag über die Gaststätte dar.

Gegenstand des Pachtvertrages können nicht nur Sachen, sondern auch Rechte oder Sach- und Rechtsgesamtheiten sein.

Beispiele:
Bei Verpachtung eines Jagdreviers wird das Jagd„Recht" Inhalt sein. Es ist ebenfalls möglich, Fabriken, Einzelhandelsgeschäfte oder Ähnliches zu pachten.

3.1.4.1 Pflichten des Verpächters

Aus § 581 Abs. 1 Satz 1 BGB ergibt sich, dass der Verpächter verpflichtet ist, dem Pächter den Gebrauch des verpachteten Gegenstandes zu gewähren.

Ebenso wird der Verpächter aus § 581 Abs. 1 Satz 1 BGB verpflichtet, den Genuss der Früchte zu gewähren.

3.1.4.2 Pflichten des Pächters

Durch den Pachtvertrag ist der Pächter verpflichtet, dem Verpächter die vereinbarte Pacht zu entrichten, § 581 Abs. 1 Satz 2 BGB.

Auf die Pacht finden die Vorschriften zur Miete entsprechende Anwendung, § 581 Abs. 2 BGB, soweit nichts anderes bestimmt ist.

Die Landpacht ist von der Anwendung der mietrechtlichen Vorschriften ausgenommen. Unter Landpacht versteht man Verträge, durch die Grundstücke zur landwirtschaftlichen Nutzung gegen Entgelt verpachtet werden, §§ 585 ff. BGB.

Für die Kleingartenpacht enthält das Bundeskleingartengesetz Sonderregelungen.

3.1.5 Leihe

Die Leihe ist ein Vertrag, durch die jemand eine Sache einem anderen unentgeltlich zum Gebrauch überlässt, § 598 BGB.

Der Leihvertrag wird als unvollkommen zweiseitiger Vertrag bezeichnet. Die Begründung liegt darin, dass zwar Verleiher und Entleiher beide Pflichten aus dem Leihvertrag haben, s. u., aber die Rückgabepflicht des Entleihers erst bei Beendigung der Leihe entsteht. Die Pflicht des Verleihers, das Verleihen der Sache, besteht „vor" der Rückgabepflicht des Entleihers, d. h. die Pflichten stehen nicht im Gegenseitigkeitsverhältnis.

Gegenstand der Leihe können nur Sachen sein. Darunter fallen bewegliche, unbewegliche Sachen und Sachgesamtheiten.

3.1.5.1 Pflicht des Verleihers

Durch den Leihvertrag verpflichtet sich der Verleiher einer Sache, dem Entleiher den Gebrauch der Sache unentgeltlich zu gestatten, § 598 BGB.

Im Fall von Leistungsstörungen haftet der Verleiher nach den allgemeinen Grundsätzen, aber nur für Vorsatz und grobe Fahrlässigkeit, § 599 BGB.

3.1.5.2 Pflichten des Entleihers

Beispiel:
Anita leiht sich von Steffi deren älteren Beamer für einen Vortrag aus. Während der Vorführung fällt die Lampe des Beamers aus.

Kann Anita von Steffi verlangen, dass sie die Lampe ersetzt?

Es handelt sich um einen Leihvertrag zwischen Anita und Steffi gemäß § 598 BGB, da die Gebrauchsüberlassung des Beamers unentgeltlich erfolgt.

Im Gegensatz zum Vermieter hat der Verleiher nicht die Pflicht, die Sache für den vertragsmäßigen Gebrauch instand zu setzen oder instand zu halten. Vielmehr ist es Pflicht des Entleihers, die gewöhnlichen Kosten der Erhaltung der geliehenen Sache zu tragen, § 601 BGB.

Anita muss demnach für die Lampe (soweit man dies noch als gewöhnliche Kosten ansieht) selbst aufkommen und kann diese Kosten nicht von Steffi verlangen. Sie kann aber auch das Leihverhältnis beenden und den Beamer zurückgeben.

Laut § 603 BGB darf der Entleiher von der geliehenen Sache nur den vertragsmäßigen Gebrauch machen, insbesondere darf er die geliehene Sache nicht einem Dritten ohne die Erlaubnis des Verleihers überlassen.

Beispiel:
Anita ist nicht berechtigt, ohne Steffis Erlaubnis den Beamer Elke zu überlassen.

Der Entleiher muss die geliehene Sache nach der Beendigung der Leihe zurückgeben, § 604.

Wurde eine Zeit für die Dauer der Leihe vertraglich bestimmt, so ist nach Ablauf der Zeit die Sache zurückzugeben, § 604 Abs. 1 BGB (für die Leihe des Beamers war z. B. ein bestimmtes Wochenende festgelegt),

Ansonsten greift § 604 Abs. 2 BGB, der die Rückgabepflicht vom Vertragszweck abhängig macht.

Schließlich kann der Verleiher die Sache jederzeit zurückverlangen, wenn weder die Dauer der Leihe bestimmt, noch aus dem Vertragszweck zu entnehmen war, § 604 Abs. 3 BGB.

Außerordentlich kündigen kann der Verleiher unter den Voraussetzungen des § 605 BGB.

3.1.6 Darlehen und Sachdarlehen

Unterschieden wird zwischen dem Gelddarlehen, §§ 488 ff. BGB und dem Sachdarlehen, §§ 607 ff. BGB.

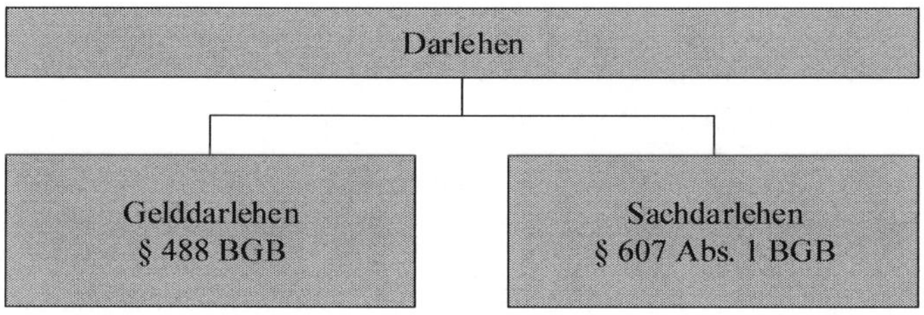

3.1.6.1 Darlehen

Beispiel:
Andreas „borgt" sich bei der Bank Dukatus 5 000 Euro, weil er sich ein Motorrad kaufen möchte. Es wird vereinbart, dass er 7% Zinsen p. a. zu bezahlen hat.

Bei dem o. g. Beispiel handelt es sich um einen Darlehensvertrag, § 488 BGB, der durch zwei übereinstimmende Willenserklärungen, §§ 145 ff. BGB, zustande kommt.

Der Darlehensgeber, die Bank, ist verpflichtet, dem Darlehensnehmer Möller den vereinbarten Geldbetrag in Höhe von 5 000 Euro zur Verfügung zu stellen. Dies ergibt sich aus § 488 Abs. 1 Satz 1 BGB.

Der Darlehensnehmer Andreas ist verpflichtet, den geschuldeten Zins zu zahlen und bei Fälligkeit das zur Verfügung gestellte Darlehen zurückzuerstatten. Die Pflichten des Darlehensnehmers sind in § 488 Abs. 1 Satz 2 BGB geregelt.

In den §§ 491 bis 498 BGB sind Sondervorschriften für Verbraucherdarlehensverträge (Allgemein-Verbraucherdarlehensverträge und Immobiliar-Verbraucherdarlehensverträge) enthalten.

Ein **Verbraucherdarlehensvertrag** liegt vor, wenn es sich um einen entgeltlichen Darlehensvertrag zwischen einem Verbraucher und einem Unternehmer handelt, vgl. § 491 Abs. 2 und 3 BGB. Diese speziellen gesetzlichen Regelungen bezwecken den Schutz des Verbrauchers.

3.1.6.2 Sachdarlehensvertrag

Der Sachdarlehensvertrag ist ein Vertrag, durch den sich der Darlehensgeber verpflichtet, dem Darlehensnehmer eine vereinbarte vertretbare Sache zu überlassen, § 607 Abs. 1 Satz 1 BGB.

Vertretbare Sachen sind laut § 91 BGB bewegliche Sachen, die im Verkehr nach Zahl, Maß oder Gewicht bestimmt zu werden pflegen.

Der Darlehensnehmer ist zur Zahlung eines Darlehensentgelts und bei Fälligkeit zur Rückerstattung von Sachen gleicher Art, Güte und Menge verpflichtet, § 607 Abs. 1 Satz 2 BGB.

Beispiel:
Heinz „leiht" sich bei seinem Nachbarn Detlev einen Kanister mit drei Liter Benzin für seinen Rasenmäher, weil er keine Zeit hat zur Tankstelle zu fahren und noch vor dem angekündigten Gewitter Rasen mähen möchte. Es ist vereinbart, dass Heinz den Kanister wieder gefüllt zurückgibt.

Welche Verträge haben Heinz und Detlev abgeschlossen?

Heinz und Detlev haben über das im Kanister befindliche Benzin einen Sachdarlehensvertrag gem. § 607 Abs. 1 BGB abgeschlossen. Detlev hat Heinz die vertretbare Sache drei Liter Benzin übereignet. Heinz ist verpflichtet, an Detlev drei „andere" Liter Benzin zurückzugeben, weil die „ursprünglichen" drei Liter Benzin bereits verbraucht sind. Heinz kann nur Benzin in gleicher Art, Güte und Menge zurückgeben.

Über den Kanister selbst haben Heinz und Detlev einen Leihvertrag nach §§ 598 ff. BGB geschlossen.

3.1.6.3 Abgrenzung zu anderen Vertragstypen

Gegenstand des Darlehensvertrages ist die Hingabe von Sachen zum Verbrauch. Andreas „verbraucht" das von der Bank zur Verfügung gestellte Geld ebenso, wie Heinz das Benzin „verbraucht". Hierin unterscheiden sich die Darlehensverträge von Miete, Leihe und Pacht. Bei diesen Verträgen wird die Sache nur gebraucht und bei Beendigung des Vertragsverhältnisses wird genau dieselbe Sache wieder zurückgegeben.

3.1.7 Dienstvertrag

Der Dienstvertrag ist ein Vertrag, durch den sich jemand zur Leistung von Diensten gegen Vergütung verpflichtet, § 611 Abs. 1 BGB. Einen Sonderfall des Dienstvertrages stellt der Arbeitsvertrag dar, vgl. § 611a BGB (s. hierzu und zu den gesetzlichen und tarifrechtliehen Spezialbestimmungen Sächsischer Lehrbrief SL 8 A „Arbeits- und Tarifrecht").

Neben dem Dienstvertrag regelt das BGB im Titel 8 noch in §§ 630a ff. den Behandlungsvertrag als „ähnlicher Vertrag" zum Dienstvertrag.

3.1.7.1 Pflichten des Dienstverpflichteten

Die Hauptleistungspflicht des Dienstverpflichteten besteht darin, die versprochenen Dienste zu leisten, § 611 Abs. 1 BGB. Im Zweifel hat er sie in Person zu leisten, § 613 BGB.

Aus dem Dienstverhältnis folgen noch weitere Pflichten, die ihre Grundlage in § 242 BGB, dem Grundsatz von Treu und Glauben, haben, sog. Treuepflichten.

Beispiel:
Der Dienstverpflichtete ist verpflichtet, über Betriebsinterna Verschwiegenheit zu wahren. Er hat drohende Schäden, z. B. bei Beobachtung eines Diebstahls, anzuzeigen.

3.1.7.2 Pflichten des Dienstberechtigten

Die Hauptleistungspflicht des Dienstberechtigten ist die Zahlung der vereinbarten Vergütung, §§ 611 Abs. 1, 612, 614 BGB.

Neben dieser Pflicht besteht eine der Treuepflicht des Dienstverpflichteten entsprechende Fürsorgepflicht des Dienstberechtigten. Darunter fallen u. a. Schutzpflichten und Gleichbehandlungspflichten.

Beispiel:
Der Dienstberechtigte hat die Arbeitsbedingungen so zu gestalten, dass es beim Dienstverpflichteten nicht zu Gesundheitsschäden kommt, z. B. im produzierenden Gewerbe durch Maßnahmen zur Verhinderung oder zumindest Verminderung von Lärm.

3.1.7.3 Beendigung von Dienstverhältnissen

Das Dienstverhältnis kann auf unterschiedliche Arten enden bzw. beendet werden, vgl. § 620 BGB. Nach § 620 Abs. 1 BGB endet das Dienstverhältnis mit Ablauf der Zeit, für die es eingegangen worden ist. Dabei kann sich die Dauer aus dem Zweck ergeben. Daneben kann ein Dienstverhältnis nach den Vorschriften der §§ 621 bis 623 BGB gekündigt werden. Bei der Kündigung ist das Formerfordernis des § 623 BGB zu beachten. Danach sind Arbeitsverhältnisse schriftlich zu kündigen.

Bei der Kündigung wird zwischen der ordentlichen Kündigung und der außerordentlichen Kündigung unterschieden.

Wird ein Dienstverhältnis auf unbestimmte Zeit eingegangen, so wird es in der Regel durch eine **ordentliche Kündigung** beendet. Für ein Dienstverhältnis, das kein Arbeitsverhältnis ist, gelten die Kündigungsfristen nach § 621 BGB. Handelt es sich hingegen um ein Arbeitsverhältnis, so sind die Kündigungsfristen gem. § 622 BGB zu beachten. Hingewiesen sei darauf, dass durch tarifvertragliche Vereinbarungen für Arbeitsverträge abweichende Regelungen getroffen werden können!

Bei der **außerordentlichen Kündigung** sind die §§ 626, 627 BGB heranzuziehen. Sie gelten für alle Dienstverhältnisse und umfassen daher auch Arbeitsverhältnisse. Die außerordentliche Kündigung ist nur möglich bei Vorliegen eines „wichtigen Grundes". Ein wichtiger Grund liegt gem. § 626 Abs. 1 BGB vor, wenn Tatsachen vorliegen, die zu einer Unzumutbarkeit der Fortsetzung des Dienstverhältnisses führen. Es müssen alle Umstände des Einzelfalles berücksichtigt werden und es muss eine Abwägung der Interessen beider Vertragsteile erfolgen. Bei Arbeitsverhältnissen ist vor der außerordentlichen Kündigung grundsätzlich eine Abmahnung erforderlich, vgl. dazu § 314 Abs. 2 Satz 1 BGB. Nach § 626 Abs. 2 BGB kann die Kündigung aus wichtigem Grund nur innerhalb von zwei Wochen erfolgen.

Weiterhin ist die Beendigung eines Dienstverhältnisses durch einen **Aufhebungsvertrag** (zwei übereinstimmende Willenserklärungen, §§ 145, 147 BGB) möglich. Handelt es sich um ein Arbeitsverhältnis, ist ebenfalls § 623 BGB zu beachten.

Das Dienstverhältnis endet bei befristeten Verträgen durch Zeitablauf, § 620 Abs. 1 BGB.

Außerdem endet das Dienstverhältnis mit dem Tod des Dienstverpflichteten. Dies ergibt sich aus der in § 613 BGB geregelten höchstpersönlichen Dienstleistungspflicht.

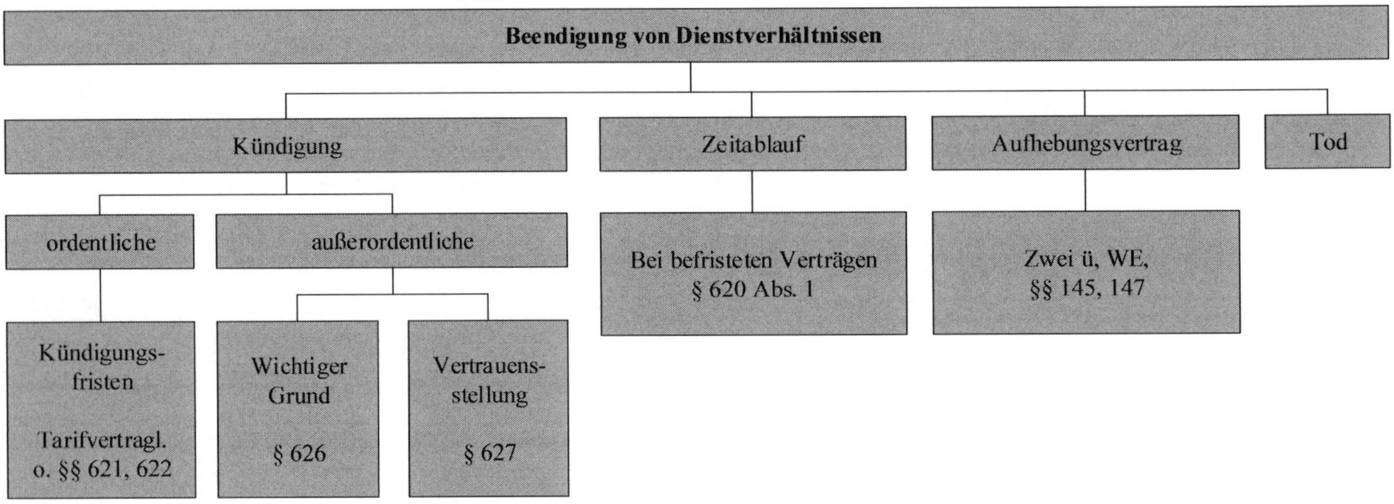

Der Dienstverpflichtete hat nach § 630 BGB Anspruch auf Erteilung eines **Zeugnisses**. Dies ist schriftlich abzufassen. Unterschieden wird zwischen dem einfachen und dem qualifizierten Zeugnis. Das einfache Zeugnis enthält nur Angaben über Art und Dauer der Tätigkeit. Das qualifizierte Zeugnis geht darüber hinaus, da darin auch Angaben über die Leistung und das Verhalten des Dienstverpflichteten gemacht werden.

3.1.8 Werkvertrag

Titel 9 im 8. Abschnitt des Schuldrechts regelt Werkverträge und ähnliche Verträge. Der Werkvertrag ist ein gegenseitiger Vertrag, durch den sich der Unternehmer zur Herstellung des versprochenen Werkes und der Besteller zur Entrichtung der vereinbarten Vergütung verpflichtet, § 631 Abs. 1 BGB. Ähnliche Verträge sind der Bauvertrag (§§ 650a BGB), der Verbraucherbauvertrag

(§§ 650i BGB), der Architekten und Ingenieurvertrag (§ 650p BGB) und der Pauschalreisevertrag (§ 651a BGB).

Charakteristisch ist für den Werkvertrag das an einem Erfolg orientierte Arbeiten nach eigenem Plan und auf eigenes Risiko. Der Werkunternehmer ist persönlich und wirtschaftlich selbstständig.

Nach § 631 Abs. 2 BGB kann **Gegenstand eines Werkes** die Herstellung und Veränderung einer Sache sein. Werk i. S. d. § 631 Abs. 2 BGB kann auch jeder andere durch Arbeit oder Dienstleistung herbeizuführende Erfolg sein.

Darunter fallen Reparaturarbeiten und die Herstellung von nichtkörperlichen Werken.

Beispiele:
Herr Neumeier repariert die Waschmaschine von Frau Zeeg. Frau Schaub fertigt ein Gutachten über die Ursachen der Schimmelbildung in Herrn Millers Kellerräumen. Junggeselle Huber lässt bei Frau Schauer seine Hemden bügeln.

3.1.8.1 Pflichten des Unternehmers

Der Unternehmer ist verpflichtet, das versprochene Werk herzustellen, § 631 Abs. 1 BGB. Diese Verpflichtung kann er grundsätzlich auf Erfüllungsgehilfen, § 278 BGB (s. u. Zweiter Teil, 2.6.4) übertragen. Eine persönliche Arbeitspflicht besteht grundsätzlich nicht, sie kann sich aber aus dem Werkvertrag selbst ergeben.

Beispiel:
Der Unternehmer verpflichtet sich in einem Werkvertrag, die Böschung der Bahnstrecke von Bäumen zu befreien. Er könnte dies selbst tun; er könnte sich aber auch Subunternehmer bedienen. Möchte das Bahnunternehmen keine Einschaltung von Subunternehmern, so bedarf dies einer gesonderten vertraglichen Vereinbarung.

3.1.8.2 Pflichten des Bestellers

Der Besteller ist verpflichtet, die vereinbarte Vergütung zu entrichten, § 631 Abs. 1 BGB. Nach § 632 Abs. 2 BGB bestimmt sich die Höhe der Vergütung, soweit keine vertragliche Vereinbarung getroffen wurde, nach der taxmäßigen Vergütung und falls keine Taxe besteht, so gilt die „übliche“ Vergütung. Fällig ist die Vergütung bei Abnahme des Werkes, § 641 Abs. 1 Satz 1 BGB. Für die Vergütung einzelner Teile des Werkes findet sich in § 641 Abs. 1 Satz 2 BGB eine gesonderte Regelung. Der Unternehmer kann auf Grund § 632a BGB Abschlagszahlungen für in sich geschlossene Teile des Werkes verlangen.

Zu beachten ist § 632 Abs. 3 BGB, wonach ein Kostenanschlag im Zweifel nicht zu vergüten ist. Damit soll verhindert werden, dass ein Streit der Parteien um eine Vergütung des Kostenanschlags aufkommt. Der Kostenanschlag gilt demnach solange als unentgeltlich, bis der Werkunternehmer beweist, dass er mit dem Besteller eine Vergütungspflicht vereinbart hat.

Weitere Pflicht des Bestellers ist die Abnahme des Werkes, § 640 Abs. 1 Satz 1 BGB. Sollte der Besteller jedoch trotz Kenntnis des Mangels das mangelhafte Werk abnehmen, so verliert er die Rechte aus § 634 Nr. 1 bis 3, Nacherfüllung, Selbstvornahme und Minderung. Diese kann der Besteller nur umgehen, indem er sich seine Rechte wegen des Mangels bei der Abnahme vorbehält, § 640 Abs. 2 BGB.

3.1.8.3 Gewährleistung beim Werkvertrag

Nach § 633 Abs. 1 BGB hat der Unternehmer dem Besteller das Werk frei von Sach- und Rechtsmängeln zu verschaffen. Diese Vorschrift konkretisiert die in § 631 BGB ausgesprochene Leistungspflicht des Unternehmers, nämlich das versprochene Werk herzustellen.

Was der Gesetzgeber unter einer sachmängelfreien Werkleistung versteht, wird in § 633 BGB und damit wiederum stufenweise, ähnlich wie bei der Sachmängelhaftung des Kaufrechts, geregelt:

Nach § 633 Abs. 2 Satz 1 BGB ist das Werk dann frei von Sachmängeln, „wenn es die vereinbarte Beschaffenheit hat“. Maßgeblich ist also auf erster Stufe wiederum die vereinbarte Beschaffenheit. Primär definieren also die Vertragsparteien selbst, was als geschuldete Vertragsleistung und damit als sachmängelfreie Leistung zu verstehen ist.

Nach § 633 Abs. 2 Satz 2 ist ein Werk in Ermangelung einer konkreten Beschaffenheitsvereinbarung dann als **sachmängelfrei** anzusehen,

1. „wenn es sich für die nach dem Vertrag vorausgesetzte“, sonst
2. „für die gewöhnliche Verwendung eignet und eine Beschaffenheit aufweist, die bei Werken der gleichen Art üblich ist und die der Besteller nach der Art des Werkes erwarten kann“.

Diese Regelung entspricht § 434 Abs. 3 Nr. 2 BGB, wiederum also weitgehend der Regelung im Kaufrecht.

In § 633 Abs. 2 Satz 3 BGB stellt der Gesetzgeber die **Falsch- und Zuweniglieferung** einem Sachmangel gleich. Schließlich übernimmt § 633 Abs. 3 BGB die Beschreibung des Rechtsmangels aus § 435 Satz 1 BGB.

Rechte des Bestellers

Die Rechte des Bestellers bei (Sach- oder Rechts-)Mängeln ergeben sich aus § 634 BGB und decken sich weitgehend mit der Kaufrechtsregelung des § 437 BGB. Im Einzelnen:

- Sofern einzelvertraglich nichts anderes bestimmt ist, kann der Besteller nach § 634 Nr. 1 i. V. m. § 635 BGB **Nacherfüllung** verlangen. Anders als im Kaufrecht (vgl. hierzu § 439 BGB) steht im Werkvertragsrecht dem Unternehmer das Wahlrecht zu.

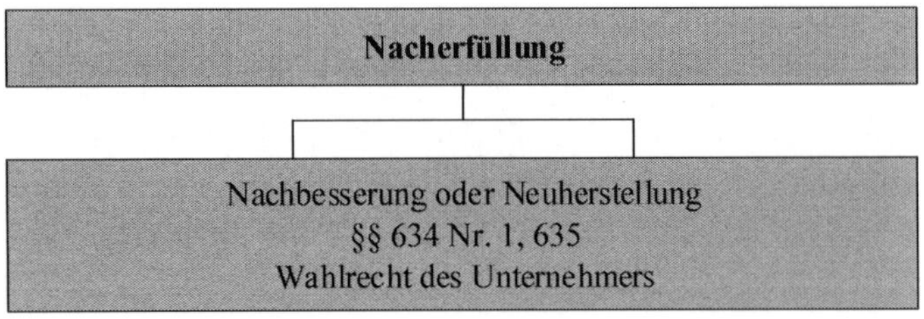

- Wenn der Unternehmer die Nacherfüllung nicht zu Recht verweigern durfte und die vom Besteller zur Nacherfüllung gesetzte angemessene Frist verstrichen ist, kann dieser nach § 634 Nr. 1 i. V. m. § 637 BGB den Mangel selbst beseitigen und Ersatz der erforderlichen Aufwendungen verlangen (**Selbstvornahme**). Dies wird vor allem dann in Betracht kommen, wenn der Werkunternehmer mit der Beseitigung des Mangels in Verzug geraten ist.
- Nach § 634 Nr. 3 i. V. m. § 636 BGB kann der Besteller nach erfolglosem Ablauf einer dem Werkunternehmer zur Nacherfüllung gesetzten Frist vom Vertrag zurücktreten (**Rücktritt**). Dies kann auch dem Verweis des § 634 Nr. 3 BGB auf die Vorschriften des allgemeinen Leistungsstörungsrechts entnommen werden. Alternativ kann der Besteller nach § 634 Nr. 3 i. V. m. § 638 BGB durch Erklärung gegenüber dem Unternehmer die vertragliche **Vergütung mindern**.
- Nach § 634 Nr. 4 i. V. m. § 636 BGB kann der Besteller Ersatz aller Schäden verlangen. Darunter fallen unmittelbare Mangelfolge- und entfernte Mangelfolgeschäden. Voraussetzung ist, dass **Schadensersatz** nur dann verlangt werden kann, wenn die Frist, die der Besteller dem Werkunternehmer zur Nacherfüllung gesetzt hat, erfolglos abgelaufen ist (§ 636 BGB). Wie sich aus der allgemeinen Vorschrift des § 280 Abs. 1 BGB ergibt, ist jedoch von einem Vertretenmüssen auszugehen, wenn der Werkunternehmer sich nicht entlasten kann.

Beispiel:

Wenn die Hose des heranwachsenden Emil von seinen Eltern der Schneiderin Sieglinde übergeben worden ist, damit diese den Bund der Hose anpasst, dabei aber Sieglinde die Hose beschädigt, ist nach § 280 Abs. 1 Satz 2 BGB zunächst davon auszugehen, dass Sieglinde diese Pflichtverletzung zu vertreten hat. Der Fehler ist offenkundig erst in der Schneiderei bei Ausübung des Werkes entstanden. Nur wenn Sieglinde, was ihr regelmäßig schwerfallen dürfte, einen Entlastungsnachweis führen könnte, käme es zu einer Umkehr gegenüber der in der allgemeinen Regelung ausgesprochenen Rechtslage.

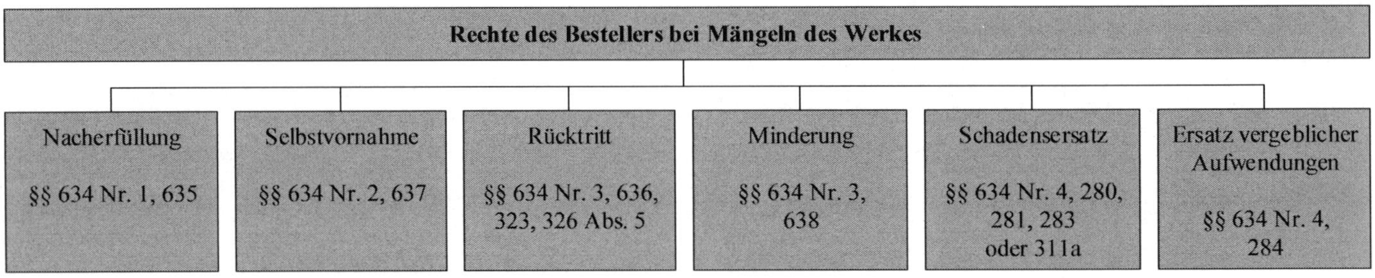

Verjährung der Mängelansprüche:

Es gilt eine einheitliche Verjährungsregelung für alle Mängelansprüche aus dem Werkvertrag, vgl. § 634a BGB. Sie beginnt mit der Abnahme des Werkes, § 634a Abs. 2 BGB und beträgt bei einem Werk, dessen Erfolg in der Herstellung, Wartung oder Veränderung einer Sache besteht, regelmäßig zwei Jahre und bei Bauwerken fünf Jahre (inkl. Planungs- und Überwachungsleistungen). Für sonstige Werkleistungen gilt nach § 634a Abs. 1 Nr. 3 die regelmäßige Verjährungsfrist.

3.1.8.4 Sonderfall des Werklieferungsvertrages

Werden die Materialien oder die Stoffe, aus denen die Sache hergestellt werden soll, nicht vom Besteller, sondern vom Unternehmer geliefert, dann handelt es sich um einen Werklieferungsvertrag, § 650 BGB. Dabei kommt es nicht nur darauf an, ob es sich um eine vertretbare oder eine nicht vertretbare Sache handelt. Der Begriff der vertretbaren Sache ist in § 91 BGB definiert. Generell finden nur noch die Vorschriften des Kaufrechts Anwendung, § 650 Satz 1 BGB. Nur ergänzend gelten bestimmte werkvertragliche Bestimmungen, siehe § 650 Satz 3 BGB. Die Vorschrift des § 650 BGB ist auf bewegliche Sachen beschränkt.

3.1.9 Abgrenzung

Dienstleistungsverträge

Die Abgrenzung der Vertragstypen ist deshalb wichtig, weil davon die anzuwendenden Vorschriften abhängen: beim Dienstvertrag sind die §§ 611 ff. BGB und beim Werkvertrag die §§ 631 ff. BGB anzuwenden. Sie unterliegen aber der **Gestaltungsfreiheit** der Parteien.

Unterscheidung zwischen Werk-, Dienst- und Arbeitsvertrag

Der Arbeitsvertrag ist eine Sonderform des Dienstvertrages, vgl. § 611a Abs. 1 BGB. Unter einem Arbeitsverhältnis wird das Rechtsverhältnis zwischen dem einzelnen Arbeitnehmer und seinem Arbeitgeber verstanden (s. näher Sächsischer Lehrbrief SL 8 „Personalwesen"). Durch den Arbeitsvertrag wird das Arbeitsverhältnis zwischen Arbeitnehmer und Arbeitgeber begründet.

Da der Arbeitsvertrag ein Unterfall dieses Dienstvertrages ist, ist in Ermangelung spezieller Regelungen stets auf die §§ 611 ff. BGB und auch auf die allgemeinen Vorschriften des BGB, vor allem auf die des Allgemeinen Teils des Schuldrechts in §§ 241 bis 432 BGB („subsidiär“) zurückzugreifen. Andererseits gibt es speziellere Regelungen für die Arbeitsvertragsparteien, v. a. in Tarifverträgen und Betriebsvereinbarungen (im Rahmen der sog. Normenhierarchie im Arbeitsrecht).

Die Hauptleistungspflicht des Arbeitnehmers besteht in der Erbringung der **Arbeitsleistung** („Leistung der versprochenen Dienste“ i. S. v. § 611 Abs. 1 BGB). Welcher Art diese versprochenen Dienste sind, ergibt sich aus dem Inhalt des Arbeitsvertrages. Diese Einzelvertragsregelung zur Arbeitspflicht des Arbeitnehmers wird durch das Weisungs- oder Direktionsrecht des Arbeitgebers flankiert und konkretisiert. Für den öffentlichen Dienst bedeutet dies beispielsweise, dass dem Arbeitnehmer grundsätzlich jede zumutbare Beschäftigung im Rahmen derselben Vergütungsgruppe zugewiesen werden kann.

Im Zweifel sind die Dienste höchstpersönlich zu leisten, § 613 BGB. Dies ist beim Arbeitsvertrag regelmäßig der Fall. Daraus ergibt sich, dass der Arbeitnehmer keinen Ersatzmann schicken darf. Im Gegenzug folgt daraus, dass er im Krankheitsfall nicht dazu verpflichtet ist, siehe hierzu das Entgeltfortzahlungsgesetz.

Die primäre Leistungspflicht des Arbeitgebers besteht gem. § 611 Abs. 1 BGB in der Gewährung der vereinbarten **Vergütung**. Unter Vergütung versteht man jeden als Gegenleistung für die Arbeitsleistung bestimmten geldwerten Vorteil. Nicht darunter fallen u. a. Schadensersatzleistungen und Abfindungen.

Der Anspruch des Arbeitnehmers auf den Grundlohn ergibt sich aus § 611 Abs. 1 BGB i. V. m. dem einzelnen Arbeitsvertrag.

Bezgl. der Vergütung der Angestellten des öffentlichen Dienstes siehe Sächsischer Lehrbrief SL 8 a „Arbeits- und Tarifrecht“.

Abgrenzungskriterien für die Qualifizierung eines Dienstvertrages als Arbeitsvertrag sind:

- Weisungsgebundenheit des Arbeitnehmers
- Integration des Arbeitnehmers in die Organisation des Betriebes des Arbeitgebers
- dadurch bedingte feste Arbeitszeit und -ort

Besondere Problemstellungen ergeben sich bei

- sog. „Honorarkräften“: Unter diesem häufig in Personalverwaltungen verwendeten, jedoch von der Rechtsprechung nicht anerkannten Begriff sind solche Dienstleistenden zu verstehen, die zwar gegen Entgelt (meist auf Stundenlohnbasis) weisungsgebundene Arbeit erbringen, jedoch nicht in den Betrieb bzw. in die betriebliche Organisation vollständig eingebunden sind. So ist diesen Personen häufig freigestellt, zu welchen Zeiten sie ihre Tätigkeiten ausüben. Dem gleichzustellen ist, wenn zwar eine zeitliche Eingrenzung erfolgt (beispielsweise an zwei Arbeitstagen in der Woche zu festgelegten Uhrzeiten), die Personen jedoch in der Art und Weise der Erbringung der Dienstleistungen frei sind. Richtig sollte man daher von „freien Mitarbeitern“ sprechen. Häufig ist diese Form der Arbeitsleistung im Bereich der öffentlichen Verwaltung sozialen Bereich anzutreffen, z. B. bei Betreuungs- und Beratungsleistungen.
- Scheinselbstständigen Arbeitnehmern: Auf der Ebene des Sozialversicherungsrechts werden Selbstständige und abhängig Beschäftigte voneinander abgegrenzt. Es ändert sich jedoch dadurch nichts an der herkömmlichen Abgrenzung zwischen Arbeitnehmer und Selbstständigen auf der Ebene des Arbeitsrechts.

Abgrenzung zum Werkvertrag

Beim Dienst- und Arbeitsvertrag schuldet der Dienstverpflichtete bzw. der Arbeitnehmer also Dienstleistungen, ohne zu versprechen, dass diese zu einem konkreten Arbeitsergebnis führen. Dies unterscheidet Dienst- und Arbeitsvertrag vom sog. Werkvertrag nach §§ 631 ff. BGB, bei dem der Werkunternehmer nicht nur eine Dienstleistungstätigkeit, sondern einen bestimmten Erfolg schuldet.

Beispiel:
Reparatur in einer Kfz-Werkstatt – hier ist es nicht allein damit getan, dass der Werkstattinhaber „nach dem Auto schaut“, sondern auch das Fahrzeug tatsächlich wieder funktionsfähig macht bzw. nach dem Kundenwunsch in Stand setzt.

	Arbeitsvertrag	**Freier Dienstvertrag**	**Werkvertrag**
Gesetzliche Regelung	§§ 611 ff. BGB und Arbeitsschutzgesetze	§§ 611 ff. BGB	§§ 631 ff. BGB
Gegenstand	Leistung ./. Entgelt	Leistung ./. Entgelt	Erfolg ./. Entgelt
	Eingliederung in die Organisation des Betriebs: Weisungstätigkeit; Orts-/Zeitbest. durch AG	Selbstständigkeit	Selbstständigkeit

	Arbeitsvertrag	Freier Dienstvertrag	Werkvertrag
	Vergütung nach Tätigkeit	Vergütung deckt Kosten für Versicherung, Steuern, Investitionen etc. ab	Vergütung deckt Kosten für Versicherung, Steuern, Investitionen etc. ab
	Persönliche Leistung		
Beispiele	Arbeiter, Angestellte, Chefarzt, Lizenzfußballer	Freie Berufe (Arzt, Steuerberater, Rechtsanwalt)	Bauunternehmer, Architekt

Testfragen

24. Welche Pflichten hat der Vermieter?
25. Welche Darlehensverträge gibt es?
26. Welche Rechte hat der Besteller im Werkvertragsrecht, wenn das Werk mangelhaft ist?
27. Was ist unter einem Arbeitsverhältnis zu verstehen?
28. Wie unterscheiden sich Arbeits- und Dienstvertrag?

3.2 Gesetzliche Schuldverhältnisse

Wie bereits oben erläutert, unterscheidet das BGB verschiedene Arten gesetzlicher Schuldverhältnisse. Ausführlich wird im Folgenden auf die „Ungerechtfertigte Bereicherung" und die „Unerlaubte Handlung" eingegangen.

Zur Unterscheidung:

Bei der unerlaubten Handlung ist die Rechtsfolge **Schadensersatz**. Diese Rechtsnormen sind demnach auf die Wiedergutmachung und den Ausgleich des entstandenen Schadens gerichtet.

Bei der ungerechtfertigten Bereicherung geht es nicht um Schadensersatz, sondern um den Ausgleich ungerechtfertigter Vermögensverschiebungen. Daher ist die Rechtsfolge grundsätzlich die **Herausgabe des Erlangten.**

3.2.1 Ungerechtfertigte Bereicherung

Das Bereicherungsrecht soll in den Fällen, in denen jemand einen Vermögensvorteil erlangt, der ihm nach der Rechtsordnung nicht zukommt, einen Ausgleich schaffen. Kurz gefasst ist ungerechtfertigte Bereicherung Erwerb ohne rechtlichen Grund auf Kosten eines anderen. Gerade durch das Abstraktionsprinzip kommt es zu ungerechtfertigten Vermögensverschiebungen, die es auszugleichen gilt.

Das Bereicherungsrecht unterscheidet danach, wie die Bereicherung erlangt worden ist. Bei der sog. **Leistungskondiktion**, in § 812 Abs. 1 Satz 1 Alt. 1 BGB geregelt, erfolgt die Bereicherung „durch die *Leistung* eines anderen". Kondiktion bezeichnet den Anspruch auf Rückforderung, hier aufgrund einer Leistung. Unter der Bereicherung in sonstiger Weise fallen alle Bereicherungen, die nicht durch Leistung erlangt worden sind, wie z. B. die Eingriffs-, Rückgriffs und Verwendungskondiktion. Es würde den Rahmen des Lehrbriefes sprengen, auf alle Einzelheiten des Bereicherungsrechtes einzugehen. Daher wird im Folgenden nur die Grundstruktur des Bereicherungsrechts dargestellt, ohne auf schwierige Einzelfragen einzugehen.

3.2.1.1 Die Leistungskondiktion

Für die Leistungskondiktion gilt folgendes Prüfungsschema:

- Der Anspruchsgegner muss etwas erlangt haben
- durch Leistung des Gläubigers
- ohne rechtlichen Grund.

Etwas erlangt

Darunter ist jeder Vermögensvorteil zu verstehen, wie der Erwerb an dinglichen oder persönlichen Rechten, wie Besitz oder Eigentum.

Durch Leistung des Gläubigers

Dieses Tatbestandsmerkmal grenzt die Leistungskondiktion von anderen Kondiktionen ab. Leistung ist die bewusste und zweckgerichtete Mehrung „fremden Vermögens".

Ohne rechtlichen Grund

Für die Leistung gibt es keinen rechtlichen Grund. Der rechtliche Grund kann auch später weggefallen sein oder der mit der Leistung nach dem Inhalt des Rechtsgeschäftes bezweckte Erfolg nicht eintreten, vgl. § 812 Abs. 1 Satz 2 BGB.

Beispiel zur Leistungskondiktion:

Richard bietet auf dem Flohmarkt ein Set von zehn Sammlermünzen aus dem Nachlass seines Vaters an. Der Münzhändler Manuel gaukelt Richard vor, dass dies wertlose Sammlermünzen seien. Beide schließen einen Kaufvertrag über die Münzen. Als Kaufpreis werden 10 Euro vereinbart. Nach der Zahlung des Kaufpreises übereignet Richard dem Manuel das Münzenset. Einige Zeit später erfährt Richard, dass das Set der Sammlermünzen einen tatsächlichen Wert von 1 000 Euro hatte. Richard erklärt gegenüber Manuel wirksam die Anfechtung des Kaufvertrages wegen arglistiger Täuschung und fordert die Münzen zurück (Zug um Zug gegen die Rückzahlung des Kaufpreises von 10 Euro). Zu Recht?

Richard könnte gegen Manuel einen Anspruch auf Rückgabe der Münzen nach § 812 Abs. 1 Satz 1 1. Alt BGB haben.

Der Anspruchsgegner Manuel hat etwas erlangt. Aufgrund der Übereignung der Münzen hat Manuel das Eigentum an dem Set erlangt (Abstraktionsprinzip beachten!).

Das Eigentum an dem Münzenset hat Manuel aufgrund der Leistung des Richard erlangt. Durch die Übereignung der Münzen an Manuel hat Richard das Vermögen des Manuel bewusst und zweckgerichtet gemehrt.

Die Übereignung erfolgte ohne Rechtsgrund. Zwar haben Richard und Manuel einen Kaufvertrag nach § 433 BGB geschlossen. Dies wäre ein Rechtsgrund für die Übereignung des Münzensets. Mit der wirksamen Anfechtung des Kaufvertrag nach § 123 Abs. 1 BGB wegen arglistiger Täuschung ist der Kaufvertrag nach § 142 Abs. 1 BGB als von Anfang an als nichtig anzusehen. Die Übereignung erfolgte ohne Rechtsgrund. Beachte: Dies ist kein Fall des nachträglichen Wegfalls des Rechtgrunds nach § 812 Abs. 1 Satz 2 BGB!

Da die Voraussetzungen des § 812 Abs. 1 Satz 1 1. Alt. BGB erfüllt sind, hat Richard gegen Manuel einen Anspruch auf Herausgabe des Erlangten. Erlangt hat Manuel das Eigentum an dem Münzenset. Die Herausgabe des Eigentums erfolgt durch die Rückübertragung des Eigentums nach § 929 BGB.

3.2.1.2 Bereicherung in sonstiger Weise

Für die Bereicherung in sonstiger Weise gilt folgendes Prüfungsschema:

- Der Anspruchsgegner muss etwas erlangt haben
- in sonstiger Weise
- auf Kosten des Bereicherungsgläubigers
- ohne rechtlichen Grund.

Etwas erlangt

„Etwas" i. S. d. § 812 Abs. 1 Satz 1 Alt. 2 BGB kann in der Weise erlangt werden, dass fremdes Vermögen in Anspruch genommen wird und einem anderen als dem Berechtigten dadurch Vermögensvorteile entstehen.

Beispiel:
Mirko betreibt einen Gebrauchtwagenhandel. Um das etwas flau laufende Geschäft anzukurbeln, hat er einen Werbespot über seine Firma anfertigen lassen. Nach Einbruch der Dunkelheit nutzt er die weiße Wand des Nachbarhauses, um den Werbespot publikumswirksam zu platzieren. Er lässt den Werbespot, ohne den Eigentümer des Nachbarhauses, Benno, um Erlaubnis gefragt zu haben, auf die Wand projizieren. Als Benno davon erfährt, verlangt er 50 Euro Entgelt pro Woche für die Nutzung seiner Wand von Mirko. Die 50 Euro entsprechen dem objektiven Wert der Gebrauchsüberlassung.

Benno könnte einen Anspruch auf Herausgabe des Erlangten gegen Mirko aus § 812 Abs. 1 Satz 1 Alt. 2 BGB haben.

Mirko hat etwas erlangt. Er hat insofern einen Vermögensvorteil, als dass er üblicherweise für die Nutzung einer Reklamefläche ein Entgelt bezahlen muss.

Dieser Vermögensvorteil wurde nicht durch eine Leistung Bennos, sondern aufgrund Mirkos Handeln erlangt.

Benno, als Eigentümer der Wand, steht es frei zu entscheiden, ob seine Wand zu Reklamezwecken genutzt werden darf. Keinesfalls kann sich Mirko eine Eigentümerposition bzgl. der Wand anmaßen und daraus Vermögensvorteile schöpfen, die nur Benno zustehen. Damit liegt eine Bereicherung Mirkos in sonstiger Weise auf Kosten Bennos vor. Die Rechtsfolge Herausgabe des Erlangten ist hier nicht sinnvoll. Deshalb ist § 818 Abs. 2 BGB heranzuziehen. Demnach kann Benno den Wert der Benutzung einer Reklamewand verlangen. Er kann 50 Euro pro Woche von Mirko verlangen.

In sonstiger Weise

Rechtsprechung und Literatur haben die Bereicherung in sonstiger Weise in Fallgruppen aufgeteilt. Man unterscheidet:

- Allgemeine Eingriffskondiktion: Der Bereicherte greift durch eine eigene Handlung in das Recht eines anderen ein und vermehrt auf die Weise ohne rechtlichen Grund sein Vermögen, vgl. Beispiel oben.
- Verwendungskondiktion: Es werden Verwendungen auf fremde Güter gemacht und dadurch das Vermögen eines anderen ohne Rechtsgrund vermehrt.

  Beispiel:
  Der Winzer A will seinen steilen Weinberg mit dem Hubschrauber düngen. Bedingt durch einen Windstoß düngt er den Weinberg des Nachbarn B, der sich freut, die Düngung gespart zu haben.
- Rückgriffskondiktion: Ein Dritter befreit unwissentlich den Schuldner von dessen Verbindlichkeit. Damit ist der Schuldner bereichert. Seine Schuld ist erloschen, ohne dass er etwas aufgewendet hat.

Auf Kosten des Bereicherungsgläubigers

Während bei der Leistungskondiktion der Bereicherte und der Entreicherte klar sind, muss dies bei der Bereicherung in sonstiger Weise geklärt werden. Das Merkmal „auf Kosten" dient dazu den Bereicherungsgläubiger zu bestimmen, also denjenigen, dessen Vermögen gemindert worden ist.

Ohne rechtlichen Grund

Eine Bereicherung in sonstiger Weise erfolgt ohne rechtlichen Grund, wenn der erlangte Vorteil nach der Rechtsordnung einem anderen gebührt.

Sonderfall: Verfügung eines Nichtberechtigten nach § 816 BGB

§ 816 BGB ist ein gesetzlich geregelter Sonderfall der Bereicherung in sonstiger Weise. Das Gesetz unterscheidet zwischen der entgeltlichen Verfügung eines Nichtberechtigten, § 816 Abs. 1 Satz 1 BGB und der unentgeltlichen Verfügung eines Nichtberechtigten, § 816 Abs. 1 Satz 2 BGB. Außerdem legt § 816 Abs. 2 BGB eine Herausgabepflicht desjenigen fest, an den eine Leistung wirksam bewirkt worden ist.

Im Folgenden wird auf die entgeltliche und auf die unentgeltliche Verfügung eines Nichtberechtigten eingegangen.

Die entgeltliche Verfügung eines Nichtberechtigten

- Voraussetzung für die Anwendung des § 816 Abs. 1 Satz 1 BGB ist die Verfügung eines Nichtberechtigten.
- Schuldner des Anspruches ist der Nichtberechtigte, also alle Personen, die nicht Berechtigte sind. Derjenige, der als Rechtsinhaber zu der Verfügung befugt gewesen wäre, ist Berechtigter.
- Gläubiger des Anspruches ist der Berechtigte, s. o. zur Wiederholung: Verfügung ist jedes Rechtsgeschäft, durch das unmittelbar auf ein Recht eingewirkt wird.
- Die Verfügung muss gegenüber dem Berechtigten wirksam sein. Die Wirksamkeit der Verfügung kann sich z. B. aus gesetzlichen Vorschriften ergeben. Zu denken ist hierbei an den gutgläubigen Erwerb vom Nichtberechtigten, §§ 892 f. und 932 ff. BGB.
- Die Verfügung muss entgeltlich erfolgen.

Bei Vorliegen der o. g. Voraussetzungen ist der Nichtberechtigte zur Herausgabe des durch die Verfügung Erlangten verpflichtet, § 816 Abs. 1 Satz 1 BGB.

Beispiel:
Willi hat sich für eine Radtour das Fahrrad seines Freundes Freddy geliehen. Peter gefällt das Rad und er kauft es Willi für 300 Euro ab, wobei er davon ausgeht, dass Willi Eigentümer des Fahrrades ist. Peter nimmt das Rad gleich mit. Wegen §§ 932, 929 BGB wird Peter Eigentümer des Rades, ausführlich Dritter Teil, 3.3.1.1. Nach § 816 Abs. 1 Satz 1 BGB kann Freddy von Willi die Herausgabe des Erlöses von 300 Euro verlangen.

Bei der unentgeltlichen Verfügung eines Nichtberechtigten nach § 816 Abs. 1 Satz 2 BGB richtet sich der Anspruch auf Herausgabe des durch die Verfügung Erlangten gegen denjenigen, der auf Grund der Verfügung unmittelbar einen rechtlichen Vorteil erlangt.

Beispiel:
Wenn Willi das Rad seines Freundes Freddy an Peter verschenkt, hat Freddy aus § 816 Abs. 1 Satz 2 BGB gegen Peter einen Herausgabeanspruch.

Die Verfügung, hier die Eigentumsübertragung gem. §§ 932, 929 BGB erfolgte unentgeltlich. Peter erlangte durch die Verfügung unmittelbar einen rechtlichen Vorteil. Er wurde Eigentümer, ohne dass er Aufwendungen hatte. Daher kann Freddy das Rad von Peter gem. § 816 Abs. 1 Satz 2 BGB herausverlangen.

3.2.1.3 Inhalt und Umfang des Anspruchs

Die oben behandelten §§ 812 Abs. 1, 816 Abs. 1 BGB gewähren in der Rechtsfolge die Herausgabe des Erlangten. Was alles davon umfasst ist, regelt § 818 BGB.

Herausgabe

Im abschließenden Beispielsfall zur Leistungskondiktion kann Richard von Manuel das Erlangte (Münzenset) wieder zurückverlangen. Es handelt sich hierbei um die Herausgabe der Sache in natura.

Außerdem müssen die von dem Bereicherungsschuldner aus dem erlangten Gegenstand gezogenen Nutzungen herausgegeben werden. Der Begriff der Nutzungen richtet sich nach den §§ 99, 100 BGB. Darunter fallen sämtliche Gebrauchsvorteile. Das können Zinsen ebenso sein wie der Gewinn eines Unternehmens.

Beispiel:
Anton erwirbt ein Motorrad aufgrund eines Kaufvertrages. Aus der Weitervermietung des Motorrades erzielt Anton 100 Euro. Der Kaufvertrag wird wirksam angefochten. Der Betrag von 100 Euro ist als Nutzung herauszugeben

Die Herausgabepflicht umfasst ebenfalls das, was der Empfänger als Ersatz für die Zerstörung oder Beschädigung der Sache erlangt hat, sog. Surrogate.

Beispiel:
Das Motorrad wird zerstört. Die Versicherung des Schädigers leistet Ersatz. Die Versicherungssumme ist herauszugeben.

Wertersatz

§ 818 Abs. 2 BGB bestimmt, dass der Bereicherungsschuldner Wertersatz zu leisten hat, wenn die Herausgabe des Erlangten wegen dessen Beschaffenheit nicht möglich ist, oder der Empfänger aus einem anderen Grunde zur Herausgabe außerstande ist.

Hierunter fallen v. a. Bereicherungen aufgrund grundlos empfangener Dienst- oder Werkleistungen. Auch die Bereicherung durch die Nutzung fremder Sachen und Rechte zählt dazu sowie die Fälle der Unmöglichkeit der Herausgabe, z. B. wenn die Sache untergegangen ist.

Beispiel:
Im Beispielsfall zur Bereicherung in sonstiger Weise hat Benno gem. § 812 Abs. 1 Satz 1 Alt. 2 BGB den Anspruch auf „Herausgabe des Erlangten". Dies lässt sich schlechterdings nicht umsetzen. Deshalb kommt hier § 818 Abs. 2 BGB in Betracht. Benno kann das verlangen, was für die Vermietung von Reklameflächen üblicherweise zu entrichten ist.

Wegfall der Bereicherung

Zweck der Bereicherungsvorschriften ist es beim **Bereicherten eine Vermögensmehrung rückgängig zu machen**. Sie sollen nicht zu einer Vermögensminderung des Bereicherungsschuldners über den Betrag der Bereicherung hinausführen. Diesem Gedanken trägt § 818 Abs. 3 BGB Rechnung. Deshalb kann sich unter der Voraussetzung, dass

1. der Schuldner nicht mehr bereichert ist und
2. der Schuldner schutzwürdig ist, ergeben, dass die Verpflichtung zur Herausgabe oder dem Ersatz des Wertes ausgeschlossen ist.

Beispiel:
Verwendet ein einkommens- und vermögensloses Kind Unterhaltszahlungen des „Scheinvaters" zum Lebensunterhalt, so ist das ursprünglich Erlangte nicht mehr vorhanden. Das Kind kann sich auf den Wegfall der Bereicherung berufen. Hat jemand eine Flugreise erlangt, die er sonst nicht unternommen hätte, ist er nicht bereichert.

Hingewiesen sei noch auf § 819 Abs. 1 BGB, der zu einer Haftungsverschärfung führt. Ist nämlich der Bereicherte **bösgläubig**, d. h. er kennt den Mangel des rechtlichen Grundes oder erfährt ihn später, so kann er sich nicht auf den Wegfall der Bereicherung berufen.

Testfragen

29. Welche Voraussetzungen hat § 816 Abs. 1 Satz 1 BGB?
30. Was ist der Zweck des Bereicherungsrechts?
31. Die 15-Jährige Lena (L) hat ohne Zustimmung ihrer Eltern beim Elektronik-Händler (H) einen gebrauchten DVD-Player zum Preis von 100 Euro gekauft. Lena, die wie eine 18-Jährige aussieht, „weiht" den DVD-Player mit Freunden ein. Bei der sich anschließenden Party wird der DVD-Player beschädigt. Die Eltern verlangen vom Händler den Kaufpreis zurück. Im Gegenzug sind sie bereit, dem Händler das Gerät zurückzugeben. Können die Eltern die 100 Euro zurückverlangen?
32. Werner Neumann mietet sich bei Klaus Keller für ein Familienfest ein Zelt. Max Meier sieht das Zelt bei Neumann im Garten, und fragt, ob er es für 200 Euro haben könne. Meier geht davon aus, dass das Zelt Neumann gehört. Neumann veräußert das Zelt an Meier.
    1. Kann Klaus Keller das Zelt von Werner Neumann verlangen?
    2. Kann Klaus Keller die 200 Euro von Werner Neumann verlangen?
    3. Was kann Klaus Keller von Max Meier verlangen, wenn Neumann das Zelt an Meier verschenkt hat?

3.2.2 Unerlaubte Handlung

Der Bereich der unerlaubten Handlung (auch deliktisch genannt) gehört zu den gesetzlichen Schuldverhältnissen. Er ist in den §§ 823 ff. BGB geregelt und ist getragen vom Schutz des Einzelnen vor Rechtsgutsverletzungen durch andere.

Anders als die Bestimmungen zur ungerechtfertigten Bereicherung nach §§ 812 ff. BGB (s. u. Zweiter Teil, 3.2.1) ist die Deliktshaftung nach den §§ 823 ff. BGB auf **Schadensersatz** gerichtet. Also durchaus wörtlich gemeint: Ersatz für den entstandenen Schaden. Dadurch wird die **Ausgleichsfunktion** des Deliktsrechts erkennbar. Voraussetzung für die Haftung ist die (deliktische) Handlung einer Person. Diese „unerlaubten Handlungen" begründen durch den Verstoß des Einzelnen (auch Schädiger genannt) gegen zivilrechtliche Bestimmungen, also kraft Gesetzes, ein Schuldverhältnis zwischen Schädiger und Geschädigtem. Das durch die Verletzungshandlung entstehende Schuldverhältnis verpflichtet einseitig nur den Schädiger (also anders als ein Vertrag, der beide Partner berechtigt und verpflichtet).

Zu beachten ist allerdings, dass es Fallgestaltungen geben kann, bei denen sowohl Ansprüche auf Schadensersatz aufgrund eines vertraglichen Schuldverhältnisses, als auch aufgrund einer deliktischen Haftung aus §§ 823 ff. BGB denkbar und damit zu prüfen sind.

Beispiel:
Handwerker Berger beschädigt beim Anschließen der Waschmaschine im Haus des Thieme fahrlässig eine Fliese. In Betracht kommt ein Anspruch auf Schadensersatz aus Vertrag (hier wurde eine Nebenpflicht aus dem Werkvertrag schlecht erfüllt s. o. Zweiter Teil, 2.4.2.3) ebenso wie ein deliktischer Anspruch auf Schadensersatz aus § 823 Abs. 1 BGB.

Beide Anspruchsgrundlagen sind zu prüfen und können zu einem Schadensersatzanspruch führen, sog. Anspruchskonkurrenz. Grundsätzlich stehen dabei mehrere Ansprüche unabhängig nebeneinander. Der Schaden wird selbstverständlich nur einmal ersetzt.

Beispiel, gleichzeitig Ausgangsfall:
Rudi Raser fährt mit überhöhter Geschwindigkeit auf schneebedeckter Fahrbahn mit seinem neuen Ferrari auf eine Kreuzung und ignoriert das Verkehrsschild „Vorfahrt gewähren". Die auf der Vorfahrtstraße mit ordnungsgemäßer Geschwindigkeit in ihrem Audi fahrende Almut Anger wird von Rasers Ferrari erfasst und beide Fahrzeuge stark beschädigt. Frau Anger erleidet zudem ein Schleudertrauma und kann zwei Wochen lang nicht ihrer freiberuflichen Dozententätigkeit nachgehen.

Das Recht der unerlaubten Handlung basiert auf dem Prinzip der **Verschuldenshaftung**. Danach wird nur derjenige verpflichtet, zugefügte Schäden als unfreiwillige Vermögenseinbußen wieder gutzumachen, der **schuldhaft und rechtswidrig** gehandelt hat. Dieses Verschulden muss dem Schädiger grundsätzlich auch nachgewiesen werden (s. hierzu im Einzelnen unten bei der Darstellung des § 823 Abs. 1 BGB). In bestimmten Fällen wird jedoch das Verschulden widerlegbar vermutet, so dass der Schädiger haftet, soweit er nicht im Einzelfall seine fehlende Verantwortlichkeit nachweisen kann (sog. **Exkulpation**, s. hierzu bei § 831 BGB).

Nur ausnahmsweise führt eine sog. **Gefährdungshaftung** zu einer Anspruchsgrundlage, nach der der Geschädigte Schadensersatz bzw. Ausgleich verlangen kann. Die Gefährdungshaftung stellt eine Ausnahme vom Prinzip der Verschuldenshaftung dar. Für diese Haftung ist ein Verschulden nicht erforderlich. Zu nennen an dieser Stelle sind: die Tierhalterhaftung nach § 833 Satz 1 BGB, das Produkthaftungsgesetz, das Atomgesetz, das Haftpflichtgesetz, das Gentechnikgesetz sowie das Straßenverkehrsgesetz. Eine derartige Sondervorschrift ist § 7 Abs. 1 StVG, wonach der Halter eines Kfz verpflichtet ist, dem Verletzten den beim Betrieb des Kfz entstehenden Personen- und Sachschaden zu ersetzen. Dies gründet sich auf dem Gedanken, dass das (technologisierte) Auto von sich aus und ohne Hinzutreten eines konkreten Verschuldens gefährlich ist und sein Betrieb auch bei Beachtung aller Sorgfaltspflichten zu schädigenden Handlungen führen kann.

Im o. g. Beispielsfall ergibt sich die Anspruchsgrundlage schon aus § 7 Abs. 1 StVG, einer Vorschrift der Gefährdungshaftung, also ohne dass es auf ein Verschulden des R ankommt.

Gleichwohl und im Folgenden ausschließlich betrachtet bilden die verschuldensabhängigen Vorschriften die Mehrzahl potenzieller Anspruchsgrundlagen bei deliktischem Handeln. Dies soll auch der anschließende Überblick über die gesetzlichen Einzeltatbestände in den §§ 823 ff. BGB verdeutlichen.

Klassisch wird im Bereich der unerlaubten Handlung zwischen den sog. Grundtatbeständen (§ 823 Abs. 1, § 823 Abs. 2, § 826 BGB) und den Spezialtatbeständen (§ 824, § 825, § 836, § 837, § 838, § 833, § 834, § 832, § 831, § 839) unterschieden. Im Rahmen des Lehrbriefes ist es nicht möglich, auf sämtliche Tatbestände der unerlaubten Handlung einzugehen.

3.2.2.1 Grundsatz des § 823 Abs. 1 BGB

§ 823 Abs. 1 BGB normiert die vielleicht am häufigsten im Zivilrecht zur Anwendung kommende Anspruchsgrundlage außerhalb des Vertragsrechts. Von der Prüfungsreihenfolge her ist sie stets *nach* vertraglichen Ansprüchen heranzuziehen.

Die Vorschrift enthält folgende **Tatbestandsmerkmale**, die sinnvoller Weise in der angegebenen Reihenfolge geprüft werden sollten:

- Verletzungshandlung
- Rechtsgutverletzung
- Kausalität zwischen Verletzungshandlung und Rechtsgutverletzung
- Widerrechtlichkeit
- Verschulden
- Schaden
- Kausalität zwischen Rechtsgutverletzung und dem Schaden

Verletzungshandlung

Unter Handlung ist jedes menschliche Verhalten (Tun oder Unterlassen) zu verstehen, sofern es vom Willen beherrschbar ist.

Rechtsgutverletzung

Nach § 823 Abs. 1 BGB ist eine Person zum Schadensersatz verpflichtet, die schuldhaft und rechtswidrig das Leben, den Körper, die Gesundheit, die Freiheit, das Eigentum oder ein sonstiges Recht eines anderen verletzt. Der Handelnde muss also bei einem anderen eine Rechtsgutverletzung hervorrufen.

Rechts- oder Schutzgüter des § 823 Abs. 1 BGB sind demnach

- Leben
- Körper und Gesundheit
- Freiheit
- Eigentum oder
- ein sonstiges Recht

Diese Rechtsgüter haben gemeinsam, dass sie allen Menschen gleichermaßen zustehen und von jedermann zu beachten sind. Sie werden auch absolute oder ausschließliche Rechte genannt und unterscheiden sich insofern von nur relativen Rechten, die lediglich zwischen bestimmten einzelnen Personen gelten, wie z. B. vertragliche Erfüllungsansprüche zwischen den beiden Vertragspartnern.

Dabei bildet der Begriff „sonstiges Recht“ eine Art Auffangbecken und erfasst alle nicht besonders aufgezählten *absoluten* Rechte. Hierzu gehören alle dinglichen Rechte außer dem bereits erfassten Eigentum, also insbesondere der Besitz und die Grundpfandrechte (vgl. hierzu im Teil „Sachenrecht“). Auch das Recht an einem, wie es die Rechtsprechung seit Jahrzehnten ausgedrückt, eingerichteten und ausgeübten Gewerbebetrieb fällt ebenso darunter wie das allgemeine Persönlichkeitsrecht, das gerade in den letzten Jahren an Brisanz gewonnen hat (z. B. durch das Recht am eigenen Bild, wenn sog. Paparazzi von Schauspielern und anderen Persönlichkeiten Fotos gemacht haben, ohne zuvor deren Einwilligung einzuholen).

Seit Jahren von der Rechtsprechung bestätigt ist, dass das Vermögen selbst kein derartiges „sonstiges Recht“ i. S. d. Vorschrift ist.

Beispiel:
Im o. g. Ausgangsfall hat Raser R eine doppelte Rechtsgutverletzung bei Frau Anger herbeigeführt: Zum einen ist die körperliche Unversehrtheit und die Gesundheit Frau Angers, zum anderen ihr Eigentum am Kfz verletzt worden. Handlung war das Einfahren in die Kreuzung trotz des Verkehrszeichens „Vorfahrt gewähren“ und Fahrzeugen auf der Vorfahrtsstraße.

Kausalität zwischen Verletzungshandlung und Rechtsgutverletzung

Die Verletzungshandlungen müssen sich nicht nur in einem der oben genannten Rechtsgüter niederschlagen, sie müssen sie sogar verursacht haben (sog. Kausalität, die anerkannt als ungeschriebenes Tatbestandsmerkmal stets zu prüfen ist). Dabei wird von haftungsbegründender Kausalität gesprochen, wenn es um den Zusammenhang zwischen Verletzungshandlung und Rechtsgutverletzung geht.

Zur Bestimmung dieser Ursächlichkeit wird zwischen der

- Äquivalenztheorie und der
- Adäquanztheorie unterschieden.

Die Äquivalenztheorie sagt aus, dass jedes Ereignis gleichwertig kausal ist, wenn es nicht hinweg gedacht werden kann, ohne dass gleichzeitig der Erfolg entfiele. Diese Formel basiert also auf der Gleichwertigkeit aller Bedingungen für den Eintritt eines Ereignisses. Die Anwendung dieser Formel führt allerdings manchmal zu uferlosen Ergebnissen, wie das folgende Beispiel zeigt:

Beispiel:
Für die Inanspruchnahme des Rudi Raser funktioniert die Formel. Hätte Raser das Verkehrsschild beachtet, wäre es nicht zur Kollision gekommen. Er ist für die Rechtsgutsverletzungen ursächlich.

Für die Inanspruchnahme des Autohändlers, der Rudi Raser das Auto verkauft, funktioniert die Formel nicht richtig: Hätte der Autohändler dem Rudi Raser das Auto nicht verkauft, hätte Rudi Raser nicht auf der Straße fahren können. Der Autohändler ist eigentlich auch für die Rechtsgutsverletzungen ursächlich.

Um solche uferlosen Ergebnisse zu vermeiden, ist die Rechtsprechung verstärkt dazu übergegangen, die sog. **Adäquanztheorie** ergänzend zur Bestimmung eines ursächlichen Zusammenhanges zwischen Verletzungshandlung und Rechtsgutverletzung heranzuziehen. Danach ist ein Umstand dann adäquat kausal, wenn er auf Grund einer objektiven nachträglichen Prognose vom Standpunkt eines optimalen Beobachters generell geeignet ist, ein Ereignis allein oder im Zusammenwirken mit anderen Umständen herbeizuführen (z. B. BGH NJW 1976 S. 1143).

Beispiel:
Im Ausgangsfall sind die o. g. beiden Rechtsgutverletzungen Almut Angers auch durch die Handlungen des Rudi Raser verursacht worden. Dies geschah auch adäquat kausal, da die Fahrweise des Rasers generell und im konkreten Einzelfall dazu geeignet war, das Unfallereignis herbeizuführen.

Die Handlung des Autohändlers (Autoverkauf) ist nicht kausal für die o. g. Rechtsgutsverletzungen. Der Autokauf ist aufgrund einer Prognose vom Standpunkt eines optimalen Beobachters generell nicht geeignet einen solchen Umfall herbeizuführen.

Widerrechtlichkeit

Wenn der Tatbestand einer unerlaubten Handlung verwirklicht ist, ist grundsätzlich auch die Widerrechtlichkeit oder Rechtswidrigkeit des Handelns gegeben. Man sagt, dass die Rechtswidrigkeit indiziert wird.

Nur ausnahmsweise, wenn sich der Schädiger auf einen Rechtfertigungsgrund berufen kann, fehlt die Rechtswidrigkeit. Rechtfertigungsgründe können die Notwehr (§ 227 BGB) oder der Notstand (§§ 228, 904 BGB) sein. Ein weiterer Rechtfertigungsgrund kann die Einwilligung des Verletzten sein.

Beispiele:
Das Opfer eines Raubüberfalls wehrt sich mit Fausthieben.

Der Patient willigt bei einem ärztlichen Eingriff (Operation), soweit sie kunstgerecht ausgeführt wird, in die Körperverletzung ein.

Durch die Teilnahme am sportlichen Wettkampf willigt der Fußballspieler in die für diese Sportart typischen Körperverletzungen ein, soweit sie nicht grob fahrlässig oder gar vorsätzlich herbeigeführt werden.

Im Ausgangsfall sind keine Rechtfertigungsgründe für die Handlung des Rudi Raser ersichtlich. Er handelte deshalb widerrechtlich.

Verschulden

Der Schädiger muss die rechtswidrige Tatbestandsverwirklichung schuldhaft herbeigeführt haben.

Verschulden umfasst Vorsatz und Fahrlässigkeit (vgl. § 276 BGB und oben Zweiter Teil, 2.6.1).

Alle Personen vor Vollendung des siebenten Lebensjahres, § 828 Abs. 1 BGB, sowie Personen, die im Zustande der Bewusstlosigkeit oder in einem die freie Willensbestimmung ausschließenden Zustande krankhafter Störung der Geistestätigkeit gehandelt haben, § 827 Satz 1 BGB, sind verschuldensunfähig.

§ 828 Abs. 2 BGB erweitert die Verschuldensunfähigkeit bei Personen, die das siebente, aber nicht das zehnte Lebensjahr vollendet haben. Minderjährige sind bei einem Unfall mit einem Kraftfahrzeug, einer Schienenbahn oder einer Schwebebahn für einen Schaden, den sie einem anderen zufügen, nicht verantwortlich. Dies gilt nicht, wenn er die Verletzung vorsätzlich herbeigeführt hat.

Nach § 828 Abs. 3 BGB kommt es bei Minderjährigen die das siebente bzw. zehnte Lebensjahr vollendet haben auf deren Einsichtsfähigkeit an. Nur bei fehlender Einsichtsfähigkeit sind diese Personen für den verursachten Schaden nicht verantwortlich.

Alle anderen Personen sind uneingeschränkt verschuldens- und damit deliktsfähig.

Beispiel:
Im o. g. Ausgangsfall hat Raser sowohl widerrechtlich als auch schuldhaft gehandelt, wobei dahingestellt bleiben kann, ob ihm schon der Vorwurf einer groben oder nur einer „normalen" Fahrlässigkeit gemacht werden kann. In jedem Falle hat er die im Straßenverkehr übliche Sorgfaltspflicht außer Acht gelassen.

Ein Mitverschulden der Anger nach § 254 Abs. 1 BGB, und daran ist gerade bei Verkehrsunfällen oder ähnlichen Schadensereignissen stets zu denken, kann angesichts des Fahrverhaltens der Anger im vorliegenden Falle nicht festgestellt werden.

Schaden

Zum Schadensbegriff kann auf die Ausführungen in Teil 2, Kapitel 2.5.1 verwiesen werden.

Im Beispiel ist der Almut Anger ein zumindest doppelter Schaden entstanden: zum einen hinsichtlich der Reparatur- und evtl. Ersatzwagenkosten, zum andern in Form des sog. entgangenen Gewinns i. S. d. § 252 Satz 1 BGB durch den Verdienstausfall. Daneben entstanden auch Arzt- oder sonstige Heilungskosten, die Anger zu leisten hatte.

Hinweis: Oft übernimmt eine Krankenversicherung erst einmal die Heilungskosten und wird die Daten des Unfallschädigers erfragen und im Regresswege die entstandenen Kosten gegen den Unfallschädiger geltend machen.

Kausalität zwischen Rechtsgutverletzung und Schaden

Schließlich muss der Schaden durch die Rechtsgutverletzung ursächlich herbeigeführt worden sein (sog. haftungsausfüllende Kausalität); insofern kann auf die Beurteilung eines kausalen Handelns auf die Ausführungen oben Bezug genommen werden.

Liegen sämtliche Tatbestandmerkmale vor, so greift die Rechtsfolge: Ersatz des entstandenen Schadens.

Beispiel:
Im Ausgangsfall sind die Schäden (Reparaturkosten, Verdienstausfall, Heilungskosten) der Anger auch (adäquat kausal) durch die bei ihr entstandenen Rechtsgutverletzungen am Körper und am Eigentum hervorgerufen worden.

Dadurch sind alle Tatbestandsmerkmale des § 823 Abs. 1 BGB im Beispielsfall erfüllt, so dass der Anger aus dieser Vorschrift ein Anspruch auf Ersatz der genannten Schadenspositionen erwächst. Art und Umfang richten sich nach §§ 249 ff. BGB. Der Ersatz der Behandlungskosten sowie der Fahrzeugreparatur erfolgt gem. § 249 Abs. 2 BGB. Ein etwaiger Schmerzensgeldanspruch ergibt sich aus § 253 Abs. 2 BGB. Der Verdienstausfall fällt unter den entgangenen Gewinn gem. § 252 BGB.

3.2.2.2 Verstoß gegen ein Schutzgesetz nach § 823 Abs. 2 BGB

Nach § 823 Abs. 2 BGB ist derjenige schadensersatzpflichtig, der rechtswidrig und schuldhaft „gegen ein den Schutz eines anderen bezweckendes Gesetz verstößt" und dadurch dem an- dem einen Schaden zufügt. Schutzgesetz ist jede Rechtsnorm, die wenigstens auch die Interessen des Einzelnen schützen soll. Schutzgesetz kann jede Rechtsnorm sein. Es genügt daher ein Gesetz im materiellen Sinn. Die Rechtsnorm muss den Schutz eines anderen bezwecken, d. h. es soll außer dem Schutz der Allgemeinheit dazu dienen, dem Einzelnen Schutz vor Verletzung seiner Rechte und Rechtgüter zu gewähren.

Strafgesetze sind meist Schutzgesetze, außer, es handelt sich um Rechtsvorschriften, die nur die Allgemeinheit schützen sollen.

Verstöße gegen Schutzgesetze kommen auch bei Beeinträchtigungen des Vermögens, die von § 823 Abs. 1 BGB nicht erfasst werden (s. o. Zweiter Teil, 3.2.2.2), in Betracht.

Ein **Anspruch auf Schadensersatz** aus § 823 Abs. 2 BGB besteht unter folgenden Voraussetzungen.

- Es muss ein Schutzgesetz vorliegen (Das Gesetz muss den persönlichen und sachlichen Individualschutz bezwecken)
- Es muss die Verletzung eines Schutzgesetzes vorliegen (Damit ist der Tatbestand des Schutzgesetzes zu prüfen)
- Rechtswidrigkeit der Schutzgesetzverletzung
- Das Verschulden, das im Schutzgesetz vorausgesetzt wird; falls kein Verschulden Voraussetzung ist, zumindest Verschulden nach § 276 BGB

Rechtsfolge: Ersatz des durch den Verstoß gegen das Schutzgesetz adäquat kausal verursachten Schadens

Beispiele:
Verstöße gegen Strafgesetze, u. a. §§ 123, 142, 223 ff., 234 ff., 242 ff. StGB, aber auch Verstöße gegen Verfassungsvorschriften wie Art. 5 GG Pressefreiheit

3.2.2.3 Haftung für den Verrichtungsgehilfen

Nach § 831 Abs. 1 BGB haftet derjenige, der einen anderen zu einer Verrichtung bestellt hat, für den Schaden, den der Verrichtungsgehilfe in Ausführung der Verrichtung dem Dritten widerrechtlich zugefügt hat. Zum Begriff des Verrichtungsgehilfen und zur Abgrenzung zum Erfüllungsgehilfen, s. oben Zweiter Teil, 2.6.3.

Beispiel:
Der schwer erkrankte Peter Pech wird in der Privatklinik des bundesweit anerkannten Chirurgen Dr. Heilmann behandelt. Nach Untersuchung durch Dr. Heilmann persönlich muss ihm der rechte Unterschenkel operativ entfernt werden. Der Assistenzarzt Dr. Schludrig, amputiert versehentlich den linken Unterschenkel des Peter Pech. Dr. Schludrig war von Dr. Heilmann beauftragt worden, die Amputation durchzuführen, weil er über große Erfahrung verfügt und stets zuverlässig gearbeitet hat.

Peter Pech verlangt von Dr. Heilmann Schadensersatz und Schmerzensgeld.

Abwandlung:
Es ist seit längerem bekannt, dass Dr. Schludrig ein Alkoholproblem hat.

Die Tatbestandsvoraussetzungen des § 831 Abs. 1 BGB sind im Einzelnen:

- Der Handelnde muss **Verrichtungsgehilfe** des Geschäftsherrn sein. Verrichtungsgehilfe ist derjenige, dem vom Geschäftsherrn eine Tätigkeit übertragen worden ist und der von dessen Weisungen abhängig ist.

  Im Beispielsfall hat Heilmann den Schludrig mit der Durchführung der Amputation beauftragt – die Tätigkeit kann also höherer Art ebenso sein wie niederer Art (Reifenwechsel) oder einmaliger Natur.
- Der Verrichtungsgehilfe muss den **objektiven Tatbestand einer unerlaubten Handlung** i. S. d. §§ 823 ff. BGB erfüllt haben. Hinzukommen muss die Rechtswidrigkeit der schädigenden Handlung.

  Im Beispiel hat Schludrig den Körper des Pech widerrechtlich verletzt und ihm einen Schaden zugefügt. Damit hat Schludrig den (objektiven) Tatbestand des § 823 Abs. 1 BGB erfüllt. Ob Schludrig dabei schuldhaft gehandelt hat, ist im Rahmen des § 831 BGB irrelevant. Vielmehr soll Dr. Heilmann für eigenes Verschulden haften, weil er Dr. Schludrig für die Operation ausgewählt hat. Dabei unterstellt der § 831 Abs. 1 Satz 1 BGB Heilmann, dass er bei der Auswahl oder Überwachung des Schludrig einen Fehler gemacht hat. Dieser Gedanke ergibt sich aus der Exkulpationsmöglichkeit des § 831 Abs. 1 Satz 2 BGB.
- **In Ausführung der Verrichtung** muss der Schaden verursacht worden sein. Die Rechtsprechung verlangt einen inneren Zusammenhang zwischen Verrichtung und Schaden.

  Im Fall genügt es, dass die schädigende Handlung des Schludrig in den Kreis potenzieller Maßnahmen fällt, welche die Ausführung der Verrichtung darstellen.
- Die Ersatzpflicht tritt nicht ein, wenn den Geschäftsherrn kein Verschulden trifft. Der Beauftragende kann sich nach § 831 Abs. 1 Satz 2 BGB von der grundsätzlichen Verschuldensvermutung des § 831 Abs. 1 Satz 1 BGB entlasten (sog. **Entlastungsbeweis** oder Exkulpationsmöglichkeit). Danach liegt dann kein Verschulden vor, wenn der Geschäftsherr bei der Auswahl des Verrichtungsgehilfen und u. a. bei der Überwachung der Ausführung der Verrichtung die erforderliche Sorgfalt beachtet hat. Allerdings sind die Anforderungen an die

Sorgfaltspflicht umso größer je gefahrenträchtiger die beauftragte Verrichtung ist.

Es genügt daher im Beispielsfall nicht, wenn Schludrig bei Erreichung seiner allgemeinen Qualifikation als Arzt besonders gute Abschlüsse erzielt hat. Vielmehr musste Heilmann bei der Auswahl zu Gunsten des Schludrig auch und gerade auf dessen fachärztliche Qualifikationen abstellen. Auch musste Heilmann den Schludrig vor der Operation anleiten, ggf. belehren und durch geeignete Maßnahmen bei der Überwachung der Durchführung der Operation sicherstellen, dass es zu keinem Fehlverhalten kommt.

Heilmann kann sich entlasten, da Schludrig über große Erfahrung auf diesem Gebiet verfügt und bislang stets zuverlässig war. Da sich Heilmann entlasten kann, haftet Heilmann nach § 831 BGB nicht.

Für eine umfassender Prüfung des Falles kommen noch folgende Möglichkeiten in Betracht: Pech kann Dr. Schludrig direkt nach § 823 Abs. 1 BGB in Anspruch nehmen. Pech kann aber auch Dr. Heilmann aus dem Behandlungsvertrag nach § 630a BGB in Anspruch nehmen. Als Anspruchsgrundlage müsste Pech auf § 280 Abs. 1 BGB zurückgreifen, da die Vorschrift des § 630a BGB keine Anspruchsgrundlagen aus Schlechterfüllung hat. Im Rahmen der Prüfung des Verschuldens des Dr. Heilmann wird ihm das Verschulden des Dr. Schludrig nach § 278 BGB zugerechnet. Hier ist dann Dr. Schludrig (auch) Erfüllungsgehilfe, wenn es um vertragliche Ansprüche geht.

Abwandlung

In der Abwandlung ist seit längerem bekannt, dass Dr. Schludrig Alkoholprobleme hat. In dieser Abwandlung wird sich Dr. Heilmann nicht entlasten können. Wenn das Alkoholproblem des Schludrig allgemein bekannt war, hat Dr. Heilmann bereits bei der Auswahl des Schludrig zur Durchführung der Amputation seine im Verkehr erforderliche Sorgfalt nicht beachtet. Hätte Heilmann Schludrig nicht angewiesen, die Amputation vorzunehmen, dann wäre der Schaden nicht entstanden.

Pech hat einen Anspruch auf Schadensersatz gegen Heilmann aus § 831 Abs. 1 BGB.

3.2.2.4 Haftung für den Aufsichtspflichtigen

Nach § 832 Abs. 1 BGB haftet derjenige, der kraft Gesetzes zur Aufsicht über eine minderjährige oder aus sonstigen Gründen aufsichtsbedürftige Person verpflichtet ist, für den Schaden, der durch den Aufsichtsbedürftigen einem Dritten widerrechtlich entsteht.

Im Einzelnen:

- Eine minderjährige oder eine aus sonstigen Gründen **aufsichtsbedürftige Person** muss einem Dritten einen Schaden zugefügt haben. Minderjährige bedürfen immer der Aufsichtspflicht. Nur der Inhalt der Aufsichtspflicht richtet sich nach den Umständen des Einzelfalles, z. B. Alter des Minderjährigen. Volljährige können aufsichtsbedürftig sein, wenn sie z.B. geistig oder körperlich behindert sind oder auch Kranke können zu diesem Personenkreis gehören.
- Der Aufsichtsbedürftige muss, ganz ähnlich wie bei § 831 Abs. 1 BGB, den **objektiven Tatbestand einer unerlaubten Handlung** i. S. d. §§ 823 ff. BGB erfüllt haben und zwar rechtswidrig.
- Kraft Gesetzes, § 832 Abs. 1 Satz 1 BGB, sind grds. die Inhaber der Personensorge aufsichtspflichtig, v.a. Eltern, Vormund und Pfleger. Die **Aufsichtspflicht** kann aber auch durch Vertrag entstehen, § 832 Abs. 2 BGB. Bspw. in Heimen, Kindergärten, Krankenhäusern und auch Privatschulen ist eine vertragliche Übernahme der Aufsichtspflicht durch Aufsichtspersonen möglich.
- Der Aufsichtspflichtige kann sich gem. § 832 Abs. 1 Satz 2 BGB **entlasten**, wenn er seine Aufsichtspflicht erfüllt hat. Er muss dazu nachweisen, dass er alles unternommen hat, um den Schaden abzuwenden, was von einem verständigen Aufsichtspflichtigen erwartet werden kann. Kann der Aufsichtspflichtige nachweisen, dass der Schaden auch bei gehöriger Beaufsichtigung oder wiederholter Belehrung entstanden wäre, so kann er sich ebenfalls entlasten.

Ein Fallbeispiel zur Haftung Aufsichtspflichtiger findet sich bei den Testfragen im Anschluss.

3.2.2.5 Sonstige Einzeltatbestände

Schmerzensgeld

Mit Wirkung vom 1.8.2002 wurde die Regelung des § 847 BGB aufgehoben, der nur Schmerzensgeld bei Vorliegen einer unerlaubten Handlung regelte. Es sollte auch ein Anspruch auf Schmerzensgeld bei vertraglichen Schadenersatzansprüchen bestehen. Daher musste die Regelung aus dem Recht der unerlaubten Handlung in das Schuldrecht allgemeiner Teil verschoben werden. Durch § 253 Abs. 2 BGB wird nunmehr das Schadensersatzrecht bzgl. des Schmerzensgeldanspruches geregelt.

Der Verletzte kann nach § 253 Abs. 2 BGB für seine **immateriellen Schäden** (s. o. Zweiter Teil, 2.5.3) eine „billige Entschädigung in Geld verlangen". Billigkeit bedeutet in diesem Zusammenhang, dass es bei der Bemessung auf alle Umstände des Einzelfalles ankommt.

Während Vermögensschäden nach §§ 249 ff. BGB ausgeglichen werden, richtet sich der Anspruch aus § 253 Abs. 2 BGB auf den Ausgleich des Nichtvermögensschadens, z. B. von Einbußen am Wohlbefinden; daneben hat die Vorschrift eine **Genugtuungsfunktion**.

Sittenwidrige Schädigung

Nach § 826 BGB ist schadensersatzpflichtig, wer in einer gegen die guten Sitten verstoßenden Weise einem anderen vorsätzlich Schaden zufügt.

Prüfungsschema:

- Schaden
- Sittenwidriges Verhalten
- Vorsätzliche Schadenzufügung

Schaden

Anders als bei § 823 Abs. 1 BGB fällt hierunter jeder Schaden. Auch bloßer Vermögensschaden. Insoweit ist der Tatbestand des § 826 BGB weiter als der Tatbestand des § 823 Abs. 1 BGB.

Sittenwidriges Verhalten

Sittenwidrig ist ein Verhalten, wenn es nach seinem Gesamtcharakter gegen das Anstandsgefühl aller billig und gerecht Denkenden verstößt.

Vorsätzliche Schadenszufügung

Vorsatz bedeutet mit Wissen und Wollen. Zu beachten ist aber, dass auch ein bedingter Vorsatz ausreicht. Dies ist gegeben, wenn der Erfolg nicht positiv gewollt ist, aber doch billigend in Kauf genommen wird.

Beispiel:
Die Haftung eines bekannten Herstellers im „Dieselskandal" wurde mit § 826 BGB begründet. Der Schaden bestand im Abschluss eines Kaufvertrages über das manipulierte Fahrzeug. Der Hersteller musste daher den Kaufpreis erstatten gegen Rückgabe des Fahrzeugs und der Anrechnung der Gebrauchsvorteile. Das Verhalten des Herstellers wurde als vorsätzlich und sittenwidrig angesehen.

Haftung für Schäden durch Tiere oder durch Gebäude

Auf die §§ 833 bis 838 BGB wird hinsichtlich der Haftung für Schäden durch Tiere oder durch Gebäude verwiesen. Die Vorschriften enthalten wie § 831 Abs. 1 Satz 1 BGB eine Vermutung für eigenes Verschulden des Aufsichtspflichtigen, des Tierhalters etc. mit der Möglichkeit der Entlastung bei Haustieren, die dem Beruf, der Erwerbstätigkeit oder dem Unterhalt des Tierhalters dienen (nachgebildet dem § 831 Abs. 1 Satz 2 BGB) oder des Besitzers des Gebäudes, wenn er zum Zwecke der Abwendung der Gefahr die im Verkehr erforderliche Sorgfalt beobachtet hat.

Amtshaftung

Die Amtshaftung gehört rechtssystematisch zum Bereich der unerlaubten Handlungen, wobei die zu Grunde liegende Amtshandlung i. d. R. öffentlich-rechtlicher Natur ist.

An sich ist § 839 Abs. 1 BGB die Anspruchsgrundlage für die persönliche Haftung, die gegenüber den handelnden Beamten daraus erwächst, dass er eine „einem Dritten gegenüber obliegende Amtspflicht" verletzt hat. Art. 34 Satz 1 GG leitet diese Haftung auf den Staat über, so dass dieser und nicht der Amtswalter selbst direkt in die Haftung genommen wird. Beide Vorschriften zusammen bilden eine einheitliche Anspruchsgrundlage, so dass „§ 839 Abs. 1 BGB i. V. m. Art. 34 Satz 1 GG" zu zitieren ist. Aus der Beamtenhaftung wird also eine Staatshaftung.

Folgende Prüfungsreihenfolge empfiehlt sich bei Subsumtion dieser Anspruchsgrundlage:

- **Ist der Handelnde Beamter?**

Nach ständiger Rechtsprechung ist der Beamtenbegriff allerdings nicht im rein statusrechtlichen Sinne (vgl. hierzu Sächsischer Lehrbrief SL 8 B „Beamtenrecht") zu verstehen, sondern im haftungsrechtlichen Sinne. Diese Erweiterung eines zu engen beamtenrechtlichen Begriffes ist der Verbindung des § 839 Abs. 1 BGB mit der Zurechnungsnorm des Art. 34 Satz 1 GG und der dort formulierten Passage „in Ausübung eines öffentlichen Amtes" geschuldet. Diese Worte sind nach ständiger Rechtsprechung nicht nur auf Beamte im engeren Sinne, sondern beispielsweise auch auf sonstige Bedienstete und sogar auf Privatpersonen, die öffentliche Ämter ausüben, wie Beliehene, zu beziehen.

Beispiel:
Ein Prüfingenieur für Baustatik hat im Rahmen eines vereinfachten Baugenehmigungsverfahrens nach § 63 SächsBO einen Prüfauftrag fehlerhaft beurteilt. Daraus ist dem Bauherrn, der sich auf die Richtigkeit der Prüfung verlassen hat, ein Schaden dadurch entstanden, dass er nachträglich weitere Abstützungsmaßnahmen gegen die fehlende Standsicherheit des Gebäudes ergreifen muss.

Durch die Worte „öffentliches Amt" verdeutlicht Art. 34 Satz 1 GG jedoch, dass ein hoheitlicher Aufgabenbereich eröffnet sein muss bzw. ein hoheitliches Handeln vorliegen muss. Dabei wird jedoch verlangt, dass ein hinreichender Zusammenhang des Handelns mit dem Amt besteht und der Amtswalter nicht nur „bei Gelegenheit" gehandelt hat (z. B. wenn der Polizist seine Dienstwaffe aus rein persönlichen Motiven im privaten Bereich nutzt).

- **Ist eine Amtspflicht verletzt worden?**

Grundsätzlich ergeben sich die Amtspflichten der Amtswalter aus den jeweiligen Rechtspflichten. Danach muss stets rechtmäßig gehandelt werden und darf nicht gegen gesetzliche Vorschriften verstoßen werden (vgl. bereits Art. 20 Abs. 2 GG); bei belastenden Maßnahmen muss eine Rechtsgrundlage das Handeln rechtfertigen (sog. Vorbehalt des Gesetzes, vgl. Sächsischer Lehrbrief SL 10 „Allgemeines Verwaltungsrecht"). Daneben bestehen allgemeine Amtspflichten, z. B. die Rechtsgüter der Bürger (also z. B. ihr Eigentum oder ihre Gesundheit) nicht zu verletzen oder richtige, klare und vollständige Auskünfte zu erteilen.

- **Obliegt die Amtspflicht einem Dritten gegenüber?**

Die sog. Drittbezogenheit einer Amtspflicht ist i. d. R. weder in der Vorschrift, die die Amtspflicht begründet, noch in einer anderen Vorschrift bestimmt. Auch gibt es keine Definition des Dritten im Gesetz. Vielmehr ist im Weg der Auslegung anhand der konkreten Amtspflicht und ihres Schutzzweckes zu ermitteln, ob die Interessen einer privaten Person (eines Dritten) geschützt werden sollen. Umgekehrt liegt keine zu einer Haftung führende Drittbezogenheit vor, wenn die Amtspflicht entweder nur im Interesse der Allgemeinheit besteht oder nur die Interessen gerade anderer Personen schützen will.

Beispiel:

Die dem Bauherrn erteilte Baugenehmigung ist rechtswidrig, weil sie gegen einschlägige Abstandsflächenvorschriften des § 6 Abs. 4 und Abs. 5 SächsBO verstößt. Da diese gesetzlichen Bestimmungen gerade auch den davon betroffenen, direkt angrenzenden Nachbarn, nicht aber weitere Personen schützen wollen, ist nur eine weitere Person, nämlich die des direkten Angrenzers, geschützter Dritter im Sinne der vorgenannten Grundsätze.

- **Ist durch die Verletzung der Amtspflicht dem Dritten ein Schaden entstanden?**

Allgemein zum Schadensbegriff kann auf §§ 249 ff. BGB verwiesen werden. In den o. g. Beispielsfällen kann der Schaden in den erhöhten Aufwendungen für Abstützungsmaßnahmen bzw. bei Rücknahme einer Baugenehmigung in den bereits getroffenen Vermögensdispositionen des Bauherrn liegen.

- **Ist die Amtspflichtverletzung schuldhaft erfolgt?**

Allgemein kann auf § 276 Abs. 1 BGB verwiesen werden.

Das Verschulden des Beamten lässt sich jedoch nicht allein und quasi automatisch aus der Rechtswidrigkeit der Amtspflichtverletzung ableiten, vielmehr muss sein persönliches Verschulden hinzutreten.

Besteht ein Haftungsausschluss oder greifen sonstige Haftungsbeschränkungen ein?

Nach § 839 Abs. 1 Satz 2 BGB schließt eine anderweitige Ersatzmöglichkeit den Anspruch aus Amtshaftung aus, wenn der Beamter lediglich fahrlässig gehandelt hat, § 839 Abs. 1 Satz 2 BGB. Dann muss der geschädigte Dritte jedoch einen anderen durchsetzbaren Anspruch aus einer anderen Anspruchsgrundlage haben.

Ein weiterer Fall der Einschränkung des Amtshaftungsanspruches ergibt sich aus § 839 Abs. 3, wonach die schuldhafte Nichteinlegung eines Rechtsmittels durch den Verletzten zum Verlust des Amtshaftungsanspruches führt. Sinn der Vorschrift ist, den Vorrang des Primärrechtsschutzes zu wahren und dessen Versäumung als anspruchsausschließendes Mitverschulden zu werten, vgl. bereits das mitwirkende Verschulden im Rahmen von § 254 Abs. 1 BGB.

Beispiel:

Wenn im o. g. Beispiel der Nachbar gegen die Abstandsflächenverletzung keinen Widerspruch gem. § 68 Abs. 1 VwGO bzw. eine anschließende Anfechtungsklage nach § 42 Abs. 1 VwGO mit dem Ziel eingereicht hat, die erteilte Baugenehmigung aufheben zu lassen, würde die Ersatzpflicht nach § 839 Abs. 1 und 3 BGB nicht eintreten, zumal zumindest Fahrlässigkeit des Nachbarn unterstellt werden kann.

- **Wer ist Anspruchsgegner?**

Durch die Zurechnungsnorm des Art. 34 Satz 1 GG ist auf die Anstellungskörperschaft als Anspruchsgegner abzustellen. Dies bedeutet in den Fällen, in denen ein Gemeindebediensteter die Amtspflichtverletzung begangen hat, dass die Gemeinde selbst in Anspruch zu nehmen ist. Im Falle eines Landesbediensteten ist der Freistaat Sachsen der richtige Anspruchsgegner.

Testfragen

33. Was sind die tatbestandlichen Voraussetzungen des § 823 Abs. 1 BGB?
34. Kann sich der Geschäftsherr vom Verschulden des Verrichtungsgehilfen entlasten?
35. Willi Miro

    Nach dem gemeinsamen Einkauf mit seinen Eltern wollte der 5-Jährige Willi noch auf dem Innenhof spielen. Seine Eltern erlaubten ihm dies. Nach dem Auspacken der Einkäufe, also nach ca. 20 Minuten wollten sie zu Willi in den Hof zurückkehren. Vom Fenster aus beobachteten sie ihren Sohn in regelmäßigen, nicht zu langen Abständen. Willi war schon mehrmals für ca. 15 Minuten alleine zum Spielen auf dem Hof. Er hatte sich bislang immer verständig und zuverlässig an die Anweisungen und Ermahnungen seiner Eltern gehalten. Kurz nachdem seine Eltern den Hof verlassen hatten, fand Willi einen rostigen Nagel. Aus Langeweile zeichnete er ein – seiner Meinung nach – wunderschönes Strichmännchen in die Autotür des Nachbarn Neumann.

    Neumann verlangt Schadensersatz in Höhe der Lackierkosten für seine zerkratzte Autotür.

Dritter Teil: Sachenrecht

1. Begriff und Grundsätze des Sachenrechts

1.1 Begriff

Während sich das Schuldrecht mit den Rechtsbeziehungen zwischen Personen befasst, die sich als Gläubiger und Schuldner gegenüberstehen, regelt das Sachenrecht in den §§ 854 bis 1296 BGB den Bestand und die Veränderung der Rechtslage der Personen zu Sachen. Das Sachenrecht kann auch als Zuordnungsrecht bezeichnet werden.

Die im Schuldrecht geregelten Schuldverhältnisse gewähren dagegen z. B. ein Recht auf Lieferung einer Sache oder auf Erbringung einer Leistung. Die im Sachenrecht geregelten Rechte sind Rechte an einer Sache, die auch dingliche Rechte genannt werden.

Beispiel:
Mit dem Abschluss eines Kaufvertrages über einen Fernseher erwirbt der Käufer nach § 433 Abs. 1 Satz 1 BGB einen Anspruch gegen den Verkäufer auf Übereignung des Fernsehers. Das Eigentum – das dingliche Recht – erwirbt er jedoch erst dann, wenn das sachenrechtliche (oder dingliche) Rechtsgeschäft der Übereignung stattgefunden hat. Der Eigentumserwerb vollzieht sich grundsätzlich durch Einigung zwischen Erwerber und Veräußerer sowie der Übergabe der Sache, § 929 Satz 1 BGB.

Dingliche Rechte sind absolute Rechte, weil sie gegen jedermann wirken. Dagegen wirken die sog. relativen Rechte nur zwischen den beteiligten Personen.

Beispiel:
Das Eigentum ist ein absolutes Recht, das jeder beachten muss. Nach § 903 BGB kann der Eigentümer mit der Sache verfahren wie er möchte. Eine Beschädigung des Eigentums führt zu einem Schadensersatzanspruch nach § 823 Abs. 1 BGB gegenüber jedem, der das Eigentum verletzt.

Ein Anspruch auf Übereignung eines Fernsehers ist ein relatives Recht. Er richtet sich nur gegen den Verkäufer; nur er wird durch den Kaufvertrag verpflichtet.

Dingliche Rechte können unbeschränkte oder beschränkte dingliche Rechte sein. Das Eigentum ist ein unbeschränktes dingliches Recht. Dies ergibt sich aus § 903 BGB.

Daneben gibt es beschränkte dingliche Rechte, die auch absolute Rechte sind. Beschränkte dingliche Rechte gewähren die Nutzung einer Sache lediglich in bestimmten Beziehungen, gehen aber im Verhältnis zum Eigentümer dem Eigentumsrecht vor (s. Dritter Teil, 3.5).

Beispiel:
Beschränkte dingliche Rechte sind z. B. Dienstbarkeiten an Grundstücken (§§ 1018 ff. BGB), Grundpfandrechte (Hypothek, Grundschuld, Rentenschuld, §§ 1113 ff. BGB). Ebenso ist das Pfandrecht an einer beweglichen Sache (§§ 1204 ff. BGB) ein beschränktes dingliches Recht, da der Pfandrechtsgläubiger u. U. nur das Recht hat, die Pfandsache zu verwerten.

1.2 Grundsätze des Sachenrechts

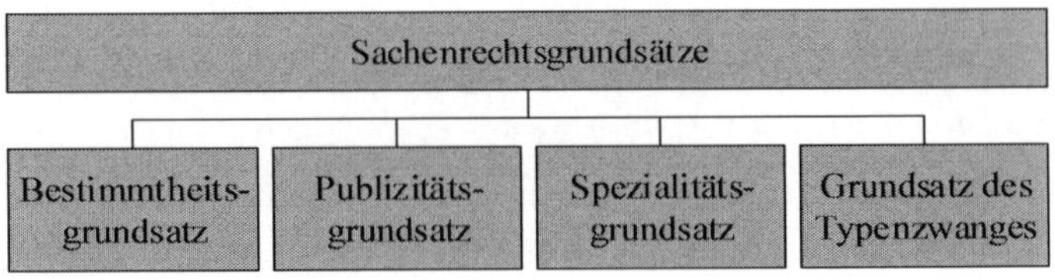

1.2.1 Der Bestimmtheitsgrundsatz

Dingliche Rechte können nur an einer genau bestimmten Sache entstehen und bestehen.

Beispiel:
Der Käufer einer Gattungssache, eines Fernsehers der Marke „Sono“, hat den schuldrechtlichen Anspruch auf Lieferung eines Fernsehers aus dieser Gattung. Eigentümer wird er hingegen nur an einem bestimmten Fernseher aus dieser Gattung, nämlich dem, der ihm übereignet wird.

1.2.2 Der Publizitätsgrundsatz

Damit Sachenrechte ihre absolute Wirkung entfalten können, soll die sachenrechtliche Lage und ihre Veränderung für jedermann erkennbar sein. Bei unbeweglichen Sachen (Grundstücken) wird das Publizitätsprinzip dadurch gewahrt, dass die Eigentümer und die Personen mit beschränkten dinglichen Rechten an dem Grundstück in das Grundbuch eingetragen werden. Für bewegliche Sachen erfüllt die Publizitätsfunktion der Besitz, die tatsächliche Sachherrschaft.

Diesem durch die äußere Erkennbarkeit hervorgerufenen Anschein trägt das Sachenrecht Rechnung; so wird zugunsten des Besitzers einer beweglichen Sache vermutet, dass er auch Eigentümer ist (§ 1006 BGB). Es besteht die Vermutung für die Richtigkeit des Grundbuchs zugunsten der Eintragungen und Löschungen von Rechten (§ 891 BGB). Der rechtsgeschäftliche Erwerb steht unter dem öffentlichen Glauben des Grundbuchs (§ 892 BGB). Im Streitfalle sind dies starke Rechtspositionen des Besitzers und des im Grundbuch Eingetragenen. Wer das Bestehen des Eigentums bestreitet, muss den Nachweis der Unrichtigkeit führen.

1.2.3 Der Spezialitätsgrundsatz

Der Spezialitätsgrundsatz steht in enger Verbindung zum Bestimmtheitsgrundsatz. Er bedeutet, dass dingliche Rechte nur an der jeweils einzelnen Sache möglich sind. Man kann zwar eine schuldrechtliche Verpflichtung begründen, die sich nur auf der Art nach bestimmte Sachen bezieht, es gibt aber keine dinglichen Rechte, die einheitlich eine Sachgesamtheit erfassen.

Beispiel:
Eine Bibliothek kann als Ganzes Gegenstand eines schuldrechtlichen Kaufvertrages sein. Die Erfüllung des Kaufvertrages erfolgt nach den Vorstellungen des Gesetzes so, dass jede einzelne Sache, jedes einzelne Buch, übereignet wird. Auch ist der Rinderzüchter eigentlich nicht Eigentümer der Rinderherde, sondern nur der einzelnen Tiere der Herde.

1.2.4 Grundsatz des Typenzwangs

Nach den Prinzipien des Schuldrechts können Verträge aller Art abgeschlossen werden. Dem Erfindungsreichtum neuer Verträge ist keine Grenze gesetzt. Verträge über jeden nur denkbaren Gegenstand, jede Leistung, jedes Verhalten – soweit nicht gesetz- und sittenwidrig – sind möglich.

Das Sachenrecht bestimmt dagegen die dinglichen Rechte erschöpfend und regelt den Umfang der Gestaltbarkeit. Hat sich jemand zu einer Verfügung entschlossen, dann kann er nur die im Sachenrecht geregelten Rechte zum Gegenstand dieser Rechtsverfügung machen. Die im Sachenrecht aufgezählten dinglichen Rechte können von den Parteien nicht erweitert werden, und auch inhaltlich besteht nur eine beschränkte Gestaltungsfreiheit. Dieser Grundsatz des Typenzwangs und der Beschränkung auf bestimmte dingliche Rechte dient der Rechtsklarheit.

2. Der Besitz

2.1 Begriff

Im täglichen Leben werden nicht selten die Begriffe Eigentum und Besitz gleichbedeutend gebraucht. Beide Begriffe haben aber im bürgerlichen Recht eine eigene Bedeutung. Regelungen über den Besitz findet man in den §§ 854 bis 872 BGB. Besitz ist die tatsächliche Herrschaftsgewalt über eine Sache. Dies ergibt sich mittelbar aus § 854 Abs. 1 BGB, der die Erlangung des Besitzes regelt. Es kommt nicht darauf an, ob der Besitzer ein Recht zum Besitz hat, da der Besitz im Gegensatz zum Eigentum etwas rein Tatsächliches ist.

Beispiel:
Besitzer ist der Mieter einer Wohnung, der Finder eines 100 Euro-Scheines, der Dieb eines Autos. Keine von den genannten Personen ist deswegen Eigentümer.

Die Sachherrschaft drückt sich in der jederzeitigen Einwirkungsmöglichkeit auf die Sache aus. Ob sie im Einzelfall vorliegt, richtet sich nach der Anschauung des Verkehrs. Jedenfalls beendigt eine ihrer Natur nach vorübergehende Verhinderung in der Ausübung der Gewalt nicht den Besitz, § 856 Abs. 2 BGB. Besitz setzt nicht voraus, dass der Besitzer sofort und ohne jedes Hindernis seine Sachherrschaft ausüben kann.

Beispiel:
Der Urlauber hat, obwohl entfernt am Urlaubsort, weiterhin Besitz an seiner Wohnung und den Einrichtungsgegenständen. Der Landwirt behält den Besitz über Ackergeräte, die kilometerweit entfernt stehen. Wer sein Auto nachts auf der Straße parkt, bleibt Besitzer, auch während er schläft.

Demgegenüber bedeutet Eigentum die rechtliche Herrschaftsgewalt über eine Sache (s. Dritter Teil, 3.1). Der Unterschied zwischen Eigentum und Besitz zeigt sich deutlich an den Beendigungstatbeständen:

- Der Besitz endet mit dem Verlust der Sache, wenn keine Einwirkung auf die Sache mehr besteht.
- Das Eigentum endet erst mit einer entsprechenden rechtlichen Erklärung des Eigentümers, nicht mehr Eigentümer sein zu wollen.

Beispiel:
Verliert jemand einen Ring, so ist sein Besitz beendet; da er nicht weiß, wo er sich befindet, fehlt die Einwirkungsmöglichkeit. Er bleibt aber Eigentümer des Rings.

2.2 Funktion des Besitzes

Eine wichtige Aufgabe, die die Rechtsordnung dem Besitz zuweist, besteht in dem Besitzschutz gegen unrechtmäßige Entziehung und Störung, §§ 858 bis 864 BGB. Unabhängig vom Eigentum soll die Besitzlage nicht durch eigenmächtiges und gewalttätiges Vorgehen Dritter dauerhaft verändert werden. Der Besitzschutz garantiert den Rechtsfrieden im Bereich der Sachherrschaft.

Der Besitz hat darüber hinaus weitere Funktionen. So wird nach § 1006 BGB vermutet, dass der Besitzer Eigentümer ist. Diese Vermutung ist widerlegbar.

Schließlich drückt sich im Besitz der sachenrechtliche Publizitätsgrundsatz aus. Wechselt eine bewegliche Sache den Eigentümer nach § 929 Satz 1 BGB, ist es der Besitzwechsel der Sache (Übergabe), der den Eigentumswechsel kundtut.

2.3 Arten des Besitzes

Das BGB unterscheidet einmal den unmittelbaren und mittelbaren Besitz.

Der unmittelbare Besitz wird durch die Erlangung der tatsächlichen Sachherrschaft und einen entsprechenden generellen Besitzwillen begründet (§ 854 Abs. 1 BGB). Geschäftsfähigkeit ist für den Besitzerwerb nicht erforderlich, da Besitz etwas rein Tatsächliches ist.

Beispiel:
Ein Dieb, der in einem Laden Waren in seine Kleidung oder eine mitgeführte Tasche steckt, hat unmittelbaren Besitz erlangt. Eine gestohlene Katze, die ohne Wissen des Katzenhalters zurückkehrt, ist mit Rückkehr wieder in den Besitz des Halters gelangt (genereller Besitzwille).

Wer Empfangsvorrichtungen schafft, erlangt an den Sachen, die in diese Empfangsvorrichtungen gelangen, grds. unmittelbaren Besitz. An fremden Sachen, die ungerufen in die Herrschaftssphäre einer Person gelangen, wird dagegen grundsätzlich nicht ohne Weiteres Besitz begründet. Es fehlt in der Regel ein Interesse an eigener Besitzbegründung.

Beispiel:

Briefe, die in einen Briefkasten (Empfangsvorrichtung) geworfen werden, gelangen in den Besitz des Briefkasteninhabers.

Fällt auf das Grundstück des A der Golfball des B, kein Besitz des A, sondern Abholungsanspruch des B nach § 867 Satz 1 BGB. Anders jedoch, wenn A den Golfball aus Verärgerung über die Störung mit in seine Wohnung nimmt.

Nach § 856 Abs. 1 BGB wird der unmittelbare Besitz an beweglichen und unbeweglichen Sachen beendet durch freiwillige nach außen erkennbare Beendigung der tatsächlichen Sachherrschaft.

Beispiel:

Liegenlassen der gelesenen Zeitung im Zug oder das Verleihen einer Sache.

In anderer Weise, d. h. durch unfreiwilligen Verlust der tatsächlichen Herrschaftsgewalt.

Beispiel:

durch Diebstahl oder Verlieren.

Der mittelbare Besitz ist ein Besitz ohne tatsächliche Sachherrschaft, § 868 BGB.

Beispiel:

Der Vermieter vermietet ein Haus an einen Mieter. Der Mieter ist unmittelbarer Besitzer, da er die tatsächliche Herrschaftsgewalt über das Haus hat. Der Vermieter ist mittelbarer Besitzer, da der Mieter im Rahmen eines Mietvertrages auch für den Vermieter besitzt, § 868 BGB.

Der unmittelbare Besitzer vermittelt dem mittelbaren Besitzer seinen Besitz durch ein sog. Besitzmittlungsverhältnis (Besitzkonstitut). Ein Besitzmittlungsverhältnis liegt nach § 868 BGB vor, wenn ein Rechtsverhältnis zwischen mittelbarem und unmittelbarem Besitzer besteht, vermöge dessen der unmittelbare Besitzer dem mittelbaren gegenüber auf Zeit zum Besitze berechtigt oder verpflichtet ist. Es muss aufgrund des Rechtverhältnisses zwischen den Personen ein gewisses Über- und Unterordnungsverhältnis bestehen, das dem mittelbaren Besitzer ermöglicht, Weisungen im Hinblick auf die Behandlung der Sache zu erteilen.

Beispiel:

Das Gesetz nennt in § 868 BGB beispielhaft den Nießbraucher, Pfandgläubiger, Pächter, Mieter und Verwahrer. Es gibt aber noch mehr Besitzmittlungsverhältnisse, z. B. Leihe, Werkvertrag und Verkauf unter Eigentumsvorbehalt.

Der mittelbare Besitz entsteht durch Vereinbarung eines Besitzmittlungsverhältnisses und durch Übergabe der Sache an den unmittelbaren Besitzer. Der unmittelbare Besitzer (Besitzmittler) muss den tatsächlichen Willen haben, für den mittelbaren Besitzer die tatsächliche Herrschaftsgewalt auszuüben (sog. Fremdbesitzerwillen).

Beispiel:

A bringt seinen Pkw in die Werkstatt des Roadster. Die Reparatur soll am nächsten Tag beendet sein. Zwischen A und R besteht ein Werkvertrag, also ein Rechtsverhältnis, das dem A gestattet, von R zu verlangen, den Pkw sachgemäß zu behandeln, §§ 631 ff. BGB (s. Zweiter Teil, 3.1.8). Über-/Unterordnungsverhältnis zwischen A und R sowie Fremdbesitzerwille des R bestehen. Dem A steht auch ein Herausgabeanspruch (aus dem Werkvertrag) gegen R zu.

Der mittelbare Besitz kann in der Weise übertragen werden, dass der mittelbare Besitzer seinen auf dem Besitzmittlungsverhältnis beruhenden Herausgabeanspruch an einen anderen abtritt, § 870 BGB.

Beispiel:

A hat dem B einige CDs ausgeliehen. B hat die CDs bisher nicht zurückgegeben. Als C die A um diese CDs bittet, kommt das der A sehr gelegen. Sie tritt der C ihren Herausgabeanspruch aus § 604 BGB ab. C rückt jetzt in die Besitzrechtsposition der A ein und wird zur mittelbaren Besitzerin gegenüber B.

Der mittelbare Besitz endet

- durch die Beendigung des Besitzmittlungsverhältnisses unter gleichzeitigem Erlöschen des Herausgabeanspruchs;
- durch das Ende des unmittelbaren Besitzes mit oder ohne Willen des Besitzmittlers;
- durch einseitige Loslösung des unmittelbaren Besitzers (Besitzmittlers) vom Besitzmittlungswillen, wobei die Willensänderung nach außen erkennbar sein muss.

Beispiel:

Verleiher erlässt dem Entleiher Rückgabe (Erlöschen des Herausgabeanspruchs); der Besitzmittler verliert unmittelbaren Besitz durch Verbrauch, Veräußerung oder Verlust; der unmittelbare Besitzer nimmt die Sache in Eigenbesitz (§ 872 BGB).

2.4 Besitzformen und Besitzdiener

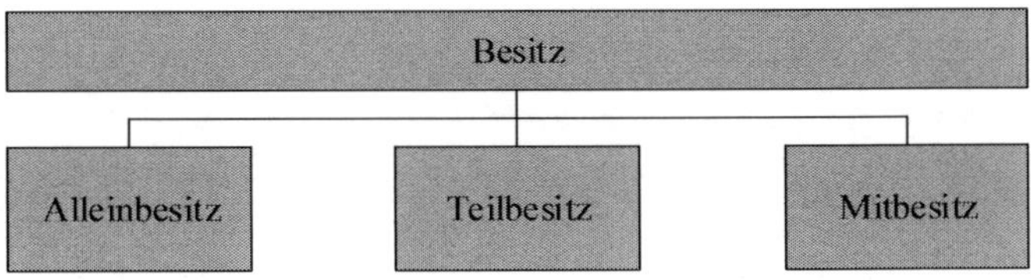

2.4.1 Besitzformen

Man unterscheidet zwischen

- Alleinbesitz,
- Teilbesitz (§ 865 BGB) und
- Mitbesitz (§ 866 BGB).

Der Alleinbesitzer übt seine Sachherrschaft unter Ausschluss anderer Personen aus.

Beispiel:

Der Eigentümer, der sein Haus allein bewohnt, ist Alleinbesitzer.

Der Teilbesitzer ist Alleinbesitzer eines Sachteils, § 865 BGB. Der Teilbesitz ist an wesentlichen Bestandteilen möglich, wenn er selbstständig ausgeübt werden kann.

Beispiel:
Der Wohnungsmieter in einem Mehrfamilienhaus ist im Hinblick auf die gemieteten Räume Teilbesitzer, hinsichtlich der von den anderen Bewohnern mitbenutzten Räume (z. B. Treppenhaus, Fahrradkeller) Mitbesitzer (s. unten).

Mitbesitz liegt vor, wenn mehrere Personen gemeinschaftlich die Herrschaftsgewalt über eine Sache ausüben, § 866 BGB. Mitbesitz ist als sog. schlichter Mitbesitz oder als sog. qualifizierter Mitbesitz möglich. Letzterer kann nur von allen Mitbesitzern gemeinschaftlich ausgeübt werden.

Beispiel:
In obigem Beispiel haben die Bewohner an dem gemeinsamen Treppenhaus und dem Fahrradkeller schlichten Mitbesitz. Haben mehrere Besitzer eines Schließfaches jeweils einen Schlüssel, so dass sie nur gemeinsam das Fach öffnen können, liegt qualifizierter Mitbesitz vor. Ehegatten haben im Hinblick auf die gemeinsame eheliche Wohnung schlichten Mitbesitz i. S. v. § 866 BGB.

Weiter ist zwischen

- Eigenbesitz (§ 872 BGB) und
- Fremdbesitz

zu unterscheiden. Der Eigenbesitzer besitzt eine Sache als ihm gehörend (§ 872 BGB), auch wenn er nicht Eigentümer ist.

Beispiel:
Eigenbesitzer ist der Dieb und natürlich der Eigentümer, der seine eigene Sache im Besitz hat.

Der Fremdbesitzer besitzt für einen Anderen. Dieser Begriff kommt so im Gesetz nicht vor. Er ergibt sich im Umkehrschluss aus § 872 BGB. Er besitzt dergestalt, dass er einen Anderen als übergeordneten Besitzer anerkennt, sich einem Anderen rechtlich verantwortlich fühlt, die Sache daher rechtlich nicht als eigene, sondern als fremde behandelt.

Beispiel:
Mieter einer Wohnung, Pächter eines Gartens, Entleiher eines Fahrrads.

2.4.2 Besitzdiener

Der sog. Besitzdiener, der die tatsächliche Gewalt über eine Sache für einen anderen in dessen Haushalt, Erwerbsgeschäft oder einem ähnlichen sozialen Abhängigkeitsverhältnis ausübt, aufgrund dessen er im Hinblick auf die Sache weisungsgebunden ist, ist nicht Besitzer (§ 855 BGB). Der Besitzherr ist unmittelbarer Besitzer, obwohl nicht er selbst, sondern sein Besitzdiener die tatsächliche Herrschaftsgewalt ausübt. Die Besitzdienerschaft ist durch die Weisungsgebundenheit in einem sozialen Abhängigkeitsverhältnis gekennzeichnet.

Beispiel:
Besitzdiener sind Arbeiter, Angestellte, Beamte im Hinblick auf ihr Arbeitsgerät oder andere Sachen, die dem Dienstherrn gehören. Besitzdiener sind insbesondere alle Angestellten von Unternehmen im Hinblick auf die Waren.

Der Geschäftsinhaber F gibt seinem Angestellten M auf eine Geschäftsreise einen Musterkoffer mit Brillenfassungen und außerdem zur privaten Lektüre einen Roman zum Lesen mit. M hat die Sachherrschaft über den Koffer im Rahmen des sozialen Abhängigkeitsverhältnisses (Arbeitsvertrag) erlangt. Insoweit ist M Besitzdiener. Den Roman hat er dagegen durch eine Leihe (§§ 598 ff. BGB), also aufgrund einer Gleichordnung erhalten. M ist selbst unmittelbarer Besitzer des Romans, F mittelbarer Besitzer.

Erwirbt oder verliert der Besitzdiener die Sache, so erwirbt oder verliert unmittelbar der Besitzherr.

Beispiel:
Ein Bürgermeister schickt die Angestellte F ins Schreibwarengeschäft, damit sie dort Kopierpapier für die Gemeinde kauft. Mit der Aushändigung des Kopierpapiers durch die Verkäuferin an F wird die Gemeinde unmittelbarer Besitzer. Der Bürgermeister wird genauso wenig wie F Besitzer. Er ist zwar kein Besitzdiener wie F, jedoch wird die von einem Organ der Gemeinde ausgeübte Sachherrschaft unmittelbar der Gemeinde zugerechnet. Dies gilt bei allen juristischen Personen.

2.5 Besitzschutz

Im Interesse des Rechtsfriedens darf dem Besitzer die Sache nicht gegen oder ohne seinen Willen entzogen werden. Dies unabhängig davon, ob der Besitzer zum Besitz berechtigt ist oder nicht. Es soll grds. kein Faustrecht herrschen. Es wird daher in den §§ 854 ff. BGB der Besitz ohne Rücksicht auf ein Recht zum Besitz geschützt. Die gemeinsame Voraussetzung für alle Arten von Besitzschutz ist die Ausübung verbotener Eigenmacht, d. h. Entziehung oder Störung des Besitzes ohne Willen des Besitzers (§ 858 BGB). Sie erfordert menschliches Handeln, setzt kein Verschulden voraus und kann daher auch von Kindern und psychisch Kranken verübt werden.

2.5.1 Das Selbsthilferecht

Wird dem Besitzer der Besitz durch verbotene Eigenmacht (§ 858 BGB) entzogen, hat der Besitzer ein Selbsthilferecht.

Solange die verbotene Eigenmacht nicht abgeschlossen ist und noch nicht zum Verlust des Besitzes geführt hat, darf sich der Besitzer der verbotenen Eigenmacht mit Gewalt erwehren (§ 859 Abs. 1 BGB sog. Besitzwehr).

Bei beweglichen Sachen kann der Besitzer nach vollendeter Besitzentziehung dem Täter die Sache wieder abnehmen, wenn er ihn auf frischer Tat ertappt oder verfolgt (§ 859 Abs. 2 BGB sog. Besitzkehr). Das Verfolgen muss jedoch unmittelbar nach der Tat geschehen.

Besitzkehr bei Entzug eines Grundstücks (z. B. Hausbesetzung) verlangt ebenfalls sofortiges Handeln des Betroffenen, § 859 Abs. 3 BGB. „Sofort" ist rein zeitlich zu sehen, so dass jemandem, der erst nach geraumer Zeit von der verbotenen Eigenmacht erfährt, das Recht zur Wiederbemächtigung fehlt.

Beispiel:
Der Besitzer darf notfalls unter Einsatz von Gewalt den Fahrraddieb daran hindern, aufzusteigen und mit seinem Fahrrad davonzufahren. Gleichermaßen darf er hinter ihm herlaufen und ihm das Rad mit Gewalt abnehmen.

S hat ein Zimmer gemietet. Bisher ist er an Wochenenden heimgefahren. Der Vermieter nutzt das aus und vermietet das Zimmer am Wochenende an den X. Als S an einem Wochenende, weil er den Zug verpasst, zurückkehrt, findet er X in seinem Zimmer vor. Er wird hier aber nicht mit Gewalt gegen den X vorgehen können, weil er nicht mehr sofort nach der Entziehung des Besitzes seines Zimmers handeln konnte.

Nach § 860 BGB ist der Besitzdiener befugt, das Selbsthilferecht des Besitzers für diesen zu dessen Schutz auszuüben.

2.5.2 Besitzschutzansprüche

Die Besitzschutzansprüche, §§ 861 ff. BGB, sind auf die Wiederherstellung des Zustandes gerichtet, der aufgrund verbotener Eigenmacht gestört worden ist. § 861 BGB ist auf Herausgabe, § 862 BGB auf Unterlassung und Beseitigung der Besitzstörung gerichtet.

Beispiel:
Der Mieter eines Hauses hat einen Unterlassungsanspruch aus § 862 Satz 2 BGB gegen die Personen, die unerlaubt Werbung in dessen Briefkasten werfen.

Diese Rechte sind durch Klage, bei Eilbedürftigkeit durch einstweilige Verfügung, durchzusetzen, wenn die zeitlichen Schranken für das Selbsthilferecht des Besitzers überschritten sind.

3. Das Eigentum

3.1 Begriff

Das Eigentum ist das umfassendste Herrschaftsrecht an einer beweglichen oder unbeweglichen Sache und berechtigt grds. zur alleinigen Nutzung der Sache und zur alleinigen Verfügung über sie. Nach § 903 Satz 1 BGB berechtigt es den Eigentümer, mit der Sache nach Belieben zu verfahren und andere von jeder Einwirkung auszuschließen.

Beispiel:
Der Eigentümer kann mit seiner Sache tun und lassen was er will. Er kann sie veräußern, belasten, zerstören, nutzen oder auch ungenutzt lassen in den Grenzen, die der Gesetzgeber gezogen hat (Sozialbindung, Art. 14 Abs. 2 GG). Der Eigentümer eines Tieres hat die besonderen Vorschriften zum Schutz der Tiere zu beachten, z. B. das TierschutzG.

Eigentum i. S. d. Bürgerlichen Rechts bezieht sich nur auf Sachen (§ 90 BGB) oder Tiere (§§ 90 a, 903 Satz 2 BGB), also körperliche Gegenstände. Da Eigentum nur an einer Sache bestehen kann, ist es juristisch nicht korrekt, vom Eigentum an einer Forderung oder eines sonstigen Rechts zu sprechen. Man spricht hier vom Inhaber einer Forderung oder eines sonstigen Rechts.

3.2 Arten

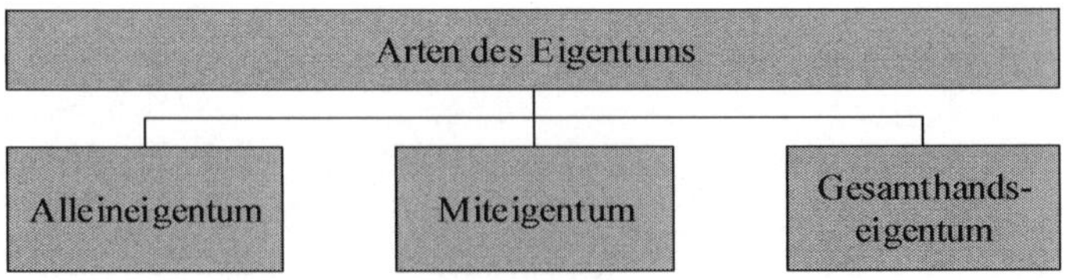

Beim Alleineigentum steht die Rechtsträgerschaft nur einer natürlichen oder juristischen Person zu. Der Gesetzgeber geht als Regelfall vom Alleineigentum aus.

Das Miteigentum nach Bruchteilen ist in den §§ 1008 bis 1011 BGB geregelt. Das Miteigentum nach Bruchteilen steht mindestens zwei, wenn nicht mehr Personen als bestimmter fester Anteil an der Sache zu. Dieser Anteil ist real nicht sichtbar und wird daher ideeller Anteil genannt. Miteigentum kennt keine Realteilung des Eigentums.

Beispiel:
Das Ehepaar Huber erwirbt gemeinsam ein Hausgrundstück. Beide lassen sich als Miteigentümer je zur Hälfte in das Grundbuch eintragen. Dieses Miteigentum ist nicht so zu verstehen, dass Frau Huber beispielsweise die linke und Herrn Huber die rechte Seite des Grundstücks gehört oder Frau Huber das Erdgeschoss und Herrn Huber der 1. Stock. Vielmehr sind beide Miteigentümer am ganzen Grundstück mit Haus.

Der Miteigentumsanteil ist Eigentum, über den jeder Miteigentümer frei verfügen kann. Jeder Miteigentümer kann seinen Anteil veräußern und belasten. Dies geschieht in der für das Alleineigentum vorgesehenen Form. Sofern sich aus den §§ 1008 bis 1011 BGB keine Sonderregelungen ergeben, finden die §§ 741 ff. BGB entsprechende Anwendung.

Das Gesamthandseigentum besteht an Sachen, die zum Vermögen einer Gesamthandsgemeinschaft gehören.

Beispiel:
Die Erbengemeinschaft ist Gesamthandsgemeinschaft.

Wegen der gesamthänderischen Bindung des Vermögens kann der einzelne Gesamthänder (Erbe) über seinen Anteil an der einzelnen Sache nicht verfügen. Dies ergibt sich bei der Erbengemeinschaft aus § 2033 Abs. 2 BGB. Gesamthandseigentum entsteht bei der Erbengemeinschaft kraft Gesetzes, § 2032 Abs. 1 BGB.

Außerhalb des BGB gibt es noch das Wohnungs- und Teileigentum.

Das **Wohnungseigentum** ist das Sondereigentum an einer Wohnung in Verbindung mit dem Miteigentumsanteil an dem gemeinschaftlichen Eigentum, zu dem das Sondereigentum gehört, § 1 Abs. 2 WEG. Es gibt also ein Nebeneinander von Sondereigentum und gemeinschaftlichem Eigentum. An nicht zu Wohnzwecken dienenden Räumen kann Teileigentum (§ 1 Abs. 3 WEG) begründet werden. Wegen § 1 Abs. 6 WEG gelten die Vorschriften über das Wohnungseigentum entsprechend.

Die Wohnungsnot nach dem Zweiten Weltkrieg veranlasste den Gesetzgeber, von der Konzeption des BGB durch das Wohnungseigentumsgesetz (WEG) vom 15. März 1951 abzugehen und Eigentum an Wohnungen zuzulassen. Nach den §§ 93, 94 BGB gibt es kein Eigentum an einer einzelnen Wohnung oder an einem Gebäude eines Grundstücks. Wohnung und Gebäude sind nicht sonderrechtsfähig und folgen dem Eigentum am Grundstück. Dieser Grundsatz wird durch das WEG (vgl. § 3 Abs. 1 WEG) durchbrochen. Mit dem WEG sollte der Wohnungsbau gefördert werden. Diejenigen, die sich ein eigenes Haus nicht hätten leisten können, konnten nun Wohnungseigentümer werden.

Gemeinschaftliches Eigentum sind nach § 1 Abs. 5 WEG das Grundstück sowie die Teile, Anlagen und Einrichtungen des Gebäudes, die nicht im Sondereigentum oder im Eigentum eines Dritten stehen.

Beispiel:
das Treppenhaus, der Trockenboden, die Waschküche, der Garten, die Außenanlagen, die Balkone (nicht aber der Balkonraum), Leitungen sowie die äußere Gestaltung des Hauses zur Wahrung eines ästhetischen äußeren Erscheinungsbildes

3.3 Erwerb des Eigentums

3.3.1 Erwerb des Eigentums an beweglichen Sachen

3.3.1.1 Eigentumserwerb durch Rechtsgeschäft

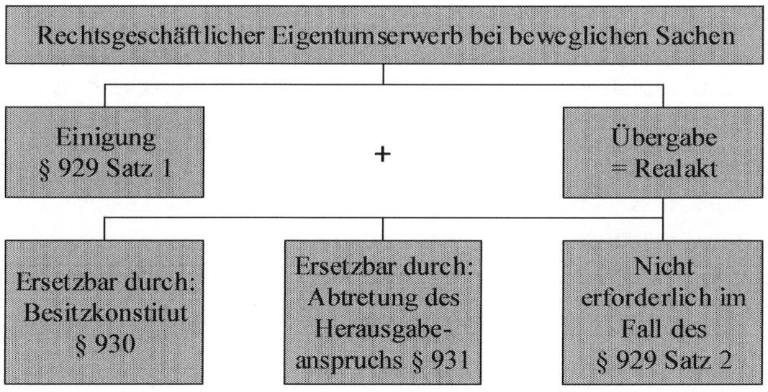

Nach § 929 Satz 1 BGB geht Eigentum durch Einigung und Übergabe über. Die Einigung ist Teil eines sachenrechtlichen Vertrages, in dem sich Veräußerer und Erwerber einig sind, dass das Eigentum an der Sache übergehen soll. Als zweites den Eigentumsübergang begründendes Element muss der Besitzwechsel hinzutreten. Dies ist die Übergabe der Sache, die kein Rechtsakt, sondern ein Realakt ist, § 854 Abs. 1 BGB.

Hat der Erwerber bereits unmittelbaren oder mittelbaren Besitz, so genügt nach § 929 Satz 2 BGB aus Vereinfachungsgründen die bloße Einigung über den Übergang des Eigentums.

Beispiel:
B hat vom Händler A einen Rooter gemietet. Später kauft B das Gerät. Hier reicht zur Eigentumsübertragung die Einigung über den Eigentumsübergang aus, § 929 Satz 2 BGB. Es wäre umständlich, wollte man hier verlangen, dass B zunächst das Gerät zu A zurückbringen müsste, nur damit eine Übergabe erfolgen kann.

Die Übergabe – aber nur diese – kann bei einer Übereignung nach §§ 929, 930 BGB durch ein sog. Besitzkonstitut ersetzt werden. Auch hier müssen sich beide Parteien zunächst durch Abgabe entsprechender Willenserklärungen über den Eigentumsübergang einigen. Die Übergabe ersetzen sie dadurch, dass sie ein Rechtsverhältnis vereinbaren, vermöge dessen der Erwerber den mittelbaren Besitz erlangt. Dies ist das Besitzmittlungsverhältnis (= Besitzkonstitut) nach § 868 BGB.

Der Veräußerer bleibt unmittelbarer Besitzer, der Erwerber wird mittelbarer Besitzer. Dieser Besitzerwerb genügt, um den Eigentumsübergang nach § 930 BGB sicherzustellen.

§ 930 BGB hat im Wirtschaftsleben Bedeutung für die Sicherung von Kreditgeschäften. Die Vorschrift ermöglicht es, Eigentum zur Sicherheit zugunsten eines Kreditgebers zu verschaffen (sog. Sicherungseigentum).

Beispiel:
S will ein Auto erwerben. Er braucht einen Kredit von 10 000 Euro, den ihm seine Bank auch geben will. Zur Sicherheit lässt sich die Bank das Eigentum am Pkw nach § 930 BGB übertragen, indem S als unmittelbarer Besitzer für die Bank besitzt. Auf diesem Wege hat S die Möglichkeit, das Auto zu benutzen, gleichzeitig dient es aber der Bank als Sicherheit.

Diese Form Sicherheit zu leisten hat sich deswegen entwickelt, weil das im BGB geregelte Pfandrecht den Anforderungen moderner Sicherungsmittel nicht genügt. Nach § 1205 Abs. 1 BGB müsste der Verpfänder den unmittelbaren Besitz an der Pfandsache aufgeben und der Pfandgläubiger Besitzer werden (s. Dritter Teil, 3.5.1).

Beispiel:
Die Bank hat in obigem Beispiel kein Interesse, unmittelbarer Besitzer zu werden. Der S möchte von Anfang an mit dem Auto fahren. Alle Interessen kann nur die Sicherungsübereignung nach §§ 929, 930 BGB erfüllen.

Die Übergabe kann bei einer Übereignung nach §§ 929, 931 BGB durch Abtretung des Herausgabeanspruchs ersetzt werden. Diese Form der Übereignung bietet sich an, wenn die Sache sich weder beim Veräußerer noch beim Erwerber befindet. Hier ist der Eigentumserwerb durch Abtreten des Herausgabeanspruchs gegen den Dritten, der die Sache besitzt, zu erreichen. Eine wirksame Einigung, mithin übereinstimmende Willenserklärungen über den Eigentumsübergang, ist aber auch hier erforderlich.

Beispiel:
F hat sein Auto an M vermietet. G kauft es dem F ab. Hier kann der F seiner Verpflichtung zur Eigentumsverschaffung dergestalt nachkommen, indem er sich mit dem G nach §§ 929, 931 BGB über den Eigentumsübergang einigt und ihm, statt das Auto zu übergeben, seinen Herausgabeanspruch gegen den M aus § 546 Abs. 1 BGB abtritt.

Aus § 929 Satz 1 BGB ergibt sich grundsätzlich, dass man nur vom Eigentümer oder von einer Person, die mit seiner Einwilligung (§ 185 BGB) handelt, erwerben kann. Denn nur der Rechtsinhaber hat die rechtliche Herrschaftsgewalt über eine Sache. Dieser Grundsatz wird im Interesse der Sicherheit des Rechtsverkehrs dort durchbrochen, wo die Erwartung eines gutgläubigen Dritten Vorrang vor dem Schutz des wahren Eigentümers hat. § 932 Abs. 1 BGB eröffnet die Möglichkeit eines Erwerbs vom Nichtberechtigten.

Beispiel:
S mietet beim Fahrradhändler H ein Fahrrad. Da er sich in finanziellen Schwierigkeiten befindet, verkauft der S das Fahrrad für 300 Euro an B und übereignet es diesem nach § 929 Satz 1 BGB. B weiß von der wahren Rechtslage nichts und darf wegen § 1006 BGB auch annehmen, dass der S auch Eigentümer ist. B wird nach §§ 929 Satz 1, 932 BGB Eigentümer.

Der Interessenkonflikt zwischen dem Schutz des Eigentümers und dem Vertrauen des Erwerbers wird durch § 932 BGB gelöst. Die Voraussetzungen des gutgläubigen Erwerbs nach § 932 BGB sind im Einzelnen folgende:

§ 932 BGB bezieht sich auf den Erwerbstatbestand nach § 929 BGB. Die Anwendung der Vorschrift setzt voraus, dass ein nicht berechtigter Nichteigentümer, der auch nicht vom Eigentümer zur Übereignung ermächtigt wurde, die Veräußerung, also die Einigung und Übergabe der Sache, vornimmt.

Weitere Erwerbsvoraussetzung ist der gute Glaube des Erwerbers, der nicht vorliegt, wenn der Erwerber weiß oder infolge grober Fahrlässigkeit nicht weiß, dass die Sache nicht dem Veräußerer gehört, § 932 Abs. 2 BGB. In grob fahrlässiger Unkenntnis handelt, wenn der Erwerber die im Verkehr erforderliche Sorgfalt in ungewöhnlich hohem Maße verletzt und unbeachtet lässt, was einem jeden hätte einleuchten müssen.

Es muss im Einzelnen geprüft werden, ob der Erwerber die Sorgfaltspflichten gröblich vernachlässigt hat.

Beispiel:
War in obigem Beispiel an dem Mietfahrrad ein deutlicher Hinweis auf den Vermieter angebracht, scheidet ein Erwerb nach § 932 BGB mangels Gutgläubigkeit aus.

Verdachtsmomente gegen eine Berechtigung des Veräußerers drängen sich beim Verkauf neuwertiger Ware zu Schleuderpreisen oder wenn ein Kraftfahrzeug von einem Nichtberechtigten ohne Brief (Zulassungsbescheinigung II) veräußert wird, auf.

Ein gutgläubiger Erwerb ist auch im Hinblick auf die anderen Veräußerungstatbestände möglich. § 933 BGB regelt den gut- gläubigen Erwerb nach § 930 BGB und § 934 BGB ergänzt die Regel beim Erwerb nach § 931 BGB.

Bei der Prüfung, ob ein gutgläubiger Erwerb letztendlich vorliegt, ist am Schluss immer der den gutgläubigen Erwerb ausschließende § 935 BGB zu prüfen. Sachen, die dem Eigentümer gestohlen wurden, verloren gegangen oder sonst abhandengekommen sind, können niemals gutgläubig erworben werden. Alle drei Tatbestände haben gemeinsam, dass der unmittelbare Besitz unfreiwillig vom Berechtigten verloren wurde. Nach dem Willen des Gesetzgebers ist hier für einen gutgläubigen Erwerb kein Raum.

Beispiel:
Hat der S das Fahrrad vom Fahrradhändler gestohlen, ist ein Eigentumserwerb wegen § 935 BGB nicht möglich. Der B kann dabei noch so gutgläubig sein.

Bei Geld oder anderen Inhaberpapieren sowie bei Sachen, die im Wege öffentlicher Versteigerung veräußert werden, ist ein gutgläubiger Erwerb wegen § 935 Abs. 2 BGB ohne Einschränkung möglich.

Liegt ein gutgläubiger Erwerb vor, wird das Eigentum ohne Vorbehalt erworben. Gegen den gutgläubigen Erwerber bestehen grundsätzlich weder Herausgabe- noch Ersatzansprüche.

Eine Ausnahme hiervon besteht, wenn der Gutgläubige eine Sache unentgeltlich erworben hat. Dann ist seine Position nicht schützenswert. Er ist nach § 816 Abs. 1 Satz 2 BGB zur Rückübereignung verpflichtet.

Beispiel:
A verleiht ein Buch an C. Dieser verschenkt es an D. A kann das Buch nach § 816 Abs. 1 Satz 2 BGB von D wieder heraus verlangen, also eine Rückübereignung nach § 929 Satz 1 BGB fordern.

Der bisherige Eigentümer verliert zwar sein Eigentum an den Gutgläubigen, erwirbt aber gegen den nicht berechtigten Veräußerer Ersatzansprüche. Einmal kann er nach § 816 Abs. 1 Satz 1 BGB das durch die Verfügung Erlangte, den Erlös, heraus verlangen.

Beispiel:
G verkauft Bilder unter Eigentumsvorbehalt. F hat ein Bild für einen Kaufpreis von 2 000 Euro erworben. Ohne den Kaufpreis an G zu entrichten, verkauft und übereignet er das Bild an den gutgläubigen Sammler L für 2 200 Euro. Diese 2 200 Euro kann der G von F verlangen, § 816 Abs. 1 Satz 1 BGB.

Daneben bestehen Ansprüche wegen Schadensersatz aus unerlaubter Handlung, §§ 823 Abs. 1 und 2, 826 BGB.

3.3.1.2 Eigentumserwerb kraft Gesetzes

3.3.1.2.1 Aneignung

Nach § 958 Abs. 1 BGB kann sich jedermann herrenlose bewegliche Sachen durch Inbesitznahme aneignen. Eine Sache ist herrenlos, wenn das Eigentum an ihr noch nie bestanden hatte, aufgegeben wurde oder sonst erloschen ist (vgl. auch § 959 BGB). Der Eigentumsverlust verlangt den Verzichtswillen.

Beispiel:
H lässt seine Zeitung in der S-Bahn liegen. A nimmt sie an sich.

Es ist allerdings zu beachten, dass das Eigentum dann nicht erworben wird, wenn die Aneignung gesetzlich verboten ist oder wenn fremde Aneignungsrechte eines anderen verletzt werden, § 958 Abs. 2 BGB.

Beispiel:
Die Aneignung ist nach § 39 Abs. 2 Bundesnaturschutzgesetz (BNatSchG) verboten; nach §§ 1 Abs. 1 Satz 1, 2 Bundesjagdgesetz (BJagdG) hat der Fiskus des jeweiligen Landes die ausschließliche Befugnis, sich auf einem bestimmten Gebiet wildlebende Tiere, die dem Jagdrecht unterliegen, anzueignen.

Da die Inbesitznahme kein Rechtsgeschäft ist, können sich auch Geschäftsunfähige herrenlose Sachen aneignen.

3.3.1.2.2 Fund

Eine verlorene Sache ist zwar besitzlos, aber nicht herrenlos. Daher kann man sie sich nicht aneignen. Zwischen dem Verlierer und Finder entsteht durch den Fund ein gesetzliches Schuldverhältnis, §§ 965 ff. BGB. Der Finder unterliegt Anzeige- und Verwahrungspflichten.

Beispiel:
B findet einen Zehneuroschein. B muss den Fund des Geldscheins zwar nicht bei der zuständigen Behörde anzeigen (§ 965 Abs. 2 Satz 2 BGB). Er muss das Geld allerdings nach § 966 Abs. 1 BGB verwahren. Mit dem Fund beginnt eine sechsmonatige Wartefrist (§ 973 Abs. 2 Satz 1 BGB). Meldet sich innerhalb dieser Frist der Empfangsberechtigte nicht, wird B nach Ablauf der sechs Monate kraft Gesetzes Eigentümerin des Zehneuroscheins, § 973 BGB.

3.3.1.2.3 Verbindung, Vermischung, Verarbeitung

In den §§ 946 bis 952 BGB wird der Interessenkonflikt zwischen den ursprünglichen Eigentümern gelöst, wenn Sachen miteinander verbunden und vermischt werden. Weiterhin der Fall, dass durch Verarbeitung neue Sachen hergestellt werden.

Beispiel:
H baut im Haus des A eine Heizungsanlage ein. Diese wird nach §§ 93, 94 BGB wesentlicher Bestandteil des Grundstückes. A wird nach § 946 BGB kraft Gesetzes Eigentümer der Heizungsanlage, selbst wenn der H sich das Eigentum vorbehalten hat.

Ein Dieb vermengt gestohlene 100 Euro mit seinen Geldscheinen; ein Benzindieb vermischt den Tankinhalt seines Pkw mit dem abgezapften Benzin. In beiden Fällen werden die Diebe Eigentümer nach §§ 947 Abs. 2, 948 BGB.

Die B stiehlt im Kaufhaus Wolle. Daraus strickt sie zu Hause einen Pullover. Sie wird Eigentümerin des Pullovers nach § 950 Abs. 1 Satz 1 BGB.

In allen vorgenannten Fällen hat die Person, die einen Eigentumsverlust erleidet, Ausgleichsansprüche nach § 951 BGB.

3.3.1.2.4 Ersitzung

Der Eigentumserwerb einer beweglichen Sache durch Ersitzung nach §§ 937 ff. BGB setzt einen zehnjährigen Eigenbesitz (§ 872 BGB) und Gutgläubigkeit des Besitzers voraus. Ein Dieb kann deshalb im Wege der Ersitzung niemals Eigentum erwerben.

3.3.2 Erwerb und Verlust des Eigentums an Grundstücken

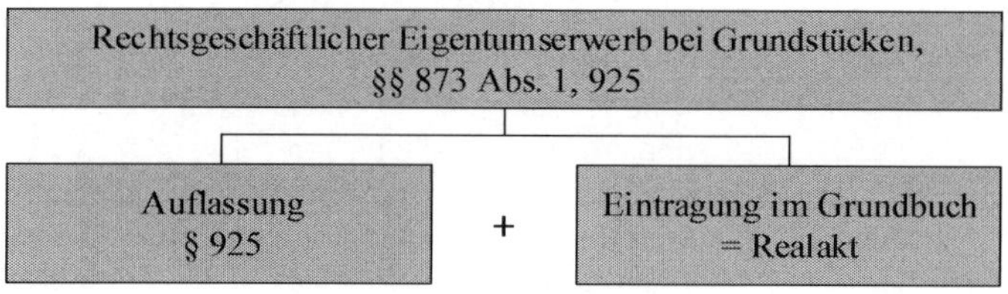

Das Eigentum an Grundstücken wird durch Einigung und Eintragung in das Grundbuch erworben, §§ 873, 925 BGB.

Die Einigung, bei Grundstücken Auflassung genannt, ist formbedürftig, § 925 BGB. Sie ist bei gleichzeitiger Anwesenheit beider Teile vor dem Notar zu erklären, der den Vorgang beurkundet. Beide Teile können sich allerdings vertreten lassen.

Wegen des Publizitätsgrundsatzes hat der Gesetzgeber zur Kenntlichmachung des Erwerbsvorganges die Eintragung ins Grundbuch vorgesehen. Als staatliches Register gibt es Auskünfte über die Rechtsverhältnisse an Grundstücken. Das Grundbuch genießt öffentlichen Glauben, der einem gutgläubigen Erwerber zugutekommt, §§ 891, 892 BGB. Der gute Glaube des Grundbuchs kann durch Eintragung eines Widerspruchs, sonst nur durch positive Kenntnis des Erwerbers zerstört werden.

Der öffentliche Glaube und der Grundbuchzwang, dass Begründung und Änderung dinglicher Rechte der Eintragung ins Grundbuch bedürfen (§ 873 BGB), begründen den Wert des Grundbuchsystems. Das Amtsgericht als Grundbuchamt führt das Grundbuch als öffentliches Register. Grundsätzlich erhält jedes Grundstück ein Grundbuchblatt, das außer Angaben über das Grundstück in Abteilung I über die Eigentumsverhältnisse, in Abteilung II über Lasten und Beschränkungen und in Abteilung III über Grundpfandrechte Angaben enthält. Einsichtsrecht hat jeder, der ein berechtigtes Interesse nachweist. Die Grundbuchordnung (GBO) sichert die formell-rechtliche Führung des Grundbuchs.

Zugunsten eines Erwerbers kann in das Grundbuch eine Auflassungsvormerkung eingetragen werden, die den schuldrechtlichen Anspruch (z. B. aus einem Kaufvertrag) auf Einräumung des Eigentums sichert (§ 883 BGB). Die Vormerkung bewirkt wegen § 883 Abs. 2 BGB, dass nach ihrer Eintragung weitere vom Veräußerer getroffene Verfügungen gegenüber einem dritten Erwerber unwirksam sind. Meist wird an die Eintragung der Auflassungsvormerkung die Kaufpreisfälligkeit geknüpft. Nach vollständiger Bezahlung wird dann die Eintragung des Erwerbers als Eigentümer vorgenommen.

3.4 Ansprüche aus dem Eigentum

3.4.1 Der Herausgabeanspruch nach § 985 BGB

Der Eigentümer kann von dem ihm gegenüber nicht zum Besitz berechtigten Besitzer die Herausgabe der Sache verlangen, § 985 BGB. Der Besitzer kann die Herausgabe jedoch verweigern, wenn er dem Eigentümer gegenüber ein Recht zum Besitz hat, § 986 Abs. 1 Satz 1 BGB. Diese sog. Gegenrechte können sich aus schuldrechtlichen Beziehungen zum Eigentümer und aus dinglichen Rechten ergeben.

Beispiel:
A hat dem B ein Buch geliehen. Während der vereinbarten Zeit der Leihe kann B dem Herausgabeanspruch des A aus § 985 BGB entgegenhalten, er sei wegen des wirksamen Leihvertrags zum Besitz berechtigt (§§ 986, 598 ff. BGB). Ist aber die Leihfrist abgelaufen, so hat der A neben seinem Rückgabeanspruch aus Leihe (§ 604 BGB) auch den gesetzlichen Anspruch aus § 985 BGB.

3.4.2 Sonstige Ansprüche aus dem Verhältnis zwischen Eigentümer und Besitzer nach §§ 987 ff. BGB

Der Anspruch auf Herausgabe befriedigt u. U. nicht alle Interessen zwischen Eigentümer und Besitzer. Im sog. Eigentümer-Besitzer-Verhältnis (§§ 987 ff. BGB) können weitere Ansprüche entstehen. Das Eigentümer-Besitzer-Verhältnis ist dadurch gekennzeichnet, dass der Eigentümer einen Herausgabeanspruch aus § 985 BGB hat und dem Besitzer kein Recht zum Besitz aus § 986 BGB zur Seite steht. Die Rechtsfolgen richten sich u. a. danach, ob der Besitzer bei Erwerb des Besitzes gut- oder bösgläubig war. Es gilt der Grundsatz, dass der gutgläubige unrechtmäßige Besitzer keinen Schadensersatz leisten muss, § 993 Abs. 1 HS 2 BGB. Die §§ 823 ff. BGB sind nicht anzuwenden. Ebenso wenig muss er gezogene Nutzungen herausgeben, § 993 Abs. 1 HS 2 BGB.

Beispiel:
Der gutgläubige K erwirbt einen gestohlenen Pkw. Wegen des Diebstahls kann K trotz aller Gutgläubigkeit nicht Eigentümer werden (§ 935 Abs. 1 Satz 1 BGB). K hat mit dem Fahrzeug einen Unfall verursacht, bei dem es beschädigt wurde. Zudem hat er den Pkw für 500 Euro vermietet. Eigentümer E verlangt nicht nur den Pkw heraus, sondern will von K auch Schadensersatz sowie die durch die Vermietung erzielten 500 Euro. K muss zwar den Pkw nach § 985 BGB herausgeben, aber keinen Schadensersatz leisten. Die Nutzungen (500 Euro) darf er behalten.

Der Besitzer kann die Herausgabe verweigern, bis er wegen der ihm zu ersetzenden Verwendungen befriedigt wird, § 1000 Satz 1 BGB. Es handelt sich hier um ein Gegenrecht des Besitzers. Notwendige und eingeschränkt nützliche Verwendungen kann er ersetzt verlangen, §§ 994 bis 996 BGB. Verwendungen sind Aufwendungen, die der Sache zugutekommen. Sie müssen ihrer Wiederherstellung, Erhaltung oder Verbesserung dienen. Notwendig i. S. d. § 994 Abs. 1 Satz 1 BGB ist eine Verwendung, die zur Erhaltung und ordnungsgemäßen Bewirtschaftung der Sache erforderlich ist. Vereinfacht dargestellt handelt es sich um Maßnahmen, die ansonsten der Eigentümer hätte veranlassen müssen. Auch die gewöhnlichen Erhaltungskosten (§ 994 Abs. 1 Satz 2 BGB) sind notwendige Verwendungen. Sie kehren allerdings regelmäßig wieder, um die Sache in ihrem Bestand zu erhalten und sind für die Zeit der Nutzung nicht zu ersetzen. Nützlich ist eine Verwendung, wenn sie, ohne für die Erhaltung der Sache notwendig zu sein, ihren Wert objektiv erhöht (vgl. § 996 BGB).

Beispiel:
K verweigert im obigen Beispiel die Herausgabe, da er einen Austauschmotor für 2 000 Euro einbauen musste und 300 Euro für eine fällige Inspektion bezahlte. Außerdem ließ er den Pkw für 1 000 Euro neu lackieren, was auch zu einer entsprechenden Wertsteigerung führte. K kann die Herausgabe bis zur Erstattung der Kosten für Austauschmotor (notwendige Verwendung) und Lackierung (nützliche Verwendung) verweigern. Die 300 Euro für die Inspektion bekommt er nicht ersetzt, da es sich um gewöhnliche Erhaltungskosten handelt.

Anders verhält es sich mit dem bösgläubigen unrechtmäßigen Besitzer (§ 990 BGB) und dem deliktischen Besitzer (§ 992). Auch der vom Eigentümer auf Herausgabe verklagte Besitzer wird ab Klagezustellung wie ein bösgläubiger Besitzer behandelt (§ 989 BGB).

Diese haften verschärft und müssen nach § 987 BGB gezogene Nutzungen herausgeben sowie Schadensersatz für verschuldete Beschädigungen der Sache leisten (§§ 989, 990 BGB).

Beispiel:
Weiß K im Ausgangsfall von Anfang an, dass er nicht zum Besitz berechtigt ist, muss er Schadensersatz leisten und darf auch die durch die Vermietung erzielten 500 Euro nicht behalten.

Ein Zurückbehaltungsrecht nach § 1000 BGB steht dem bösgläubigen Besitzer nur eingeschränkt zu. Notwendige Verwendungen erhält er nur nach § 994 Abs. 2 BGB ersetzt, nützliche Verwendungen überhaupt nicht, § 996 BGB.

3.4.3 Ansprüche auf Unterlassung und Beseitigung

Eine wichtige Schutzvorschrift zu Gunsten des Eigentums ist § 1004 BGB. Diese Vorschrift ergänzt § 985 BGB, der gegen die Entziehung des Besitzes schützt, in Hinblick auf sonstige Beeinträchtigungen.

Beispiel:
Ein Nachbar kippt Müll auf ein fremdes Grundstück; er spielt nachts um 3 Uhr an der Grundstücksgrenze laut Musik; er entfacht ein Feuer; dabei weht starker Rauch auf das Nachbargrundstück. Ein Grundstück wird ständig ohne Willen des Eigentümers auf einem Trampelpfad betreten; Rundfunk- und Internetempfang werden vom Nachbar gestört. Jemand wirft Werbematerial in den Hausbriefkasten des Eigentümers, obwohl ein Aufkleber „Werbung einwerfen verboten" angebracht ist.

Bei drohender Störung kann der Eigentümer Unterlassung, bei fortdauernder Störung Beseitigung verlangen. Ganz wesentlich ist, dass der Unterlassungs- und Beseitigungsanspruch nach § 1004 BGB verschuldensunabhängig ist. Zu prüfen ist allerdings, ob der Eigentümer ausnahmsweise nach § 1004 Abs. 2 BGB zur Duldung verpflichtet ist.

Die Rechte und Pflichten zwischen Grundstücksnachbarn sind zu einem Teil im BGB geregelt (vgl. §§ 906 ff. BGB). Daneben ist das jeweilige Landesprivatrecht zu beachten, in Sachsen das Sächsische Nachbarrechtsgesetz (GVBl. 1997 S. 582 ff.).

3.5 Pfandrechte, Grundpfandrechte und sonstige dingliche Rechte an Grundstücken

3.5.1 Pfandrecht an beweglichen Sachen

Eine bewegliche Sache kann zur Sicherung einer Forderung in der Weise belastet werden, dass der Gläubiger berechtigt ist, Befriedigung aus der Sache zu suchen, § 1204 Abs. 1 Satz 1 BGB. Das Pfandrecht ist ein Verwertungsrecht Der Gläubiger erhält eine Sicherheit für eine Forderung, falls der Schuldner nicht zahlt. Das Pfandrecht begründet deswegen nur eine Haftung der betroffenen Sache, aber keine persönliche Schuld. Man nennt diese Art der Kreditsicherung, mit dem Recht eine Sache zu verwerten, auch Realkredit. Bei der Bürgschaft (§§ 765 ff. BGB) handelt es sich dagegen um einen sog. Personalkredit, da der Gläubiger die Forderungsabsicherung durch eine Person erlangt.

Nach § 1273 Abs. 1 BGB kann auch ein Recht verpfändet werden.

3.5.1.1 Entstehung

Pfandrechte werden entweder durch Rechtsgeschäft bestellt oder entstehen kraft Gesetzes. Sie sind vom Bestand einer schuldrechtlichen Forderung abhängig. Ohne Forderung können keine Pfandrechte entstehen. Diese Abhängigkeit von Pfandrecht und Forderung nennt man Akzessorietät.

Bei der rechtsgeschäftlichen Bestellung muss der Eigentümer (= Verpfänder) die Sache dem Gläubiger übergeben, und beide müssen sich darüber einig sein, dass dem Gläubiger das Pfandrecht zustehen soll, § 1205 Abs. 1 Satz 1 BGB. Regelmäßig ist der Eigentümer auch der persönliche Schuldner der zu sichernden Forderung.

Beispiel:
A schuldet B 5 000 Euro. A übergibt B eine wertvolle Rolex. Beide sind sich auch einig, dass B ein Pfandrecht an der Rolex haben soll.

Zahlt der persönliche Schuldner nicht, darf der Gläubiger die Pfandsache nach Eintritt der Pfandreife (§§ 1228 ff. BGB) durch Verkauf (§§ 1233 ff. BGB) verwerten.

Beispiel:
Zahlt A oben die 5 000 Euro nicht, kann B die Rolex verkaufen. Erlöst er nur 3 000 Euro, so haftet ihm A für die weiteren 2 000 Euro mit seinem gesamten sonstigen Vermögen.

Eigentümer (= Verpfänder) und persönlicher Schuldner müssen nicht identisch sein.

Beispiel:
Der Vater des A überlässt B eine wertvolle Rolex als Pfand.

Hier läuft der Eigentümer zwar Gefahr, das Pfandobjekt zu verlieren, wenn der persönliche Schuldner nicht zahlt. Er haftet aber nicht mit seinem gesamten sonstigen Vermögen. Man nennt ihn den dinglichen Schuldner, weil er nur den Zugriff auf die verpfändete Sache schuldet.

Beispiel:
Zahlt A die 5 000 Euro nicht zurück, kann B die Rolex verkaufen. Der Vater des A ist die Uhr dann zwar los, die Restschuld von 2 000 Euro berührt ihn aber nicht.

Pfandrechte können auch kraft Gesetzes entstehen. Unter welchen Voraussetzungen dies geschieht, richtet sich nach Sondervorschriften, nicht nach §§ 1205 bis 1208 BGB.

Beispiel:
A mietet bei B eine Wohnung. Nach § 562 Abs. 1 Satz 1 BGB entsteht ein (gesetzliches) Pfandrecht des B an den in die Wohnräume eingebrachten Sachen des A (sog. Vermieterpfandrecht). C gibt sein Auto dem U, der eine freie Kfz-Werkstatt betreibt. U soll einen Motorschaden beheben. Nach § 647 BGB entsteht ein (gesetzliches) Pfandrecht des U am Auto des C (sog. Werkunternehmerpfandrecht).

Die Vorschriften über rechtsgeschäftliche Pfandrechte finden auf gesetzliche Pfandrechte entsprechende Anwendung (§ 1257 BGB).

Beispiel:
B und U können die vom Pfandrecht betroffenen Sachen zur Tilgung ihrer Forderungen verkaufen (§§ 1257, 1233 ff. BGB).

3.5.1.2 Erlöschen

Das Pfandrecht erlischt mit der Forderung, für die es besteht, § 1252 BGB.

Beispiel:
Zahlen A und C in obigen Beispielsfällen ihre Verbindlichkeiten, erlöschen kraft Gesetzes die jeweiligen Pfandrechte.

Wenn der Gläubiger das Pfand dem Eigentümer zurückgibt, erlischt das Pfandrecht ebenfalls, § 1253 BGB. Das Pfandrecht kann auch durch rechtsgeschäftliche Erklärung des Gläubigers gegenüber dem Eigentümer aufgegeben werden, § 1255 BGB.

3.5.2 Grundpfandrechte

Grundpfandrechte sind

- Hypothek, §§ 1113 bis 1190 BGB
- Grundschuld, §§ 1191 bis 1198 BGB und
- Rentenschuld, §§ 1199 bis 1203 BGB

Sie stellen Verwertungsrechte an Grundstücken dar. Es sind Rechte, die darauf gerichtet sind, dass der Eigentümer unter bestimmten Voraussetzungen die Zwangsvollstreckung in sein

Grundstück dulden muss. Daher sind sie dem Pfandrecht beweglicher Sachen vergleichbare Rechte.

3.5.2.1 Hypothek

Die Hypothek sichert eine Forderung gegen den Eigentümer des Grundstücks oder gegen einen Dritten. Die Hypothek ist vom Bestand der Forderung abhängig. Sie ist akzessorisch, § 1113 BGB. Die Abhängigkeit von zu sichernder Forderung und Hypothek erkennt man beispielsweise daran, dass, wenn die hypothekengesicherte Forderung nicht entsteht, die Hypothek dem Eigentümer zusteht, § 1163 BGB.

Für die Entstehung einer Hypothek bedarf es, da es sich um eine Grundstücksbelastung handelt, nach § 873 Abs. 1 Alt. 1 BGB der Einigung und Eintragung in das Grundbuch. Einzelheiten zur Eintragung in das Grundbuch sind in § 1115 BGB angegeben. Die Hypothek kann als Brief- oder Buchhypothek erteilt werden, § 1116 BGB.

Persönlicher Schuldner der gesicherten Forderung (z. B. Darlehen) und der aus der Hypothek dinglich haftende Eigentümer des (haftenden) Grundstücks müssen nicht dieselbe Person sein (vgl. §§ 1143, 1164 BGB).

Beispiel:
Die Eltern bestellen für ein Darlehen ihres Sohnes, der eine Arztpraxis erwirbt, als Sicherheit eine Hypothek an ihrem Grundstück.

3.5.2.2 Grundschuld

Die Grundschuld ist eine Belastung des Inhalts, dass eine Geldsumme aus dem Grundstück zu zahlen ist (§ 1191 BGB), wobei diese Zahlung nicht der Befriedigung einer Forderung dienen muss.

In aller Regel dient die Grundschuld aber, ähnlich der Hypothek, der Sicherung einer Forderung, bietet aber den Vorteil, dass sie ihrem dinglichen Inhalte nach nicht von der Forderung abhängig ist (nichtakzessorisch). Bei dieser sog. Sicherungsgrundschuld werden Forderung und Grundschuld durch einen schuldrechtlichen Sicherungsvertrag miteinander verknüpft.

Daher finden die Vorschriften der Hypothek auf die Grundschuld auch nur insoweit Anwendung, als sich nichts anderes daraus ergibt, dass die Grundschuld nicht eine Forderung voraussetzt (§ 1192 Abs. 1 BGB).

3.5.2.3 Rentenschuld

Die Rentenschuld ist eine Unterart der Grundschuld und von der persönlichen Forderung unabhängig (§ 1199 BGB).

Ihre Eigenart besteht darin, dass eine bestimmte Geldsumme in regelmäßig wiederkehrenden Terminen zu zahlen ist. Oft sichert die Rentenschuld eine Leibrente.

3.5.3 Sonstige dingliche Rechte an Grundstücken

3.5.3.1 Erbbaurecht

Das Erbbaurecht ist das Recht, auf oder unter einem fremden Grundstück ein Bauwerk zu haben, § 1 Abs. 1 ErbbauRG. Es ist veräußerlich und vererblich.

Die Bedeutung des Erbbaurechts besteht u. a. in der Erleichterung des Eigenheimbaus. Der Bauherr muss das Grundstück nicht erwerben und spart den Kaufpreis für das Grundstück. Er muss lediglich den Erbbauzins (§ 9 ErbbauRG) bezahlen. Das von ihm errichtete Bauwerk wird gleichwohl sein Eigentum.

Als beschränktes dingliches Recht an einem Grundstück wird es durch Einigung und Eintragung begründet. Es ist zugleich ein grundstücksgleiches Recht, das grundsätzlich wie ein Grundstück behandelt wird (§ 11 Abs. 1 ErbbauRG).

Beispiel:
Der Erbbauberechtigte hat genauso wie ein Eigentümer bei Beeinträchtigungen einen Unterlassungsanspruch gegen den Störer aus § 1004 Abs. 1 Satz 2 BGB.

Zum Inhalt des Erbbaurechts gehören auch die vertraglichen Vereinbarungen zwischen Eigentümer und Erbbauberechtigten. Diese Vereinbarungen erhalten über § 2 ErbbauRG dingliche Kraft, d. h. der jeweilige Eigentümer und der jeweilige Erbbauberechtigte werden durch sie gebunden. Meist wird u. a. eine Verpflichtung des Erbbauberechtigten, das Erbbaurecht beim Eintreten bestimmter Voraussetzungen auf den Grundstückseigentümer zu übertragen (sog. Heimfall), vereinbart. Dies ist nach § 2 Nr. 4 ErbbauRG möglich. Zum Heimfallanspruch führende Gründe können eine zweckwidrige Nutzung oder bei kirchlichen Grundstücken der Kirchenaustritt des Erbbauberechtigten sein.

Das Erbbaurecht endet durch Aufhebung (§ 26 ErbbauRG) oder durch Zeitablauf (§ 27 ErbbauRG).

3.5.3.2 Dienstbarkeiten

Dienstbarkeiten ist ein Oberbegriff und umfasst die Grunddienstbarkeiten (§§ 1018 ff. BGB), die beschränkten persönlichen Dienstbarkeiten (§§ 1090 ff. BGB), den Nießbrauch an Sachen und Rechten (§§ 1030 ff. BGB) und das Dauerwohnrecht (§§ 31 ff. WEG). Diese Dienstbarkeiten gewähren alle ein dingliches Nutzungsrecht, das aber seinem Umfang nach beschränkt ist.

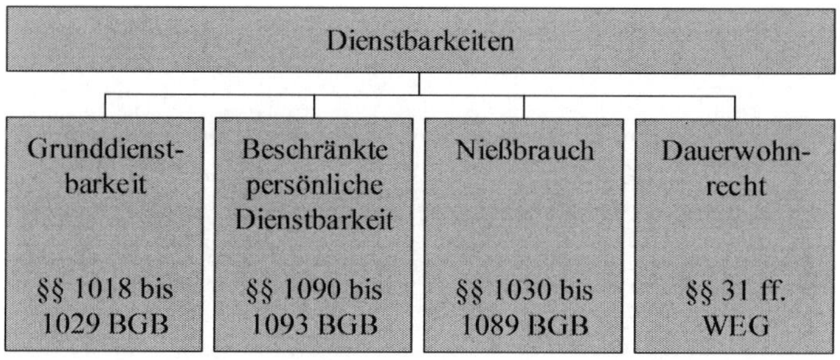

Grunddienstbarkeiten sind Grundstücksbelastungen, bei denen der jeweilige Eigentümer des herrschenden Grundstücks berechtigt ist, das dienende Grundstück in einer bestimmten Form zu nutzen (§ 1018 BGB). Dabei kann es sich um das Recht handeln, auf das fremde Grundstück einzuwirken

Beispiel:
Eigentümer (B) des dienenden Grundstücks (G1) muss dulden, dass Eigentümer (A) des herrschenden Grundstücks (G2) über G1 fährt.

oder gewisse Handlungen auf dem fremden Grundstück zu verbieten

Beispiel:
A hat das Recht, dem B zu verbieten, dass dieser auf G1 höher als 10m baut.

oder es kann zu Gunsten des herrschenden Grundstücks zulässig sein, ansonsten kraft Nachbarschaftsrechts ausgeschlossene Handlungen vorzunehmen.

Beispiel:
A hat das Recht, die Abgase seiner Wäscherei auf G1 zu leiten, was nach § 906 Abs. 3 BGB sonst unzulässig wäre.

Die Grunddienstbarkeit ist nie auf ein positives Tun des Eigentümers des dienenden Grundstücks gerichtet, sondern auf ein Dulden oder Unterlassen. Sie ist für den Berechtigten sicherer als ein bloßer schuldrechtlicher Anspruch.

Beispiel:
Die Grundstücke (G1, G2) der Eigentümer A und B liegen nebeneinander. Um ohne Umweg zu einer öffentlichen Straße zu gelangen, bittet A den B, ihm die Überfahrt über G1 zu gestatten. Es bestehen zwei Möglichkeiten, ein Überfahrtsrecht des A zu begründen: Schuldrechtlich, z. B. durch Abschluss eines Leihvertrages. Diesen kann B allerdings nach § 605 BGB kündigen. Zudem bindet er nur die Vertragspartner und nicht mögliche Rechtsnachfolger des B. Dinglich durch Eintragung einer Grunddienstbarkeit als Belastung des Grundstücks G1. Dann ist gewissermaßen das Grundstück selbst verpflichtet, die Überfahrt zu dulden. Jeder künftige Eigentümer des Grundstücks G1 ist dann gebunden. Andererseits ist jeder künftige Eigentümer des Grundstücks G2 berechtigt.

Beschränkte persönliche Dienstbarkeiten können alles zum Inhalt haben, was Inhalt einer Grunddienstbarkeit sein kann, § 1090 Abs. 1 BGB. Bei beschränkten persönlichen Dienstbarkeiten ist die Belastung des Grundstücks insoweit eingeschränkt, als die Berechtigung an eine bestimmte natürliche oder juristische Person geknüpft ist. Deswegen sind sie nicht übertragbar (§ 1092 Abs. 1 Satz 1 BGB) und unvererblich (§§ 1090 Abs. 2, 1061 BGB).

Das Wohnungsrecht ist ein Sonderfall der beschränkten persönlichen Dienstbarkeit, § 1093 Abs. 1 Satz 1 BGB. Im Unterschied zur Dienstbarkeit nach §§ 1090 bis 1092 BGB muss ein Gebäude oder Gebäudeteil Gegenstand des Benutzungsrechts mit dem Hauptzweck Wohnen sein. Als beschränkt dingliches Recht entsteht es wegen § 873 Abs. 1 Alt. 2 BGB durch Einigung und Eintragung. Will es der Eigentümer zu seinen Gunsten bestellen, ist statt der Einigung eine einseitige Erklärung ausreichend.

Im Gegensatz zu den bisher genannten Dienstbarkeiten gewährt der **Nießbrauch** unbeschränkte Nutzungen, § 1030 Abs. 1 BGB. Er ist auf die Person des Nießbrauchers beschränkt, erlischt also mit dessen Tode (§ 1061 BGB). Ein Nießbrauch kann an Grundstücken und beweglichen Sachen (§ 1032 BGB), an Rechten (§§ 1068 ff. BGB) oder Vermögensmassen (§§ 1085 ff. BGB) bestellt werden.

Beim **Dauerwohnrecht** ist der Begünstigte berechtigt, unter Ausschluss des Eigentümers eine bestimmte Wohnung in einem auf dem Grundstück befindlichen Gebäude zu bewohnen oder in anderer Weise zu nutzen, § 31 Abs. 1 Satz 1 WEG. Das Dauerwohnrecht ähnelt der beschränkten persönlichen Dienstbarkeit. Es ist allerdings übertragbar und vererblich. Die Entstehung setzt grundsätzlich Einigung und Eintragung in das Grundbuch (§ 873 Abs. 1 Alt. 2 BGB) voraus.

Von einem Dauernutzungsrecht, § 31 Abs. 2 WEG, spricht man, wenn der Begünstigte berechtigt ist, unter Ausschluss des Eigentümers in Teileigentum stehende Räume (§ 1 Abs. 3 WEG) in einem auf dem Grundstück befindlichen Gebäude zu nutzen.

Es ist auch möglich, ein Dauerwohnrecht nur für eine bestimmte Zeit des Jahres für periodisch wechselnde Berechtigte zu bestellen.

Im Rahmen des sog. „time-sharing“ kann an einer im Sondereigentum stehenden Ferienwohnung für mehrere Personen zu jeweils unterschiedlichen Zeiten das Recht begründet werden, diese Wohnung unter Ausschluss des Eigentümers zu bewohnen.

3.5.3.3 Vorkaufsrecht

Ein dingliches Vorkaufsrecht (§§ 1094 ff. BGB) räumt dem Berechtigten die Befugnis ein, von dem Verpflichteten das belastete Grundstück zu denselben Bedingungen zu kaufen, zu denen der Verpflichtete es an Dritte verkauft hat. Vorkaufsrechte an Grundstücken entstehen entweder durch Rechtsgeschäft (§§ 873 Abs. 1, 1094 ff. BGB) oder kraft Gesetzes. Gesetzliche Vorkaufsrechte können sich aus Bundes- und Landesrecht ergeben.

Beispiel:
§§ 24–28 BauGB, § 17 SächsDSchG.

Testfragen

1. Welche Rechtsbeziehungen regelt das Sachenrecht?
2. Was bedeutet Typenzwang im Sachenrecht?
3. Definieren Sie die Begriffe Besitz und Eigentum!
4. Welche Funktionen hat der Besitz?
5. Welche Arten des Besitzes kennen Sie?
6. Welche Arten des Eigentums kennen Sie?
7. Wie kann man durch Rechtsgeschäft das Eigentum an Sachen erwerben?
8. Nennen Sie einige Möglichkeiten des Eigentumserwerbs kraft Gesetzes!
9. Machen Sie Vorschläge zur Absicherung eines Kredites durch den Schuldner!
10. Wann ist ein gutgläubiger Erwerb beweglicher Sachen immer ausgeschlossen?
11. Welche beschränkt dinglichen Rechte kennen Sie?
12. Der Kunsthändler Kuno Kultur hat seit Jahren das Ölgemälde „Finanzbeamter mit Einkommensteuererklärung“ in seinem Bestand. Es gestaltete sich als äußerst schwierig, einen Interessenten für dieses Kunstwerk des nahezu unbekannten Künstlers Rudolf Richtlinie zu finden. Seine letzte Hoffnung hinsichtlich eines Verkaufs ruht deswegen auf dem selbstständigen Kunstmakler Claus Clever. Diesem übergibt der Kunsthändler das oben beschriebene Ölgemälde zum Verkauf und erteilt ihm hierzu auch eine entsprechende schriftliche Vollmacht. Clever macht seinem Namen alle Ehre und findet am 23. Dezember 2023 den ehemaligen Finanzbeamten Paul Prüfer, der von dem Motiv des Bildes völlig begeistert ist. Clever verkauft und übergibt das Ölgemälde am 23. Dezember 2023 an den Prüfer. Clever und der Prüfer sind sich zudem darüber einig, dass das Eigentum am Ölgemälde auf den Prüfer übergehen solle. Clever und Prüfer wussten allerdings nicht, dass der Kultur das Ölgemälde selbst tags zuvor ganz überraschend an den Sigi Schöngeist verkauft hatte. Der Kultur und Schöngeist waren sich zudem einig, dass der Schöngeist Eigentümer des Ölgemäldes werden solle. Da sich das Ölgemälde jedoch bei dem Clever befand, trat der Kultur dem Schöngeist seinen Herausgabeanspruch gegen Clever ab.

    Kann der Schöngeist von dem Prüfer die Herausgabe des Ölgemäldes verlangen?
13. Der Rudolf Rüstig ist Eigentümer eines Seat Ibiza Baujahr 1993. Er parkt das Fahrzeug wie immer auf der Straße. Er hat die Angewohnheit, sämtliche Wagenpapiere im Fahrzeug zu belassen. Dies gilt auch für den sog. Kfz-Brief.

    Prompt wird dem R das Fahrzeug von Berthold Brecher gestohlen. Nach einer intensiven Probefahrt ist der Brecher allerdings der Auffassung, dass ein derartiges Fahrzeug ihm nicht gefällt. Er verkauft es deswegen an den Anton Arglos. Der Kaufpreis entspricht in etwa dem Marktwert des Fahrzeugs. Wegen des vom B vorgelegten Kfz-Briefs kommen dem Arglos auch keinerlei Zweifel hinsichtlich der Eigentümerstellung des B, obwohl als Halter der Rüstig eingetragen ist. Der B einigt sich mit dem A i. S. d. § 929 Satz 1 und übergibt ihm auch das Fahrzeug mit sämtlichen von ihm nachgemachten Schlüsseln.

    Durch Zufall erfährt der R davon, dass nunmehr der Arglos im Besitz des Fahrzeugs ist. Er fordert ihn deswegen am 22. Dezember 2023 unter Schilderung des Sachverhalts auf, das Fahrzeug an ihn zurückzugeben. Das Schreiben geht dem A am 23. Dezember 2023 zu. Nachdem eine Reaktion hierauf durch A nicht erfolgte, verklagt der R den Arglos. Die Klageschrift wird dem Arglos am 28. Januar 2024 zugestellt. Damit ist an diesem Tag Rechtshängigkeit auch im Sinne des BGB eingetreten. In seiner Klageerwiderung macht der Arglos geltend, dass er zwar mittlerweile von seiner Herausgabeverpflichtung grundsätzlich überzeugt sei. Allerdings verweigere er die Herausgabe so lange, bis der R ihm das Geld, das er bisher in das Fahrzeug gesteckt habe, ersetze. Dieses Zurückbehaltungsrecht stehe ihm schließlich zu, welches derzeit die Durchsetzbarkeit des Herausgabeanspruchs verhindere. Er habe das Fahrzeug schließlich noch im Dezember 2008 „durch den TÜV gefahren“, da dieser bereits abgelaufen war.

    Hierbei wurden notwendige Reparaturen in Höhe von 3 000 Euro gemacht. Am 30. Januar 2024 habe er einen Auftrag an die Kfz-Werkstatt Sigi Schrauber gegeben, das Fahrzeug tiefer zu legen. Im Rahmen dieses Auftrags wurde das äußere Erscheinungsbild des Fahrzeugs dahingehend verändert, dass die Bodenfreiheit halbiert, Breitreifen auf Alufelgen installiert sowie ein Auspuff mit einem an einen Panzer erinnernden Endrohr eingebaut wurde. Die Kosten hierfür beliefen sich auf 15 000 Euro. Hierin eingeschlossen sind auch Aufwendungen für eine Autostereoanlage mit 2 x 200 Watt Ausgangsleistung. Der Wert des Fahrzeugs sei auch um diese 15 000 Euro nach wie vor erhöht, was auch zutrifft.

    Hat der Rüstig einen Anspruch gegen den Arglos auf Herausgabe des Ford Escort?
14. Auf einer Waldstraße überfährt A ein Wildschwein.

    Der Wald steht im Eigentum des Freistaates Sachsen. Jagdberechtigt ist der J, der das Jagdrecht vom Freistaat Sachsen gepachtet hat (§§ 10 BJagdG, 581 BGB). A nimmt das Wildschwein mit und verkauft und übereignet es an den gutgläubigen Metzger M.

    Wer ist Eigentümer des Wildschweins?

Vierter Teil: Familienrecht

Das vierte Buch ist in drei Abschnitte eingeteilt und behandelt darin

- die bürgerliche Ehe (§§ 1297 bis 1588 BGB),
- die Verwandtschaft (§§ 1589 bis 1772 BGB),
- die Vormundschaft, Pflegschaft für Minderjährige, rechtliche Betreuung sonstige Pflegschaft (§§ 1773 bis 1888 BGB).

Das Familienrecht enthält Vorschriften sowohl personenrechtlicher wie auch vermögensrechtlicher Art. Welcher Personenkreis unter der Familie zu verstehen ist, legt das bürgerliche Recht nicht näher fest. Zur Familie gehören im weiteren Sinne alle Personen, die durch Ehe und Verwandtschaft verbunden sind. Den engeren Bereich der Familie bilden die Ehegatten und ihre Kinder. Mit dem Begriff des Angehörigen wird ein Personenkreis abgesteckt, der neben Verwandten meist den Ehegatten und Verlobten einschließt.

Das Vormundschaftsrecht, die Pflegschaft und die rechtliche Betreuung gehören dem Familienrecht an, weil hierdurch eine dem Familienrecht verwandte Herrschaft über Personen begründet wird.

1. Die bürgerliche Ehe

Die einzig zulässige Form der Ehe ist die Einehe, die vor dem Standesbeamten (§ 1310 Abs. 1 BGB) unter gleichzeitiger Anwesenheit der Ehepartner geschlossen wird (§ 1311 Satz 1 BGB). Die Ehe steht wegen Art. 6 Abs. 1 GG unter besonderem Schutz.

Die Rechtsbeziehungen zwischen gleichgeschlechtlichen Partnern sind im Lebenspartnerschaftsgesetz vom 16.2.2001 geregelt. Es verweist im Einzelnen vielfach auf die Vorschriften über die Ehe (z. B. §§ 1 Abs. 4, 6 Abs. 2 Satz 4 LPartG).

1.1 Das Verlöbnis

In den §§ 1297 bis 1302 BGB ist das Verlöbnis als „Vorstufe“ der bürgerlich-rechtlichen Ehe geregelt. Das Verlöbnis ist ein Vertrag zwischen zwei Personen verschiedenen Geschlechts mit dem ernsthaften gegenseitigen Versprechen, künftig die Ehe miteinander einzugehen. Das Verlöbnis ist an keine Form gebunden. Es ist nicht einklagbar, § 1297 BGB.

Wenn auch das Versprechen, die Ehe einzugehen, nicht einklagbar ist, können sich aus den §§ 1298 ff. BGB Ansprüche ergeben, wenn ein Verlobter von dem Verlöbnis zurücktritt.

Beispiel:
A und B haben sich ernsthaft die Ehe versprochen. Zur Verlobung haben sie sich wechselseitig jeweils einen wertvollen Diamantring geschenkt. Die Eltern des A haben für die Hochzeitsfeierlichkeiten mit einem Catering-Unternehmen einen Vertrag geschlossen. Am Tag der standesamtlichen Eheschließung überlegt es sich B anders und trennt sich von A. Das C-Unternehmen beansprucht zu Recht von den Eltern des A 3000 Euro.

A hat gegen B einen Anspruch auf Rückgabe des Ringes (und umgekehrt) aus §§ 1301 Satz 1, 812 ff. BGB.

Die Eltern des A haben gegen die B einen Schadensersatzanspruch in Höhe von 3000 Euro aus §§ 1298 Abs. 1 Satz 1, Abs. 2 BGB.

Die in den §§ 1298 bis 1301 BGB bestimmten Ansprüche verjähren in drei Jahren von der Auflösung des Verlöbnisses an, §§ 1302, 195 BGB.

1.2 Die Eingehung der Ehe

Die Eheschließung ist in den §§ 1310 bis 1312 BGB geregelt. Die Ehe wird dadurch geschlossen, dass die Eheschließenden vor dem Standesbeamten persönlich und bei gleichzeitiger Anwesenheit eine Willenserklärung dahingehend abgeben, die Ehe miteinander eingehen zu wollen, §§ 1310 Abs. 1 Satz 1 und 1311 Satz 1 BGB. Die Eheschließung wird auch als statusbegründendes Rechtsgeschäft bezeichnet. Als solches ist es bedingungsfeindlich und kann auch nicht zeitlich befristet werden, § 1311 Satz 2 BGB. Aus § 1311 Satz 1 BGB ergibt sich zudem, dass die ansonsten mögliche Stellvertretung bei der Abgabe einer Willenserklärung nicht möglich ist. Der Ablauf der Eheschließung, d. h. die standesamtliche Trauung, ist in § 1312 BGB geregelt. Eine Verletzung dieser Vorschrift beeinflusst die Wirksamkeit der Eheschließung aber nicht. Dagegen führt ein Verstoß gegen das Gebot gleichzeitiger und persönlicher Anwesenheit der Eheschließenden (§ 1311 Satz 1 BGB) dazu, dass die Ehe aufgehoben werden kann, § 1314 Abs. 1 Nr. 2 BGB.

Ehemündig, d. h. rechtlich fähig eine Ehe wirksam schließen zu können, ist grundsätzlich der Volljährige, § 1303 Satz 1 BGB. Wer geschäftsunfähig ist, kann eine Ehe nicht eingehen, § 1304 BGB. Wird eine Ehe entgegen der Vorschriften der §§ 1303 und 1304 BGB geschlossen, kann die Ehe auf Antrag durch richterliche Entscheidung mit Wirkung für die Zukunft aufgehoben werden, §§ 1313, 1314 BGB.

Unabhängig von der Ehemündigkeit können nicht alle Personen miteinander die Ehe schließen. Die Eheverbote der §§ 1306 bis 1308 BGB sind zu beachten. Verwandte in gerader Linie sowie vollbürtige und halbbürtige Geschwister dürfen keine Ehe eingehen, § 1307 BGB. Auch die Doppelehe ist nach § 1306 BGB verboten. Ein Verstoß gegen diese Eheverbote führt aber ebenfalls nur zur Aufhebbarkeit der Ehe, §§ 1313 und 1314 Abs. 1 BGB. Ein Eheverbot besteht auch dann, wenn die Verwandtschaft durch Annahme als Kind (Adoption) begründet wurde, §§ 1308 Abs. 1, 1307 BGB. Von diesem Eheverbot kann jedoch das Familiengericht Befreiung erteilen, § 1308 Abs. 2 BGB. Auch ist eine trotz dieses Verbots geschlossene Ehe wirksam (vgl. auch § 1766 Satz 1 BGB).

1.3 Die Rechtswirkungen der Ehe

1.3.1 Die eheliche Lebensgemeinschaft – Ehename

Die Ehe wird auf Lebenszeit geschlossen, § 1353 Abs. 1 Satz 1 BGB. Gleichwohl räumt der Gesetzgeber den Ehepartnern die Möglichkeit der Ehescheidung ein, §§ 1564 ff. BGB. Die Verpflichtung der Ehegatten zur ehelichen Lebensgemeinschaft (§ 1353 Abs. 1 Satz 2 BGB) ist als Generalklausel formuliert und lässt den Ehepartnern einen großen Spielraum zur individuellen Gestaltung ihrer Ehe. § 1353 Abs. 2 BGB schützt gegen Missbrauch.

Unter ehelicher Lebensgemeinschaft i. S. v. § 1353 Abs. 1 BGB versteht man

- Geschlechtsgemeinschaft zwischen den Partnern,
- häusliche Gemeinschaft in einer Wohnung mit gemeinsamem Hausrat,
- Herstellung gegenseitigen Einvernehmens in Entscheidungen, die das eheliche Zusammenleben einschließlich der Kinder berühren,
- Pflicht zum gegenseitigen Beistand,
- Freiheit zur eigenen Persönlichkeitsentwicklung,
- Unterstützung und Anerkennung der individuellen Züge des anderen,
- Übereinstimmung in wirtschaftlichen und vermögensrechtlichen Fragen bei der Gestaltung der ehelichen Lebensgemeinschaft.

Die Ehegatten sollen einen gemeinsamen Familiennamen (Ehenamen) bestimmen, § 1355 Abs. 1 Satz 1 BGB. Der andere Ehegatte kann seinen Geburtsnamen oder den zur Zeit der Erklärung über die Bestimmung des Ehenamens geführten Namen dem Ehenamen voranstellen oder anfügen, § 1355 Abs. 4 BGB. Ohne Bestimmung eines Ehenamens führt jeder Ehegatte seinen bisherigen Namen fort, § 1355 Abs. 1 Satz 3 BGB. In diesem Fall bestimmen die Eltern den Namen eines Elternteils zum Geburtsnamen des Kindes, § 1617 Abs. 1 Satz 1 BGB. Diese Bestimmung gilt dann auch für ihre weiteren Kinder, § 1617 Abs. 1 Satz 3 BGB.

1.3.2 Haushaltsführung, Erwerbstätigkeit, Familienunterhalt, Eigentumsvermutung

Die Vorschrift des § 1356 BGB über Haushaltsführung und Erwerbstätigkeit der Ehepartner zeigt das Bild der partnerschaftlichen Ehe. Die Partner regeln einvernehmlich die Haushaltsführung und sind zur Erwerbstätigkeit berechtigt.

Jeder Ehegatte ist berechtigt, Geschäfte zur angemessenen Deckung des Lebensbedarfs der Familie mit Wirkung auch für den anderen Ehegatten zu besorgen, § 1357 Abs. 1 BGB. Die Vorschrift gilt nur für Geschäfte, über deren Abschluss sich die Eheleute nach ihrem konkreten Lebenszuschnitt üblicherweise nicht verständigen. Es muss sich jeweils um ein Rechtsgeschäft handeln, das seiner Art nach der Bedarfsdeckung der Familie dient und es ist dann angemessen, wenn es sich im Rahmen der durchschnittlichen Verbrauchsgewohnheiten von Familien in vergleichbarer sozialer Lage hält.

Beispiel:
Zum angemessenen Lebensbedarf gehören in erster Linie Haushaltsgeschäfte, Ausgaben für die Kindererziehung, Zuziehung des Arztes, nicht aber der Kauf von Schmuck, kostbaren Teppichen oder der Abschluss von Reiseverträgen.

Der andere Ehegatte, der am Vertragsabschluss nicht beteiligt war, wird grundsätzlich aus dem Vertrag berechtigt und auch verpflichtet, § 1357 Abs. 1 Satz 2 BGB. Dies kommt einer gesetzlichen Vertretung, beschränkt auf obige Geschäfte, nahe.

Die Ehegatten vertreten sich in Angelegenheiten der Gesundheitsfürsorge gegenseitig, wenn ein Ehegatte aufgrund von Bewusstlosigkeit oder Krankheit seine Angelegenheiten der Gesundheitsvorsorge rechtlich nicht besorgen kann, § 1358 Abs. 1 BGB. Auch dies kommt einer gesetzlichen Vertretung, beschränkt auf die in § 1358 Abs. 1 Nr. 1 bis 4 BGB genannten Geschäfte, nahe.

Die Verpflichtung zum Familienunterhalt aus Arbeit und Vermögen umfasst die Haushaltskosten sowie die persönlichen Bedürfnisse der Ehegatten und den Lebensbedarf der Kinder (§§ 1360, 1360a BGB). Durch Führung des Haushalts erfüllt der den Haushalt führende Ehegatte in der Regel seine Unterhaltspflicht (§ 1360 Satz 2 BGB).

Zugunsten der Gläubiger eines der Ehegatten wird vermutet, dass die im Besitz eines oder beider Ehegatten befindlichen beweglichen Sachen dem Schuldner gehören, § 1362 BGB. Die Vorschrift soll Gläubigern die Vollstreckung erleichtern. Der Gerichtsvollzieher oder Vollziehungsbeamte darf vermuten, dass bei Ehegatten bewegliche Sachen jeweils dem Ehegatten gehören, gegen den sich in dem Moment die Vollstreckung richtet.

Beispiel:
Computer und Ölgemälde in der ehelichen Wohnung.

Nach § 1362 Abs. 1 Satz 2 BGB gilt diese Vermutung allerdings nicht bei Getrenntlebenden. Zu beachten ist auch der § 1362 Abs. 2 BGB. Für ausschließlich zum persönlichen Gebrauch eines Ehegatten bestimmte Sachen tritt nach dieser Vorschrift eine Vermutungswirkung zugunsten des Ehegatten ein, für dessen Gebrauch die Sache bestimmt ist.

Beispiel:
Kleider; Schmuck (soweit nicht Kapitalanlage), Arbeitsgeräte

1.4 Eheliches Güterrecht

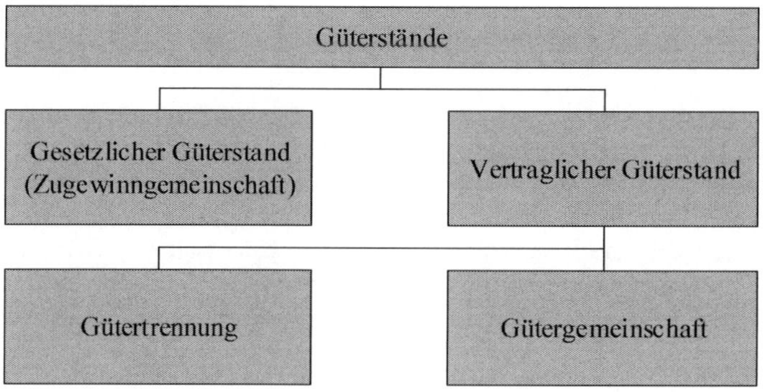

1.4.1 Gesetzliches Güterrecht

Hierunter versteht man die Ordnung der güterrechtlichen Verhältnisse der Ehegatten untereinander, die kraft Gesetzes eintritt, wenn die Ehegatten keine anderweitige ehevertragliche Vereinbarung getroffen haben.

1.4.1.1 Regeln während bestehender Ehe

Die Ehegatten leben im Güterstand der Zugewinngemeinschaft, wenn sie nicht durch Ehevertrag, der vor, aber auch nach der Eheschließung zur Niederschrift eines Notars geschlossen werden kann (§ 1410 BGB), etwas anderes vereinbaren (§ 1363 Abs. 1 BGB).

Der gesetzliche Güterstand der Zugewinngemeinschaft wird durch den Grundsatz der Vermögenstrennung bestimmt, § 1363 Abs. 2 Satz 1 BGB. Jedem Ehegatten verbleibt sein Vermögen so, wie es vor der Eheschließung war. Es entsteht keine gemeinschaftliche Vermögensmasse.

Beispiel:
Jeder Ehegatte bleibt auch nach der Eheschließung Alleineigentümer seiner Sachen mit grundsätzlich allen Befugnissen nach § 903 BGB. Hat ein Ehegatte Schulden, können die Gläubiger das Geld nicht vom anderen Ehegatten verlangen.

Jeder Ehegatte verwaltet auch sein Vermögen selbstständig (§ 1364 BGB). Er zieht die Nutzungen, wobei er allerdings nach § 1360 BGB die Verpflichtung hat, sie im Interesse der Familie zu verwenden. Die Bindungen der Eheleute in der Zugewinngemeinschaft zeigen sich während des Bestehens der Ehe in zweifacher Hinsicht. Einmal kann sich jeder Ehegatte nur mit Einwilligung des anderen Ehegatten zur Verfügung über sein Vermögen im Ganzen verpflichten und entsprechend verfügen (§ 1365 BGB). Weiterhin kann sich ein Ehegatte zur Verfügung über einen ihm gehörenden Gegenstand des ehelichen Haushalts nur mit Einwilligung des anderen Ehegatten verpflichten und entsprechend verfügen (§ 1369 Abs. 1 BGB). Diese Vorschriften dienen dem Interesse der Familiengemeinschaft an der Erhaltung der wirtschaftlichen Grundlage der Familie.

Beispiel:
Ehegatte A möchte sein Hausgrundstück, in dem er mit seinem Ehegatten B wohnt und das praktisch sein gesamtes Vermögen darstellt, veräußern. Er kann es nicht ohne Einwilligung des B tun.

B möchte wegen Rückzahlung eines Darlehens, für das er allein haftet, die zum ehelichen Haushalt gehörende Kommode und den wertvollen Perserteppich, die beide ihm gehören, veräußern. Ohne Einwilligung des A geht das nicht.

Bei Ersatzbeschaffung von vor dem 1. September 2009 angeschafften Haushaltsgegenständen werden nach dem mittlerweile aufgehobenen § 1370 BGB die angeschafften Gegenstände automatisch Eigentum des Ehegatten, dem die nicht mehr vorhandenen oder wertlos gewordenen Gegenstände gehört haben (Art. 229 § 20 Abs. 1 EGBGB).

Beispiel:
Der vom Ehemann mit in die Ehe eingebrachte Röhrenfernseher muss aus Altersgründen ersetzt werden. Die Ehefrau erwirbt einen neuen. Obwohl sie die Rechtsgeschäfte im eigenen Namen mit dem Verkäufer abschließt, erwirbt der Ehemann an dem neuen Fernseher das Alleineigentum.

1.4.1.2 Zugewinnausgleich

Der Grundsatz der Vermögenstrennung (§ 1363 Abs. 2 Satz 1 BGB) wird durch den Zugewinnausgleich am Ende der Zugewinngemeinschaft gemildert (§ 1363 Abs. 2 Satz 2 BGB). Durch den Zugewinnausgleich soll sichergestellt werden, dass beiden Ehegatten der während der Zeit der Ehe von den Eheleuten erzielte Zugewinn zu gleichen Teilen zugutekommt. Hat der eine Ehepartner auf den Erwerb eigenen Vermögens deswegen verzichtet, weil er den Haushalt geführt und die Kinder großgezogen hat, soll er an dem Vermögen, das während der Ehezeit vom anderen Partner im Berufsleben erwirtschaftet wurde, beteiligt sein. Der während der Ehe erzielte Zugewinn wird nach Beendigung der Zugewinngemeinschaft ausgeglichen. Zwei Beendigungsmöglichkeiten gibt es:

Wird der Güterstand durch Tod eines Ehegatten beendet, so erfolgt der Zugewinn im Regelfall dadurch, dass sich der gesetzliche Erbteil des überlebenden Ehegatten um ein Viertel der Erbschaft erhöht (§ 1371 Abs. 1 BGB). Mit dieser Pauschalierung des Zugewinnausgleichs soll vermieden werden, dass sich der überlebende Ehegatte mit anderen Erben, meist den Kindern, um die konkrete Höhe des Zugewinns streiten muss. Hierbei ist es unerheblich, ob die Ehegatten überhaupt einen Zugewinn erzielt haben.

Der Zugewinnausgleich in anderen Fällen, insbesondere bei Scheidung, erfolgt nach § 1372 BGB nach den Vorschriften der §§ 1373 bis 1390 BGB. Der konkret erzielte Zugewinn beider Ehegatten wird dabei berechnet. Der Zugewinn ist der Betrag, um den das Vermögen eines jeden Ehegatten bei Beendigung des Güterstandes (Endvermögen) sein Vermögen bei Beginn des Güterstandes (Anfangsvermögen) übersteigt, § 1373 BGB. Für die Berechnung bestehen Einzelregeln (§§ 1374 ff. BGB). Erbschaften und Schenkungen nach Eintritt des gesetzlichen Güterstandes gehören nicht zum auszugleichenden Zugewinn, § 1374 Abs. 2 BGB. Es handelt sich hier um eine abschließende Regelung.

Beispiel:
Das Anfangsvermögen des Ehegatten A nach § 1374 BGB beträgt 20.000 Euro, das Endvermögen nach § 1375 BGB 130.000 Euro. Das Anfangsvermögen des Ehegatten B beträgt 40.000 Euro, das Endvermögen 90.000 Euro. B hat während der Ehe ein Vermächtnis in Höhe von 30.000 Euro erhalten. Die Ehe wird durch Scheidung aufgelöst. Es errechnet sich ein Zugewinn des A in Höhe von 110.000 Euro und ein Zugewinn des B in Höhe von 20.000 Euro.

Die im Endvermögen B befindlichen 30.000 Euro aus dem Vermächtnis werden durch die in § 1374 Abs. 2 BGB angeordnete Erhöhung des Anfangsvermögens um eben diese 30.000 Euro nicht beim Zugewinn des B erfasst. Der Zugewinn des A übersteigt den Zugewinn des B damit um 90.000 Euro, die Hälfte des Überschusses, mithin 45.000 Euro, steht B als Ausgleichsforderung nach § 1378 Abs. 1 BGB zu.

1.4.2 Vertragliches Güterrecht

Das eheliche Güterrecht ist vom Grundsatz der Vertragsfreiheit beherrscht. Nach § 1408 BGB können die Ehegatten ihre güterrechtlichen Verhältnisse durch Ehevertrag regeln, auch nach Eingebung der Ehe den Güterstand aufheben oder ändern. Die Regelung im BGB bietet die Möglichkeit, die im Gesetz vorgesehenen Güterstände der Gütergemeinschaft oder der Gütertrennung durch den Ehevertrag zu vereinbaren, in einzelnen Bestimmungen aber auch Abweichungen zu treffen.

1.4.2.1 Gütertrennung

Schließen die Ehegatten den gesetzlichen Güterstand der Zugewinngemeinschaft aus oder heben sie ihn auf, so tritt Gütertrennung ein, wenn sich aus dem Ehevertrag nichts anderes ergibt (§ 1414 Satz 1 BGB). Im Güterstand der Gütertrennung gilt der uneingeschränkte Grundsatz der Vermögenstrennung. Die Ehegatten können grundsätzlich ohne Beschränkungen über ihr Vermögen verfügen und Verpflichtungen eingehen. Die allgemeinen Wirkungen der Ehe (§§ 1353 bis 1362 BGB) gelten allerdings auch hier. Wird der Güterstand durch Scheidung beendet, wird kein Zugewinnausgleich durchgeführt.

Beispiel:
Martina Macher heiratet 1996 den wohlhabenden Unternehmer Zoltan Zocker. Durch Ehevertrag ist der Güterstand der Gütertrennung wirksam vereinbart. Zoltan Zocker verliert sein gesamtes Vermögen durch Spekulation. Zudem geht die Ehe in die Brüche und wird 2024 geschieden. Martina Macher hat im Verlauf der Ehe 50000 Euro angespart. Hiervon erhält der Zoltan Zocker nichts. Ein Zugewinnausgleich findet nicht statt.

1.4.2.2 Gütergemeinschaft

Die Gütergemeinschaft wird durch Ehevertrag vereinbart (§ 1415 BGB). Das gesamte gegenwärtige und künftige Vermögen der Ehegatten wird gemeinschaftliches Vermögen (sog. Gesamtgut, § 1416 BGB). Ausgenommen hiervon sind das Sondergut und das Vorbehaltsgut (§§ 1417, 1418 BGB). Diese beiden Gütermassen verwaltet jeder Ehegatte selbstständig (§§ 1417 Abs. 3 Satz 1, 1418 Abs. 3 Satz 2 BGB). Die Verwaltung des Gesamtgutes steht beim Fehlen einer besonderen Vereinbarung den Ehegatten gemeinschaftlich zu (§ 1421 Satz 2 BGB). Bei entsprechender Vereinbarung im Ehevertrag wird die Gütergemeinschaft zwischen dem überlebenden Ehegatten und den gemeinschaftlichen Abkömmlingen fortgesetzt (§§ 1483 ff. BGB).

1.5 Scheidung der Ehe

Eine Ehe kann nur durch gerichtliches Urteil auf Antrag eines oder beider Ehegatten geschieden werden (§ 1564 Satz 1 BGB). Im Scheidungsrecht gilt das Zerrüttungsprinzip.

Scheidungsvoraussetzungen und Scheidungsfolgen sind vom Schuldprinzip gelöst. Die Rechtsfolgen einer gescheiterten Ehe sollen vollständig bereinigt sein, bevor einer der Ehegatten eine neue Ehe eingeht. Verfahrensrechtlich ist die Einheit der Auflösung der Ehe und ihrer Folgen durch die Bildung von Familiengerichten als Abteilung der Amtsgerichte mit umfassender Zuständigkeit gesichert, §§ 23a, 23b GVG, 606, 621 ZPO.

1.5.1 Ehescheidungsgründe

1.5.1.1 Grundsatz

Alleiniger Scheidungsgrund ist das Scheitern der Ehe. Die Ehe ist gescheitert, wenn die Lebensgemeinschaft der Ehegatten nicht mehr besteht und nicht erwartet werden kann, dass die Ehegatten sie wieder herstellen, § 1565 Abs. 1 BGB.

1.5.1.2 Die Scheidungsgründe im Einzelnen

Das Scheitern einer Ehe mit der Folge, dass auf Antrag geschieden wird, kann auf drei Arten bewiesen werden:

- Die Ehe ist gescheitert, wenn die Ehegatten seit einem Jahr getrennt leben und beide Ehegatten die Scheidung beantragen oder der Antragsgegner der Scheidung zustimmt (§ 1566 Abs. 1 BGB). Diese Regel ist eine unwiderlegbare Zerrüttungsvermutung.
- Wenn die Ehegatten noch nicht ein Jahr getrennt leben, so kann gleichwohl geschieden werden, wenn die Fortsetzung der Ehe für den Antragsteller aus Gründen, die in der Person des anderen Ehegatten liegen, eine unzumutbare Härte darstellen würde (§ 1565 Abs. 1 Satz 2, Abs. 2 BGB). Unzumutbares Verhalten eines Ehegatten gegenüber dem anderen entlässt den beschwerten Teil aus dem formellen Abwarten der Einjahresfrist. Hier ist es Aufgabe des Familiengerichts festzustellen, ob eine unheilbare Ehezerrüttung vorliegt.
- Es wird unwiderlegbar vermutet, dass die Ehe gescheitert ist, wenn die Ehegatten seit drei Jahren getrennt leben (§ 1566 Abs. 2 BGB). Diese Zerrüttungsvermutung erfasst den Fall, dass sich ein Ehegatte auch nach mehr als einjährigen Getrenntlebens der Scheidung widersetzt, d. h. die Scheidung weder beantragt, noch zustimmt.

Für die Zerrüttungsvermutung, mithin das Scheitern der Ehe, ist das Getrenntleben maßgebend. Nach § 1567 Abs. 1 Satz 1 BGB leben die Ehegatten getrennt, wenn zwischen ihnen keine häusliche Gemeinschaft besteht und ein Ehegatte sie erkennbar nicht herstellen will, weil er die eheliche Lebensgemeinschaft ablehnt. Die häusliche Gemeinschaft besteht auch dann nicht mehr, wenn die Ehegatten innerhalb der ehelichen Wohnung getrennt leben (§ 1567 Abs. 1 Satz 2 BGB). Nehmen die Ehegatten nach einer Zeit der Trennung ihre Lebensgemeinschaft wieder auf, so beginnen die für die Zerrüttungsvermutung geltenden Fristen von neuem zu laufen. Dagegen unterbricht ein Zusammenleben über kürzere Zeit die Trennungsfristen nicht, wenn es der Versöhnung der Ehegatten dienen soll, § 1567 Abs. 2 BGB.

1.5.1.3 Härteklauseln

§ 1568 BGB enthält zwei Härteklauseln zur Abwendung einer Ehescheidung trotz Scheiterns. Die Ehe soll erstens nicht geschieden werden, wenn und solange die Aufrechterhaltung der Ehe im Interesse der aus der Ehe hervorgegangenen minderjährigen Kinder aus besonderen Gründen ausnahmsweise notwendig ist. Zweitens soll die Ehe nicht geschieden werden, wenn und solange die Scheidung für den Antragsgegner, der sie ablehnt, aufgrund außergewöhnlicher Umstände eine so schwere Härte darstellen würde, dass die Aufrechterhaltung der Ehe auch unter Berücksichtigung der Belange des Antragstellers ausnahmsweise geboten erscheint.

Die Härteklauseln enthalten in ihrer Formulierung „solange" eine zeitliche Beschränkung. Entfällt das Interesse der minderjährigen Kinder an der Aufrechterhaltung der Ehe durch Zeitablauf oder sind die Gründe für die schwere Härte für den Scheidungsgegner nicht mehr vorhanden, kann erneut Scheidung beantragt werden.

1.5.2 Rechtsfolgen der Ehescheidung

1.5.2.1 Namensrecht

Der geschiedene Ehegatte behält den Ehenamen, kann jedoch durch Erklärung gegenüber dem Standesbeamten seinen Geburtsnamen oder den Namen wieder annehmen, den er bis zur Bestimmung des Ehenamens geführt hat. Er kann auch seinen Geburtsnamen dem Ehenamen voranstellen oder anfügen (§ 1355 Abs. 5 BGB).

1.5.2.2 Sorge- und Umgangsrecht hinsichtlich minderjähriger Kinder

Bei Ehescheidung oder Getrenntleben der Eltern sollen dem Kind beide Elternteile als Sorgeberechtigte erhalten bleiben. Nach § 1687 Abs. 1 BGB bleibt deshalb ein gemeinsames Sorgerecht (§§ 1626 Abs. 1 Satz 1, 1626a Abs. 1 BGB) beider Elternteile auch dann weiter bestehen, wenn die Elternteile sich trennen oder scheiden lassen. Das Familiengericht entscheidet im Rahmen der Scheidung nicht mehr zwangsläufig über die Neuregelung des elterlichen Sorgerechts, sondern nur auf Antrag eines Elternteils, welchem Elternteil die elterliche Sorge für ein gemeinschaftliches Kind zusteht (§ 1671 Abs. 1 BGB). Dem Antrag ist stattzugeben, soweit der andere Elternteil zustimmt, es sei denn, dass das Kind das 14. Lebensjahr vollendet hat und der Übertragung widerspricht, oder zu erwarten ist, dass die Aufhebung der gemeinsamen Sorge und die Übertragung auf den Antragsteller dem Wohle des Kindes am besten entspricht (§ 1671 Abs. 2 BGB). Neben der Sorgerechtsregelung gemäß § 1671 BGB auf Antrag eines Elternteils kann das Familiengericht gemäß § 1666 BGB von Amts wegen Maßnahmen der Personensorge treffen, um eine Gefährdung des Kindes abzuwenden.

Für die Ausübung des gemeinsamen Sorgerechts gilt gemäß § 1687 BGB, dass

- der Elternteil, bei dem sich das Kind aufhält, in Angelegenheiten des täglichen Lebens allein entscheidungsbefugt ist (§ 1687 Abs. 1 Sätze 2 und 3 BGB) und
- eine einvernehmliche Entscheidung beider Elternteile erforderlich ist in Angelegenheiten, deren Regelung für das Kind von erheblicher Bedeutung sind (§ 1687 Abs. 1 Satz 1 BGB).

Können sich die Eltern in einzelnen Angelegenheiten der elterlichen Sorge, deren Regelung für das Kind von erheblicher Bedeutung ist, (z. B. Aufenthaltsort des Kindes, Erziehungsfragen) nicht einigen, so kann das Familiengericht die Entscheidungsbefugnis einem Elternteil übertragen (§ 1628 BGB).

Beide Elternteile bleiben berechtigt, bei Gefahr in Verzug alle Rechtshandlungen vorzunehmen, die zum Wohl des Kindes notwendig sind (§ 1629 Abs. 1 Satz 4 und § 1687 Abs. 1 Satz 5 BGB).

Auch nach der Scheidung besteht das Umgangsrecht beider Elternteile mit dem Kind fort (§ 1626 Abs. 3 und § 1684 Abs. 1 BGB). Dies gilt sowohl dann, wenn beide Elternteile weiterhin die gemeinsame Sorge ausüben, als auch dann, wenn einem Elternteil durch eine Entscheidung des Familiengerichts (§ 1671 BGB) die Sorgeberechtigung entzogen wurde.

Im Rahmen des Umgangsrechts hat dabei stets der Elternteil, bei dem sich das Kind aufhält, das alleinige Entscheidungsrecht in Angelegenheiten der tatsächlichen Betreuung, § 1687 Abs. 1 Satz 4 BGB. Das Familiengericht kann auch über den Umfang des Umgangsrechts und seine Ausübung entscheiden (§ 1684 Abs. 3 BGB).

1.5.2.3 Unterhaltsanspruch

Das Unterhaltsrecht für die Zeit nach der Ehescheidung ist von dem Grundsatz der Eigenverantwortung geprägt. Nach der Scheidung obliegt es jedem Ehegatten, selbst für seinen Unterhalt zu sorgen (§ 1569 Satz 1 BGB). Kann der Ehegatte nach der Scheidung nicht selbst für seinen Unterhalt sorgen, hat er gegen den anderen Ehegatten einen Unterhaltsanspruch nur nach den §§ 1570 ff. BGB. Dieser Unterhaltsanspruch ist eine Folge für die Mitverantwortlichkeit aus der gemeinsamen Ehezeit.

Unterhalt ist zu gewähren

- wegen Pflege und Erziehung eines gemeinschaftlichen Kindes (§ 1570 BGB),
- wegen Alters (§ 1571 BGB),
- wegen Krankheit oder eines anderen Gebrechens (§ 1572 BGB),
- bis zur Erlangung angemessener Erwerbstätigkeit (§ 1573 BGB),
- wegen Fortsetzung einer abgebrochenen Ausbildung, Fortbildung oder Umschulung (§ 1575 BGB),
- aus Billigkeitsgründen (§ 1576 BGB).

Der o. g. Grundsatz der Eigenverantwortlichkeit erfordert, dass der geschiedene Ehegatte für den eigenen Unterhalt sorgt, also in der Regel eine Erwerbstätigkeit ausübt. Diese Verpflichtung erstreckt sich nur auf eine dem geschiedenen Ehegatten angemessene Erwerbstätigkeit (§ 1574 Abs. 1 BGB). Welche Erwerbstätigkeit angemessen ist, entscheidet sich nach den persönlichen Fähigkeiten, Lebensalter, Gesundheitszustand und nach den ehelichen Lebensverhältnissen (§ 1574 Abs. 2 BGB). Der geschiedene Ehegatte kann zur Aus- und Fortbildung oder Umschulung verpflichtet sein (§ 1574 Abs. 3 BGB). Der geschiedene Ehegatte muss sich nach § 1577 BGB Einkünfte und vorhandenes Vermögen nach Maßgabe des § 1577 Abs. 3 BGB auf den Unterhaltsanspruch anrechnen lassen.

Das Maß des Unterhalts bestimmt sich nach den ehelichen Lebensverhältnissen und umfasst den gesamten Lebensbedarf (§ 1578 BGB). Zum Lebensbedarf gehören auch die Kosten für Versicherungen für den Fall der Krankheit und der Pflegebedürftigkeit einschließlich Alters-, Berufs- und Invaliditätsversicherung sowie Fortbildungskosten (§ 1578 Abs. 2 und 3 BGB). Der Durchsetzbarkeit des Unterhaltsanspruchs dient die Verpflichtung der geschiedenen Ehegatten, auf Verlangen über ihre Einkünfte und ihr Vermögen Auskunft zu geben (§ 1580 BGB).

Der Unterhaltsanspruch ist unter den Voraussetzungen des § 1578b BGB bei Unbilligkeit herabzusetzen oder zeitlich zu begrenzen. Eine Beschränkung oder Versagung des Unterhalts kommt in den Fällen des § 1579 Nr. 1 bis 8 BGB in Betracht. Der unterhaltspflichtige geschiedene Ehegatte haftet vor den Verwandten des Berechtigten (§ 1584 Satz 1 BGB). Soweit der Verpflichtete nicht leistungsfähig ist, so haften die Verwandten vor dem geschiedenen Ehegatten (§ 1584 Satz 2 BGB).

Zur Sicherung der Versorgung und im Interesse der Vermeidung unnötigen Streits im Scheidungsverfahren können die Ehegatten über die Unterhaltspflicht für die Zeit nach der Scheidung einen grundsätzlich formfreien Unterhaltsvertrag schließen (§ 1585c Satz 1 BGB). Eine Vereinbarung, die vor der Rechtskraft der Scheidung getroffen wird, bedarf allerdings der notariellen Beurkundung (§ 1585c Satz 2 BGB).

Die Unterhaltspflicht erlischt mit der Wiederheirat, der Begründung einer Lebenspartnerschaft oder dem Tod des Berechtigten (§ 1586 Abs. 1 BGB), wobei der Unterhaltsanspruch bei Auflösung der neuen Ehe wieder aufleben kann (§ 1586a BGB). Mit dem Tod des Verpflichteten gehört die Unterhaltspflicht zur Nachlassverbindlichkeit (§ 1586b Abs. 1 Satz 1 BGB). Der Erbe haftet jedoch nicht über den Betrag hinaus, den der geschiedene Ehegatte als Pflichtteil erhalten hätte, wenn die Ehe nicht geschieden worden wäre (§ 1586b Abs. 1 Satz 3 BGB). Dadurch wird der geschiedene Ehegatte wirtschaftlich einem auf den Pflichtteil beschränkten Ehegatten gleichgestellt.

1.5.3 Versorgungsausgleich

Nach Maßgabe des Versorgungsausgleichsgesetzes findet ein Versorgungsausgleich statt, soweit für die Ehegatten oder einen von ihnen in der Ehezeit Anwartschaften oder Aussichten auf eine Versorgung wegen Alters oder Berufs- oder Erwerbsunfähigkeit begründet oder aufrechterhalten worden sind (§ 1587 BGB). Der auch ohne Antrag vom Familiengericht durchzuführende Versorgungsausgleich dient dem Ausgleich der Nachteile, die ein Ehegatte dadurch erleidet, dass während der Ehe kein oder nur ein geringer Beitrag für seine Alters- und Invaliditätsversorgung im Vergleich zum anderen Ehegatten geleistet worden ist.

Es ist Ziel des Versorgungsausgleichs, dass der Ehegatte mit den höheren Versorgungsanrechten und Versorgungsaussichten die Hälfte des Wertunterschiedes an den anderen Ehegatten abzuführen hat.

Die Ehegatten können eine notariell zu beurkundende Vereinbarung über den Ausgleich von Anwartschaften oder Anrechten schließen (§ 6 Versorgungsausgleichsgesetz). Eine solche Vereinbarung bedarf der Genehmigung des Familiengerichts (§ 7 Versorgungsausgleichsgesetz).

2. Verwandtschaft und Schwägerschaft

2.1 Allgemeine Vorschriften

Verwandtschaft ist einmal die auf Abstammung beruhende Blutsverwandtschaft (§ 1589 BGB). Eine Verwandtschaft kann auch durch Rechtsgeschäft begründet werden (Annahme als Kind, §§ 1741 ff. BGB).

Die Verwandtschaft ist für die Unterhaltspflicht bedeutend, da nach §§ 1601 ff. BGB Verwandte in gerader Linie unterhaltspflichtig sind.

Schwägerschaft besteht zu den Verwandten des Ehegatten (§ 1590 BGB).

Verwandtschaft und Schwägerschaft werden nach Linie und Grad bestimmt. Stammt eine Person von der anderen ab, sind sie in gerader Linie miteinander verwandt (§ 1589 Satz 1 BGB).

Beispiel:
Großeltern, Eltern, Kinder und Enkel sind in gerader Linie verwandt.

Nicht in gerader Linie verwandte Personen, die von derselben dritten Person abstammen, sind in der Seitenlinie verwandt (§ 1589 Satz 2 BGB).

Beispiel:
Geschwister sind über die gemeinsamen Eltern sowie Neffen und Nichten über die gemeinsamen Großeltern in der Seitenlinie verwandt. Auch halbbürtige Geschwister, die nur von einem gemeinsamen Elternteil abstammen, sind Verwandte in der Seitenlinie.

Der Grad der Verwandtschaft bestimmt sich nach der Zahl der sie vermittelnden Geburten (§ 1589 Satz 3 BGB).

Beispiel:
Kinder sind mit ihren Eltern im ersten Grad, Enkel mit den Großeltern im zweiten Grad in gerader Linie verwandt. Geschwister sind im zweiten Grad in der Seitenlinie, Geschwisterkinder (Neffen und Nichten) im dritten Grad, Cousins/ Cousinen im vierten Grad der Seitenlinie verwandt.

Unter Abkömmlingen versteht man alle Verwandten absteigender Linie, von denen die Kinder die Abkömmlinge ersten Grades sind. Eltern und Großeltern gehören der aufsteigenden Linie an.

Ein Ehegatte ist mit den Verwandten des anderen Ehegatten verschwägert (§ 1590 BGB). Linie und Grad der Schwägerschaft bestimmen sich dabei nach Linie und Grad der sie vermittelnden Verwandtschaft (§ 1590 Abs. 1 Satz 2 BGB).

Beispiel:
Eine Ehefrau ist mit der Schwester ihres Ehemannes im zweiten Grad in der Seitenlinie verschwägert, mit den Eltern ihres Ehemannes ist sie im ersten Grad in gerader Linie verschwägert.

2.2 Abstammung

Durch die Abstammung wird das Kind seinen Eltern zugeordnet und damit der Verwandtschaft, die durch diese Eltern vermittelt wird. Für diese rechtliche Zuordnung ist grundsätzlich die genetische Herkunft maßgebend. Das Kind soll rechtlich der Mutter und dem Vater zugeordnet werden, aus deren Keimzellen sich sein Leben gebildet hat.

Dieser das Bürgerliche Gesetzbuch beherrschende Grundsatz wurde erstmals mit § 1591 BGB in der Fassung des KindRG vom 16. Dezember 1997 durchbrochen, der die Mutterschaft regelt. Nach § 1591 BGB ist Mutter eines Kindes die Frau, die es geboren hat. Dies ist die Reaktion des Gesetzgebers auf die Entwicklung der modernen Fortpflanzungsmedizin, die es möglich macht, dass eine Frau eine befruchtete Eizelle austrägt, die nicht von ihr stammt. Mutter im Rechtssinne ist stets die Gebärende, unabhängig von der genetischen Abstammung des Kindes. Eine Anfechtungsmöglichkeit der Mutterschaft besteht nicht. Der Gesetzgeber hat damit Zweifelsfragen, die durch Ei- und Embryonenspenden entstanden waren, beseitigt.

Die Vaterschaft im Rechtssinne regelt § 1592 BGB. Vater eines Kindes ist grundsätzlich der Mann,

1. der zum Zeitpunkt der Geburt mit der Mutter verheiratet war,
2. der die Vaterschaft anerkannt hat (§ 1594 ff. BGB) oder
3. dessen Vaterschaft nach § 1600d BGB oder § 182 Abs. 1 des Gesetzes über das Verfahren in Familiensachen und in den Angelegenheiten der freiwilligen Gerichtsbarkeit gerichtlich festgestellt ist.

Die Vaterschaft kann grundsätzlich vom Mann, der Mutter und dem Kind angefochten werden (§§ 1599, 1600 BGB). Unabhängig vom Anfechtungsverfahren haben die in § 1598a Abs. 1 BGB Genannten einen Anspruch auf Einwilligung in eine genetische Untersuchung zur Klärung der leiblichen Abstammung.

2.3 Annahme als Kind

Durch Annahme als Kind (Adoption) erlangt das Kind die rechtliche Stellung eines „leiblichen“ Kindes des Annehmenden; nimmt ein Ehepaar ein Kind an oder ein Ehegatte das Kind des anderen Ehegatten an, so erwirbt das Kind die rechtliche Stellung eines gemeinschaftlichen Kindes der Ehegatten (§ 1754 Abs. 1 BGB). Das Verfahren bei der Annahme Minderjähriger ist im Einzelnen in §§ 1741 ff. BGB geregelt. Die Adoption ist ein statusbegründendes Rechtsgeschäft. Die erforderliche Einwilligungserklärung, die nach § 1750 Abs. 1 BGB dem Familiengericht gegenüber abzugeben ist, bedarf der notariellen Beurkundung und ist bedingungsfeindlich. Die Annahme als Kind wird vom Familiengericht durch Beschluss auf Antrag des Annehmenden ausgesprochen (§ 1752 Abs. 1 BGB).

Eine Annahme Volljähriger ist zulässig, wenn die Annahme sittlich gerechtfertigt ist, § 1767 Abs. 1 BGB. Dies ist insbesondere anzunehmen, wenn zwischen dem Annehmenden und dem Anzunehmenden ein Eltern-Kind-Verhältnis bereits entstanden ist.

2.4 Unterhaltspflicht der Verwandten

Eine Unterhaltspflicht, die durch Verwandtschaft begründet wird, setzt voraus, dass

- eine Verwandtschaft in gerader Linie besteht, § 1601 BGB,
- der Unterhaltsberechtigte bedürftig, § 1602 BGB, und
- der Unterhaltsverpflichtete leistungsfähig ist, § 1603 BGB.

Die gesetzliche Unterhaltspflicht erstreckt sich nach § 1601 BGB auf alle Verwandten in gerader Linie (§ 1589 Satz 1 BGB). Die Unterhaltspflicht besteht demnach auch zugunsten Verwandter der aufsteigenden Linie (Eltern, Großeltern). Werden die Eltern bedürftig, so dass sie für ihren eigenen Lebensunterhalt nicht mehr aufkommen können, sind ihre volljährigen Kinder grundsätzlich unterhaltsverpflichtet. Unterhaltspflichtig sind die Abkömmlinge vor den Verwandten der aufsteigenden Linie (§ 1606 Abs. 1 BGB), die näheren Verwandten haften vor den entfernteren (§ 1606 Abs. 2 BGB). Unterhaltsberechtigt ist der Bedürftige (§ 1602 Abs. 1 BGB), der außerstande ist, sich selbst zu unterhalten. Gegenüber unverheirateten Kindern haben die Eltern eine erhöhte Unterhaltspflicht (§ 1603 Abs. 2 BGB).

Der Unterhaltsverpflichtete hat den angemessenen Unterhalt zu gewähren, der sich nach der Lebensstellung des Bedürftigen bemisst (§ 1610 Abs. 1 BGB). Für die Lebensstellung des Kindes ist die berufliche, wirtschaftliche und soziale Stellung der Eltern maßgeblich. Der Unterhaltsbedarf umfasst nicht nur die Aufwendungen für die reine Lebenshaltung, sondern den gesamten Lebensbedarf einschließlich der Erziehungs- und Ausbildungskosten (§ 1610 Abs. 2 BGB).

Der Elternteil, der ein minderjähriges Kind betreut, erfüllt seine Unterhaltsverpflichtung in der Regel durch Pflege und Erziehung des Kindes (§ 1606 Abs. 3 Satz 2 BGB). Alle Kinder können von dem Elternteil, mit dem sie nicht in einem Haushalt leben, grundsätzlich Barunterhalt verlangen. Die Eltern eines unverheirateten Kindes können bestimmen, in welcher Art und für welche Zeit im Voraus der Unterhalt zu gewähren ist (§ 1612 Abs. 2 BGB). Der Barunterhalt wird geleistet durch Entrichtung einer Geldrente (§ 1612 Abs. 1 Satz 1 und Abs. 3 BGB). Die Höhe der Geldrente bestimmt sich nach den individuellen Bedürfnissen des jeweiligen Kindes. Den Mindestunterhalt minderjähriger Kinder definiert § 1612a Abs. 1 BGB. Auf dieses Existenzminimum hat der Minderjährige grundsätzlich Anspruch. Der Unterhaltsverpflichtete ist auch grundsätzlich in dieser Höhe zur Leistung verpflichtet.

Für ein Kind und seine nicht miteinander verheirateten Eltern gelten nach § 1615a BGB die allgemeinen Unterhaltsvorschriften der §§ 1601 ff. BGB mit den in den §§ 1615l bis n BGB bestimmten Besonderheiten.

2.5 Rechtsverhältnis zwischen Eltern und Kind im Allgemeinen

2.5.1 Namensrecht

Das Kind erhält nach § 1616 BGB als Geburtsnamen den nach § 1355 Abs. 1 BGB bestimmten Ehenamen, den seine Eltern im Zeitpunkt der Geburt führen.

Haben die Eltern keinen gemeinsamen Ehenamen bestimmt, ist die Bestimmung des Geburtsnamens für das Kind an das Sorgerecht geknüpft:

- Besteht die gemeinsame Sorge bereits im Zeitpunkt der Geburt, bestimmen die Eltern den Geburtsnamen des Kindes gemeinsam. Die Eltern können dabei zwischen den Namen wählen, die Mutter oder Vater in diesem Zeitpunkt führen, § 1617 Abs. 1 BGB. Eine Kombination beider Namen ist ausgeschlossen. Treffen die Eltern innerhalb eines Monats nach der Geburt des Kindes keine Namensbestimmung, so entscheidet das Familiengericht über die Übertragung des Namensbestimmungsrechts auf einen Elternteil, § 1617 Abs. 2 BGB.
- Steht die elterliche Sorge im Zeitpunkt der Geburt nur einem Elternteil zu, so erhält das Kind den Namen, den dieser Elternteil im Zeitpunkt der Geburt des Kindes führt (§ 1617a Abs. 1 BGB). Der sorgeberechtigte Elternteil kann gegenüber dem Standesbeamten auch den Namen des anderen Elternteils erteilen, wenn dieser zustimmt (§ 1617a Abs. 2 BGB).
- Wird ein gemeinsames Sorgerecht erst nachträglich begründet, erhalten die Eltern die Möglichkeit, den Geburtsnamen des Kindes einvernehmlich neu zu bestimmen. Gewählt werden kann dabei zwischen den in diesem Zeitpunkt bestehenden Namen der Mutter oder des Vaters (§ 1617b Abs. 1 Satz 4 i. V. m. § 1617 Abs. 1 BGB).

Der Elternteil, dem die elterliche Sorge für ein unverheiratetes Kind alleine zusteht und sein Ehegatte, der nicht Elternteil des Kindes ist, können dem Kind durch Erklärung gegenüber dem Standesbeamten ihren Ehenamen erteilen (§ 1618 Satz 1 BGB). Dadurch ist es möglich, eheliche Kinder aus geschiedenen Ehen namensmäßig in die Stiefelternfamilien einzubinden. Dem Kind kann im Rahmen dieser Einbenennung auch ein Begleitname erteilt werden (§ 1618 Satz 2 BGB).

2.5.2 Sonstige Rechte und Pflichten

Die Verantwortung, die zwischen Eltern und Kindern besteht, drückt sich in der gegenseitigen Pflicht zu Beistand und Rücksicht aus (§ 1618a BGB). Das Kind im elterlichen Hausstand hat, in einer seinen Kräften und seiner Lebensstellung entsprechenden Weise, den Eltern in ihrem Hauswesen und Geschäft Dienste zu leisten (§ 1619 BGB).

Das einem Kind in Bezug auf seine Verheiratung oder selbst- ständige Lebensstellung Zugewendete ist als Ausstattung im Rahmen von § 1624 BGB grundsätzlich keine Schenkung.

Macht ein dem elterlichen Hausstand angehörendes volljähriges Kind zur Bestreitung der Kosten des Haushalts aus seinem Vermögen Aufwendungen oder überlässt es hierzu Vermögen, kann grundsätzlich kein Ersatz verlangt werden.

2.6 Die elterliche Sorge und Vertretung

Elterliche Sorge bedeutet, dass die Eltern das Recht und die Pflicht haben, für das minderjährige Kind zu sorgen (§ 1626 Abs. 1 Satz 1 BGB). Die elterliche Sorge umfasst die Personen- und die Vermögenssorge (§ 1626 Abs. 1 Satz 2 BGB) sowie die Vertretung des Kindes (§ 1629 BGB). Das Sorgerecht betont die gemeinsame Sorge der Eltern.

Sind die Eltern des Kindes im Zeitpunkt seiner Geburt miteinander verheiratet, steht ihnen die gemeinsame Sorge zu. Das gemeinsame Sorgerecht bleibt auch nach einer Scheidung kraft Gesetzes bestehen.

Sind die Eltern bei der Geburt des Kindes nicht miteinander verheiratet, so steht ihnen die **elterliche Sorge** dann gemeinsam zu, wenn sie entweder erklären, dass sie die Sorge gemeinsam übernehmen wollen (Sorgeerklärungen) oder einander heiraten (§ 1626a Abs. 1 Nr. 1 und 2 BGB). Ansonsten hat die Mutter die elterliche Sorge (§ 1626a Abs. 3 BGB). Eine Alleinsorge des Vaters wird nicht kraft Gesetzes begründet.

In Fällen des gemeinsamen Sorgerechts üben die Eltern die elterliche Sorge in eigener Verantwortung und in gegenseitigem Einvernehmen zum Wohle des Kindes aus (§ 1627 Satz 1 BGB). Bei Meinungsverschiedenheiten müssen die Eltern versuchen, sich zu einigen, wobei das Wohl des Kindes Richtschnur ist (§ 1627 Satz 2 BGB). Das Erziehungsziel ist dabei die Unterstützung der individuellen Fähigkeiten des Kindes und zusammen mit dem Kind die partnerschaftliche Erziehung zu selbstständigem, verantwortungsbewusstem Handeln (§§ 1626 Abs. 2, 1631, 1631a BGB). Entwürdigende Erziehungsmaßnahmen, insbesondere körperliche und seelische Misshandlungen werden ausdrücklich als unzulässig erklärt (§ 1631 Abs. 2 BGB).

Zum Wohl des Kindes gehört in der Regel auch der Umgang mit beiden Elternteilen (§ 1626 Abs. 3 Satz 1 BGB). Dies gilt auch und gerade dann, wenn das Kind nicht mit beiden Elternteilen in einem gemeinsamen Haushalt lebt. Das Kind hat das Recht auf Umgang mit jedem Elternteil. Jeder Elternteil ist zum Umgang mit dem Kind berechtigt und verpflichtet (§ 1684 Abs. 1 BGB). Damit der Umgang tatsächlich das Wohl des Kindes fördern kann, haben beide Elternteile alles zu unterlassen, was das Verhältnis des Kindes zum anderen Elternteil beeinträchtigt oder die Erziehung erschwert (§ 1684 Abs. 2 Satz 1 BGB). Art und Häufigkeit der Kontakte sollen beide Elternteile einvernehmlich regeln. Erforderliche Entscheidungen zum Umgangsrecht trifft das Familiengericht, dabei können auch Dritte in die Ausübung des Umgangsrechts einbezogen werden (§ 1684 Abs. 3 und Abs. 4 BGB). Soweit es zum Wohl des Kindes erforderlich ist, kann das Gericht auch das Umgangsrecht einschränken oder ausschließen (§ 1684 Abs. 4 Satz 1 BGB). Ein Umgangsrecht mit dem Kind haben auch

- die Großeltern und Geschwister (§ 1685 Abs. 1 BGB),
- enge Bezugspersonen, wenn diese für das Kind tatsächliche Verantwortung tragen oder getragen haben (§ 1685 Abs. 2 Satz 1 BGB).

Unabhängig von der elterlichen Sorge steht jedem Elternteil das Recht zu, vom anderen Elternteil Auskunft über die persönlichen Verhältnisse des Kindes zu verlangen, soweit dies dem Wohl des Kindes nicht widerspricht (§ 1686 Satz 1 BGB). Entscheidungsbefugnis hat das Familiengericht. In die elterliche Sorge kann das Familiengericht im Falle der Gefährdung des Kindeswohls aufgrund missbräuchlicher Ausübung und in anderen Fällen eingreifen (§ 1666 BGB). Ebenso hat das Familiengericht im Falle des Getrenntlebens der Eltern Entscheidungsbefugnis (§ 1671 Abs. 1 BGB).

Die elterliche Sorge umfasst auch die Vertretung des Kindes. Der Inhaber der elterlichen Sorge ist damit der gesetzliche Vertreter des Kindes (§ 1629 Abs. 1 Satz 1 BGB). Steht beiden Elternteilen die Sorge gemeinsam zu, so vertreten sie das Kind auch gemeinsam (§ 1629 Abs. 1 Satz 2 BGB). Steht die elterliche Sorge einem Elternteil allein zu, so ist er allein gesetzlicher Vertreter (§ 1626 Abs. 1 Satz 3 BGB). Das Kind wird grundsätzlich von der Mutter vertreten, wenn keine gemeinsamen Sorgeerklärungen der nicht verheirateten Elternteile vorliegen (vgl. § 1626a Abs. 2 BGB).

Ausnahmsweise sind die Eltern von der Vertretung des Kindes ausgeschlossen, §§ 1629 Abs. 2 Satz 1, 1824 BGB. In den in § 1824 BGB genannten Fällen soll eine Gefährdung der Interessen des Kindes durch Missbrauch der Vertretungsmacht verhindert werden. Ob die Interessen des Kindes im konkreten Fall tatsächlich gefährdet sind ist unerheblich.

Beispiel:

Der 16-jährige Gustav Glück ist Erbe eines reichen Onkels aus Amerika geworden. Im Nachlass befinden sich neben einigen Grundstücken mit Mietshäusern auch mehrere Bankkonten, die ein Guthaben von insgesamt 250000 Euro ausweisen. Der Vater des Gustav Glück ist selbstständiger Unternehmer. Angesichts der etwas angespannten Wirtschaftslage benötigt er einen Kredit zur Stärkung des Eigenkapitals in Höhe von 150000 Euro.

Da der Vater des Glück unter anderem Verhandlungen mit Banken sehr skeptisch gegenüber steht, entschließt er sich, einen Darlehensvertrag mit seinem 16-jährigen Sohn abzuschließen und auf dieser Grundlage auch 150000 Euro dergestalt zu valutieren, dass diese dem Unternehmen als Darlehen zur Verfügung stehen. In dem Darlehensvertrag wird der Vater als Darlehensnehmer bezeichnet und der Gustav Glück, vertreten durch Vater und Mutter als Darlehensgeber. Neben der Mutter des Gustav Glück unterschreibt auch der Vater als gesetzlicher Vertreter unter Darlehensgeber. Weiterhin unterschreibt der Vater des Glück nochmals als Darlehensnehmer.

Ein zivilrechtlich wirksamer Darlehensvertrag ist nicht zustande gekommen. Gustav Glück wurde nicht wirksam durch seine Eltern, nämlich Vater und Mutter Glück vertreten. Grundsätzlich sind die Eltern nach § 1629 Abs. 1 zur Vertretung des Kindes berechtigt. Allerdings sind nach § 1629 Abs. 2 BGB der Vater und die Mutter von der Vertretung des Kindes ausgeschlossen, wenn ein Fall des § 1824 BGB vorliegt. Ein Ausschluss der Vertretungsmacht des Vaters Glück ergibt sich hier aus § 1824 Abs. 2 i. V. m. § 181 BGB, da Vater Glück auf beiden Seiten des Darlehensvertrages steht, also ein In-sich-Geschäft vorliegt. Mutter Glück ist ebenfalls von der Vertretung des Sohnes vorliegend ausgeschlossen, da diese nach § 1824 Abs. 1 Nr. 1 BGB das Kind nicht vertreten kann. Bei dem Darlehensvertrag handelt es sich um ein Rechtsgeschäft zwischen dem Kind einerseits und dem Vater Glück, mithin dem Ehegatten der Mutter Glück. Der Darlehensvertrag ist unwirksam. Wegen §§ 1809 Abs. 1 i. V. m. 1824 BGB hätte der Gustav Glück für diese Angelegenheit (Abschluss dieses Darlehensvertrages) einen sog. Ergänzungspfleger erhalten müssen.

Bei der Ausübung der Vermögenssorge haben der oder die Sorgeberechtigten zu beachten, dass es sich beim Kindesvermögen um fremdes Vermögen handelt. Demgemäß sind die Vorgaben der §§ 1638 ff. BGB. Von Todes wegen erworbenes und unentgeltlich zugewendetes Vermögen kann durch den Zuwendenden ganz der Vertretungsmacht der Sorgeberechtigten entzogen werden (§ 1638 BGB). Nach § 1639 können durch den Zuwendenden Anordnungen hinsichtlich der Verwaltung dieses Vermögens getroffen werden. Selbst wenn von Todes wegen erworbenes und unentgeltlich zugewendetes Vermögen der Verwaltung der Eltern unterliegt, haben diese nach § 1640 Abs. 1 BGB grundsätzlich ein Vermögensverzeichnis anzulegen. Diese Verpflichtung entfällt allerdings u. a. dann, wenn der Wert des Vermögens 15000 Euro nicht übersteigt.

Schenkungen in Vertretung des Kindes können nach § 1641 Satz 1 BGB nicht vorgenommen werden. Die Anlegung von Geld hat nach den Grundsätzen einer wirtschaftlichen Vermögensverwaltung zu geschehen, § 1642 BGB.

Beispiel:
Hochspekulative Termingeschäfte verstoßen gegen o. g. Grundsatz.

Eine Einschränkung zur Wahrung der Vermögensinteressen des Kindes erfährt die Vertretungsmacht der Eltern durch §§ 1643, 1850 bis 1854 BGB. Bei den dort aufgeführten Rechtsgeschäften bedürfen die Eltern der Genehmigung des Familiengerichts.

Beispiel:
Der 14-jährige Fritz Fröhlich ist Eigentümer eines Gartengrundstücks im Einzugsbereich der Stadt Dresden. Dieses Grundstück war Teil eines Nachlasses seines verstorbenen Großvaters, der ihn als Alleinerben eingesetzt hat. Die Eltern des Fröhlich verpachten das Grundstück im Namen des Fritz Fröhlich für zehn Jahre an den Anton Arglos. Hier liegt ein Fall des § 1643 Abs. 4 BGB vor. Von den Eltern wurde im Namen des Fritz Fröhlich ein Pachtvertrag mit dem Anton Arglos mit einer Laufzeit abgeschlossen, die länger als ein Jahr nach dem Eintritt der Volljährigkeit des Fritz Fröhlich fortdauern sollte. Ein solcher Vertrag bedarf der Genehmigung des Familiengerichts. Ausnahmen nach §v 1643 Abs. 4 Satz 2 BGB sind nicht gegebene. Der Vertrag ist damit wegen § 1643 Abs. 4 BGB schwebend unwirksam.

2.7 Beistandschaft

Die Beistandschaft (§§ 1712 ff. BGB) tritt auf schriftlichen Antrag hin beim Jugendamt ein (§ 1714 BGB). Der Aufgabenbereich des Jugendamtes als Beistand ist in § 1712 Abs. 1 BGB geregelt. Die Beistandschaft endet nach Maßgabe des § 1715 BGB.

Durch die Beistandschaft wird die elterliche Sorge nicht eingeschränkt (§ 1716 Satz 1 BGB). Für die Beistandschaft gelten im Übrigen grundsätzlich die Vorschriften über die Pflegschaft für Minderjährige (§ 1716 Satz 2, 1809 ff. BGB).

3. Vormundschaft, Pflegschaft für Minderjährige, rechtliche Betreuung, sonstige Pflegschaft

Die Vormundschaft, die Pflegschaft für Minderjährige, die rechtliche Betreuung und die sonstige Pflegschaft ermöglichen es, den Betroffenen (Minderjährigen, Volljährigen oder Pflegebedürftigen) auf unterschiedliche Art Fürsorge und Beistand zu gewähren.

3.1 Vormundschaft

Die Vormundschaft (§§ 1773 bis 1808 BGB) ist auf Minderjährige beschränkt. Minderjährige müssen einen Vormund erhalten, wenn sie nicht unter elterlicher Sorge stehen oder wenn die Eltern weder in den die Person noch in den das Vermögen betreffenden Angelegenheiten zur Vertretung des Minderjährigen berechtigt sind oder sein Familienstand nicht zu ermitteln ist (§ 1773 Abs. 1 BGB).

Die Vormundschaft wird in der Regel von Amts wegen vom Familiengericht angeordnet (§ 1773 BGB). Die in § 1774 BGB genannten Personen können zum Vormund bestellt werden. Zum Vormund wird berufen, wer von den Eltern als Vormund benannt ist (§ 1782 BGB). Ausnahmen sind in § 1783 BGB geregelt. Ist die Vormundschaft nicht einem so Berufenen zu übertragen, so hat das Familiengericht nach Anhörung des Jugendamtes einen geeigneten Vormund auszuwählen und zu bestellen.

Der Vormund hat das Recht und die Pflicht, für die Person und das Vermögen des Mündels zu sorgen, insbesondere ihn zu vertreten (§ 1789 Abs. 2 BGB). Er hat die Stellung eines gesetzlichen Vertreters. Die Personensorge regelt sich nach §§ 1795 ff. BGB. Bei der Vermögenssorge des Mündels hat der Vormund die §§ 1798 ff. BGB zu beachten.

Beispiel:
Der Vormund möchte an einem für das Mündel erworbenen Grundstück eine Grundschuld bestellen lassen. Das Rechtsgeschäft bedarf der Genehmigung des Familiengerichts nach § 1850 Abs. 1 Nr. 1 BGB.

Die vom Familiengericht ausgewählte Person ist grundsätzlich verpflichtet, die Vormundschaft zu übernehmen, § 1785 Abs. 1 Satz 1 BGB.

Die Vormundschaft wird grundsätzlich ehrenamtlich mithin unentgeltlich geführt, § 1808 Abs. 1 BGB. Ein Anspruch auf Aufwendungsersatz gegen den Mündel ergibt sich aus § 1808 Abs. 2 BGB. Ausnahmsweise kann die Vormundschaft auch berufsmäßig geführt werden, § 1808 Abs. 3 BGB.

3.2 Pflegschaft für Minderjährige

Pflegschaft (§§ 1809 bis 1813 BGB) ist für Fälle vorgesehen, in denen ein Fürsorgebedürfnis durch gesetzliche Vertretung nicht insgesamt, sondern nur für einen begrenzten Kreis von Angelegenheiten besteht.

Beispiel:
Bei Ausschluss des Vormunds als gesetzlichem Vertreter wegen §§ 1789 Abs. 2 Satz 2, 1824 Abs. 1 Nr. 1 BGB bei Abschluss eines Kaufvertrages zwischen Mündel und dem Ehegatten des Vormunds ergänzt der nach § 1809 BGB zu bestellende (Ergänzungs-)Pfleger die ansonsten vorhandene Vertretungsmacht des Vormunds.

Zu unterscheiden sind die Ergänzungspflegschaft für Minderjährige (§ 1809 BGB), die Pflegschaft für ein ungeborenes Kind

(§ 1810 BGB) sowie die Zuwendungspflegschaft (§ 1811 BGB). Der Pfleger hat nur im Rahmen seines in der Anordnung bestehenden Aufgabenkreises die Stellung eines gesetzlichen Vertreters. § 1813 BGB erklärt die Vorschriften für die Vormundschaft entsprechend anwendbar.

3.3 Rechtliche Betreuung

Für Volljährige gilt das Rechtsinstitut der rechtlichen Betreuung (§§ 1814 bis 1881 BGB). Das Betreuungsrecht ermöglicht die Rechtsfürsorge für Volljährige, die aufgrund einer psychischen Krankheit oder einer körperlichen, geistigen oder seelischen Behinderung ihre Angelegenheiten ganz oder teilweise nicht besorgen können. Die Betreuten werden dabei grundsätzlich nicht in ihrer Handlungsfähigkeit eingeschränkt. Die im früheren Recht geregelte Entmündigung Volljähriger wurde durch die Einführung der Betreuung abgeschafft.

In die Rechte des Betreuten darf nur soweit eingegriffen werden, wie es in seinem Interesse unbedingt nötig ist. Ziel ist damit, hilfsbedürftigen Personen soweit wie möglich rechtliche Selbstbestimmung zu belassen.

Es gelten die Grundsätze der Erforderlichkeit und Verhältnismäßigkeit. Nur für die Aufgabenkreise, in denen die Betreuung erforderlich ist, darf ein Betreuer bestellt werden (§ 1815 Abs. 1 BGB). Das Wohl des Betreuten bestimmt die Besorgung seiner Angelegenheiten. Seine Wünsche sind zu beachten (§ 1821 Abs. 2 BGB). Das Betreuungsgericht bestellt den Betreuer und wirkt in vom Gesetz aufgeführten wichtigen Geschäften durch Anordnung und Genehmigung mit. Zur Abwendung einer erheblichen Gefahr für die Person oder das Vermögen des Betreuten kann das Vormundschaftsgericht für Willenserklärungen in einem bestimmten Aufgabenkreis einen Einwilligungsvorbehalt des Betreuten anordnen. Es gelten dann Regeln des Minderjährigenrechts (§ 1825 Abs. 1 Satz 3 BGB).

3.4 Sonstige Pflegschaft

Die sonstige Pflegschaft (§§ 1882 bis 1888 BGB) ist für Fälle vorgesehen, in denen ein Fürsorgebedürfnis durch gesetzliche Vertretung nicht insgesamt, sondern nur für einen begrenzten Kreis von Angelegenheiten besteht.

Zu unterscheiden sind die Pflegschaft für unbekannte Beteiligte (§ 1882 BGB), die Pflegschaft für gesammeltes Vermögen (§ 1883 BGB) sowie die Abwesenheitspflegschaft (§ 1884 BGB). Der Pfleger hat nur im Rahmen seines in der Anordnung bestehenden Aufgabenkreises die Stellung eines gesetzlichen Vertreters. § 1888 Abs. 1 BGB erklärt die Vorschriften des Betreuungsrechts als entsprechend anwendbar.

Zu unterscheiden sind die Ergänzungspflegschaft für Minderjährige (§ 1809 BGB), die Pflegschaft für ein ungeborenes Kind (§ 1810 BGB) sowie die Zuwendungspflegschaft (§ 1811 BGB). Der Pfleger hat nur im Rahmen seines in der Anordnung bestehenden Aufgabenkreises die Stellung eines gesetzlichen Vertreters. § 1813 BGB erklärt die Vorschriften für die Vormundschaft entsprechend anwendbar..

Testfragen

1. In welche drei Regelungsbereiche kann man das Familienrecht einteilen?
2. Nennen Sie die wichtigsten allgemeinen Wirkungen der bürgerlich-rechtlichen Ehe!
3. Tanja (T) und Didi (D) sind seit zwei Jahren verheiratet. Einen Ehevertrag haben sie nicht geschlossen. In der gemeinsamen Wohnung befindet sich ein schwarzes Designerledersofa, das noch aus der Junggesellenbude des D stammt und in dessen Alleineigentum steht. Am 2. Februar 2024 verkauft D – ohne Wissen der T – das Ledersofa in seiner Stammkneipe an Ludwig Listig zum Preis von 300 Euro. T ist mit dem Sofaverkauf nicht einverstanden. Kann Listig von Didi Übereignung des Sofas verlangen?
4. Welche statusbegründenden Rechtsgeschäfte im Familienrecht kennen Sie?
5. Können die dazu erforderlichen Willenserklärungen unter einer Bedingung abgegeben werden?
6. Welche Güterstände kennen Sie?
7. Welcher Güterstand entsteht kraft Gesetzes?
8. Welche Rechtsnatur hat der Zugewinnausgleichsanspruch und wie entsteht er?
9. Was ist Sinn und Zweck des Versorgungsausgleiches?
10. Welche Art der Verwandtschaft kennen Sie?
11. Welche Personen sind grundsätzlich untereinander unterhaltsberechtigt?
12. Welchen Inhalt hat die elterliche Sorge?
13. Wer kann gesetzlicher Vertreter von natürlichen Personen sein?
14. Kann deren Vertretungsmacht ausgeschlossen oder beschränkt sein?
15. Welche Funktion hat ein Ergänzungspfleger?

Fünfter Teil: Erbrecht

1. Einführung

Im fünften Buch „Erbrecht" finden sich in den §§ 1922 bis 2385 BGB Rechtsnormen. Das Erbrecht wird ausdrücklich im Grundgesetz, Art. 14 Abs. 1 Satz 1 gewährleistet. Das zeigt deutlich, welch hohen Stellenwert dieses „Recht" innerhalb der Gesellschaft genießt.

Erbrecht ist Recht im **objektiven Sinn**, d. h. die Gesamtheit der privatrechtlichen Rechtsvorschriften, die nach dem Tode eines Menschen regeln, wie das Vermögen weitergegeben wird. Recht im objektiven Sinn meint nicht nur große Teile der Rechtsordnung wie ganze Gesetze, sondern auch deren einzelne Vorschriften.

Erbrecht im **subjektiven Sinn** hingegen regelt, welche Rechte und Pflichten sich für den Erben auf Grund des Todesfalls ergeben. Das subjektive Recht, der Anspruch, die Berechtigung, „entspringt" aus dem objektiven Recht.

Der oder die Erben treten als **Rechtsnachfolger** an die Stelle des Verstorbenen. Das Erbrecht regelt, wer das Vermögen eines Verstorbenen erhält und wie dies geschieht: Mit dem **Erbfall** tritt der **Erbe** oder die **Erbengemeinschaft** automatisch in die Fußstapfen des **Erblassers**. Dabei kommt es zur **Gesamtrechtsnachfolge**, so dass neben allen Vermögenswerten auch alle Verbindlichkeiten auf den oder die Erben übergehen.

Das Erbrecht bietet dem Erblasser die Möglichkeit, im Rahmen der gesetzlichen Grenzen die Erbfolge nach seinen Vorstellungen zu gestalten. Man spricht dann von der **gewillkürten Erbfolge**. Dazu muss er aber durch ein Testament oder einen Erbvertrag bestimmen, wer erben soll. Wird dies nicht getan, so tritt die **gesetzliche Erbfolge** ein: Das Erbe wird dann nur nach den gesetzlichen Regeln verteilt.

Beispiel:
Die gesetzliche Erbfolge führt dazu, dass der überlebende Ehegatte nur ¾ des Nachlasses erbt, wenn noch ein Neffe des Erblassers lebt. Der Ehegatte bildet zusammen mit dem Neffen eine Erbengemeinschaft. Besteht die Erbschaft u. a. aus einem Haus so bilden beide eine Erbengemeinschaft. Möchte der Erblasser das nicht, muss er abweichende Verfügungen treffen. So hätte der Erblasser testamentarisch den Ehegatten zum Alleinerben einsetzen und dem Neffen ein Vermächtnis zuwenden können.

2. Grundbegriffe und Grundsätze des Erbrechts

2.1 Wichtige Begriffe des Erbrechts

Im Folgenden werden nun die wichtigsten Begriffe des Erbrechts kurz vorgestellt. Dazu sollte unbedingt der Gesetzestext gelesen werden.

§ 1922 Abs. 1 BGB legt fest:

- Der Tod einer Person wird Erbfall genannt.
- Der Erblasser ist die Person, deren Vermögen mit dem Tode auf eine oder mehrere Personen übergeht, also der Verstorbene. Auch derjenige, der eine Verfügung von Todes wegen errichtet, also ein Lebender, wird vom Gesetz Erblasser genannt, z. B. § 2231 BGB.
- Erbe ist der, auf den das Vermögen als Ganzes übergeht.
- Das Vermögen des Erblassers wird Erbschaft genannt.

Im Einzelnen:

- Der **Erbfall** tritt mit dem Tod des Menschen ein. Durch den Erbfall wird die Erbfolge ausgelöst. Nach heute herrschender Meinung ist dies der Gesamthirntod. Nachgewiesen wird der Erbfall in der Regel durch eine Sterbeurkunde.
- Um **Erbe** sein zu können, bedarf es der Erbfähigkeit (aktive Erbfähigkeit). Die Erbfähigkeit ist ein Teil der Rechtsfähigkeit. Somit sind natürliche Personen, die zum Zeitpunkt des Erbfalls leben, erbfähig, § 1923 Abs. 1 BGB. Aber auch wer zur Zeit des Erbfalls noch nicht lebte, aber bereits erzeugt war, gilt als vor dem Erbfall geboren, § 1923 Abs. 2 BGB. Die Feststellung der Erbunwürdigkeit, der Verzicht auf das Erbe oder die Ausschlagung der Erbschaft führen dazu, dass der berufene Erbe nicht Erbe wird. Da auch juristische Personen des privaten und des öffentlichen Rechts rechtsfähig sein können, sind sie ebenfalls erbfähig. Auch andere Rechtssubjekte, die rechtsfähig sind, werden als erbfähig angesehen.
- **Erblasser** kann nur die natürliche Person sein, denn nur die natürliche Person kann vererben (passive Erbfähigkeit), bei der juristischen Person ist dies nicht möglich. Juristische Personen werden, falls sie aufgelöst werden, liquidiert, s. §§ 45, 47, 88 BGB.
- Hinterlässt der Erblasser mehrere Erben (Miterben), so bilden diese eine **Erbengemeinschaft**, § 2032 BGB.
- Die **Testierfähigkeit** ist Voraussetzung für die Errichtung eines Testaments. Testierfähig ist, wer das 16. Lebensjahr vollendet hat, § 2229 Abs. 1 BGB. Für das eigenhändige Testament schreibt § 2247 Abs. 4 BGB die Erreichung der Volljährigkeit vor.
- Der **Erbvertrag** ist eine vertragliche Verfügung von Todes wegen, §§ 2274 ff. BGB.
- Die Zuwendung eines Vermögensvorteils, ohne als Erbe eingesetzt zu sein, nennt man **Vermächtnis**, § 1939 BGB.
- Das **Pflichtteilsrecht** ist kein Erbrecht, sondern nur ein Forderungsrecht, das der Pflichtteilsberechtigte gegenüber dem oder den Erben hat. Er wird selbst nicht (Mit-) Erbe, sondern hat nur einen Anspruch auf Geld, nicht aber auf bestimmte Gegenstände.
- Verpflichtet der Erblasser durch Testament den Erben oder einen Vermächtnisnehmer zu einer Leistung, ohne einem anderen ein Recht auf die Leistung zuzuwenden, so handelt es sich um eine **Auflage**, § 1940 BGB. Das kann bspw. das Aufstellen

einer Büste in einer vermachten Bibliothek sein, oder der wohl häufigere Fall, das Grab des Erblassers zu pflegen.

- Die **Erbschaft** ist das auf den Erben übergehende Vermögen, d. h. es geht um die Beziehung zwischen Erben und Vermögen. Häufig wird die Erbschaft auch **Nachlass** genannt. Damit ist mehr der Bestand des Vermögens gemeint, vgl. §§ 1960, 1967, 1975 BGB.

Das in § 1922 Abs. 1 BGB formulierte **Vermögen** umfasst neben den geldwerten Gütern (z. B. Schmuck) auch sog. nicht vermögenswerte Rechte.

Beispiel:

Darunter fallen u. a. Forderungen, Anwartschaftsrechte, aber auch immaterielle Güterrechte und Warenrechte.

Eigentum, unmittelbarer und mittelbarer Besitz, Eigen- und Fremdbesitz zählen ebenfalls zum vererblichen Vermögen, § 857 BGB.

Weiterhin gehören Mitgliedschaften, soweit sie überwiegend vermögensrechtlichen Charakter haben, zum vererblichen Vermögen, z. B. Beteiligungen an einer AG oder GmbH.

> Das Vermögen ist also die Gesamtheit der Rechtsverhältnisse des Erblassers. Zur Gesamtheit gehören neben den Aktiva die Passiva. Demnach werden auch Verbindlichkeiten – sprich Schulden – vererbt.

Unvererblich hingegen sind:

- Rechte und Pflichten, wenn sie ausschließlich persönlichkeitsbezogen sind. Mitgliedschaften in Vereinen, § 38 BGB, fallen in der Regel hierunter.
- Nießbrauch, § 1061 BGB und beschränkt persönliche Dienstbarkeiten, § 1090 BGB sind ebenfalls unvererblich.
- familienrechtliche Rechtspositionen als höchstpersönliche Rechte, soweit sie nicht überwiegend vermögensrechtlicher Art sind.
- Unterhaltsansprüche, soweit keine Rückstände oder Fähigkeiten zur Zeit des Erbfalles vorliegen, z. B. § 1360, 1360a, 1615, 1615a, 1586 BGB. Eine Ausnahme hiervon findet sich in § 1586b BGB bzgl. der Unterhaltspflicht gegenüber dem geschiedenen Ehegatten. Die Unterhaltspflicht geht auf den Erben als Nachlassverbindlichkeit über, § 1586b Abs. 1 Satz 1 BGB.
- der Leichnam, das Skelett sowie die Organe.

2.2 Einzelne Grundsätze des Erbrechts

2.2.1 Grundsatz der Privatautonomie

Der Erblasser kann durch Verfügung von Todes wegen (Testament, Erbvertrag), d. h. durch Rechtsgeschäft, entscheiden, wem er sein Vermögen oder Teile dessen hinterlässt. Ebenso können Erben oder Vermächtnisnehmer frei entscheiden, ob sie das Zugewendete überhaupt wollen. Aus dem Grundsatz der Privatautonomie folgen die gesamten Regelungen der gewillkürten Erbfolge (ausführlich s. Fünfter Teil, 3.).

2.2.2 Grundsatz der Gesamtrechtsnachfolge

Das Vermögen des Erblassers geht auf den bzw. die Erben als Ganzes – **Universalsukzession** – über. Mit Vermögen ist in diesem Zusammenhang „die Gesamtheit der Rechtsverhältnisse" gemeint.

Daraus ergibt sich der Grundsatz der Gesamtrechtsnachfolge. Das Vermögen des Erblassers geht als Ganzes auf den Erben über, ohne dass es einer Annahme oder eines Antrittes der Erbschaft bedarf – und zwar zum Zeitpunkt des Todes des Erblassers. Die Kenntnis des Erben vom Erbfall ist nicht erforderlich.

Beispiel:

Der Erblasser Ernst hat in seinem Testament verfügt, dass seine Ehefrau Lotte Erbin sein soll. Die gemeinsame Tochter Sarah ist im Testament nicht genannt. Der Grundsatz der Gesamtrechtsnachfolge führt dazu, dass Lotte Alleinerbin ist. Sie erbt das Vermögen als Ganzes. Dies umfasst auch die Schulden des Ernst.

Für Sarah bleibt nur die Möglichkeit den Pflichtteil zu fordern (s. Fünfter Teil, 11.)

Davon zu unterscheiden ist die Einzelrechtsnachfolge. Im Gegensatz zur Gesamtrechtsnachfolge wird bei der Einzelrechtsnachfolge nur die Rechtsnachfolge für ein bestimmtes Rechtsgut aus dem Vermögen einer Person geregelt. Sie ist aber nicht im Erbrecht zu finden.

Die wichtigsten Regelungen sind:

- Das **Eintrittsrecht** bei Tod des Mieters, § 563 Abs. 1 BGB.

  Der Ehegatte bzw. Lebenspartner, sog. Eintrittsberechtigter erster Ordnung, tritt in das Mietverhältnis, das zwischen Vermieter und Erblasser bestand, ein. Auch andere Familienangehörige könnten, sofern sie mit dem Erblasser einen gemeinsamen Haushalt führten, in den zwischen Erblasser und Vermieter geschlossenen Vertrag eintreten, § 563 Abs. 2 BGB. Durch die §§ 563, 564 BGB ist eine bestimmte Reihenfolge des Eintrittsrechts der Mieter festgelegt. Bei den o. g. Personen handelt es sich um die sog. privilegierten Eintrittsberechtigten.

  Nur wenn keine privilegierten Eintrittsberechtigten existieren, treten die Erben in das Mietverhältnis ein, § 564 Satz 1 BGB.

- Die **Sonderrechtsnachfolge**: fällige Ansprüche auf laufende Geldleistungen stehen Ehegatten und weiteren Personen zu, § 56 SGB I.

- **Nachfolgeklauseln**, die in den Gesellschaftsverträgen von Personengesellschaften bestehen.

2.2.3 Vorrang der gewillkürten Erbfolge vor der gesetzlichen Erbfolge

Hat sich der Erblasser für ein Testament oder einen Erbvertrag entschieden, so beruht diese Entscheidung auf seinem Willen. Es ist erforderlich, dass er dazu Willenserklärung(en) abgibt. Man spricht daher von der **gewillkürten Erbfolge**.

Die sog. gesetzliche Erbfolge tritt nur dann nicht ein, wenn der Erblasser abweichende Regelungen getroffen hat, vgl. dazu §§ 1937 ff. BGB.

Testfragen

1. Welche Grundsätze gelten im Erbrecht?
2. Wie nennt man eine Mehrzahl von Erben und wo ist dies näher geregelt?
3. Ab welchem Zeitpunkt ist man Erbe, kommt es auf die Kenntnis des Erbfalles an?
4. Autofahrer Müller fuhr beim Abbiegen die ordnungsgemäß auf dem Fahrradweg fahrende Frau Ernst an. Sie stürzte und zog sich eine schwere Kopfverletzung zu. Nach drei Tagen verstarb sie an den Folgen des Unfalls, ohne das Bewusstsein wiedererlangt zu haben. Alleinerbe ist ihr Ehemann. Hat Herr Ernst einen Anspruch auf Schmerzensgeld gegenüber Müller?
5. Das Ehepaar Leonhard hat einen Sohn, Lenny. Bei einem Arbeitsunfall am 25. August 2023 verstirbt Herr Leonhard. Am 17. November 2023 bringt Frau Luisa Leonhard eine Tochter namens Thea zur Welt.

   Ist Thea Erbin?

3. Gesetzliche Erbfolge

Die gesetzliche Erbfolge ist der gesetzliche Grundfall. Daher ist er in den §§ 1924 ff. BGB geregelt.

Beachte:
Nur Verwandte, Ehegatten, Lebenspartner einer gleichgeschlechtlichen Lebenspartnerschaft oder der Staat können überhaupt gesetzliche Erben sein.

Soll von der gesetzlichen Grundregelung abgewichen werden, so bedarf es einer entsprechenden Verfügung.

3.1 Erbrecht der Verwandten

Das Erbrecht der Verwandten ist vorrangig nach dem **Parentel- oder Ordnungssystem** geregelt. Die Bezeichnung Parentelsystem leitet sich aus dem lateinischen parentes Verwandte ab. Hierbei werden die Verwandten in Ordnungen eingeteilt.

Zur **ersten Ordnung** gehören nach § 1924 Abs. 1 BGB die **Abkömmlinge des Erblassers** (Kinder, Enkel, Urenkel).

Zur **zweiten Ordnung** gehören nach § 1925 Abs. 1 BGB die **Eltern des Erblassers und deren Abkömmlinge** (Eltern, Geschwister und deren Kinder).

Zur **dritten Ordnung** gehören nach § 1926 Abs. 1 BGB die **Großeltern des Erblassers und deren Abkömmlinge**.

Zur **vierten Ordnung** gehören nach § 1928 Abs. 1 die **Urgroßeltern des Erblassers und deren Abkömmlinge**.

§ 1929 BGB regelt fernere Ordnungen.

Durch § 1930 BGB wird die **Rangfolge der Ordnungen** bestimmt. „Ein Verwandter ist nicht zur Erbfolge berufen, solange ein Verwandter einer vorhergehenden Ordnung vorhanden ist."

Ergänzt wird das Parentel- bzw. Ordnungssystem durch das sog. **Stammessystem** innerhalb einer Ordnung.

Jedes Kind des Erblassers bildet einen Stamm.

Betrachtet wird also das Abstammungsverhältnis eines Elternteils zu seinen Abkömmlingen (abwärts). Die Abkömmlinge des Kindes des Erblassers (Enkel, Urenkel des Erblassers) bilden wiederum Unterstämme. Soweit innerhalb einer Ordnung mehrere Stämme vorhanden sind, erhalten die Stämme jeweils den gleichen Erbteil, § 1924 Abs. 3 BGB.

Vom **Liniensystem** spricht man, wenn man die, vom Erblasser aus gesehene, Abstammung von den Eltern und Großeltern (aufsteigend) betrachtet, § 1925 Abs. 3 Satz 1 BGB.

Lebende Stammeltern schließen ihre Abkömmlinge von der Erbfolge aus, sog. **Repräsentationsprinzip** nach § 1924 Abs. 2 BGB.

Das **Eintrittsrecht**, § 1924 Abs. 3 BGB, führt dazu, dass an Stelle des verstorbenen Stammelternteils dessen Kinder treten.

Lebende Stammeltern schließen ihre Abkömmlinge von der Erbfolge aus, sog. **Repräsentationsprinzip** nach § 1924 Abs. 2 BGB.

Das **Eintrittsrecht**, § 1924 Abs. 3 BGB, führt dazu, dass an Stelle des verstorbenen Stammelternteils dessen Kinder treten.

Nachfolgend soll nun zuerst an einem Beispiel die **Erbfolge der ersten Ordnung** betrachtet werden: Ein Erblasser hinterlässt folgende Personen: Vater und Mutter, die noch leben. Weiter sind Kinder, Enkel und Urenkel vorhanden. Zum Zeitpunkt des Todes des Erblassers ist das Kind 1 schon verstorben (vorverstorben).

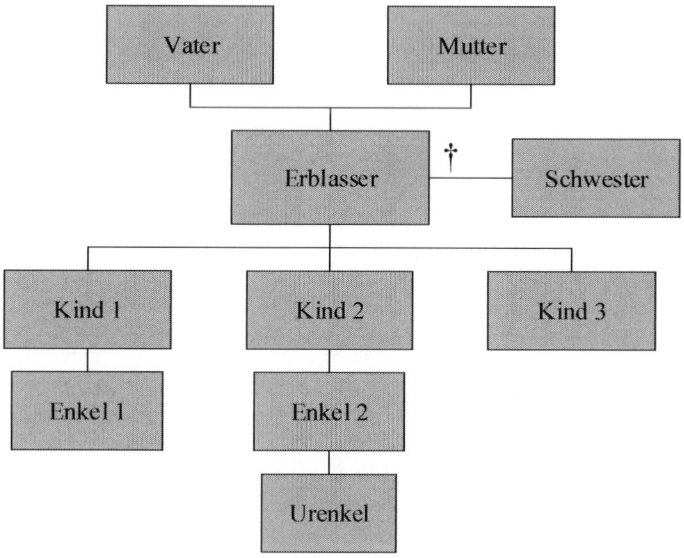

Zur ersten Ordnung gehören im Beispiel die Kinder, Enkel und Urenkel nach § 1924 Abs. 1 BGB. Sie sind Abkömmlinge des Erblassers. Die Schwester sowie die Eltern sind Erben zweiter Ordnung gem. § 1925 Abs. 1 BGB. Sie scheiden nach 1930 BGB als Erben aus, solange noch Erben der ersten Ordnung leben.

Die Kinder 1, 2, 3 (K 1–3) bilden je einen Stamm. Die Kindeskinder, hier Enkel (E 1–2) und Urenkel (U), bilden weitere Unterstämme. Gem. § 1924 Abs. 4 BGB wird zu gleichen Teilen durch die Anzahl der Stämme geteilt. Auf die Stämme K 1, K 2 und K 3 entfällt also jeweils 1/3. Wenn K 1 vorverstorben ist, erhält E 1 dieses Drittel, § 1924 Abs. 3 BGB. K 2 erhält ebenfalls 1/3. E 2 und U erhalten (noch) nichts, da K 2 noch lebt, § 1924 Abs. 2 BGB. Das letzte Drittel erhält K 3.

Nunmehr soll in einem Beispiel die **Erbfolge zweiter Ordnung** betrachtet werden: Ein Erblasser hinterlässt folgende Personen. Vater und Mutter, sowie seine Schwester. Ehegatten des Erblassers und Kinder sind nicht vorhanden.

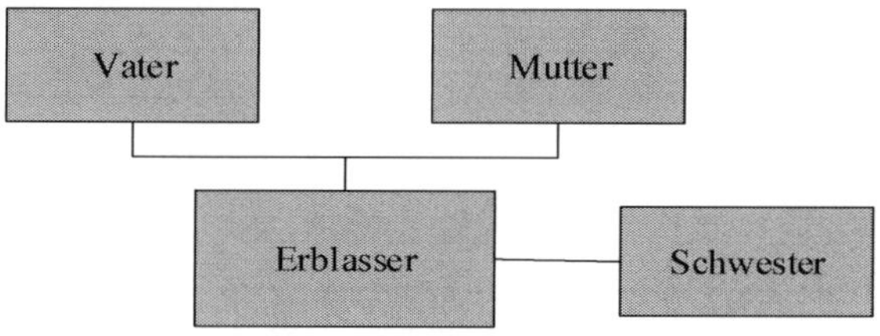

Vater und Mutter sowie die Schwester des Erblassers gehören zur zweiten Ordnung, § 1925 BGB. Da die Eltern beide noch leben, bestehen zwei Linien, die vom Erblasser zur Mutter und die zum Vater. Gem. § 1925 Abs. 2 BGB erhalten die Eltern also je *1/2*. Die Schwester erbt nicht.

Im nächsten Beispiel soll nun die **Erbfolge dritter Ordnung** betrachtet werden. Ein Erblasser hinterlässt folgende Personen: Großvater und Großmutter väterlicherseits, Großvater und Großmutter mütterlicherseits. Vater und Mutter sind im Zeitpunkt des Erbfalls bereits vorverstorben. Der Erblasser hat keinen Ehegatten und auch keine Kinder.

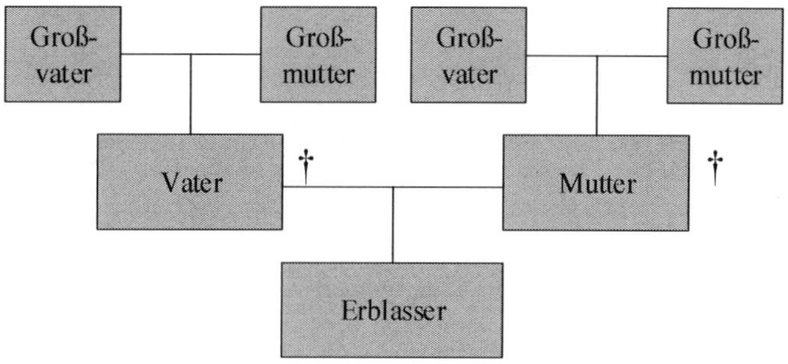

Im oben genannten Beispiel sind keine Erben der ersten oder zweiten Ordnung vorhanden. Deshalb erbt die großelterliche Linie väterlicherseits ebenso zur Hälfte wie die großelterliche Linie mütterlicherseits. Auf die vier Großeltern, als Erben dritter Ordnung, §§ 1926 Abs. 1 u. Abs. 2 entfällt je 1/4.

Beispiel:

Max Ernst ist plötzlich verstorben. Er hat keine Verfügung von Todes wegen gemacht. Er hinterlässt seinen Vater Fritz Ernst und seinen Sohn Klaus Ernst. Klaus Ernst hat zwei Kinder, Lisa und Leo. Wer erbt zu welchen Teilen?

Die §§ 1924 ff. BGB regeln, welche Verwandte des Erblassers zu welchen Teilen erben. Es muss also die Verwandtschaft festgestellt werden. Dazu wirft man einen Blick in § 1589 BGB, s. u. Vierter Teil, Kapitel 2.

Die Verwandtenerbfolge beruht auf Ordnungen. In § 1924 BGB geht es um die Erben erster Ordnung. Gemeint sind die Abkömmlinge des Erblassers, also Kinder und Kindeskinder (Enkel). Dem liegt der Gedanke zu Grunde, dass zuerst in die jüngere Generation vererbt werden soll. Erben erster Ordnung gem. § 1924 Abs. 1 BGB sind laut Sachverhalt Klaus Ernst sowie seine Kinder Lisa und Leo.

Fritz Ernst gehört nicht zu den Erben der ersten Ordnung, sondern ist Erbe der zweiten Ordnung, § 1925 Abs. 1 BGB.

§ 1930 BGB bestimmt, dass ein Verwandter nicht erben kann, solange ein Verwandter einer vorhergehenden Ordnung vorhanden ist. Das bedeutet, dass Fritz Ernst wegen § 1930 BGB nicht erben kann, da Erben der ersten Ordnung, also einer vorhergehenden Ordnung vorhanden sind. Lisa und Leo werden ebenfalls nichts erben, weil ihr Vater Klaus Ernst noch lebt und sie dadurch von der Erbfolge ausgeschlossen sind, § 1924 Abs. 2 BGB. Klaus Ernst erbt also alles.

Abwandlung des Beispiels:

Gleicher Fall wie oben mit der Abwandlung, dass Klaus Ernst bereits verstorben war.

Hier sind außer § 1924 Abs. 1 BGB auch noch die Abs. 3 und 4 des § 1924 heranzuziehen. Lisa und Leo treten als Abkömmlinge des Klaus Ernst an dessen Stelle, § 1924 Abs. 3 BGB. Gemäß § 1924 Abs. 4 BGB erben Kinder jeweils zur Hälfte. Im Ergebnis erben Lisa und Leo jeweils die Hälfte.

3.2 Erbrecht des Ehegatten und Lebenspartners einer gleichgeschlechtlichen Lebenspartnerschaft

3.2.1 Erbrecht des Ehegatten

Zwingende Voraussetzung für das gesetzliche Ehegattenerbrecht ist das Bestehen einer gültigen Ehe. Das gesetzliche Ehegattenerbrecht entfällt daher, wenn eine Nichtehe, eine rechtskräftig geschiedene Ehe oder eine rechtskräftig aufgehobene Ehe vorliegt.

Lagen zum Zeitpunkt des Erbfalls die Voraussetzungen für eine Scheidung oder Aufhebung der Ehe vor, so kann das Ehegattenerbrecht ebenfalls entfallen, § 1933 BGB. Der Erblasser muss aber die Scheidung oder Aufhebung beantragt oder ihr zugestimmt haben. In diesen Fällen verbleibt dem Ehegatten ein Unterhaltsanspruch gegenüber den Erben, wie wenn die Ehe bereits geschieden war, § 1933 Satz 3 BGB.

Für die **Bestimmung des gesetzlichen Erbteils** des Ehegatten muss festgestellt werden, ob Verwandte des Erblassers vorhanden sind und zu welcher Ordnung diese gehören. Außerdem ist der Güterstand, in dem die Ehegatten zum Zeitpunkt des Erbfalls gelebt hatten, maßgeblich.

§ 1931 bestimmt den Umfang des gesetzlichen Ehegattenerbrechts.

- Dem überlebenden Ehegatten steht neben Verwandten der ersten Ordnung 1/4 zu.
- Neben Verwandten der zweiten Ordnung steht dem überlebenden Ehegatten 1/2 zu.
- Neben Verwandten der dritten Ordnung hängt die Erbquote davon ab, ob noch Großeltern vorhanden sind. Der überlebende Ehegatte erhält die Hälfte, wenn noch Großeltern leben. Deren Erbquote richtet sich danach, wie viele Großeltern noch leben, § 1931 Abs. 1 Satz 1 BGB. Leben hingegen die Großeltern nicht mehr, sondern nur noch deren Abkömmlinge, (Erben dritter Ordnung, § 1926 BGB), so erhält der überlebende Ehegatte die ganze Erbschaft, § 1931 Abs. 2 BGB.
- Verwandte ab der vierten Ordnung sind neben dem überlebenden Ehegatten nicht erbberechtigt.

Bei der Bestimmung der Erbquote des gesetzlichen Ehegattenerbrechts ist der Güterstand, in dem die Ehegatten gelebt haben, mit einzubeziehen, ausführlich zu den Güterständen Vierter Teil, 1.4.

Lebten die Ehegatten im Güterstand der **Zugewinngemeinschaft** (gesetzlicher Güterstand), so wird der Anteil des Ehegatten um ein Viertel erhöht, sog. erbrechtliche Verwirklichung, § 1931 Abs. 3 i. V. m. § 1371 Abs. 1 BGB.

Dieses Viertel aus § 1371 Abs. 1 BGB wird pauschal dem überlebenden Ehegatten gewährt. Es spielt also keine Rolle, ob der Zugewinn tatsächlich erzielt wurde. Dieser **„pauschalierte Zugewinnausgleich“** führt dazu, dass der überlebende Ehegatte z. B. neben Verwandten der ersten Ordnung 1/4 aus § 1931 Abs. 1 BGB, sowie 1/4 aus § 1371 Abs. 1 BGB, demnach 1/2 aus dem Erbe erhält.

Nachfolgendes Beispiel soll dies bei Erben der Ordnung verdeutlichen. Die Erblasserin hinterlässt folgende Personen: Vater und Mutter, sowie ihren Ehemann und drei Kinder. Die Eheleute lebten im gesetzlichen Güterstand.

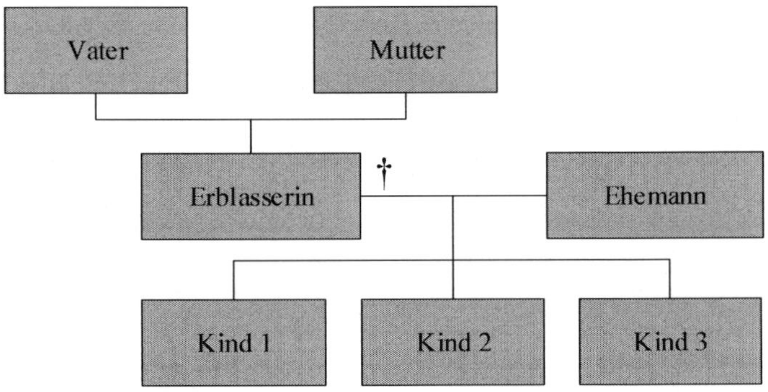

Die drei Kinder sind Erben der ersten Ordnung, die auch Verwandte der ersten Ordnung sind. Der überlebende Ehemann erbt damit nach § 1931 Abs. 1 1. Alt. BGB zu einem Viertel. Mit dem Tod der Erblasserin wird der gesetzliche Güterstand beendet. Damit ist ein unterschiedlicher Zugewinn der Eheleute auszugleichen, vgl. §§ 1371, 1372 BGB. Erfolgt der Zugewinnausgleich erbrechtlich, so verweist § 1931 Abs. 3 BGB auf den § 1371 Abs. 1 BGB, wonach der gesetzliche Erbteil des Ehegatten (hier des Ehemannes) pauschal um ¼ erhöht wird.

Abschließendes Beispiel:

Werner Meier hinterlässt seine Ehefrau Else und zwei eheliche Kinder. Durch einem Seitensprung mit Laura ist er Vater eines weiteren Kindes. Es gibt somit drei Kinder. Das Ehepaar lebt im Güterstand der Zugewinngemeinschaft.

Wer erbt wie viel?

Da die Ehe zum Zeitpunkt des Todes bestanden hat, greift § 1931 BGB. Der Anteil des Ehegatten ist unterschiedlich, je nachdem, welcher Ordnung die Verwandten des Erblassers angehören. Vorliegend ist § 1931 Abs. 1 einschlägig, da die Kinder Erben erster Ordnung sind, § 1924 Abs. 1 BGB. Aus der Vorschrift des § 1931 Abs. 1 BGB ergibt sich, dass Else neben den Kindern ein Viertel der Erbschaft zusteht.

Zu beachten ist aber unbedingt § 1931 Abs. 3 BGB. Dieser verweist auf eine **Vorschrift aus dem Familienrecht**, § 1371 BGB.

§ 1371 Abs. 1 BGB führt dazu, dass dem Ehegatten, wenn Zugewinngemeinschaft bestand, ein weiteres Viertel der Erbschaft zusteht. Insgesamt erhält Else nun 1/4 auf Grund des § 1931 Abs. 1 BGB und ein weiteres 1/4 auf Grund des § 1371 Abs. 1 BGB. Den drei Kindern verbleibt die andere Hälfte der Erbschaft, also jedem Kind steht 1/6 zu. Es spielt demnach keine Rolle, ob die Kinder aus der Ehe mit der Erblasserin stammen oder sich möglicherweise aufgrund des Erbfalls herausstellt, dass der Erblasser Vater eines weiteren Kindes war. Dies ist ein Ausfluss des Art. 6 Abs. 5 GG.

Für den überlebenden Ehegatten kann es aber günstiger sein, den pauschalierten Zugewinnausgleich durch eine **Ausschlagung** zu verlieren, § 1931 Abs. 3 BGB, jedoch den Zugewinnausgleich nach der sog. **güterrechtlichen Regelung**, §§ 1373 ff. BGB herbeizuführen. Wichtig: Der überlebende Ehegatte hat nur einen Erbteil (vgl. Wortlaut: Erbteil wird erhöht). Damit schlägt er den kompletten Erbteil aus. Er wird nicht Erbe

Der überlebende Ehegatte hat dann einen **schuldrechtlichen Anspruch auf Zugewinnausgleich** gegen die Erben. Zusätzlich erhält er einen Anspruch in Geld auf den sog. **kleinen Pflichtteil** (berechnet sich aus dem nicht erhöhten Erbteil nach § 1931 Abs. 1 Satz 1 BGB).

Beispiel:
Bruno Grau hinterlässt seine Ehefrau Thea Grau, sowie die gemeinsamen Kinder Frank und Klaus. Eine Verfügung von Todes wegen gibt es nicht. Bruno Grau hatte während der Ehe einen Zugewinn in Höhe von 40000 Euro erzielt, seine Ehefrau Thea hatte keinen Zugewinn. Die 40000 Euro stellen den gesamten Nachlass dar.

Thea kann nun zwischen der erbrechtliehen Verwirklichung oder der schuldrechtlichen Verwirklichung des Zugewinns wählen.

Aus § 1931 Abs. 1 BGB i. V. m. § 1371 Abs. 1 BGB erhält sie jeweils 1/4, d. h. insgesamt die Hälfte des Erbes. Das sind 20000 Euro.

Schlägt sie die Erbschaft aus, so hat sie wegen des §§ 1371 Abs. 3, 1371 Abs. 2, 1378 Abs. 1 BGB noch einen schuldrechtlichen Anspruch auf Ausgleich des Zugewinns gegen Frank und Klaus in Höhe von 20000 Euro, vgl. § 1378 Abs. 1 BGB. Zusätzlich steht ihr ein Pflichtteilsanspruch in Höhe der Hälfte des nicht erhöhten gesetzlichen Erbteils nach § 2303 Abs. 1 BGB zu. Der gesetzliche Erbteil beträgt ein Viertel, die Hälfte davon ist 1/8. Beachte aber, dass der Anspruch der Ehefrau aus dem schuldrechtlichen Zugewinnausgleich in Höhe von 20000 Euro den Nachlass mindert. Der Nachlass beträgt dann nur noch 20000 Euro. Der Pflichtteil beträgt 2500 Euro (1/8 von 20000 Euro). Insgesamt erhält sie bei dieser Lösung 22500 Euro.

Lebten die Ehegatten im Güterstand der **Gütertrennung**, so gilt § 1931 BGB ebenfalls. Beachtet werden muss aber § 1931 Abs. 4 BGB. Durch Absatz 4 des § 1931 wird sichergestellt, dass der überlebende Ehegatte neben einem oder zwei Kindern des Erblassers diesen gleichgestellt ist. Bei einem Kind würde der überlebende Ehegatte ohne die Vorschrift des § 1931 Abs. 4 BGB nur 1/4 erben, das Kind hingegen 3/4. Zwei Kinder würden ebenfalls mehr als der Ehegatte erben, nämlich jeweils 3/8. Um hier einen Ausgleich zu schaffen bestimmt § 1931 Abs. 4 BGB, dass der überlebende Ehegatte und jedes Kind zu gleichen Teilen erben. Das bedeutet neben einem Kind steht dem Ehegatten 1/2, neben zwei Kindern 1/3 des Erbes zu. Bei mehr als zwei Kindern greift § 1931 Abs. 1 BGB, der überlebende Ehegatte erhält 1/4.

Lebten die Ehegatten im Güterstand der **allgemeinen Gütergemeinschaft**, so richtet sich der Erbteil des überlebenden Ehegatten nur nach § 1931 BGB. Der überlebende Ehegatte ist zur gesamten Hand Miteigentümer des Gesamtgutes, § 1482 BGB, außerdem gehört zum Nachlass das Sondergut, § 1417 BGB und das Vorbehaltsgut, § 1418 BGB.

Hatten die Ehegatten im Ehevertrag die **fortgesetzte Gütergemeinschaft**, § 1483 Abs. 1 Satz 1 BGB festgelegt, so fällt der Gesamtgutsanteil des Erblassers nicht in den Nachlass; die Gütergemeinschaft wird zwischen dem überlebenden Ehegatten und den gemeinsamen Kindern fortgesetzt. Nur das Sonder- und Vorbehaltsgut wird vererbt.

Beispiel:
Frank Müller hinterlässt nach seinem Tod seine Ehefrau Jana und seine Kinder Desiree und Marco. Die Erbschaft besteht aus einem Bankguthaben in Höhe von 40000 Euro.

Frank und Jana Müller hatten Gütertrennung (§ 1414 BGB) vereinbart. Frank Müller hatte keine Verfügungen von Todes wegen getroffen.

Wer erbt zu welchen Teilen?

Da keine Verfügung von Todes wegen getroffen wurde, greift die gesetzliche Erbfolge ein. Laut § 1931 BGB erhält Jana 1/4 der Erbschaft, da ja Erben der ersten Ordnung, nämlich die Kinder Desiree und Marco, vorhanden sind. Dies ergibt sich aus der Vorschrift des § 1924 Abs. 1 u. 4 BGB, s. oben.

Da die Eheleute als Güterstand die Gütertrennung vereinbart hatten, fällt, anders als im vorangegangenen Beispielsfall, das 1/4 aus § 1371 Abs. 3 BGB (erbrechtliche Erhöhung wegen des Zugewinnausgleichs) weg. § 1371 Abs. 3 BGB setzt den Güterstand der Zugewinngemeinschaft voraus. Anwendung findet hier § 1931 Abs. 4 BGB (als lex specialis zu § 1371 Abs. 1 BGB), der dazu führt, dass die Ehefrau Jana und die beiden Kinder Desiree und Marco jeweils zu 1/3 erben.

Falls der Erblasser mehr als zwei Kinder hinterlässt, gilt nicht der Abs. 4 des § 1931 BGB, sondern es wird der Abs. 1 des § 1931 BGB angewendet.

3.2.2 Erbrecht des Lebenspartners einer gleichgeschlechtlichen Lebenspartnerschaft

Seit der Einführung des Gesetzes zur Einführung des Rechts auf Eheschließung für Personen gleichen Geschlechts am 1.10.2017 können gleichgeschlechtliche Paare eine Ehe eingehen. Seit diesem Zeitpunkt ist die Begründung einer Lebenspartnerschaft nicht mehr möglich. Bestehende Lebenspartnerschaften können in eine Ehe umgewandelt werden. Für die bestehenbleibenden Lebenspartnerschaften gilt weiter § 10 Lebenspartnerschaftsgesetz (LPartG).

3.3 Voraus und Dreißigster

Durch den sog. Voraus, § 1932 BGB, soll dem Überlebenden (Ehegatte oder gleichgeschlechtlicher Lebenspartner) ermöglicht werden, die gewohnten Gegenstände zu behalten, die die Ehegatten bislang gemeinsam nutzten.

Der Dreißigste, § 1969 BGB, räumt für die ersten 30 Tage nach dem Eintritt des Erbfalls den Familienangehörigen das Recht ein, aus dem Nachlass unterhalten zu werden.

3.3.1 Voraus

Dem überlebenden Ehegatten steht nach § 1932 der sog. Voraus zu.

Der Anspruch auf den Voraus wird zusätzlich zum gesetzlichen Erbteil unabhängig vom Güterstand eingeräumt. Es handelt sich hierbei um die Hochzeitsgeschenke und die zum Haushalt gehörenden Gegenstände, soweit sie nicht Zubehör eines Grundstückes sind.

Der Umfang des Voraus richtet sich danach, welcher Ordnung die Verwandten angehören bzw. ob Großeltern erben.

Neben Verwandten der zweiten Ordnung und Großeltern erhält der überlebende Ehegatte den gesamten Voraus, § 1932 Abs. 1 Satz 1 BGB.

Neben Verwandten der ersten Ordnung erhält der überlebende Ehegatte die Gegenstände, soweit er dieser zur Führung eines angemessenen Haushalts bedarf, § 1932 Abs. 1 Satz 2 BGB.

Der überlebende Ehegatte erwirbt einen **schuldrechtlichen Anspruch** gegen die Erben auf Übertragung des Eigentums der zum Voraus gehörenden Gegenstände nach § 2174 BGB i. V. m. § 1932 Abs. 2 BGB.

Beispiel:

Frank Müller hinterlässt nach seinem Tod seine Ehefrau Inge und seine Kinder Lena und Lisa. An Wertgegenständen sind eine wertvolle Wohnungseinrichtung und ein Bankguthaben in Höhe von 40 000 Euro vorhanden. Die Schwiegereltern hatten dem Ehepaar Müller zur Hochzeit eine Skulptur im Wert von 1 000 Euro geschenkt.

Manfred und Inge Müller hatten Gütertrennung (§ 1414 BGB) vereinbart.

Manfred Müller hatte keine Verfügungen von Todes wegen getroffen.

Wer erbt zu welchen Teilen?

Bzgl. der Ermittlung der Erbquote unter Berücksichtigung der Gütertrennung sei auf die Ausführungen des obigen Beispielfalles verwiesen.

Im Ergebnis erben Inge Müller und die beiden Kinder jeweils 1/3, §§ 1924 Abs. 1, Abs. 4, 1931 Abs. 4 BGB.

Weiterhin ist § 1932 BGB der sog. „Voraus" zu beachten. Sinn und Zweck der Rechtsnorm liegt darin, dem überlebenden Ehegatten die Fortführung des eigenen Haushaltes zu ermöglichen. (Manche Erben würden ansonsten dem überlebenden Ehegatten die Kaffeetasse aus der Hand reißen.)

Bezogen auf den Fall:

Neben Inge Müller gibt es die Erben erster Ordnung Lena und Lisa, deshalb stehen ihr die Haushaltsgegenstände insoweit zu, wie sie Jana Müller für die Weiterführung ihres bisherigen Haushaltes benötigt. Die Wohnungseinrichtung fällt also unter den „Voraus". Bei der Skulptur ist es zweifelhaft, ob sie zur Führung eines angemessenen Haushaltes erforderlich ist. Eine Hälfte gehört Inge Müller seit der Schenkung, aber bezüglich der Hälfte des Frank Müller könnten die Kinder die Hälfte des Wertes der Skulptur verlangen. Gehört die Skulptur jedoch zur Führung eines angemessenen Haushalts, so könnte die Skulptur zum „Voraus" § 1932 Abs. 1 Satz 2 BGB gehören. Das Ergebnis bzgl. der Skulptur kann an dieser Stelle offen bleiben, da es auf die genauen Umstände des Einzelfalles ankommt.

3.3.2 Dreißigster

Der in § 1969 BGB normierte „Dreißigste" ist ein weiteres gesetzliches Vermächtnis.

Den Familienangehörigen des Erblassers, die zur Zeit seines Todes zu dessen Hausstand gehörten und von ihm Unterhalt bezogen, wird das Recht eingeräumt, noch dreißig Tage nach dem Erbfall aus dem Nachlass unterhalten zu werden.

Dazu gehört auch die Nutzung der Wohnung und der Haushaltsgegenstände. Damit soll den Familienangehörigen Zeit gegeben werden, um sich auf die neue Situation einzustellen.

Zu Familienangehörigen i. S. d. § 1969 BGB zählen Verwandte, Ehepartner, Lebenspartner, Lebensgefährten, Verschwägerte, nichteheliche Kinder, Pflegekinder und Freunde.

Voraussetzung ist, dass eine **persönliche Beziehung** zum Erblasser bestand und die **Aufnahme in die Familiengemeinschaft** erfolgte.

3.4 Erbrecht des Staates

Der Staat ist **Zwangserbe**. Er kann auf sein gesetzliches Erbrecht weder verzichten, § 2346 BGB noch die Erbschaft ausschlagen, § 1942 Abs. 2 BGB.

Er haftet als gesetzlicher Erbe für die Nachlassverbindlichkeiten nach§ 1967 BGB. Allerdings kann der Staat gewisse Erleichterungen bzgl. der Haftung beanspruchen.

Der Fiskus haftet nur beschränkt, indem er Nachlassverwaltung, Nachlassvergleichsverfahren oder Nachlassinsolvenz beantragen kann oder aber die Einrede der beschränkten Haftung erhebt.

§ 2011 entbindet den Fiskus als gesetzlichen Erben von der Inventarpflicht. Außerdem muss sich der Fiskus als gesetzlicher Erbe nicht die beschränkte Haftung vorbehalten lassen, § 780 Abs. 2 ZPO.

Beispiel:

Der Erblasser Lang lebte in Dresden. Er hatte keine letztwillige Verfügung errichtet, da er weder verheiratet war noch irgendwelche Verwandten hatte.

Wer erbt?

§ 1936 Satz 1 BGB bestimmt den Staat als gesetzlichen Erben, „wenn weder ein Verwandter noch ein Ehegatte des Erblassers vorhanden" ist. Erbe wird der Bundesstaat, in dem der Erblasser seinen Wohnsitz hatte.

Im Beispiel erbt somit der Freistaat Sachsen.

Der Fiskus hat nicht die Möglichkeit, als Staat die Erbschaft auszuschlagen, wenn es sich, wie im Fall, um ein gesetzliches Erbrecht handelt, § 1942 Abs. 2 BGB. Durch § 1942 Abs. 2 BGB wird verhindert, dass der Nachlass „herrenlos" wird, vgl. zu diesem Begriff Dritter Teil, 3.3.1.2.

Testfragen

6. Leo hinterlässt seine Töchter Anne und Sofie. Sein Sohn Klaus ist schon früher verstorben und hat seine Ehefrau Klara und die Töchter Lena und Lisa hinterlassen.

   Wer erbt zu welchen Teilen?

7. Petra hinterlässt ihren Vater Willi und ihre Schwestern Sabine und Christine. Wer erbt zu welchen Teilen?

8. Klara Ernst ist verstorben. Sie hinterlässt ihre Eltern Magda und Otto Ernst, sowie ihren minderjährigen Adoptivsohn Lukas. Magda und Otto Ernst sind der Ansicht, dass ihnen das gesamte Erbe zustünde.

9. Peter Meier ist verstorben. Er hinterlässt seine Ehefrau Gerlinde, mit der er im gesetzlichen Güterstand lebte und zwei Söhne. Sein Sohn Tobias ist mit Marion verheiratet und hat zwei Kinder, Max und Leni. Sein Sohn Ernst ist kinderlos. Die gemeinsame Tochter von Peter und Gerlinde Meier, Sandra Meier, lebt nicht mehr. Sandra Meiers Ehemann Lutz und ihre gemeinsamen Kinder Susan und Anne leben noch.

   Wie müsste der Stammbaum gezeichnet werden? Wer erbt zu welchen Teilen?

4. Gewillkürte Erbfolge

Die „gewillkürte" Erbfolge setzt Willenserklärung(en) des Erblassers voraus. Im Erbrecht spricht man von **„Verfügungen von Todes wegen"**. Durch die „Verfügungen von Todes wegen" hat der Erblasser die Möglichkeit, gestaltend auf die Erbfolge einzuwirken, anders als bei der gesetzlichen Erbfolge.

Hierzu einige Beispiele:

Der Erblasser kann Erben einsetzen, aber auch enterben. Ebenso kann er ein Vermächtnis zuwenden, mit oder ohne Auflagen. Es können Regelungen bei Bestehen einer Erbengemeinschaft oder Pflichtteilsbeschränkungen getroffen werden.

Verfügungen von Todes wegen im Einzelnen sind das Testament, § 1937 BGB und der Erbvertrag, § 1941 BGB.

4.1 Testament

Beim Testament handelt es sich um eine einseitige und jederzeit widerrufbare Verfügung von Todes wegen (letztwillige Verfügung). Das Rechtsgeschäft kommt durch eine einseitige, nicht empfangsbedürftige Willenserklärung zustande (zum Begriff der Willenserklärungen Erster Teil, 4.2).

Durch das Testament kann der Erblasser:

- einen Erben einsetzen, § 1937 BGB
- einen Verwandten, den Ehegatten oder den gleichgeschlechtlichen Lebenspartner von der gesetzlichen Erbfolge ausschließen (enterben), § 1938 BGB
- ein Vermächtnis oder mehrere Vermächtnisse anordnen, § 1939 BGB
- Auflagen anordnen, § 1940 BGB
- einen Testamentsvollstrecker einsetzen, § 2197 BGB.

Die Rechtswirkung des Testaments tritt erst mit dem Erbfall ein.

4.1.1 Errichtung des Testaments

Das Testament kann gemäß § 2064 BGB nur persönlich errichtet werden. Weder eine rechtsgeschäftliche noch eine gesetzliche Vertretung ist daher möglich. Hintergrund dieser gesetzlichen Regelung ist die große Tragweite der letztwilligen Verfügung und der Eintritt der Wirksamkeit erst nach dem Tod des Erblassers.

Voraussetzung für die Errichtung eines Testaments ist die **Testierfähigkeit.**

Testierfähig sind Volljährige, soweit sie nicht wegen krankhafter Störung der Geistestätigkeit, wegen Geistesschwäche oder wegen Bewusstseinsstörung in der Lage sind, die Bedeutung der von ihnen abgegebenen Willenserklärung einzusehen und nach dieser Einsicht zu handeln, § 2229 Abs. 4 BGB.

Weiterhin sind **Minderjährige** nach Vollendung des 16. Lebensjahres testierfähig. Es handelt sich um einen Unterfall der Geschäftsfähigkeit mit abweichenden Regelungen für beschränkt Geschäftsfähige. § 2229 Abs. 1 BGB bestimmt, dass ein Minderjähriger das 16. Lebensjahr vollendet haben muss, um testierfähig zu sein. Dies gilt aber wegen § 2247 Abs. 4 BGB nicht für das eigenhändige Testament. Für die Errichtung dieser Form des ordentlichen Testaments ist die Volljährigkeit Voraussetzung.

Zu unterscheiden sind die **ordentlichen** Testamente und die **außerordentlichen Testamente**. Bei den ordentlichen Testamenten, § 2231 BGB, werden die Testamentsformen „öffentliches Testament" und „eigenhändiges Testament" unterschieden.

Öffentliches Testament

Das öffentliche Testament wird gemäß § 2232 Satz 1 BGB errichtet, indem der Erblasser dem Notar zur Niederschrift seinen letzten Willen mündlich erklärt, oder ihm eine Schrift mit der Erklärung übergibt, dass die Schrift seinen letzten Willen enthalte. Der Erblasser kann die Schrift nach Satz 2 der Vorschrift offen oder verschlossen übergeben; sie braucht nicht von ihm geschrieben zu sein.

Das öffentliche Testament kann von einem Minderjährigen, der testierfähig gemäß § 2229 Abs. 1 BGB ist, errichtet werden. Zu beachten ist, dass er das öffentliche Testament nur durch mündliche Erklärung oder Übergabe einer offenen Schrift errichten kann, § 2233 BGB.

Eigenhändiges Testament

Die andere Form des ordentlichen Testaments ist das eigenhändige Testament. Wie der Begriff schon selbst aussagt, muss der Erblasser dabei selbst zur Feder greifen.

Beispiel:
Der 60-jährige Heiko Pauls schreibt auf einen Zettel handschriftlich: „Liebe Peggy, im Falle meines Todes sollst Du als meine treue Ehefrau alles erben. In Liebe Dein Heiko"

Der Sohn des Heiko, Lutz, will dies nicht als Testament anerkennen und fordert die Hälfte der Erbschaft.

Hat Lutz recht?

Heiko Pauls hatte sich im Beispielsfall für die Errichtung eines eigenhändigen Testaments nach § 2247 BGB entschieden. Von seiner Testierfähigkeit kann ausgegangen werden. Fraglich ist, ob Heiko Pauls die in § 2247 BGB vorgeschriebene Form eingehalten hat.

§ 2247 Abs. 1 BGB fordert eine **eigenhändig geschriebene** und **unterschriebene Erklärung**. Eigenhändig wurde das Testament von Heiko Pauls geschrieben. Fraglich ist aber, ob die Unterschrift „In Liebe Dein Heiko" formgerecht ist. Nach § 2247 Abs. 3 BGB **soll** die Unterschrift den **Vornamen und den Familiennamen** des Erblassers enthalten. Hat der Erblasser in anderer Weise unterschrieben und reicht die Unterzeichnung zur Feststellung der Urheberschaft und der Ernstlichkeit seiner Erklärung aus, so ist dies zulässig. Durch die Unterschrift ist Heiko Pauls als Urheber eindeutig feststellbar. Außerdem ist die Ernstlichkeit seiner Erklärung erkennbar.

§ 2247 Abs. 2 BGB enthält eine weitere Soll-Vorschrift: „Der Erblasser soll auf der Erklärung angeben, zu **welcher Zeit** an **welchem Ort** er sie niedergeschrieben hat." Das Testament ist laut § 2247 Abs. 5 BGB nur dann gültig, wenn sich die notwendigen Feststellungen anderweitig treffen lassen. Dies könnte dann der Fall sein, wenn beispielsweise mehrere Testamente gefunden wurden. Dies liegt hier nicht vor.

Somit ist das eigenhändige Testament gültig und Peggy Pauls ist Alleinerbin. Lutz hat aber einen Anspruch auf den Pflichtteil (ausführlich dazu Fünfter Teil, 11.)

Gemeinschaftliches Testament

In diesem Zusammenhang sind wegen ihrer praktischen Bedeutung die gemeinschaftlichen Testamente, §§ 2265 ff. BGB, hervorzuheben.

Das gemeinschaftliche Testament steht nur Ehegatten (vgl. § 2265 BGB) und gleichgeschlechtlichen Lebenspartnern, vgl. (§ 10 Abs. 4 LPartG) offen.

Jeder der beiden Erblasser verfügt einseitig für den Fall seines Todes, obwohl sie gemeinsam das Testament errichten. Rechtlich besteht also eine **doppelte, einseitige Verfügung von Todes wegen**.

Ein gemeinschaftliches Testament kann in verschiedenen Formen errichtet werden. Es ist möglich, es als öffentliches Testament, also durch mündliche Erklärung oder durch Übergabe einer offenen oder verschlossenen Schrift, als eigenhändiges Testament oder als Nottestament zu errichten.

Die Ehegatten bzw. gleichgeschlechtlichen Lebenspartner können in einem gemeinschaftlichen Testament außer Verfügungen, die in Einzeltestamenten üblich sind, wechselbezügliche Verfügungen treffen.

Aus § 2270 Abs. 3 BGB ergibt sich, dass nur Verfügungen wie Erbeinsetzung, Vermächtnisse oder Auflagen wechselbezüglich sind. Die Verfügungen der Ehegatten sind wechselbezüglich, wenn der eine Ehegatte seine Verfügung nur mit Rücksicht auf die Verfügung des anderen Ehegatten getroffen hat, § 2270 Abs. 1 BGB.

Beispiel:
Marion Schulze hatte zusammen mit ihrem Mann Klaus ein gemeinschaftliches Testament errichtet. Das Ehepaar Schulze hatte gemeinsam die letztwillige Verfügung getroffen, dass sie sich gegenseitig als Erben einsetzen, und dass nach dem Tode des Überlebenden der beiderseitige Nachlass an ihren Sohn Tobias fallen soll. Das Testament war mit Zeit- u. Ortsangabe versehen, allerdings war es nur von Frau Schulze eigenhändig geschrieben worden. Unterschrieben hatten aber beide Eheleute, jeweils mit Vor- u. Nachnamen. Nach dem Tod von Frau Schulze fragt der Sohn Tobias, ob ihm nun die Hälfte der Erbschaft zustehe.

Gemeinschaftliche Testamente können in der Form der öffentlichen Testamente, aber auch in der Form der eigenhändigen Testamente errichtet werden. Das Ehepaar Schulze hat sich für ein gemeinschaftliches Testament in der Form des eigenhändigen Testaments entschieden.

Nur Ehegatten und gleichgeschlechtliche Lebenspartner, nicht aber Verlobte oder nichteheliche Lebensgemeinschaften, können eine gemeinschaftliche, letztwillige Verfügung von Todes wegen errichten, §§ 2265 ff. BGB. Es reicht aus, wenn einer der Ehegatten das Testament in der vorgeschriebenen Form, z. B. handschriftlich, erstellt und der andere Ehegatte die gemeinschaftliche Erklärung mit unterzeichnet, § 2267 BGB. Die Formvorschriften der §§ 2267, 2247 BGB wurden somit im Beispielsfall eingehalten.

Die Ehegatten haben sich gegenseitig zu Alleinerben eingesetzt und bestimmt, dass nach dem Tod des Überlebenden der beiderseitige Nachlass an ihren Sohn fällt. Hier handelt es sich um eine wechselbezügliche Verfügung. Es ist anzunehmen, dass die Ehefrau nur deswegen so verfügt hat, weil der Ehemann so verfügt hat – und umgekehrt. Besondere Bedeutung erhalten wechselbezügliche Verfügungen, wenn es um deren Widerruf geht, vgl. dazu unter 4.1.2. Hier liegt im Übrigen ein sog. **Berliner Testament**, § 2269 Abs. 1 BGB vor. Das bedeutet, dass Klaus Schulz alleiniger Erbe des Vermögens seiner Frau ist und Sohn Tobias erst beim Tod des Vaters das Gesamtvermögen (von Mutter und Vater) erbt. Der Sohn könnte nur seinen Pflichtteil beanspruchen.

Außerordentliche Testamente

Bei den außerordentlichen Testamentsformen, §§ 2249 bis 2251, handelt es sich um Nottestamente, d. h. sie gelten nur für besondere Notfälle. Sie haben allerdings nur eine **beschränkte Gültigkeitsdauer** (3 Monate, § 2252 Abs. 1 BGB), wenn der Erblasser nach der Testamentserrichtung am Leben bleibt.

Zu den außerordentlichen Testamenten gehören:

- **Nottestamente** vor dem Bürgermeister, § 2249 BGB
- **Dreizeugentestamente**, § 2250 BGB
- **Seetestamente**, § 2251 BGB

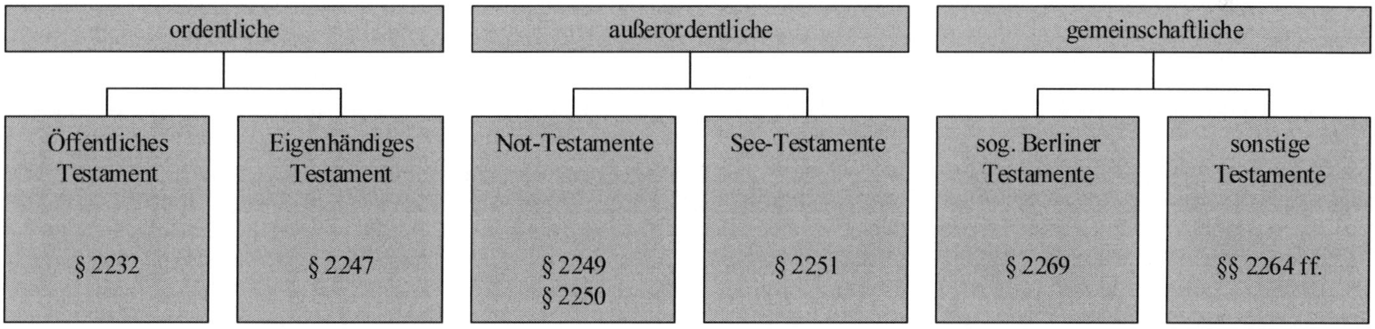

4.1.2 Widerruf des Testaments

Der Erblasser kann ein Testament **jederzeit widerrufen**, § 2253 BGB.

Er kann ein neues Testament errichten, das den Widerruf des ursprünglichen Testaments zum Inhalt hat, § 2254 BGB. Man nennt diese Testamentsform auch **„reines Widerrufstestament"**.

Daneben besteht die Möglichkeit, das Testament zu widerrufen, indem der Erblasser in der Absicht, es aufzuheben, die Testamentsurkunde **vernichtet** oder verändert, § 2255 BGB.

Einzelne im Testament enthaltene Verfügungen sind ebenfalls widerruflich, § 2253 BGB.

Beispiele:
Die Testamentsurkunde wird vom Erblasser zerrissen.

Der Erblasser streicht einen Absatz im Testament, der sich auf die Erbeinsetzung des Enkels Max bezieht.

Ein früheres Testament wird durch die **Errichtung** eines **(späteren) Testamentes** aufgehoben, wenn das spätere Testament mit dem früheren in Widerspruch steht. Dies ergibt sich aus § 2258 Abs. 1 BGB.

Beispiel:
Benno Bedächtig setzt am 28. Juli 2015 ein Testament auf, in dem seine neue Freundin Susanne zur Alleinerbin eingesetzt wird. Das von ihm am 1. Mai 2011 errichtete Testament, in dem seine damalige Freundin Lisa zur Alleinerbin eingesetzt wurde, ist damit aufgehoben.

Verlangt der Erblasser das in amtliche Verwahrung genommene öffentliche Testament zurück, so gilt es als widerrufen, § 2256 Abs. 1 BGB.

Die zurückgebende Stelle soll den Erblasser über den Widerruf als Folge der Rückgabe belehren, § 2256 Abs. 1 Satz 2 BGB. Die Rückgabe darf nur an den Erblasser persönlich erfolgen. Falls der Erblasser nicht in der Lage ist, das Testament persönlich abzuholen, so muss es ihm von der zuständigen Stelle gebracht werden.

Eine Bevollmächtigung oder Zusendung ist nicht möglich, § 2256 Abs. 2 BGB.

Beim gemeinschaftlichen Testament ist für den Widerruf zusätzlich § 2271 BGB zu beachten.

Im Gegensatz zu den Einzeltestamenten und den nichtwechselbezüglichen Verfügungen in einem gemeinschaftlichen Testament gelten für den Widerruf der wechselbezüglichen Verfügungen Sonderregeln.

Zu unterscheiden ist, ob beide Erblasser noch leben, oder ob ein Erblasser bereits verstorben ist.

Leben beide Erblasser noch, so besteht die Möglichkeit des einseitigen Widerrufs nach § 2271 Abs. 1 Satz 1 BGB. Erforderlich ist eine notariell beurkundete Erklärung gegenüber dem anderen Ehegatten bzw. gleichgeschlechtlichen Lebenspartner. Dies ergibt sich aus § 2296 Abs. 2 BGB.

Weiterhin können die Ehegatten bzw. gleichgeschlechtlichen Lebenspartner gemeinsam widerrufen. Dies kann durch die Errichtung eines neuen gemeinschaftlichen Testaments, den Abschluss eines Erbvertrags oder auch die Rücknahme aus der amtlichen Verwahrung geschehen.

Ist der Ehegatte oder gleichgeschlechtliche Lebenspartner verstorben, so entfällt bei wechselbezüglichen Verfügungen grundsätzlich das Widerrufsrecht des Überlebenden, § 2271 Abs. 2 Satz 1 BGB, da der letzte Wille des Verstorbenen gelten soll. Dies gilt nicht, wenn der Vorverstorbene in seiner letztwilligen Verfügung den Widerruf oder die Abänderung des Testaments dem Überlebenden einräumt.

Nach § 2257 BGB kann ein Widerrufstestament („durch Testament erfolgter Widerruf") widerrufen werden. Ein Widerruf durch Vernichtung oder Veränderung der Urkunde (§ 2255 BGB) oder durch Rücknahme aus der amtlichen Verwahrung (§ 2256 Abs. 1 BGB) kann nicht widerrufen werden.

4.1.3 Verwahrung und Eröffnung von Testamenten

4.1.3.1 Verwahrung und Ablieferungspflicht

Ist ein gültiges Testament verfasst worden, so ist es wirksam. Dies gilt auch, wenn es nicht gefunden wird und somit alle Beteiligten von der falschen Rechtslage ausgehen. Daher sollte sichergestellt sein, dass Wille des Erblassers spätestens zum Zeitpunkt des Erbfalls bekannt ist.

Es besteht die Möglichkeit, Verfügungen von Todes wegen in die **amtliche Verwahrung beim Notar** und die **besondere amtliche Verwahrung beim Amtsgericht** zu bringen.

Handelt es sich um notariell beurkundete Testamente oder in amtlicher Verwahrung befindliche Testamente, so werden sie seit dem 1.12.2012 im **Zentralen Testamentsregister** erfasst. Öffentliche Testamente gibt der Notar immer in die besondere amtliche Verwahrung. Erbverträge können sowohl beim Notar als auch beim Amtsgericht verwahrt werden. Diese melden dem Zentralen Testamentsregister, dass eine letztwillige Verfügung vorliegt.

Im Sterbefall werden die Verwahrstellen, Amtsgericht bzw. Notar, vom Zentralen Testamentsregister benachrichtigt. Daraufhin werden diese Urkunden eröffnet und an das Nachlassgericht abgeliefert. So wird sichergestellt, dass die letztwilligen Verfügungen des Erblassers umgesetzt werden.

Nach § 2259 Abs. 1 BGB besteht eine **Ablieferungspflicht** für jeden, der ein Testament im Besitz hat. Nachdem der Besitzer vom Tod des Erblassers Kenntnis erlangt hat, muss das Testament unverzüglich beim Nachlassgericht abgeliefert werden. Zuständiges Nachlassgericht ist dabei in aller Regel das Amtsgericht, in dessen Bezirk der Erblasser zuletzt seinen Wohnsitz hatte. Die Ablieferungspflicht gilt auch für Behörden, § 2259 Abs. 2 BGB.

4.1.3.2 Testamentseröffnung

Nach § 348 Abs. 1 FamFG (Gesetz über das Verfahren in Familiensachen und in den Angelegenheiten der freiwilligen Gerichtsbarkeit) hat das Gericht, sobald es vom Tod des Erblassers Kenntnis erlangt hat, eine in seiner Verwahrung befindliche Verfügung von Todes wegen zu eröffnen.

Über die Eröffnung ist eine **Niederschrift** aufzunehmen. War die Verfügung von Todes wegen verschlossen, ist in der Niederschrift festzustellen, ob der Verschluss unversehrt war. Bei dieser Form der Testamentseröffnung werden keine Erben und sonstigen Beteiligten hinzugezogen.

Nach § 348 Abs. 2 FamFG kann das Gericht aber auch einen **offiziellen Termin** zur Eröffnung der Verfügung von Todes wegen bestimmen und die gesetzlichen Erben sowie die sonstigen Beteiligten zum Termin laden. Den Erschienenen ist der Inhalt der Verfügung von Todes wegen mündlich bekannt zu geben. Sie kann den Erschienenen auch vorgelegt werden; auf Verlangen ist sie ihnen vorzulegen.

§ 348 Abs. 3 FamFG bestimmt, dass das Gericht den Beteiligten den sie betreffenden Inhalt der Verfügung von Todes wegen schriftlich bekannt zu geben hat. Dies gilt nicht für Beteiligte, die in einem Termin nach Absatz 2 anwesend waren.

Besonderheiten ergeben sich für die Eröffnung von **gemeinschaftlichen Testamenten und Erbverträgen**. § 349 Abs. 1 FamG bestimmt, dass die Verfügungen des überlebenden Ehegatten oder Lebenspartners, soweit sie sich trennen lassen, nicht bekannt zu geben sind. Nach der Anfertigung einer beglaubigten Abschrift über die Verfügungen des Erblassers, ist das Testament, sofern es in besonderer amtlicher Verwahrung gewesen ist, erneut in besondere amtliche Verwahrung zurückzubringen.

Der Erblasser kann nicht anordnen, dass das Testament nach seinem Tod nicht eröffnet werden soll, § 2263 BGB.

Die Eröffnung des Testaments ist für die Ausschlagungsfrist von Bedeutung, da diese erst mit der Bekanntgabe der Verfügung von Todes wegen beginnt, vgl. § 1944 Abs. 2 BGB. Nach § 2355 BGB ist für die Erteilung des Erbscheines Voraussetzung, dass die Verfügung bezeichnet wird, auf der das Erbrecht beruht (die eröffnete Verfügung von Todes wegen).

Testfragen

10. Kann ein 14-Jähriger ein Testament errichten?
11. Kann ein 17-Jähriger ein eigenhändiges Testament errichten?
12. Was versteht man unter dem Nachlasswert?
13. Welche Möglichkeiten haben Ehegatten, um ihren Nachlass zu regeln?
14. Erblasser Egon Ernst hat seine drei Kinder Lena, Lilly und Leo testamentarisch zu gleichen Teilen als Erben eingesetzt. Nachdem Lena ihm einen in seinen Augen nicht standesgemäßen Verlobten vorstellt, ändert er sein Testament. Er schreibt handschriftlich auf die Testamentsurkunde „Dieses Testament ist ungültig hinsichtlich der Erbeinsetzung Lenas."

    Liegt ein Widerruf des Testaments hinsichtlich der Erbeinsetzung Lenas vor?

5. Ausschlagung und Annahme der Erbschaft

Der Anfall der Erbschaft erfolgt kraft Gesetzes mit dem Tod des Erblassers, unabhängig vom Wissen und Willen des Berufenen. Deshalb ist der Erbschaftserwerb zunächst ein sog. **vorläufiger Erbschaftserwerb**.

Durch die Annahme der Erbschaft gem. § 1943 BGB wird der vorläufige Erbschaftserwerb in einen endgültigen Erbschaftserwerb umgewandelt. Die Annahme der Erbschaft stellt eine Willenserklärung da. Da sie an keine Form gebunden ist, ist auch eine **Annahme der Erbschaft durch schlüssiges Verhalten** möglich.

Lässt der Erbe die in § 1944 Abs. 1 BGB genannte Ausschlagungsfrist verstreichen ohne auszuschlagen, so gilt die Erbschaft ebenfalls als angenommen. Die **Ausschlagungsfrist**, **„binnen sechs Wochen"**, beginnt mit dem Zeitpunkt, in dem der Erbe **Kenntnis** vom Anfall der Erbschaft und dem Grund der Berufung erlangt. Bei letztwilligen Verfügungen beginnt die Frist nicht vor dem Zeitpunkt der Eröffnung der Verfügung, § 1944 Abs. 2 BGB.

Die Wirkung der Ausschlagung ergibt sich aus § 1953 Abs. 1 BGB. Durch die Ausschlagung gilt der **Anfall der Erbschaft als nicht erfolgt**. Nach § 1953 Abs. 2 BGB fällt die Erbschaft demjenigen zu, welcher berufen sein würde, wenn der Ausschlagende zur Zeit des Erbfalls nicht gelebt hätte.

Beispiel:

Kathleen Neumann ist Alleinerbin ihres Mannes Rico Neumann geworden. Zum Nachlass gehört die Schreinerei ihres verstorbenen Mannes. Auf dem Konto befinden sich 3000 Euro. Eine Woche nach dem Tod ihre Mannes erhält Frau Neumann eine Rechnung des Holzlieferanten Wurm in Höhe von 15000 Euro, für Holzlieferungen der letzten sechs Monate.

1. *Muss Frau Neumann die Erbschaft annehmen?*
2. *Könnte sie die Erbschaft ausschlagen?*

1. Frau Neumann ist Gesamtrechtsnachfolgerin ihres Mannes geworden, § 1922 Abs. 1 BGB. Mit dem Tod ihres Mannes ist sie automatisch zum Zeitpunkt des Todes Erbin geworden. Da der Grundsatz der Gesamtrechtsnachfolge gilt, hat Frau Neumann nicht nur sämtliche Rechte, sondern auch sämtliche Pflichten geerbt. Für die Schulden in Höhe von 15000 Euro muss sie ebenso einstehen, wie sie einen Anspruch auf die 3000 Euro Guthaben hat. Dies ergibt sich aus § 1967 BGB.

   Es bedarf keiner ausdrücklichen Annahme der Erbschaft durch Frau Neumann. § 1943 BGB legt lediglich fest, dass der Erbe die Erbschaft nicht mehr ausschlagen kann, wenn er sie angenommen hat oder die Ausschlagungsfrist versäumt wurde.

2. Frau Neumann hat gemäß § 1942 Abs. 1 BGB die Möglichkeit, die Erbschaft auszuschlagen. Falls Frau Neumann ausschlagen möchte, muss sie die Ausschlagungsfrist beachten. Sie beträgt sechs Wochen und beginnt mit dem Zeitpunkt, in welchem der Erbe von dem Anfall und dem Grund der Berufung Kenntnis erlangt, § 1944 Abs. 1 und 2 BGB.

   Frau Neumann müsste gegenüber dem Nachlassgericht die Ausschlagungserklärung entweder zur Niederschrift oder in öffentlich beglaubigter Form abgeben, § 1945 Abs. 1 BGB.

Schlägt Frau Neumann die Erbschaft tatsächlich aus, dann gilt der Anfall (der Erbschaft) an sie als nicht erfolgt. Sie ist damit keine Erbin, § 1953 Abs. 1 BGB.

Die Erbschaft fällt dann an den, welcher berufen wäre, wenn Frau Neumann zur Zeit des Erbfalls nicht gelebt hätte, § 1953 Abs. 2 BGB.

Schlagen sämtliche Erben aus, so geht die **Erbschaft** auf den **Fiskus** über, weil er kein Ausschlagungsrecht hat. Die Vorschrift des § 1942 Abs. 2 BGB verhindert, dass die Erbschaft herrenlos wird.

6. Erbenhaftung

Gemäß § 1967 Abs. 1 BGB haftet der Erbe für die Nachlassverbindlichkeiten. Sollten mehrere Erben vorhanden sein, so haften sie als Gesamtschuldner, §§ 2058, 421 Satz 1 BGB. Nachlassverbindlichkeiten sind Erblasserschulden und Erbfallschulden.

Erblasserschulden sind die Verbindlichkeiten, die den Erblasser selbst betrafen, z. B. Mietschulden.

Erbfallschulden sind nach § 1967 Abs. 2 BGB Verbindlichkeiten, die durch den Erbfall entstanden sind, z. B. Beerdigungskosten, Pflichtteilsrechte, Vermächtnisse.

Grundsätzlich haftet der Erbe nicht nur mit dem Nachlass, sondern auch mit seinem eigenen Vermögen. Dies ergibt sich aus § 1967 Abs. 1 BGB.

Es besteht aber die Möglichkeit der Haftungsbeschränkung, §§ 1975, 1990 BGB.

Beispiel:
Gleiches Beispiel wie oben unter 4. / Annahme und Ausschlagung der Erbschaft (K. Neumann)

Welche weiteren Möglichkeiten hat Frau Neumann?

Frau Neumann kann selbstverständlich die Rechnung über die ausstehenden 15000 Euro begleichen.

Sie könnte die Haftung auf den Nachlass beschränken, indem sie Nachlassverwaltung oder Nachlassinsolvenz beim Nachlassgericht beantragt, § 1975 BGB.

Evtl. besteht die Möglichkeit der Einrede der Dürftigkeit des Nachlasses gemäß § 1990 BGB.

Testfragen

15. Wem gegenüber ist die Ausschlagung der Erbschaft zu erklären?
16. Was ist dem Erben zu raten, wenn er nicht sicher ist, ob der Nachlass überschuldet ist?

7. Erbvertrag

Eine Erbeinsetzung ist auch in einem Vertrag möglich, vgl. § 1941 Abs. 1 BGB. Ein Erbvertrag erfordert wie jeder Vertrag zwei Vertragsparteien, wobei mindestens eine Vertragspartei letztwillige Verfügungen treffen muss.

Beispiel:
Zahnarzt Reißer und sein langjähriger Freund Berner möchten einen Vertrag abschließen, in dem sie sich gegenseitig als Alleinerben einsetzen.

1. *Welche Voraussetzungen müssen erfüllt sein?*
2. *Besteht die Möglichkeit, diesen Vertrag wieder aufzuheben?*

Zu 1.

§ 1941 Abs. 1 BGB sieht vor, dass der Erblasser durch Vertrag einen Erben einsetzen sowie Vermächtnisse und Auflagen anordnen kann.

Der Abschluss des Erbvertrages muss persönlich erfolgen, § 2274 BGB. Vertretung ist demnach nicht möglich.

Der Erbvertrag muss bei Anwesenheit beider Teile vor einem Notar geschlossen werden, § 2276 Abs. 1 BGB. Vertraglicher Inhalt kann nach § 2278 Abs. 1 BGB eine Erbeinsetzung, ein Vermächtnis oder eine Auflage sein.

Der Erblasser muss gemäß § 2275 Abs. 1 BGB unbeschränkt geschäftsfähig sein.

Hier handelt es sich um einen **zweiseitigen Erbvertrag,** weil beide Vertragspartner vertragsmäßige Verfügungen von Todes wegen (gegenseitige Erbeinsetzung) treffen.

Trifft nur ein Vertragspartner vertragsmäßige Verfügungen von Todes wegen (z. B. wenn nur Reißer Berner zum Erben einsetzen würde), so handelt es sich um einen **einseitigen Erbvertrag.**

Zu 2.

Im Gegensatz zum Testament ist der Erbvertrag nicht ohne Weiteres einseitig widerruflich. Denkbar wären:

- Aufhebungsvertrag, § 2290 BGB
- gemeinschaftliches Aufhebungstestament, § 2292 BGB
- Rücktritt bei Vorbehalt, § 2293 BGB
- Rücktritt bei Verfehlungen, § 2294 BGB
- Anfechtung, §§ 2281 bis 2285 BGB.

8. Erbengemeinschaft

8.1 Begriff

Sehr häufig hinterlässt der Erblasser mehrere Erben. Sie bilden eine **Erbengemeinschaft**, §§ 2032 ff. BGB.

Nach § 2032 Abs. 1 BGB wird der Nachlass gemeinschaftliches Vermögen der Erben (**Gesamthandseigentum**).

Jedem Erben gehört das ganze Vermögen, allerdings beschränkt durch die Mitberechtigung des oder der anderen Erben.

Dementsprechend haften die Erben als **Gesamtschuldner** für die gemeinschaftlichen Nachlassverbindlichkeiten, §§ 2058, 421 Satz 1 BGB.

Beispiel:
Mirko Schmidt bestimmt seine Ehefrau Lea und die beiden Kinder Susan und Anita zu Erben.

Kann Susan die Uhr ihres Vaters, die zum Nachlass gehört, verkaufen?

Alle drei sind Erben, sie bilden eine Erbengemeinschaft. Der Nachlass wird gemeinschaftliches Vermögen. Jeder der drei Erben erwirbt einen Anteil am Gesamtnachlass.

Es ist aber nicht möglich, dass ein Miterbe alleine über einzelne Nachlassgegenstände verfügen kann, §§ 2033 Abs. 2, 2040 Abs. 1 BGB. Jeder Miterbe kann aber jederzeit die „Auseinandersetzung" verlangen, § 2042 Abs. 1 BGB.

Susan allein kann also die Uhr nicht verkaufen.

Die Erbengemeinschaft entsteht entweder durch die vom Erblasser getroffene Verfügung von Todes wegen (es werden mehrere Erben eingesetzt) oder auf Grund der gesetzlichen Erbfolge, wenn das Gesetz mehrere Personen als Erben vorsieht. Probleme ergeben sich in der Praxis oft daraus, dass Personen, die sich nicht verstehen, von Gesetzes wegen eine Gemeinschaft bilden müssen.

Die Erbengemeinschaft ist grundsätzlich auf Auseinandersetzung ausgerichtet, vgl. §§ 2044 ff. BGB (nähere Erläuterungen in Kapitel 8.2). Solange die Erbengemeinschaft nicht auseinandergesetzt ist, kann ein Miterbe **nicht über einzelne Nachlassgegenstände** verfügen, vgl. oben. Jeder Miterbe kann aber über seinen Anteil insgesamt verfügen, vgl. § 2033 Abs. 1 BGB.

Beispiel:
Peter Schmidt setzt seine vier Söhne Anton, Berti, Christian und Dieter zu Erben ein. Durch den Tod des Vaters bilden sie eine Erbengemeinschaft. Dieter möchte mit seinen Brüdern so wenig wie möglich zu tun haben. Außerdem benötigt er Geld, um einige Anschaffungen tätigen zu können. Er veräußert seinen Anteil am Nachlass an seinen Geschäftspartner Harald Hein für 25 000 Euro.

1. *Welche Rechtsgeschäfte sind abzuwickeln und welche Formvorschriften sind zu beachten?*
2. *Hätten die drei anderen Brüder den Erbschaftskauf an Harald Hein verhindern können?*

1. Hier ist unbedingt das Abstraktionsprinzip zu beachten. Man muss trennen zwischen der schuldrechtlichen Verpflichtung, den Erbteil zu übertragen, und der Übertragung des Erbteils selbst. Für den schuldrechtlichen Erbschaftskauf gelten die §§ 2371 BGB, insbesondere ist der Erbschaftskauf notariell zu beurkunden. Das Erfüllungsgeschäft des Erbschaftskaufs ist hier die Übertragung des Erbteils nach § 2033 Abs. 1 BGB, die ebenfalls notariell zu beurkunden ist.
2. § 2034 Abs. 1 BGB räumt den übrigen Miterben ein **gesetzliches Vorkaufsrecht** am Anteil des verkaufenden Miterben ein. Anton, Berti und Christian hätten also selbst den Anteil ihres Miterben Christian kaufen können. Durch die Einräumung des Vorkaufrechts an die Miterben kann z. B. erreicht werden, dass der Nachlass in der Familie bleibt.

8.2 Auseinandersetzung

Die Erbengemeinschaft ist kein dauerhafter Zusammenschluss der Erben. Die Erbengemeinschaft hat auch die Aufgabe der gemeinsamen Verwaltung und Nutzung des Nachlasses, dennoch wird letztlich die **Auseinandersetzung** der Erbschaft angestrebt.

Der Erblasser kann durch Verfügung von Todes wegen Anordnungen für die Auseinandersetzung treffen, sog. **Teilungsanordnung**, § 2048 BGB.

Beispiel:
Manfred Meier hat in seinem Testament verfügt, dass seine Kinder Michel und Arndt zu gleichen Teilen erben sollen. Michel soll die Eigentumswohnung samt Einrichtung, Wert 150 000 Euro erhalten. Arndt soll das übrige Vermögen, Wert 100 000 Euro erhalten.

Michel und Arndt bilden eine Erbengemeinschaft gem. § 2032 BGB. Können sich die Erben nicht über die Verteilung des Erbes einigen, so muss die Verteilung so vorgenommen werden, wie vom Erblasser in der Teilungsanordnung bestimmt wurde. Da beide Söhne zu gleichen Teilen erben, stehen jedem 125 000 Euro Wert zu. Arndt kann von Michel die Differenz von 2 000 Euro verlangen.

8.2.1 Erbauseinandersetzung durch Vertrag

Die Miterben haben die Möglichkeit, vertraglich, d. h. durch einen **Auseinandersetzungsvertrag,** die Auseinandersetzung zu regeln. Die Miterben können durch den Abschluss des schuldrechtlichen Auseinandersetzungsvertrages sogar gegen den Willen des Erblassers auseinandersetzen. Erforderlich ist die Zustimmung aller Miterben.

Im Auseinandersetzungsvertrag wird die Verpflichtung der Miterben festgelegt, einzelne Gegenstände zu übertragen und ein entsprechendes Entgelt zu zahlen.

Beispiel:
Zwei Schwestern bilden eine Erbengemeinschaft gem. § 2032 BGB. Zum Nachlass gehören: ein Grundstück, dessen Veräußerungserlös 50 000 Euro beträgt. Außerdem gehören zum Nachlass Schmuck, Veräußerungserlös 15 000 Euro, sowie Möbel, Veräußerungserlös 25 000 Euro.

Jeder der beiden Schwestern gehört das Ganze, beschränkt durch die Mitberechtigung der anderen. Diese gesamthänderische Bindung kann durch die Auseinandersetzung aufgelöst werden. Die Schwestern können durch einen Auseinandersetzungsvertrag regeln, wer welchen Gegenstand zu welchem Preis erhalten soll. Da die Schwestern je zur Hälfte erben, stehen jeder Schwester Gegenstände im Wert von 45 000 Euro zu. Möchte z. B. eine Schwester das Grundstück erhalten, so muss sie die Differenz von 5 000 Euro (Wert des Grundstücks-Wert des eigenen Erbteils 45 000 Euro) in den Nachlass zahlen.

Durch den schuldrechtlichen Auseinandersetzungsvertrag ist nur die Verpflichtung geregelt, wegen des Abstraktionsprinzips müssen noch die Verfügungsgeschäfte vollzogen werden.

Beispiel:

Im obigen Beispiel möchte eine Schwester das Grundstück erhalten. Der schuldrechtliche Vertrag regelt nur die Verpflichtung der Miterbinnen. Das Grundstück muss also noch gem. §§ 873, 925 8GB übereignet werden. Da die Möbel und der Schmuck bewegliche Sachen sind, richtet sich die Übereignung nach § 929 BGB.

8.2.2 Erbauseinandersetzung kraft Gesetzes

Jeder Miterbe kann gem. § 2042 BGB jederzeit die Auseinandersetzung verlangen, soweit sie nicht ausgeschlossen oder beschränkt ist, §§ 2043 bis 2045.

In § 2042 Abs. 2 BGB wird auf die Vorschriften der §§ 749 Abs. 2, 3 und der §§ 750 bis 758 BGB verwiesen.

Demnach sind teilbare Gegenstände auf die einzelnen Erben zu verteilen (Teilung in Natur), § 752 BGB. Ist die Teilung in Natur ausgeschlossen, so sind diese unteilbaren Gegenstände durch Pfandverkauf zu verwerten. Handelt es sich um Grundstücke, so sind diese durch **Zwangsversteigerung** zu verwerten, § 753 BGB.

Können sich die Erben nicht über die Verteilung einzelner Gegenstände einigen, so werden sie **versteigert** und der Erlös der Versteigerung wird abhängig vom Anteil am Erbe an die Erben verteilt.

Beispiel:

Können sich die zwei Schwestern nicht über die Verteilung des Nachlasses einigen, so müssen die Gegenstände versteigert werden. Der Versteigerungserlös wird dann geteilt. Jede erhält 1/2 des Erlöses.

9. Vermächtnis

§ 1939 BGB bestimmt: „Das Vermächtnis ist die durch eine Verfügung von Todes wegen erfolgte Zuwendung eines Vermögensvorteils an eine andere Person, ohne dass sie als Erbe eingesetzt wird".

Der Vermächtnisnehmer wird im Gegensatz zum Erben **nicht Rechtsnachfolger** des Erblassers. Durch das Vermächtnis wird nur ein **Forderungsrecht** des Bedachten gegen den mit dem Vermächtnis beschwerten Erben (Verpflichteter) begründet, §§ 2147 ff., 2174 BGB. Das Vermächtnis stellt eine **Nachlassverbindlichkeit** gem. § 1967 Abs. 2 BGB dar.

Beispiel:

Susi hat ihr Vermögen per Testament ihrem Ehemann Ernst zugedacht. Ebenfalls im Testament wird ihre Freundin Elke erwähnt. Sie soll ein bestimmtes Schachspiel erhalten, da beide häufig bei Susi gegeneinander gespielt haben.

1. *Wer ist Erbe?*
2. *Kann Elke das Schachspiel von Ernst herausverlangen?*

Zu 1.

Alleinerbe ist laut Testament Susis Ehemann Ernst. Hilfreich ist hierbei die Auslegungsvorschrift des § 2087 Abs. 1 BGB. Demnach kann auch der Erbe sein, der nicht ausdrücklich als Erbe bezeichnet ist. Voraussetzung hierfür ist, dass der Erblasser, hier Susi, ihr Vermögen oder einen Bruchteil ihres Vermögens dem Bedachten, hier ihrem Ehemann zugewendet hat.

Zu 2.

§ 2087 Abs. 2 BGB bestimmt, dass, wenn dem Bedachten nur einzelne Gegenstände zugewendet werden, er im Zweifel nicht Erbe sein soll. Elke ist daher Vermächtnisnehmer. Elke hat gem. § 2174 BGB einen Anspruch auf Übereignung des Schachspieles gegen Ernst.

Beachte: Im Zeitpunkt des Erbfalls geht das gesamte Vermögen der Erblasserin Susi kraft Gesetzes (vgl. § 1922 Abs. 1 BGB) auf den Erben Ernst über. Dies gilt auch für das Schachspiel. Zur Erfüllung des Vermächtnisses ist eine sachenrechtliche Übertragung des Eigentums am Schachspiel nach § 929 BGB von Ernst an Elke erforderlich

Das BGB kennt außer dem bereits oben genannten Stückvermächtnis (vgl. § 2169 BGB) weitere Vermächtnisarten:

- Vorausvermächtnis, § 2150 BGB
  Der Erblasser wendet dem Miterben nicht nur den Erbteil zu, sondern der Bedachte (Miterbe) erhält zusätzlich einen Vermögensgegenstand.

Beispiel:

Gernot Groß bestimmt, dass seine beiden Kinder Jakob und Julian Erben sind. Da sein Sohn Julian die Gartenpflege während der Krankheit des Vaters übernommen hatte, soll er zusätzlich zu seinem Erbteil die Uhrensammlung seines Vaters erhalten.

- Wahlvermächtnis, § 2154 Abs. 1 BGB
  Einer von mehreren Gegenständen wird zugewendet.

Beispiel:

Gernot Groß lässt seinem langjährigen Tennispartner einen *seiner Tennisschläger zukommen.*

- Gattungsvermächtnis, § 2155 Abs. 1 BGB
  Die vermachte Sache ist nur der Gattung nach bestimmt.

Beispiel:

Gernot Groß hinterlässt seinem Wanderfreund aus seinem Weinkeller 20 Flaschen Weißwein.

- Verschaffungsvermächtnis, § 2170 Abs. 1 BGB
  Der Erblasser wendet eine nicht zum Nachlass gehörende Sache dem Bedachten zu. Das hat für den Beschwerten zur Folge, dass er den Gegenstand anzuschaffen und dem Bedachten zu übereignen hat. Diese Verpflichtung stellt eine Nachlassverbindlichkeit dar.

- Zweckvermächtnis, § 2156 Satz 1 BGB
  Der Erblasser hat nur den Zweck des Vermächtnisses bestimmt, den Inhalt der Leistung hingegen nach billigem Ermessen dem Beschwerten oder einem Dritten überlassen.

Beispiel:
Gernot Groß bestimmt testamentarisch, dass seine Nichte Nina ein Geldvermächtnis erhält, damit sie ihr Auslandssemester in Sydney finanzieren kann. Die Bedingungen der Leistung, z. B. die Höhe oder Auszahlungstermine der Zuwendungen, werden vom Bestimmungsberechtigen, hier dem Erben festgelegt.

Testfragen

17. Kann ein 16-jähriger einen Erbvertrag schließen?
18. Der Erblasser Hajo Kunz hinterlässt seine Ehefrau Maja, mit der er im gesetzlichen Güterstand lebte. Mit seinen Eltern, die beide noch leben, hatte er seit längerem keinen Kontakt, da sie gegen die Heirat mit Maja waren. Eine Verfügung von Todes wegen hat Hajo nicht errichtet. Welche erbrechtliehen Konsequenzen ergeben sich?
19. Was wird durch ein Vermächtnis begründet?
20. Um welche Vermächtnisart handelt es sich im Beispielsfall Susis Schachspiel?

10. Vor- und Nacherben

Der Erblasser kann durch Verfügung von Todes wegen die Vor- und Nacherbschaft anordnen. Der Erblasser kann damit über seinen eigenen Tod hinaus die Verteilung des Vermögens steuern. Der Vorerbe darf die Erbschaft nutzen. Danach soll die Erbschaft des Erblassers auf einen Nacherben übergehen.

10.1 Begriff

Die Möglichkeit hierzu wird durch § 2100 BGB geschaffen. „Der Erblasser kann einen Erben in der Weise einsetzen, dass dieser erst Erbe wird, nachdem zunächst ein anderer Erbe geworden ist (Nacherbe)".

Der Erblasser setzt also einen Erben **(Vorerben)** ein und zeitlich danach erbt ein anderer vom Erblasser eingesetzter Erbe **(Nacherbe)**. Sowohl der Vorerbe als auch der Nacherbe sind vom Erblasser eingesetzte Erben. Allerdings können sie nur **zeitlich nacheinander** Erben sein. Daher bilden sie keine Erbengemeinschaft, sie sind keine Miterben.

Die **Einsetzung** der Vor- und Nacherben kann nur durch eine Verfügung von Todes wegen, nicht aber kraft Gesetzes durch den Erblasser vorgenommen werden.

10.2 Rechtstellung des Vorerben

Grundsätzlich kann der Vorerbe nach § 2112 BGB über die Nachlassgegenstände frei verfügen. Mit dem Eintritt des Erbfalles ist er Erbe bis zum Zeitpunkt des Nacherbfalles geworden.

Zum Schutz des Nacherben werden die Verfügungsmöglichkeiten des Vorerben jedoch durch §§ 2113 bis 2115 BGB eingeschränkt.

Demnach wird eine Verfügung des Vorerben über ein Grundstück oder Schiff dann unwirksam (bei Eintritt des Nacherbfalls), wenn dadurch das Recht des Nacherben vereitelt oder beeinträchtigt würde, § 2113 Abs. 1 BGB. Durch die Eintragung eines Nacherbenvermerks in das Grundbuch kann sich der Nacherbe vor einem gutgläubigen Erwerb durch einen Dritten schützen.

Weiterhin werden unentgeltliche Verfügungen mit Eintritt des Nacherbfalls unwirksam, § 2113 Abs. 2 BGB. Unentgeltlich ist eine Verfügung dann, wenn der Vorerbe einen Wert hingibt, ohne dass er eine gleichwertige Gegenleistung erhält. Hinzukommen muss, dass er dies weiß oder aber hätte erkennen müssen.

Dem Vorerben obliegen Verwaltungsaufgaben bzgl. des Nachlasses bis zum Eintritt des Nacherbfalls. Außerdem hat er mit Eintritt des Nacherbfalls den Nachlass herauszugeben, § 2130 BGB.

Zu den Pflichten des Vorerben gehören u. a. die Erfüllung der Nachlassverpflichtungen, Erhaltungsmaßnahmen und Sicherungsmaßnahmen.

Beispiele:
Hat der Erblasser sein Haus verputzen lassen, aber die Rechnung noch nicht beglichen, so hat der Vorerbe die vereinbarte Vergütung, § 631 Abs. 1 BGB, zu entrichten.

Max hat in seinem Testament Leo zu seinem Vorerben und Kuno zu seinem Nacherben eingesetzt. Gleichzeitig hat er Anette seinen Laptop vermacht. Anette als Bedachte kann von Leo als Vorerben den Laptop gem. § 2174 BGB herausverlangen.

Wertpapiere sind zu hinterlegen, § 2116 BGB. Geld ist nach §§ 2119, 240a BGB gemäß der Sicherheitenverordnung – SIV anzulegen.

Gehören zum Nachlass Tiere, sind diese zu füttern.

10.3 Rechtstellung des Nacherben

Bei Eintritt des Erbfalls wird zunächst der **Vorerbe Erbe.** Der Nacherbe erwirbt aber zum Zeitpunkt des Erbfalls ein Anwartschaftsrecht, § 2139 BGB.

Der Nacherbe wird durch Einräumung bestimmter Rechte gesichert.

Beispiele:
Nach § 2113 BGB muss der Nacherbe zustimmen, damit der Vorerbe Verfügungen über Nachlassgegenstände treffen kann. Verlangt der Nacherbe die Erstellung eines Verzeichnisses der Erbschaftsgegenstände, so hat der

Vorerbe dies anzufertigen, § 2121 BGB. Er hat nach § 2127 BGB das Recht, Auskunft über den Bestand der Erbschaft zu erhalten. Er kann aber auch nach § 2128 BGB bei Vorliegen bestimmten Voraussetzungen Sicherheitsleistung verlangen.

Der Nacherbe wird mit Eintritt des Nacherbfalls Erbe des Erblassers, § 1922 BGB.

Gemäß § 2130 Abs. 1 BGB kann er vom Vorerben die Herausgabe des Nachlasses verlangen. Sollte die Herausgabe einzelner Gegenstände wegen nicht ordnungsgemäßer Verwaltung nicht möglich sein, so kann der Nacherbe Schadensersatz verlangen, §§ 2130, 2131, 2134 Satz 1 BGB.

10.4 Der befreite Vorerbe

Der Erblasser kann den Vorerben von einzelnen Beschränkungen und Verpflichtungen gem. § 2136 BGB befreien. Durch die Befreiung des Vorerben soll dem Vorerben ein weiter Handlungsspielraum eingeräumt werden.

Eine Befreiung ist nicht für alle Beschränkungen möglich. Hierzu die Auflistung der Vorschriften in § 2136 BGB genau lesen!

Beispiele:
Die unentgeltliche Verfügung über Nachlassgegenstände ist auch dem befreiten Vorerben nicht möglich, § 2113 Abs. 2 BGB. Der uneingeschränkten Vollstreckung in den Nachlass, § 2115 BGB, kann der befreite Vorerbe nicht zustimmen. Der befreite Vorerbe muss die gewöhnlichen Erhaltungskosten gem. § 2124 Abs. 1 BGB tragen.

11. Pflichtteil

Das Pflichtteilsrecht vermittelt kein Erbrecht, sondern ist nur ein auf Verwandtschaft oder Ehe bzw. gleichgeschlechtlicher Lebenspartnerschaft beruhendes **Forderungsrecht** gegen den Erben. Es garantiert den nächsten Angehörigen eine Mindestbeteiligung am Wert des Nachlasses unter der Voraussetzung, dass sie durch eine Verfügung von Todes wegen vom Erbe ausgeschlossen sind, § 2303 Abs. 1 BGB.

Der Pflichtteil ist ein **Ersatz für den gesetzlichen Erbteil** und knüpft daher am gesetzlichen Erbrecht an.

Im Folgenden wird kurz auf die Pflichtteilsberechtigung, die Höhe des Pflichtteils sowie auf den Pflichtteilergänzungsanspruch eingegangen. Eine vertiefende Behandlung bleibt der Fachliteratur vorbehalten.

11.1 Pflichtteilsberechtigung

Zu dem pflichtteilsberechtigten Personenkreis gehören:

- Die Abkömmlinge des Erblassers, § 2303 Abs. 1 Satz I BGB. Das sind die ehelichen, nichtehelichen, adoptierten Kinder und die Abkömmlinge der Kinder (Enkel, Urenkel etc.)
- Die Eltern des Erblassers, § 2303 Abs. 2 BGB.
- Der Ehegatte des Erblassers, § 2303 Abs. 2 BGB.
- Der gleichgeschlechtliche Lebenspartner, § 10 Abs. 6 LPartG.

Die entfernteren Abkömmlinge und die Eltern sind nur dann pflichtteilsberechtigt, wenn Abkömmlinge, die sie von der gesetzlichen Erbfolge ausschließen würden, nicht vorhanden sind, § 2309 BGB. Die Eltern des Erblassers haben nur dann ein Pflichtteilsrecht, wenn keine Abkömmlinge (z. B. Kinder) des Erblassers vorhanden sind. Dann gibt es nur gesetzliche Erben der zweiten Ordnung. Nur dann können die Eltern durch Verfügung von Todes wegen von der gesetzlichen Erbfolge ausgeschlossen sein.

Nicht pflichtteilsberechtigt sind die Geschwister, die Großeltern und sonstige Verwandte des Erblassers.

Ein Pflichtteilsrecht besteht auch nicht, wenn der Angehörige auf sein Erbrecht oder sein Pflichtteilsrecht durch Vertrag verzichtet, § 2346 Abs. 1 BGB. Dieser Vertrag bedarf der notariellen Beurkundung, § 2348 BGB.

Der Erblasser kann einem Abkömmling durch Verfügung von Todes wegen den Pflichtteil wegen **schwerer Verfehlungen** entziehen, §§ 2333 bis 2336 BGB. Dies gilt insbesondere, wenn der Pflichtteilsberechtigte sich gegenüber dem Erblasser, einem Abkömmling oder dem Ehegatten des Erblassers strafbar gemacht hat. Der Pflichtteilsberechtigte muss dem oben Genannten nach dem Leben getrachtet, ihn vorsätzlich körperlich misshandelt oder sich eines anderen Verbrechens oder eines schweren vorsätzlichen Vergehens strafbar gemacht haben. Außerdem kann die böswillige Verletzung der gesetzlichen Unterhaltspflicht gegenüber dem Erblasser diesen zur Entziehung des Pflichtteils berechtigen.

Hat der Erblasser dem Pflichtteilsberechtigten dessen Handeln verziehen, erlischt das Recht zur Entziehung des Pflichtteils (§ 2337 BGB). Dies bedeutet, dass der Erblasser den Entzug des Pflichtteils nicht mehr wirksam testamentarisch oder anders letztwillig verfügen kann. Ein bereits erfolgter Entzug des Pflichtteils wird durch die Verzeihung unwirksam.

Die „**Erbunwürdigkeit**" führt dazu, dass der Anfall der Erbschaft an den Erben als nicht erfolgt gilt, § 2344 Abs. 1 BGB. Die Gründe für die Erbunwürdigkeit sind in § 2339 BGB festgelegt. Die Erbunwürdigkeit kann durch eine Anfechtungsklage geltend gemacht werden, §§ 2340 bis 2342 BGB.

Nach § 2345 Abs. 2 BGB gilt das für die Erbunwürdigkeit Gesagte ebenfalls für den Pflichtteil. Damit ist ein Pflichtteilsberechtigter pflichtteilsunwürdig, wenn er sich Verfehlungen i. S. d. § 2339 BGB schuldig gemacht hat.

11.2 Höhe des Pflichtteils

Der Pflichtteilsanspruch ist ein Anspruch auf Zahlung einer **bestimmten Geldsumme**. Die Höhe richtet sich nach dem gesetzlichen Erbteil und beträgt die Hälfte des Wertes des gesetzlichen Erbteils.

Wäre der gesetzliche Erbteil eines Pflichtteilsberechtigten z. B. 1/4, so ergibt sich ein Pflichtteil von 1/8 des Erbes, bei einem Erbteil von 1/3 ein Pflichtteil von 1/6 usw.

Der Geldwert des Nachlasses wird ermittelt, indem man die Passiva von den Aktiva abzieht. Zu den **Aktiva** gehören die Ersparnisse des Erblassers, seine sonstigen Vermögenswerte wie Wertpapierdepots, Grundstücke, usw.

Passiva sind die Schulden, die der Erblasser zum Zeitpunkt seines Todes hatte. Es gehören aber auch die Verbindlichkeiten, die erst durch den Todesfall notwendig wurden, dazu, z. B. Beerdigungskosten.

Beispiel:
Otto Unger ist mit der Heirat seines Sohnes Freddy nicht einverstanden. Er setzt durch ein Testament seine Nichte Julia zur Alleinerbin ein. Freddy soll nichts bekommen.

Hat Freddy nach Otto Ungers Tod einen Anspruch auf den Pflichtteil?

Wie kann sich Freddy über das Erbe informieren?

Otto Unger hat sich die Vorteile der gewillkürten Erbfolge zu Nutze gemacht und Freddy enterbt.

Freddy könnte einen Anspruch auf den Pflichtteil gegen die Erbin Julia aus § 2303 Abs. 1 BGB haben.

Freddy ist Abkömmling des Otto Unger, da er sein Sohn ist (Verwandtschaft in gerader Linie, daher ersten Grades, § 1589 Satz 1 u. 2 BGB, vgl. Vierter Teil, 2.). Pflichtteilsberechtigt sind nur die Abkömmlinge, die Eltern und der Ehegatte, § 2303 Abs. 1 und 2 BGB.

Freddy wurde durch Verfügung von Todes wegen, hier durch Testament, von der Erbfolge ausgeschlossen.

Freddy hat somit einen Anspruch auf den Pflichtteil gegen Julia aus § 2303 Abs. 1 Satz 1 BGB und zwar nach § 2303 Abs. 1 Satz 2 BGB in Höhe der Hälfte des gesetzlichen Erbteils. Freddy wäre ohne das Testament von Otto Unger Alleinerbe geworden. Ihm hätte das ganze Erbe zugestanden. Da ihm nun aber nur der Pflichtteil bleibt und dieser gem. § 2303 Abs. 1 Satz 2 BGB in der Hälfte des Wertes des gesetzlichen Erbteils besteht, bleibt ihm die Hälfte des Wertes der Erbschaft.

Freddy kann von Julia verlangen, dass sie ihm die Hälfte des Wertes der Erbschaft überlässt. Er hat allerdings nur einen Anspruch auf den „Wert", d. h. eine Geldforderung.

Eine Entziehung des Pflichtteils durch den Erblasser ist nur durch besondere Gründe möglich, die in § 2333 BGB genannt werden. Allein wegen einer ungeliebten Schwiegertochter kann Otto seinem Sohn Freddy nicht den Pflichtteil entziehen.

Auch eine Pflichtteilunwürdigkeit § 2345 Abs. 2 BGB i. V. m. § 2339 BGB ist nicht anzunehmen.

Um Informationen über den Bestand des Nachlasses zu erhalten, kann sich Freddy auf § 2314 BGB berufen. Danach hat er einen Anspruch auf Erteilung von sämtlichen Daten und Fakten bezüglich des Nachlasses. Freddy kann verlangen, dass ein Verzeichnis über alle Nachlassgegenstände sowie deren Wert erstellt wird. Er kann sogar wählen, ob die Julia, als Erbin, oder ob eine zuständige Behörde oder ein Notar dieses Verzeichnis aufnimmt, vgl. § 2314 Abs. 1 Satz 2 BGB.

11.3 Der Zusatzpflichtteil

Der Zusatzpflichtteil, auch **Restpflichtteil** genannt, dient dazu, den Pflichtteil des Pflichtteilsberechtigten abzusichern. Der Erblasser könnte einen Pflichtteilsberechtigten als Erben einsetzen, dabei aber die Erbquote niedriger bestimmen, sodass der zugewandte Nachlass niedriger ist als der Pflichtteil.

Der Pflichtteilsberechtigte hat in diesem Fall einen Anspruch auf den Zusatzpflichtteil gem. § 2305 BGB. Der Berechtigte kann von den Miterben die Differenz zwischen dem jeweils testamentarisch festgelegten Erbteil und dem nach § 2303 BGB errechneten Pflichtteil verlangen.

Beispiel:
Erblasser Kai König hat seinen Sohn Theo zu 9/10 und seine Tochter Thea zu 1/10 als Erben eingesetzt. Thea fragt, was ihr zusteht.

Thea könnte einen Anspruch auf den Restpflichtteil gegen Theo gem. § 2305 BGB haben. Der Pflichtteilsanspruch besteht in der Hälfte des Wertes des gesetzlichen Erbteils. Der gesetzliche Erbteil besteht in der Hälfte des Erbes. Der Pflichtteilsanspruch wäre dann nach § 2303 BGB 1/4 des Wertes des Erbes. Den Wert der Differenz zwischen ihrem Erbteil 1/10 und dem Pflichtteil in Höhe von 1/4 kann Thea von Theo aus § 2305 BGB verlangen.

11.4 Der Pflichtteilergänzungsanspruch

Wenn der Erblasser zu Lebzeiten **Schenkungen** macht, dann wird dadurch der Nachlass gemindert. Die Pflichtteilsberechtigten haben dann zwar den Pflichtteilsanspruch, aber dieser ist wegen der vollzogenen Schenkungen gemindert. Um diesen „Minderwert" auszugleichen, haben die Pflichtteilsberechtigten den Pflichtteilsergänzungsanspruch, §§ 2325 ff. BGB.

Der Pflichtteilsergänzungsanspruch entsteht unter folgenden

Voraussetzungen:
- Der Erblasser muss einem Dritten innerhalb von zehn Jahren vor dem Erbfall eine Schenkung gemacht haben, §§ 2325

Abs. 1, Abs. 3 BGB. Der Schenkungsbegriff entspricht dem der §§ 516 ff. BGB. Es muss eine Einigung über eine unentgeltliche Zuwendung vorliegen.

- Ist die Schenkung zehn Jahre vor dem Erbfall erfolgt, so wird sie nicht berücksichtigt. Die Zehnjahresfrist beginnt bspw. bei der Schenkung eines Grundstückes, erst mit der Eintragung des Beschenkten in das Grundbuch, nicht jedoch bereits bei Abschluss des (schuldrechtlichen) Vertrages.
- Ist die Schenkung innerhalb des ersten Jahres vor dem Erbfall erfolgt, so wird sie voll berücksichtigt. Der Pflichtteilsberechtigte kann verlangen, dass der volle Betrag (der Schenkung) seinem Pflichtteil zugeschlagen wird. Jedes weitere Jahr vor dem Erbfall führt zu einer Minderung von einem Zehntel, § 2325 Abs. 3 BGB.
- Nur ein Pflichtteilsberechtigter i. S. d. § 2303 BGB kann einen Pflichtteilsergänzungsanspruch geltend machen. Dieser richtet sich gegen den Erben und, wenn der Pflichtteilsergänzungsanspruch Miterben zusteht, gegen den anderen Miterben.

12. Erbschein

Der Erbschein ist ein **Zeugnis** über das Erbrecht und über die Größe des Erbteils. Er bekundet, wer Erbe ist und welche Anordnungen den Erben beschränken. Der Erbschein wird auf Antrag vom Nachlassgericht ausgestellt, § 2353 BGB.

Er kann vom Erben, einem Testamentsvollstrecker oder von einem Nachlassinsolvenzverwalter beantragt werden.

Zuständig ist das Nachlassgericht, in dessen Amtsbereich der Erblasser zuletzt gelebt hat.

12.1 Voraussetzungen für die Erteilung eines Erbscheines

Hierbei ist zu unterscheiden, ob es sich um ein gesetzliches oder ein gewillkürtes Erbrecht handelt.

Das Antragsverfahren für den Erbschein war bisher in den §§ 2354 bis 2359 BGB geregelt. Nunmehr findet es sich in den §§ 352 bis 353 Fam FG. Der **Antrag eines gesetzlichen Erben** auf Erteilung eines Erbscheines muss gem. § 352 Abs.1 FamFG folgende Angaben enthalten:

1. den Zeitpunkt des Todes des Erblassers;
2. den letzten gewöhnlichen Aufenthalt und die Staatsangehörigkeit des Erblassers;
3. das Verhältnis, auf dem sein Erbrecht beruht;
4. ob und welche Personen vorhanden sind oder vorhanden waren, durch die er von der Erbfolge ausgeschlossen oder sein Erbteil gemindert würde;
5. ob und welche Verfügungen des Erblassers von Todes wegen vorhanden sind;
6. ob ein Rechtsstreit über sein Erbrecht anhängig ist;
7. dass er die Erbschaft angenommen hat;
8. die Größe des Erbteils.

Der **Antrag des gewillkürten Erben** auf Erteilung eines Erbscheines muss gem. § 352 Abs. 2 FamFG folgende weitere Angaben enthalten (vgl. dazu § 352 Abs. 2 Nr. 3 FamFG):

1. die Bezeichnung der Verfügung, auf der sein Erbrecht beruht;
2. ob und welche sonstigen Verfügungen des Erblassers von Todes wegen vorhanden sind.

Sind mehrere Erben vorhanden (Erbengemeinschaft), so ist auf Antrag ein **gemeinschaftlicher Erbschein** zu erteilen, vgl. § 352a FamFG.

12.2 Funktion des Erbscheines

Er ist im Rechts- u. Geschäftsleben wichtiges **Ausweismittel**, vgl. §§ 2353, 2365 BGB Der Erbschein dient dem Nachweis, wer den Verstorbenen beerbt hat. Er wird z. B. benötigt, um ein Grundstück im Grundbuch als Eigentümer eingetragen zu lassen. Auch für Auszahlung von Sparbeträgen oder Ähnlichem bei einer Bank oder Sparkasse ist ein Erbschein vorzulegen.

Der Erbschein genießt einen ähnlichen öffentlichen Glauben wie das Grundbuch.

Es wird vermutet, dass der im Erbschein als Erbe Bezeichnete wirklich Erbe ist, § 2365 BGB (**Vermutung der Richtigkeit und Vollständigkeit des Erbscheines**). Derjenige, der im Vertrauen auf die Richtigkeit des Erbscheines einen Erbschaftsgegenstand oder ein Recht an einer Sache gutgläubig erwirbt, ist aufgrund der §§ 2365 bis § 2367 BGB geschützt.

Merke:
Der Erbschein ist keine verbindliche Feststellung der Erbenstellung.

Hat das Nachlassgericht den Erbschein mit einem falschen Inhalt oder gar zu Unrecht ausgestellt, z. B. weil später ein wirksames Testament mit dem Erbschein widersprechenden Erbregelungen gefunden wird, muss das Gericht den Erbschein wieder einziehen, § 2361 Abs. 1 BGB. Mit der Einziehung wird der erteilte Erbschein kraftlos.

Die Erteilung eines Erbscheines ist **kostenpflichtig**. Die Höhe der Kosten richtet sich nach dem Reinvermögenswert des Nachlasses. Die entsprechenden Gebühren werden anhand des Reinvermögenswertes durch das Gericht festgesetzt.

Beispiel:

Im Erbschein ist Sigi fälschlicherweise als Alleinerbe des Anton ausgewiesen. Im Nachlass Antons befindet sich das Buch „Vererben, aber richtig". Dieses Buch hatte sich Anton von seinem Freund Freddy ausgeliehen. Sigi, der das Buch für unnütz hält, veräußert es an Georg, der aufgrund des Erbscheines überzeugt ist, dass Sigi der Eigentümer des Buches ist.

Ist Georg Eigentümer des Buches geworden?

§ 2365 BGB enthält die **Vermutung der Richtigkeit** des Erbscheines. Georg konnte somit vom Erbrecht des Sigi ausgehen. Allerdings führt § 2365 BGB nicht dazu, dass Georg Eigentümer des Buches geworden ist.

Georg kann sich aber auf §§ 2366, 932 BGB berufen. Sigi war im Erbschein als Erbe ausgewiesen. Georg hatte das Buch durch ein Rechtsgeschäft von Sigi erworben. Er hielt Sigi für den Erben, weil ihm die Unrichtigkeit des Erbscheines nicht bekannt war. Der Inhalt des Erbscheines galt daher zu seinen Gunsten als richtig, § 2366 BGB.

Zwischen Sigi und Georg ist eine Veräußerung nach § 929 (Einigung und Übergabe) BGB erfolgt. Sigi ist Nichteigentümer i. S. d. § 932 BGB. Eigentümer des Buches ist weiterhin der Verleiher Freddy. Freddy hat das Eigentum weder an Anton noch an Sigi übertragen.

Georg konnte von der Richtigkeit des Erbscheines ausgehen, s. o.; er war gutgläubig. Das Buch war Freddy nicht abhandengekommen, sondern er hatte „freiwillig" den Besitz an Anton übertragen. Damit kommt § 935 BGB nicht zur Anwendung.

Georg ist daher wegen §§ 2366, 932 Eigentümer des Buches geworden.

Testfragen

21. Was unterscheidet die Stellung der Vor- und Nacherben von der Stellung der Miterben?
22. Gehören Ehegatte, Urenkel, Großvater zu den Pflichtteilsberechtigten?
23. Welche Funktion erfüllt der Erbschein und welche Vermutung begründet er?
24. Hat ein Pflichtteilsberechtigter, ein Alleinerbe, ein Miterbe oder ein Vermächtnisnehmer einen Anspruch auf die Erteilung eines Erbscheines?
25. Der verwitwete M hinterlässt einen Sohn S und eine Tochter T. Dem S hat er 20000 Euro und T hat er zu Lebzeiten 10000 Euro geschenkt, jeweils mit dem Hinweis, dass sich seine Kinder dieses Geld auf ihren Pflichtteil anrechnen lassen müssen. M hat testamentarisch seinen Freund L zum Alleinerben eingesetzt. Der Wert des Nachlasses beträgt zum Todestag 140000 Euro.

    Was können S und T von L verlangen?

Hinweise zur Klausurbearbeitung

„Fahrplan“ zur Fallbearbeitung

1. Erfassen des Sachverhaltes mit besonderem Augenmerk auf die Fragestellung

- Sachverhalt aufmerksam mehrmals lesen
- Bereits beim Lesen Wichtiges unterstreichen
- „Gedankenblitze“ festhalten
- Bei komplexen Sachverhalten eine Sachverhaltsskizze erstellen
- Evtl. Zeitstrahl anfertigen
- Die Fallfrage beachten!
- Logisch aufbauen
- Erarbeiten einer Gliederung

2. Ermitteln der einschlägigen Rechtsnorm

- Das speziellere Gesetz ist vor dem allgemeineren Gesetz zu prüfen.
- Die speziellere Rechtsnorm ist vor der allgemeineren Rechtsnorm zu prüfen.

3. Struktur der Rechtsnorm

- Tatbestand in einzelne Tatbestandsmerkmale gliedern
- Eine Prüfungsreihenfolge der Tatbestandsmerkmale festlegen
- Immer sämtliche Tatbestandsmerkmale prüfen
- Soweit vorhanden auf Legaldefinitionen zurückgreifen
- Auf unbestimmte Rechtsbegriffe achten

4. Subsumption

- Unterordnen des Sachverhaltes unter die einschlägige Rechtsnorm
- Bei Fehlen einer einschlägigen Rechtsnorm Grundsätze zur Lückenausfüllung heranziehen
- Gesetzesanalogie bedeutet, dass eine Rechtsnorm auf einen ähnlichen Sachverhalt angewendet wird
- Rechtsanalogie bedeutet, dass ein aus mehreren Einzelbestimmungen abgeleiteter Grundgedanke auf andere Fälle ausgedehnt wird
- Umkehrschluss bedeutet, dass der Gesetzgeber bewusst die fragliche Fallgestaltung in der Rechtsnorm nicht geregelt hat, und sie deshalb nicht herangezogen werden darf

5. Einsatz von Prüfschemata

- Heranziehen von allgemein anerkannten Prüfschemata

6. Niederschrift

- Kontrolle, ob die Lösung vollständig ist.
- Wurden alle relevanten Angaben im Sachverhalt berücksichtigt?
- Ist der Lösungsweg Schritt für Schritt nachvollziehbar?
- Sind die angewendeten Rechtsvorschriften auch aufgeführt?
- Gutachtenstil

1. Erfassen des Sachverhaltes

Das Erfassen des Sachverhalts ist für eine gute Klausurbearbeitung unabdinglich. Dabei gibt es mehrere Methoden einen Sachverhalt zu erfassen. Dabei gilt: Je komplexer der Sachverhalt, desto aufwendiger muss die Erfassung des Sachverhalts erfolgen. Während bei Zwei-Personen-Verhältnissen der Sachverhalt meist überschaubar ist, erfordern Sachverhalte mit drei oder mehr Personen einen größeren Aufwand. Ziel muss es sein, vor dem Beginn des Schreibens den Sachverhalt in den wichtigsten Punkten (theoretisch) nacherzählen zu können.

Zur Sachverhaltserfassung bietet sich das Anfertigen einer Sachverhaltsskizze an (s. 1.2).

Tipp: Das Erstellen einer Sachverhaltsskizze lässt sich üben. Wenn Sie Übungsfälle durcharbeiten, sollten Sie immer ausreichend Zeit auf das Erstellen einer Skizze verwenden. Das bringt Routine für spätere Arbeiten.

1.1 Der relevante Sachverhalt

Die im Sachverhalt angegebenen Tatsachen sind immer als richtig hinzunehmen. Von den feststehenden Tatsachen sind allerdings „Meinungen" und „Ansichten" der Beteiligten zu unterscheiden. Üblicherweise meint jeder Beteiligte „im Recht zu sein". Beispielsweise im Familienrecht – Stichwort Scheidung. Hier gehen die „Meinungen" sicherlich häufig auseinander. Rechtlich zu würdigen sind selbstverständlich nur die feststehenden Fakten. Die Meinungen und Ansichten sind aber manchmal ein „Wink mit dem Zaunpfahl". Der Aufgabensteller will Denkanstöße geben. Manchmal sind die Meinungen falsch und sollen nur auf das Problem hinlenken. Bei schwierigen Klausuren kann aber ausnahmsweise eine Meinung zutreffend sein, um den Prüfling auf eine versteckte Norm hinzuweisen.

Hüten sollte sich der Bearbeiter davor, mehr in den Sachverhalt „hineinzulesen", als tatsächlich an Fakten genannt wird. Selbstverständlich gilt: der Sachverhalt ist so abgefasst, dass sämtliche Angaben, die die Lösung vorbereiten, enthalten sind.

Der Sachverhalt ist nicht in Frage zu stellen, unabhängig davon, wie unwahrscheinlich er wirkt. Spekulationen oder gar Änderungen des Sachverhaltes haben zu unterbleiben! Ausführungen wie: „Da der Anton ein Schüler ist, gehe ich davon aus, dass er noch minderjährig und damit in der Geschäftsfähigkeit beschränkt ist …" führen zwangsläufig zu falschen Ergebnissen. Anton könnte durchaus ein volljähriger Berufsschüler sein, die Lösung des Falles würde in eine völlig andere Richtung gehen.

Der Aufgabensteller muss die Information „minderjährig" im Sachverhalt mitteilen. Das kann durch die konkrete Angabe „der 16-jährige Anton", oder mittelbar „der am 14. April 2006 geborene Anton hat am 15. April 2022 ein Skateboard gekauft", erfolgen.

Sobald der Bearbeiter beginnt, den Sachverhalt abzuändern, bearbeitet er „seinen" Fall, nicht mehr den des Aufgabenstellers!

1.2 Ausarbeitung einer Sachverhaltsskizze

Bei komplizierten Sachverhalten hilft es, eine **Skizze** zu erstellen, um sich die Beziehungen der handelnden Personen zu verdeutlichen. Diese Skizze ist nur für das Konzept gedacht, sie findet demnach in der formulierten Lösung keine Verwendung.

Es gibt unterschiedliche Fallkonstellationen, die leichter durchschaubar werden, indem man eine Skizze entwirft. In dieser Skizze sollen die Personen sowie die rechtlichen Beziehungen zwischen den Personen genannt werden. Ergänzt werden kann die Skizze durch Erläuterungen zu den Personen und ggf. Vorschriften

Beispiel einer Skizze:

Der Kunde B lässt sich vom Unternehmer A eine Gartenmauer errichten. B beauftragt hierfür den Subunternehmer C. Dieser stellt die Gartenmauer mangelhaft her. Die Gartenmauer stürzt um und beschädigt wertvolle Pflanzen.

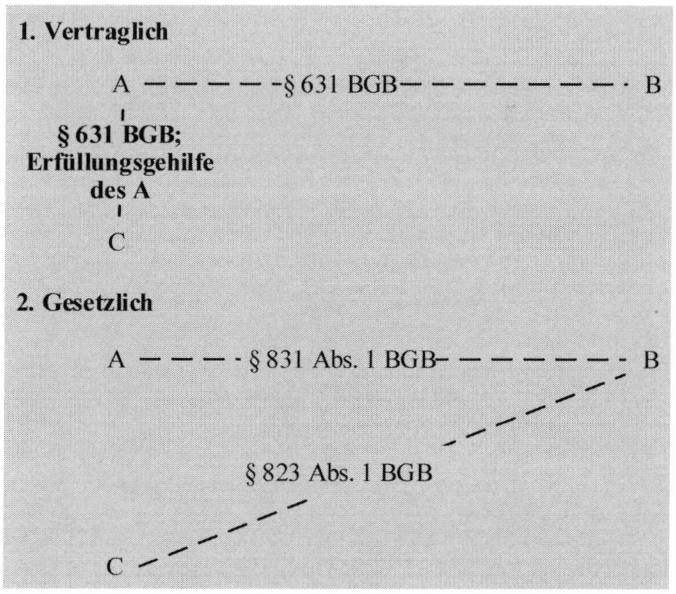

Aus dieser Skizze lässt sich entnehmen, dass drei handelnde Personen A, B und C im Sachverhalt angegeben werden. Zu prüfen werden sowohl vertragliche als auch gesetzliche Ansprüche sein.

Vertragliche Beziehung zwischen A und B ist ein Schuldverhältnis in Form eines Werkvertrages. Zwischen A und C besteht ebenfalls ein Werkvertrag, der C zum Erfüllungsgehilfen des A macht. Aus der Skizze ist schon ersichtlich, dass zwischen B und C keine vertraglichen Ansprüche bestehen können, während zwischen A und B vertragliche Ansprüche und ggf. auch gesetzliche Ansprüche bestehen können

Hier wird das Problem auftauchen, dass zwei Werkverträge bestehen, was schnell zum Vertauschen von Personen führen kann. Das kann verhindert werden, indem man A in der Skizze (noch) als Unternehmer, B als Kunde und C als Subunternehmer kennzeichnet.

Als Faustregel gilt, sobald mehr als zwei handelnde Personen im Sachverhalt geschildert werden, sollten die rechtlichen Beziehungen mit Hilfe einer Skizze verdeutlicht werden. Denken Sie an Erbrechtsfälle! Ohne eine Skizze, die die verwandtschaftlichen Beziehungen aufzeigt (Stammbaum) ist es kaum möglich, die Fälle zu lösen.

1.3 Fallfrage bzw. Aufgabenstellung

Hat der Bearbeiter die Sachverhaltserfassung beendet, wird er sich der Fallfrage widmen.

Häufig werden eine oder mehrere **konkrete Fallfragen** gestellt. Wird beispielsweise gefragt *„Kann Emsig die Zahlung des Kaufpreises von Sigi verlangen?"*, haben die Bearbeiter erfahrungsgemäß die wenigsten Schwierigkeiten. Diese Art der Fragestellung ist ganz typisch für Aufgaben aus dem Bereich des bürgerlichen Rechts.

Sollte die Fallfrage allgemein formuliert sein, z. B. „Wie ist die Rechtslage?" oder „Prüfen Sie gutachterlich", so sind sämtliche rechtliche Fragen zu klären.

1.4 Hinweise zum Aufbau

„Wer will was von wem woraus?"

Diese Formel lässt sich für den Aufbau einer ganzen Reihe von Lösungen verwenden. Immer dann, wenn nach Ansprüchen, sei es Verpflichtung zur Zahlung, Schadensersatz, Herausgabe etc. gefragt ist, bietet sich der Anspruchsaufbau an.

Zu beachten ist, dass die einzelnen Ansprüche strikt getrennt geprüft werden müssen.

Lautet die Fallfrage etwa *„Kann Emsig die Zahlung des Kaufpreises von Sigi oder seinen Eltern verlangen?"*, so sind zwei verschiedene Anspruchsgegner, nämlich Sigi und seine Eltern, vorhanden.

Das bedeutet, dass zwei Ansprüche zu prüfen sind: Zum einen, ob Emsig einen Anspruch auf Zahlung des Kaufpreises gegen Sigi aus § ... hat , zum anderen, ob Emsig einen Anspruch auf Zahlung des Kaufpreises gegen die Eltern aus § ... hat.

Nochmals zur Erinnerung. Wer will was von wem woraus?

Beim Einsetzen *„von wem"* ergibt sich *„Sigi"*, aber auch *„seine Eltern"*. Die Anspruchsgegner sind unterschiedliche Personen! Dementsprechend sind beide Ansprüche, wie bereits oben gesagt, strikt zu trennen.

Werden Zusatzfragen gestellt, durch die Teile des ursprünglichen Sachverhalts geändert werden, nennt man dies **„Fallabwandlung"**. Z. B. *„Ändert sich die Rechtslage, wenn Sigi Sorglos bereits volljährig ist?"*

Hier ist eine neuerliche Prüfung anhand der nunmehr mitgeteilten Informationen gefragt.

Häufig werden mehrere Fragen an den Bearbeiter gestellt. Diese sind selbstverständlich getrennt zu bearbeiten. Dabei sollte die Reihenfolge der Nummerierungen der Fragen eingehalten werden, da die Fragen oft aufeinander aufbauen.

1.5 Gliedern und Gewichten

Ohne eine zuvor erstellte **Grobgliederung** auf dem Konzeptpapier wird die Bearbeitung sämtlicher Fragen sehr schwierig werden. Durch die Grobgliederung wird dem Bearbeiter deutlich, was in welcher Breite zu behandeln ist.

Er gewinnt hierdurch ein Gefühl für die Schwerpunktsetzung, erreicht Übersichtlichkeit und kann abschätzen, wie viel Zeit ungefähr für die Bearbeitung der einzelnen Komplexe veranschlagt werden muss.

Es ist also sinnvoll, die einzelnen Fragen zu gewichten und die erforderliche Bearbeitungszeit entsprechend einzuteilen. Wird, wie bei einigen Prüfungsarbeiten üblich, die Punkteverteilung angegeben, so ist dies ein deutlicher Hinweis für die Gewichtung und damit auch für die jeweilige Bearbeitungszeit.

Wie die obigen Ausführungen zeigen, kann bereits beim Erfassen des Sachverhaltes und der Klärung der Fallfragen eine Klausurbearbeitung scheitern. Deshalb ist sorgfältiges Arbeiten angebracht!

Das zuvor Ausgeführte soll nun verdeutlicht werden.

Anhand dieses Beispiels soll (sehr verkürzt wegen der Komplexität des BGB) in die Arbeitstechnik des Anspruchsaufbaues eingeführt werden.

Beispiel:

„Sigis Computerspiel"

Der zwölfjährige Sigi hatte sich rund 50,00 Euro von seinem Taschengeld zurückgelegt, um sich ein bestimmtes Computerspiel beim Fachhändler Emsig zu kaufen. Die Eltern des Sigi waren damit einverstanden. Im Geschäft des Emsig angekommen, fiel Sigi dort ein Computerspiel zum Preis von 99,00 Euro auf. Nach kurzem Überlegen beschloss Sigi, die 50,00 Euro lieber dafür auszugeben. Er schloss mit Emsig einen Kaufvertrag über das Spiel zum Preis von 99,00 Euro. 50 Euro bezahlte er sofort. Die fehlenden 49 Euro sollte er innerhalb der nächsten Woche bezahlen. Sigi ging davon aus, dass er sein nächstes Taschengeld sowie einen verspro-

chenen „Zuschuss" seiner Oma dafür verwenden könne. Als die Eltern am Abend das Spiel sehen, sind sie empört über das skrupellose Geschäftsgebaren des Emsig und erklären, dass sie nicht mit dem Kauf einverstanden sind.

Fragen:

1. *Kann Emsig die Zahlung der restlichen 49 Euro von Sigi verlangen?*
2. *Kann Emsig die Zahlung der restlichen 49 Euro von Sigis Eltern verlangen?*
3. *Kann Sigi die Herausgabe der bereits bezahlten 50 Euro verlangen?*

Im Beispiel geht es darum, ob Emsig den restlichen Kaufpreis in Höhe von 49,00 Euro von Sigi verlangen kann.

Dabei helfen die fünf W, nämlich: **Wer will was** von **wem woraus?**

Bei Frage 1 ergibt sich durch Einsetzen der Sachverhaltsangaben:

Wer	will	was	von wem	und woraus?
Emsig	will	Zahlung der restlichen 49 Euro	von Sigi	aus § ??? BGB

Bei der Reinschrift steht daher immer an erster Stelle der sog. Obersatz. Dieser wird gebildet aus der Umformulierung der Frage. Dabei kann die Norm (meist eine Anspruchsgrundlage) noch offengelassen werden. Hier kenntlich macht mit „???".

Beispiel:

1. Emsig könnte einen Anspruch auf Zahlung der restlichen 49 Euro gegen Sigi aus § ??? BGB haben. Oder: „Zu prüfen ist, ob Emsig einen Anspruch auf Zahlung der restlichen 49 Euro gegen Sigi aus § ??? BGB hat."

Mit einem dieser Sätze könnten die schriftlichen Ausführungen beginnen.

Für Frage 2 ergibt sich: Emsig könnte einen Anspruch auf Zahlung der restlichen 49 Euro gegen die Eltern aus § ??? BGB haben.

Für Frage 3 ergibt sich: Sigi könnte einen Anspruch auf Herausgabe der bezahlten 50 Euro gegen Emsig aus § ??? BGB haben.

Sigi, seine Eltern und Emsig sind hier als die **handelnden Personen** bedeutsam. **Gegenstand** ist der von Sigi abgeschlossene Kaufvertrag über das Computerspiel. Besonders zu achten ist auf die **Altersangabe**, denn Sigi ist erst zwölf Jahre alt. Der Sachverhaltshinweis, dass die Eltern nur mit dem Kauf eines bestimmten Computerspiels, keinesfalls aber mit dem Kauf eines teureren Spieles einverstanden waren, wird ebenfalls rechtlich zu würdigen sein. Ebenso wie der Hinweis, dass Sigi den Kaufpreis nicht vollständig bezahlt hat.

Die erste Frage zielt hier darauf ab, ein mögliches subjektives Recht (**Anspruch**) des Emsig gegen Sigi zu prüfen. Es wäre hier verfehlt, wegen der Minderjährigkeit des Sigi eine Inanspruchnahme der Eltern zu prüfen! Das ist nicht gefragt!

Erst bei der Bearbeitung der zweiten Frage wird nach den Eltern gefragt, erst dann ist dies zu prüfen. Um Fehler zu vermeiden (hier beispielsweise, dass bereits in Frage 1 die Eltern geprüft werden) immer einen Blick nach unten auf die weiteren Fragen werfen.

Bei der dritten Frage geht es um einen Anspruch Sigis gegen Emsig. Anspruchsteller und Anspruchsgegner werden bezogen auf die Fragen eins und drei sogar getauscht!

Die meiste Bearbeitungszeit wird für Frage 1 benötigt werden. Frage 2 hingegen kann kurz abgehandelt werden. Bei Frage 3 wird zwar eine andere Anspruchsgrundlage zu prüfen sein, aber man kann z. T. auf die unter Frage 1 gemachten Ausführungen verweisen. Diese Überlegungen sollten bei der Gewichtung unbedingt einfließen.

Merke:

- Sachverhalt aufmerksam mehrmals lesen
- bereits beim Lesen Wichtiges unterstreichen
- „Gedankenblitze" festhalten
- Bei komplexen Sachverhalten eine Lösungsskizze erstellen
- evtl. Zeitstrahl anfertigen
- die Fallfrage bzw. Fallfragen beachten!

2. Ermitteln der einschlägigen Rechtsnorm

Nun gilt es die in den Obersatz einzusetzende Norm zu finden. Dazu sollte zuerst das entsprechende Rechtsgebiet eingegrenzt werden.

Versuchen Sie sich daher bei jedem Lernen die wichtigsten Anspruchsgrundlagen zu merken oder, falls erlaubt, im Gesetz zu kennzeichnen. Zur Not hilft ein Blick in die Schnellübersicht der VSV oder in das Stichwort- bzw. Sachverzeichnis sowie das Inhaltsverzeichnis.

Um die einschlägige Rechtsnorm zu finden, sind einige Vorüberlegungen nötig.

Die erste Frage, die sich stellt, ist:
„Welchem **Rechtsbereich** ist der Fall zuzuordnen?"

Emsig und Sigi schlossen einen Kaufvertrag. Der Kaufvertrag ist im Bürgerlichen Gesetzbuch im § 433 verankert. Hier geht es um die Erfüllung der Pflichten aus einem Kaufvertrag. Die entsprechenden Anspruchsgrundlagen ergeben sich aus § 433 Abs. 1 BGB, der die Pflichten des Verkäufers nennt und aus § 433 Abs. 2 BGB, der die Pflichten des Käufers regelt.

Um die Rechtsnorm einsetzen zu können, muss man die Frage **„Woraus"** beantworten.

Laut Fallfrage geht es um die Rechte des Verkäufers Emsig, die im § 433 Abs. 2 BGB zu finden sind. Danach hat der Käufer die Pflicht, dem Verkäufer den vereinbarten Kaufpreis zu zahlen und die gekaufte Sache abzunehmen. Die Pflichten des Käufers sind beim Kaufvertrag gleichzeitig die Rechte des Verkäufers.

§ 433 Abs. 2 BGB gehört sicherlich zur Rechtsordnung, ist also Recht im objektiven Sinn. Aus dem objektiven Recht kann bei Vorliegen sämtlicher Voraussetzungen subjektives Recht erwachsen.

Emsig könnte also ein subjektives Recht (eine Berechtigung) gegen Sigi auf Zahlung des Kaufpreises in Höhe von 99,00 Euro aus § 433 Abs. 2 BGB haben.

Dieses subjektive Recht wird **Anspruch** genannt.

Nun kann tatsächlich der erste Satz der Klausurbearbeitung formuliert werden.

Er lautet:

Emsig könnte einen Anspruch auf Zahlung des restlichen Kaufpreises in Höhe von 49,00 Euro gegen Sigi aus § 433 Abs. 2 BGB haben. Auch möglich wäre z. B.:

Zu prüfen ist, ob Emsig einen Anspruch auf Zahlung des restlichen Kaufpreises in Höhe von 49,00 Euro gegen Sigi aus § 433 Abs. 2 BGB hat.

Hinweis: Achten Sie gerade hier darauf, dass Frage und Obersatz übereinstimmen (gefragt ist nach dem *restlichen* Kaufpreis!)

Für die erfolgreiche Bearbeitung eines Falles müssen die folgenden Grundsätze unbedingt beachtet werden!

Merke:
- Das speziellere Gesetz ist vor dem allgemeineren Gesetz zu prüfen.
- Die speziellere Rechtsnorm ist vor der allgemeineren Rechtsnorm zu prüfen.

3. Struktur der Rechtsnorm im Einzelnen

Jede vollständige Rechtsnorm lässt sich mit Hilfe eines „Wenn-dann"-Satzes in einen **abstrakten Tatbestand** und eine **abstrakte Rechtsfolge** trennen.

3.1 Der Tatbestand

Unter dem Tatbestand versteht man die abstrakte Beschreibung der Sachverhalte, auch Tatbestandsmerkmale genannt, für die die Rechtsnorm gelten soll.

Aus der obigen Definition ist erkennbar, dass Sachverhalt und Tatbestand nicht gleichbedeutend sind.

Der Sachverhalt ist die gestellte Aufgabe, die dem Bearbeiter vorliegt. Sie besteht aus Informationen, die vom Aufgabensteller mitgeteilt werden. Dabei handelt es sich um die Schilderung bestimmter Vorgänge, die vorgefallen sind oder vorgefallen sein könnten. Für die Bearbeitung ist nur der **rechtlich erhebliche** Teil heranzuziehen.

Vom Sachverhalt zu trennen ist der Tatbestand, ebenso wie Tatbestand und Rechtsfolge getrennt werden müssen. Die Zuordnung gelingt am besten mit Hilfe eines „**wenn**", „**dann**"-Satzes.

Beispiel:

1) § 2303 BGB ist eine vollständige Rechtsnorm.

Wird sie mit Hilfe des „wenn dann"-Satzes aufgegliedert, ergibt sich folgendes:

***Wenn** ein Abkömmling des Erblassers durch Verfügung von Todes wegen von der Erbfolge ausgeschlossen ist (Tatbestand), **dann** kann er von dem Erben den Pflichtteil verlangen (Rechtsfolge).*

*2) § 812 Abs. 1 Satz 1 Alt. 1 BGB. „**Wenn** der Schuldner etwas durch die Leistung (des Schuldners) ohne rechtlichen Grund erlangt hat, **dann** ist er (dem Gläubiger) zur Herausgabe verpflichtet."*

Rechtsvorschriften können bzgl. der Anzahl der Tatbestandsmerkmale große Unterschiede aufweisen. Die „kürzeren" Tatbestände sind naturgemäß leichter zu gliedern. Wie aber geht man bei „längeren" Tatbeständen vor?

Beispiel:

§ 536a Abs. 1 BGB Tatbestand.

- *Schuldverhältnis Mietvertrag (ergibt sich aus der Systematik und „Mieter", „Vermieter")*
- *Mangel i. S. d. § 536 BGB bei Vertragsschluss oder*
- *entsteht ein solcher Mangel später wegen eines Umstandes, den der Vermieter zu vertreten hat, oder*
- *kommt der Vermieter mit der Beseitigung eines Mangels in Verzug*

Das Beispiel soll verdeutlichen, dass es Rechtsvorschriften gibt, deren Tatbestand aus mehreren Tatbestandsmerkmalen besteht. Um nicht den Überblick zu verlieren, bietet es sich an, die einzelnen Tatbestandsmerkmale zu gliedern.

Durch das **Gliedern** und **Aufschreiben** der einzelnen Tatbestandsmerkmale vermeidet man, dass etwas übersehen wird. Damit die Rechtsfolge eintreten kann, ist nämlich zwingend erforderlich, dass **sämtliche** Tatbestandsmerkmale erfüllt sind.

Das Beispiel zeigt, dass in einem Tatbestand durchaus Tatbestandsmerkmale **alternativ** (oder) gegeben sein können. **Aufmerksames Lesen der Vorschrift ist bei solchen Konstellationen gefragt!**

Die Schwierigkeit, den Tatbestand herauszuarbeiten, liegt hier darin, dass es sich um ein älteres Gesetz handelt und dementsprechend klingt es etwas ungewohnt. Hier hilft es, möglichst viel **im entsprechenden Gesetz** zu **lesen**. Schon nach einiger Zeit gewöhnt man sich an die Wortwahl und die Satzstellung.

Sind die Tatbestandsmerkmale herausgearbeitet worden, stößt man nicht selten auf das Problem, dass dabei verwendete Begriffe geklärt werden müssen.

3.1.1 Legaldefinitionen

Eine Möglichkeit, Begriffe zu erklären bietet das Gesetz selbst, nämlich in Form von **Legaldefinitionen**. Wenn es für den in Frage stehenden Fall eine Legaldefinition gibt, dann ist sie zur Klärung der nicht eindeutigen Begriffe heranzuziehen.

Der Gesetzgeber hat eine Vielzahl solcher Legaldefinitionen geschaffen. Oft ist die Norm so aufgebaut, dass der zu definierende Begriff in Klammern steht, vgl. z. B. § 184 Abs. 1 BGB für die Genehmigung.

Beispiele:
Definitionen finden sich u. a. in § 90 BGB Sache, § 13 BGB Verbraucher, § 14 BGB Unternehmer, § 183 BGB Einwilligung, § 184 Abs. 1 BGB Genehmigung, § 194 Abs. 1 BGB Anspruch, § 925 Abs. 1 BGB Auflassung

3.1.2 Unbestimmte Rechtsbegriffe

Ein Gesetz soll Gerechtigkeit für eine Vielzahl von Fällen schaffen. Einzelfallgerechtigkeit obliegt den Gerichten. Daher hat der Gesetzgeber manche Tatbestandsmerkmale in Gesetzen nicht genau definiert oder festgelegt. Diese Tatbestandsmerkmale nennt man unbestimmte Rechtsbegriffe.

Beispiele:
§ 242 BGB, was versteht man unter Treu und Glauben, § 147 Abs. 2 BGB, was sind regelmäßige Umstände?

Durch die Verwendung solcher Begriffe wird der Kreis der Sachverhalte, die durch die Norm abgedeckt werden, erweitert. So wird erreicht, dass eine Regelung für eine Vielzahl von Fällen gilt. Die §§ 133, 157 BGB legen sogar ausdrücklich fest, dass Willenserklärungen und Verträge auszulegen sind, falls dies erforderlich sein sollte.

Mit Hilfe verschiedener Auslegungsmethoden wird ermittelt, ob der Sachverhalt unter den unbestimmten Rechtsbegriff fällt.

Beispiele:
Auslegung nach dem Wortlaut, Auslegung nach dem systematischen Zusammenhang Auslegung nach Sinn und Zweck, Auslegung nach der Entstehungsgeschichte

Stößt der Bearbeiter auf einen unbestimmten Rechtsbegriff, so wird er sich im Regelfall bereits während des Unterrichts bzw. durch Fachliteratur die gängigsten Erläuterungen angeeignet haben.

Es kann also auf entsprechendes „Grundwissen" für die Fallbearbeitung zurückgegriffen werden.

Nachdem eine Vielzahl solcher unbestimmten Rechtsbegriffe existiert, haben sich Rechtsprechung und Literatur damit in der jeweiligen Fachmaterie ausführlich befasst. Es gibt also etliche Entscheidungen über die Auslegung von unbestimmten Rechtsbegriffen, deren Darstellung den Rahmen dieses Lehrbriefes sprengen würde. Gesammelt liegen sie in den Kommentaren zu den einzelnen Gesetzeswerken vor. Zumindest für den Rechtsanwender in der Praxis empfiehlt sich also, einen Blick in die entsprechenden Kommentare zu werfen.

Beispiele:
In § 833 BGB wird der Begriff „Tierhalter" verwendet. Der Wortlaut „Tierhalter" erfasst nicht jeden, der kurzfristig die Sachherrschaft über das Tier ausübt, sondern nur denjenigen, der langfristig den Nutzen und Vorteil des Tieres hat.

Merke:
- Tatbestand aufmerksam lesen
- Tatbestand in einzelne Tatbestandsmerkmale gliedern
- eine Prüfungsreihenfolge der Tatbestandsmerkmale festlegen
- immer sämtliche Tatbestandsmerkmale prüfen
- soweit vorhanden auf Legaldefinitionen zurückgreifen
- auf unbestimmte Rechtsbegriffe achten

3.2 Die Rechtsfolge

Unter der Rechtsfolge versteht man die abstrakte Beschreibung dessen, was bei Vorliegen aller Tatbestandsmerkmale eintreten muss oder eintreten kann.

§ 823 Abs. 1 BGB ist eine „vollständige" Rechtsnorm. Sieht man sich die Rechtsfolge des § 823 Abs. 1 BGB genauer an, erkennt man, dass es sich um eine „**Anspruchsgrundlage**" handelt.

Dies wird deutlich, wenn man die Rechtsfolge „ist dem anderen zum Ersatze des daraus entstehenden Schadens verpflichtet" liest.

Welche Schäden im Einzelnen vom Schadensersatz umfasst werden, regeln die „**Hilfsnormen**" der §§ 249 ff. BGB. Die §§ 249 ff. BGB sind keine Anspruchsgrundlagen.

Sie erläutern nur den Umfang des Schadens, deshalb kann man sie als „ausfüllende" Hilfsnormen bezeichnen. Eine Ausnahme bildet nur § 253 Abs. 2 BGB, die Anspruchsgrundlage für Schmerzensgeld.

Die Prüfung eines Anspruches erfordert deshalb das **Zusammenspiel** zwischen der **Anspruchsgrundlage** und den **Hilfsnormen**.

Es sind also mehrere Rechtsnormen zu kombinieren, was schwierig sein kann.

Bei einigen Rechtsnormen billigt der Gesetzgeber dem Anspruchsberechtigten sogar ein **Wahlrecht** bzgl. der Rechtsfolge zu.

Beispiel:
§ 179 Abs. 1 BGB: „Wer als Vertreter einen Vertrag geschlossen hat, ist, sofern er nicht seine Vertretungsmacht nachweist, dem anderen Teil nach dessen Wahl zur Erfüllung *oder zum Schadensersatz verpflichtet, wenn der Vertretene die Genehmigung des Vertrages verweigert." Abhängig von der Fragestellung und den Sachverhaltsangaben muss der Bearbeiter evtl. entscheiden, welche der Rechtsfolgen für den Anspruchsberechtigten die günstigere ist. Das setzt allerdings voraus, dass im Sachverhalt entsprechende Angaben enthalten sind.*

4. Subsumption

Nach der Erfassung des konkreten Sachverhalts, der Klärung der Fallfragen und der Ermittlung der abstrakten Rechtsnorm müssen nun Sachverhalt und Rechtsnorm „zusammengeführt" werden. Dies geschieht durch die so genannte „Subsumption". „Sub", lat. für „unter", und „sumere", lat. für „zählen, ordnen", ergeben zusammen das Wort „subsumere", zu Deutsch „unterordnen".

Subsumption bedeutet daher die Unterordnung des Sachverhaltes unter eine Rechtsnorm.

Geprüft wird also, ob die in der Norm abstrakt formulierten Voraussetzungen im konkreten Sachverhalt erfüllt sind.

Die Rechtsvorschrift wird in diesem Zusammenhang auch als Obersatz, der konkrete Sachverhalt wird als Untersatz und die daraus resultierende Rechtsfolge wird als Schlusssatz bezeichnet.

Beispiele:
Obersatz: Katzen sind Tiere.

Untersatz: Maunz ist eine Katze.

Schlusssatz: Also ist Maunz ein Tier.

Opa Otto setzt durch Testament seinen Neffen Norbert zum Alleinerben ein. Seinen Sohn Sigmund übergeht er völlig.

Obersatz: Ist ein Abkömmling des Erblassers durch Verfügung von Todes wegen von der Erbfolge ausgeschlossen (abstrakter Tatbestand), so kann er von dem Erben den Pflichtteil verlangen (Rechtsfolge), vgl. § 2303 Abs. 1 Satz 1 BGB.

Untersatz: Sigmund ist Abkömmling des Otto, durch Testament von der Erbfolge ausgeschlossen.

Schlusssatz: Sigmund kann von Norbert den Pflichtteil verlangen.

Damit die Subsumption gelingt, sind einige Punkte zu beachten.

- **Es sind immer alle Tatbestandsmerkmale zu prüfen, s. o.**
- **Die Tatbestandsmerkmale sind zu ordnen**

Je komplizierter eine Rechtsnorm formuliert ist, desto eher sollte man sich die Mühe machen, die einzelnen Tatbestandsmerkmale auf dem Konzeptpapier zu vermerken, um bei der Reinschrift nichts zu vergessen bzw. eine sinnvolle Prüfungsreihenfolge zu erhalten.

Für einzelne, häufig zu prüfende Rechtsnormen bzw. Aufgabenstellungen gibt es sogenannte Prüfschemata, auf die unter 5. eingegangen wird.

- **Der Tatbestand ist vor der Rechtsfolge zu prüfen**

Bei der Subsumtion sind **alle relevanten Rechtsnormen** zu berücksichtigen. Ist z. B. die Anspruchsgrundlage des § 823 Abs. 1 BGB zu prüfen, so ist ein zu prüfendes Tatbestandsmerkmal „vorsätzlich oder fahrlässig" (Verschulden).

In § 276 Abs. 2 BGB findet sich die Legaldefinition der Fahrlässigkeit. Es genügt also nicht, nur die Anspruchsgrundlage, die „vollständige Rechtsnorm", zu bearbeiten, es müssen die „unvollständigen Rechtsnormen" mit herangezogen werden. Erst nach der Subsumtion des Tatbestandes wird die Rechtsfolge geprüft.

Beispiel:
Hat die Subsumtion ergeben, dass die Tatbestandsmerkmale des § 823 Abs. 1 BGB vorliegen, greift die Rechtsfolge „ist der daraus entstehende Schaden zu ersetzen". Die Fallgestaltung kann erfordern, dass nun die §§ 249 ff. BGB zur Bestimmung des Umfanges geprüft werden müssen.

Merke:
- alle Tatbestandsmerkmale der Rechtsnorm prüfen
- die Tatbestandsmerkmale ordnen
- den Tatbestand vor der Rechtsfolge prüfen
- die Gegennormen und Hilfsnormen nicht vergessen

Lückenausfüllung

Es gibt Fallgestaltungen, die sich nicht unter eine Rechtsnorm subsumieren lassen, weil keine einschlägige Rechtsnorm vorhanden ist. Es besteht also tatsächlich eine **Gesetzeslücke.** Darin liegt der **Unterschied** zu einer **auslegungsbedürftigen Rechtsnorm.** Diese kann mit Hilfe der diversen Auslegungsmethoden sehr wohl unmittelbar angewendet werden.

Bei einer Gesetzeslücke hilft folglich die Auslegung nicht weiter, sondern es muss vielmehr das Recht fortentwickelt werden. Daher spricht man von der **Rechtsfortbildung.**

Die Rechtsfortbildung erfolgt im Wesentlichen durch zwei Methoden: Sowohl die so genannte **Analogie** als auch der so genannte **Umkehrschluss** dienen dem Schließen von Gesetzeslücken. Worum es sich dabei handelt, wird im Folgenden kurz erläutert.

Analogie

Bei der Analogie geht man davon aus, dass eine unmittelbar anzuwendende Rechtsnorm nicht existiert, also eine Regelungslücke besteht, da die Merkmale eines gesetzlichen Tatbestandes nicht erfüllt werden.

Eine Rechtsnorm, unter die sich vergleichbare (ähnliche) Fallgestaltungen subsumieren lassen, kann aber zur Lösung des „verwandten" Falles herangezogen werden. Das setzt voraus, dass es sich um eine **vergleichbare Interessenlage** handelt, und der **Zweck der Rechtsnorm** eine entsprechende Anwendung rechtfertigt, so genannte **Gesetzesanalogie.**

Bei der so genannten **Rechtsanalogie** wird ein **Rechtsgedanke aus mehreren Rechtsvorschriften** abgeleitet. So z. B., dass auch bei anderen als in den §§ 543, 626, 723 BGB genannten Dauerschuldverhältnissen, eine Kündigung aus wichtigem Grund möglich ist.

Umkehrschluss

Liegt eine gesetzliche Regelung vor, die wegen ihres engen Wortlauts einen bestimmten Sachverhalt nicht erfasst, und die Prüfung der Interessenlage und des Normzweckes ergibt, dass die von der Rechtsvorschrift vorgesehene Rechtsfolge für den nicht geregelten Fall gerade **nicht eintreten** soll, stellt sich die Frage nach einer Rechtsfortbildung im Wege des so genannten **Umkehrschlusses.**

Der Umkehrschluss geht von der Überlegung aus, dass der Gesetzgeber den gesetzlich nicht geregelten Fall gerade nicht zum Gegenstand der Rechtsvorschrift machen wollte.

Merke:

- Gesetzesanalogie bedeutet, dass eine Rechtsnorm auf einen ähnlichen Sachverhalt angewendet wird
- Rechtsanalogie bedeutet, dass ein aus mehreren Einzelbestimmungen abgeleiteter Grundgedanke auf andere Fälle ausgedehnt wird
- Umkehrschluss bedeutet, dass der Gesetzgeber bewusst die fragliche Fallgestaltung in der Rechtsnorm nicht geregelt hat und sie deshalb nicht herangezogen werden darf.

5. Einsatz von Prüfschemata

Hilfreich bei der Fallbearbeitung ist der Einsatz von **Prüfschemata.** Sowohl in der Aus- und der Fortbildung, als auch in der Praxis hat sich gezeigt, dass die Prüfschemata erhebliche Hilfestellungen darstellen. Solche Prüfungsschemata kann man sich auch selbst erstellen, in dem man alle gesetzlichen Tatbestände in der Reihenfolge auflistet und dann die Rechtsfolge darstellt. Doch Vorsicht: Manchmal sind die einzelnen Tatbestandsmerkmale nur durch Auslegung zu erkennen, vgl. unten „ungeschriebenes Merkmal".

Hier ein Beispiel für ein Prüfschema des § 823 Abs. 1 BGB:

Tatbestand:

- Verletzungshandlung: „verletzt"
- Rechtsgutverletzung: „das Leben, den Körper, die Gesundheit, die Freiheit, das Eigentum oder ein sonstiges Recht"
- Kausalität zwischen Verletzungshandlung und Rechtsgutverletzung: ungeschriebenes Merkmal
- Widerrechtlichkeit: „widerrechtlich"
- Verschulden: „vorsätzlich oder fahrlässig"
- Schaden: „Schaden"
- Kausalität zwischen Rechtsgutverletzung und dem Schaden Rechtsfolge: „daraus entstehenden"
- Ersatz des Schadens: „Ersatz"

Liegen sämtliche Tatbestandmerkmale vor, so greift die Rechtsfolge Ersatz des Schadens.

Prüfungsreihenfolge der Anspruchsgrundlagen

Sind bei einer BGB-Klausur mehrere Anspruchsgrundlagen zu prüfen, so sollte der Grundgedanke **Prüfung der vertraglichen vor den gesetzlichen Anspruchsgrundlagen** berücksichtigt werden.

Beispiel:
Zwischen M und Installateur S wurde ein Vertrag über die Wartung einer Heizungsanlage abgeschlossen. Bei der Wartung beschädigt S aus Unachtsamkeit zwei Bodenfliesen.

Zu beginnen ist mit der Prüfung des vertraglichen Schadensersatzanspruches (hier § 280 Abs. 1 BGB), vergessen werden darf aber nicht die Prüfung der gesetzlichen Anspruchsgrundlage (hier § 823 Abs. 1 BGB).

Als zweckmäßig hat sich folgende Prüfungsreihenfolge für die Prüfung der Anspruchsgrundlagen erwiesen:

1. Erbrechtliche Ansprüche
2. Familienrechtliche Ansprüche
3. Vertragliche Ansprüche
4. Ansprüche im Vorfeld eines Vertrages
5. Ansprüche aus Geschäftsführung ohne Auftrag
6. Dingliche Ansprüche
7. Ansprüche aus unerlaubter Handlung
8. Ansprüche aus ungerechtfertigter Bereicherung

Die Gegenrechte (Gegennormen) werden folgendermaßen untergliedert:

1. Rechtshindernde Einwendungen, z. B. §§ 105 Abs. 1, 125, 134, 138 BGB
2. Rechtsvernichtende Einwendungen, z. B. §§ 362, 142 Abs. 1 BGB
3. Rechtshemmende Einreden, z. B. §§ 214 Abs. 1, 821 BGB

6. Niederschrift

Die Niederschrift stellt den letzten Arbeitsgang vor Fertigstellung der Fallbearbeitung dar. Daher ist es sinnvoll, nochmals zu kontrollieren, ob die Lösung vollständig ist.

- Wurden alle relevanten Angaben im Sachverhalt berücksichtigt?
- Ist der Lösungsweg Schritt für Schritt nachvollziehbar?
- Sind die angewendeten Rechtsvorschriften auch aufgeführt?

Nach dieser Kontrollüberlegung folgt als nächster Schritt das Niederschreiben, d. h. das Ausformulieren der gefundenen Ergebnisse.

Dabei gibt es bereits bei der **äußeren Form** einiges zu beachten. Nur was leserlich ist, wird gelesen, und damit auch bewertet werden!

Falls es sich um eine Prüfungsklausur handelt, werden in der Regel die Blätter ausgegeben. Diese haben den Vorteil, dass ein **Korrekturrand** vorgegeben ist. Dieser sollte genau zu diesem Zweck auch von den Bearbeitern freigelassen werden.

Bei Übungsklausuren haben die Bearbeiter die Blätter manchmal mitzubringen, d. h. man kann die Blätter bereits zu Hause mit dem Namen und dem Korrekturrand versehen, sowie die Blätter nummerieren. Ungefähr 1/3 der Blattbreite sollte für den Korrekturrand zur Verfügung stehen. Weniger Korrekturrand bedeutet bei Übungsklausuren, dass die Randbemerkungen des Korrektors entsprechend „dünn“ ausfallen. Wenn die Klausur dann vom Bearbeiter nachgearbeitet wird, fehlen Hinweise, die auf die individuellen Fehler eingehen.

Die oft ausgeteilte Lösungsskizze mit den allgemeinen Lösungshinweisen kann eine individuelle Korrektur nicht ersetzen.

Die Blätter sollten einseitig beschrieben werden, denn bei der Verwendung von Kugelschreibern oder gar filzstiftähnlichem Schreibwerkzeug ist die Farbe auch auf der Rückseite sichtbar.

Manch einer schreibt gern auf kariertem Papier. Das mag gerade noch angehen, aber dass in jede Zeile geschrieben wird, ohne dass eine Zeile dazwischen frei bleibt, wird den sanftmütigsten Korrektor erzürnen. Das solcherart Geschriebene ist dermaßen klein und unübersichtlich, dass die Korrektur, falls der Korrektor noch willens ist, zur Zumutung gerät.

Üblicherweise sind die Farben **rot** und **grün** der Erst- u. Zweitkorrektur vorbehalten. Deshalb sollte sich der/die Bearbeiter/ in mit blauer oder schwarzer Farbe begnügen.

Viel zu selten wird in Klausuren gegliedert. Durch das **Gliedern** wird das Erscheinungsbild aufgelockert, die einzelnen Sätze „verlieren“ sich nicht, Strukturen werden erkennbar. Dies erreicht man durch eine durchdachte Nummerierung und mit Hilfe von Absätzen. Da einer der Arbeitsschritte ohnehin das Erstellen einer Gliederung ist, bietet sich an, diese ebenfalls bei der Reinschrift einzusetzen.

Denken Sie daran, dass die niedergeschriebene Lösung als Antwort auf die Fallfrage immer mit einem Obersatz beginnen sollte, der die einschlägige Gesetzesnorm enthält. Dies ist der erste Eindruck, den der Korrektor von Ihnen erhält! Ist der Einstieg gut gelungen, hat der Korrektor ein positives Bild von Ihnen.

Häufig gemachte Fehler sind die **Nacherzählungen des Sachverhaltes**.

Der Korrektor kennt den Sachverhalt. Er erwartet von Ihnen, dass Sie den Sachverhalt anhand des Gesetzes prüfen.

Zwingend erforderlich ist es, die angewendeten Rechtsnormen zu zitieren.

Beispiel:
Adler könnte einen Anspruch auf Herausgabe des Gemäldes gegen Blum aus § 812 Abs. 1 Satz 1 Alt. 1 BGB haben.

Eine Argumentation „ins Blaue“ ohne Beleg durch Rechtsvorschriften gleicht einem Erlebnisaufsatz, hat aber wenig mit rechtlicher Arbeitstechnik zu tun.

Rechtsnormen werden mit Absatz, Satz, Nummer, Buchstabe, Halbsatz oder Alternative angegeben.

Beispiele:
§ 119 Abs. 1 Alt. 1 BGB, §§ 249 ff. BGB, § 90a BGB

Die Lösung wird entweder im so genannten **Gutachtenstil** oder im **Urteilsstil** niederzuschreiben sein, abhängig von der Aufgabenstellung.

In der BGB-Klausur wird im Gegensatz zur verwaltungsrechtlichen Klausur üblicherweise der Gutachtenstil gefordert. Deshalb wird im Folgenden nur darauf eingegangen.

Der Bearbeiter soll durch seine Bearbeitung des Falles zeigen, dass er mit Hilfe der Gesetzestexte diesen rechtlich einordnen und lösen kann. Dazu wird mit Hilfe der oben dargelegten Prüfungsabfolge das Ergebnis Schritt für Schritt entwickelt.

Zuerst erfolgt die Formulierung des hypothetischen Ergebnisses. Z. B. *„Emsig könnte einen Anspruch auf Zahlung des Kaufpreises gegen Sigi aus§ 433 Abs. 2 BGB haben.“* Durch das Wort „könnte“ bringt der Bearbeiter zum Ausdruck, dass er im Folgenden das Ergebnis finden und belegen wird.

Der Gutachtenstil zeichnet sich dadurch aus, dass mit der in **Frage kommenden Rechtsgrundlage begonnen wird**. Das setzt natürlich voraus, dass sich der Bearbeiter mit Hilfe seiner bereits erstellten Gliederung auf dem Konzeptpapier über das Ergebnis bereits im Klaren ist, d. h. es wird ein hypothetisches Ergebnis vorangestellt.

Dies wird deutlich durch die Verwendung des Konjunktivs, da das endgültige Ergebnis noch nicht nachgewiesen ist.

Steht die zu prüfende Rechtsgrundlage fest, so müssen die **einzelnen Voraussetzungen** festgestellt werden.

Beispiel:
Neumann könnte einen Anspruch auf Nacherfüllung gegen Müller aus §§ 437 Nr. 1, 439 BGB haben. Folgende Voraussetzungen müssten vorliegen:

1. *Es müsste ein Kaufvertrag gem. § 433 BGB usw.*

Beim nächsten Schritt ist zu prüfen, ob die Tatbestandsmerkmale durch den konkreten Sachverhalt erfüllt sind, es ist also zu **subsumieren**.

Beispiele:
Zwischen N und M könnte ein Kaufvertrag gem. § 433 BGB geschlossen worden sein. Für den Abschluss eines Vertrages sind zwei übereinstimmende Willenserklärungen, Antrag und Annahme, §§ 145, 147 BGB erforderlich. Indem N am 30.1. usw.

Die gekaufte Uhr müsste einen Mangel haben. Ein Mangel i. S. d. § 434 Abs. 1 Satz 1 BGB liegt vor, wenn die Uhr nicht die vereinbarte Beschaffenheit aufweist. Vereinbart wurde zwischen N und M usw.

Den Abschluss bildet die Feststellung des **Ergebnisses**, z. B. Neumann hat einen Anspruch auf Lieferung einer mangelfreien Uhr aus §§ 437 Nr. 1, 439 BGB. Wichtig ist, dass *eine* Lösung angeboten wird. Falsch ist, eine Wahllösung anzubieten.

Beispiel:
Sollte A fahrlässig gehandelt haben steht dem geschädigten B ein Schadenersatzanspruch zu. Hat er nicht fährlässig gehandelt, steht ihm kein Anspruch auf Schadenersatz zu.

Sie sollen auch im Gutachten **eine** Entscheidung treffen.

Merke:
- Vor der Niederschrift die Lösung an Hand des Sachverhaltes nochmals kontrollieren
- Unbedingt auf Übersichtlichkeit und Struktur der Ausführungen achten

Soweit die Hinweise zur Fallbearbeitung.

Nun steht einer erfolgreichen Fallbearbeitung nicht mehr im Weg.

Viel Erfolg dabei!

Lösungen der Testfragen

Zum Allgemeinen Teil des BGB

1. Unter Rechtsfähigkeit versteht man die Fähigkeit, Träger von Rechten und Pflichten zu sein. Unter Geschäftsfähigkeit versteht man die Fähigkeit, rechtswirksam Willenserklärungen abgeben und entgegennehmen zu können. Deliktsfähigkeit ist die Fähigkeit, für unerlaubte Handlungen durch Leistung von Schadensersatz einstehen zu können.

2. Die Rechtsfähigkeit des Menschen beginnt mit der Vollendung der Geburt (§ 1 BGB).
Die Geburt ist mit dem vollständigen lebenden Austritt aus dem Mutterleib vollendet.
Die Rechtsfähigkeit einer juristischen Person setzt immer einen Vertrag (Satzung) und eine staatliche Mitwirkung voraus. Letztere ist im Regelfall die Eintragung in ein Register (z. B. Handels- oder Vereinsregister). Erst dann tritt Rechtsfähigkeit ein.

3. Gegenstand ist ein Oberbegriff. Er umfasst körperliche und unkörperliche Gegenstände. Sachen sind körperliche Gegenstände (§ 90 BGB).

4. Der wesentliche Bestandteil dient dem Bestand und der Erhaltung der Hauptsache. Das Zubehör dem wirtschaftlichen Zweck der Hauptsache (§§ 93, 97 BGB).

5. Ein Verein muss von mindestens sieben Personen durch Gründungssatzung errichtet werden (§ 59 Abs. 3 BGB). Die Mindesterfordernisse an die Satzung sind in § 57 BGB niedergelegt. Der Zweck des Vereins, sein Name, sein Sitz und der Beschluss darüber, dass der Verein ein- getragen werden soll, müssen in der Satzung enthalten sein. Weiterhin soll die Satzung die Voraussetzungen von § 58 BGB erfüllen. Die Anmeldung zum Vereinsregister ist in § 59 BGB geregelt. Nach § 77 BGB sind die Anmeldungen in öffentlich beglaubigter Form zu bewirken. Soll der Verein als gemeinnützig anerkannt werden, ist dies bereits bei der Satzung zu beachten, obgleich die Frage der Gemeinnützigkeit im öffentlichen Recht geregelt ist (§§ 51 ff. AO „steuerbegünstigte Zwecke"). Mustersatzungen sind bei den Finanzämtern zu erhalten.

6. Einwilligung bedeutet nach § 183 Satz 1 BGB die vorherige Zustimmung, Genehmigung bedeutet nach § 184 Abs. 1 BGB die nachträgliche Zustimmung.

7. Nicht in den Fällen der §§ 107 „rechtlicher Vorteil", 110 „Taschengeld" sowie 112, 113 BGB.

8. Rechtlich vorteilhaft ist nicht gleichbedeutend mit wirtschaftlich vorteilhaft. Nur wenn durch die Willenserklärung keine eigene Leistungsverpflichtung eintritt, ist ein lediglich rechtlicher Vorteil gegeben.

9. Einmal wurden zusammen mit dem Eigentum am Grundstück nach § 93 BGB auch die wesentlichen Bestandteile erworben, da diese nicht Gegenstand besonderer Rechte sein können. Wesentliche Bestandteile des Grundstücks sind das Gebäude, die Garage und das Bootshaus, da sie mit dem Grundstück fest verbunden sind (§ 94 Abs. 1 BGB). Dies gilt auch für die Obstbäume.
Weiterhin geht im Zweifel mit dem Eigentum an dem Grundstück auch das Zubehör auf den Erwerber über, sofern es dem Veräußerer gehört (§ 926 Abs. 1 Satz 2 BGB). Zubehör des Grundstücks sind nach § 97 BGB die Mülltonnen und das Segelboot. Beides sind bewegliche Sachen, die keine Bestandteile des Grundstücks sind. Zudem dienen beide Sachen dem wirtschaftlichen Zweck der Hauptsache. Sie stehen auf dem Grundstück und damit in einer dauerhaften räumlichen Beziehung.

10. Verpflichtungsgeschäfte sind Rechtsgeschäfte, durch die jemandem das Recht zustehen soll, von einem anderen ein Tun oder Unterlassen zu verlangen. Wirksame Verpflichtungsgeschäfte lassen lediglich Ansprüche entstehen. Eine unmittelbare Veränderung der Rechtslage in Hinblick auf das Rechtsobjekt tritt nicht ein. Verfügungsgeschäfte sind Rechtsgeschäfte, die unmittelbar – also ohne weitere Schritte – zu einer Veränderung der Rechtslage in Hinblick auf das Rechtsobjekt führen.

11. Unter Willenserklärung versteht man eine bewusste und nach außen erkennbare Äußerung, die auf Erzielung eines Rechtserfolgs gerichtet ist.

12. Empfangsbedürftige Willenserklärungen unter Abwesenden werden mit Abgabe und Zugang der Erklärung beim Erklärungsempfänger wirksam, § 130 Abs. 1 Satz 1 BGB. Eine wirksame Abgabe liegt vor, wenn der Erklärende die Willenserklärung so in den Rechtsverkehr bringt, dass er unter Zugrundelegung normaler Verhältnisse damit rechnen kann, sie werde auch ohne sein weiteres Zutun den Empfänger erreichen. Ein wirksamer Zugang liegt vor, wenn die Willenserklärung so in den Machtbereich des Empfängers gelangt, dass bei Zugrundelegung normaler Verhältnisse damit zu rechnen war, dass er von ihr Kenntnis nehmen konnte, sofern kein rechtzeitiger Widerruf erfolgte.

13. Es handelt sich hierbei nicht um Angebote, sondern um eine Aufforderung zur Abgabe eines Angebots (invitatio ad offerendum).

14. a) Schriftform, Textform, notarielle Beglaubigung und notarielle Beurkundung

    b) Gesetzliche Formerfordernisse sollen einen Übereilungsschutz, eine Warnfunktion sowie Beweisfunktion für die Beteiligten haben. Gerade bei Verträgen, in denen nur ein Vertragsteil eine Verpflichtung übernimmt haben Formvorschriften die o. g. Funktionen (z. B. Schenkungsvertrag, § 518 BGB; Bürgschaftsvertrag, § 766 BGB).

    c) Die Rechtsfolge Nichtigkeit ergibt sich allgemein aus § 125 BGB, nicht etwa aus der Vorschrift, die eine Form anordnet (wie z. B. §§ 518, 766 BGB).

15. Der Grundsatz der Vertragsfreiheit bedeutet, dass es den beteiligten Parteien freisteht, ob sie überhaupt und mit welchem Inhalt sie einen Vertrag schließen. Der Grundsatz der Formfreiheit bedeutet, dass eine Willenserklärung mündlich, schriftlich, elektronisch oder durch schlüssiges Verhalten abgegeben werden kann. Der Grundsatz der Vertragstreue bedeutet, dass wirksam geschlossene Verträge und Vereinbarungen grundsätzlich einzuhalten sind. Eine einseitige Rückgängigmachung oder Aufhebung eines Vertrages kommt nur dann in Betracht, wenn hierfür ein gesetzlicher oder vertraglicher Grund vorliegt.

16. Der Bote überbringt eine fremde, fertige Willenserklärung. Geschäftsfähigkeit ist deswegen nicht erforderlich. Der Vertreter gibt eine eigene Willenserklärung im Namen des Vertretenen ab, die unter den Voraussetzungen des § 164 BGB für und gegen den Vertretenen wirkt. Da sich der Vertreter wegen § 164 BGB nicht selbst verpflichtet, reicht für die Vertretereigenschaft beschränkte Geschäftsfähigkeit aus, § 165 BGB.

17. Der Vertreter muss eine eigene wirksame Willenserklärung abgeben. Er muss dies erkennbar im Namen des Vertretenen tun. Weiterhin muss er sich im Rahmen seiner ihm zustehenden Vertretungsmacht bewegen (§ 164 Abs. 1 BGB).

18. Eltern sind in den Fällen der §§ 1629 Abs. 2 Satz 1, 1824 BGB, ein Vormund in den Fällen des § 1789 Abs. 2 Satz 2, 1824 BGB, von der Vertretung ausgeschlossen. Der Gesetzgeber vermutet hier unwiderlegbar einen Interessenkonflikt. In den Fällen der §§ 1643 Abs. 1, 1850 bis 1854 BGB bedürfen die Eltern der Genehmigung des Familiengerichts. In den Fällen der §§ 1799 Abs. 1, 1848 bis 1854 Nummer 1 bis 7 BGB bedarf der Vormund der Genehmigung des Betreuungsgerichtsgerichts. Ohne die erforderliche Genehmigung abgeschlossene Rechtsgeschäfte sind schwebend unwirksam, § 1829 Abs. 1 BGB.

19. a) F könnte einen Anspruch auf Bezahlung und Abnahme des Kopierers gegen Fa. Baumann aus § 433 Abs. 2 BGB haben. Voraussetzung:
    Der Anspruch müsste wirksam entstanden sein. Zwischen der Fa. Baumann und F muss ein Kaufvertrag nach § 433 BGB durch zwei übereinstimmende Willenserklärungen, §§ 145 ff. BGB (Angebot und Annahme) zustande gekommen sein.
    Eine wirksame Willenserklärung des F liegt vor. Die Fa. Baumann selbst hat keine Willenserklärung abgegeben. Eventuell wurde sie aber von W wirksam vertreten, § 164 BGB. W hat eine eigene Willenserklärung erkennbar im Namen der Fa. Baumann abgegeben. Eine Vollmacht hatte W aber nicht. Mangels Vertretungsmacht konnte W die Fa. Baumann nicht wirksam vertreten. Der Kaufvertrag ist schwebend unwirksam und hängt von der Genehmigung (vgl. § 183 Satz 1 BGB) der Fa. Baumann ab, § 177 Abs. 1 BGB. Diese hatte vom Vertrag Abstand genommen, also die Genehmigung verweigert. Der Vertrag ist deswegen endgültig unwirksam. Der Anspruch des F auf Bezahlung und Abnahme des Kopierers gegen Fa. Baumann ist damit erst gar nicht entstanden.

    b) F könnte einen Anspruch auf Schadensersatz gegen W aus § 179 Abs. 1 BGB haben.
    W ist als Vertreter der Fa. Baumann aufgetreten und wusste, dass er keine Vollmacht zum Kauf des Kopierers hatte. Die Fa. Baumann genehmigte den Vertrag nicht. Allerdings haftet der Vertreter ohne Vertretungsmacht gem. § 179 Abs. 3 BGB nicht, wenn der Dritte, hier F, den Mangel der Vertretungsmacht kannte. W hatte ausdrücklich erklärt, dass er „momentan noch keine Legitimation habe“. F kannte somit den Mangel der Vertretungsmacht.
    Damit scheidet ein Anspruch des F gegen W auf Schadensersatz aus.

20. Eine Frist ist ein Zeitraum, während ein Termin ein Zeitpunkt ist.

21. Der Anspruch ist nicht mehr durchsetzbar, er erlischt jedoch nicht, § 214 BGB

22. Ein Anspruch des Jockey gegen den Dressur auf Zahlung von 10000 Euro könnte sich aus § 433 Abs. 2 BGB ergeben.

    Der Anspruch müsste wirksam entstanden sein. Dann müsste zwischen Jockey und Dressur ein wirksamer Kaufvertrag zustande gekommen sein.

    Ein Kaufvertrag kommt durch übereinstimmende Willenserklärungen (Angebot/Annahme) zustande.

    Die E-Mail des Jockey vom 10. Juli 2023 stellt ein wirksames Angebot dar.

    Hieran ist der Jockey nach§ 145 BGB gebunden.

    Das Kaufangebot des Jockey vom 10.7.2023 ist jedoch von dem Dressur nicht angenommen worden. Die Annahmeerklärung vom 15.7.2008 unter Änderung des Kaufpreises gilt als Ablehnung verbunden mit einem neuen Antrag, § 150 Abs. 2 BGB.

    Für dieses neue Angebot gelten ebenfalls die §§ 146 ff. Vorliegend ist dieses neue Angebot erloschen, da der Jockey es nicht innerhalb eines Zeitrahmens angenommen hat, in welchen der Dressur unter regelmäßigen Umständen eine Antwort erwarten durfte (§§ 146, 147 Abs. 2 BGB). Eine Überlegungsfrist von mehr als zwei Monaten ist im vorliegenden Fall nicht mehr angemessen.
    Die verspätete Annahme des Jockey gilt gem. § 150 Abs. 1 BGB als neues Angebot, das der Dressur nicht angenommen hat.
    Die Ablehnungs-Mail des Dressur, das auf dem Postweg verloren gegangen ist, ist deswegen ohne Bedeutung. Der Anspruch ist deswegen nicht entstanden. Jockey kann von Dressur keine Zahlung in Höhe von 10000 Euro verlangen.

23. Ein Anspruch des Paul Pfiffig gegen den Anton Ahnungslos auf Übereignung des Schrankes könnte sich aus § 433 Abs. 1 BGB ergeben.

Voraussetzungen:
Der Anspruch müsste wirksam entstanden sein. Es müsste ein wirksamer Kaufvertrag zwischen dem Paul Pfiffig und den Anton Ahnungslos zustande gekommen sein. Ein Kaufvertrag kommt zustande durch zwei übereinstimmende wirksame Willenserklärungen; Angebot und Annahme. Die Willenserklärung des Ahnungslos ist wirksam. Da der Paul Pfiffig am 29. November 2008 lediglich beschränkt geschäftsfähig ist (§ 106 BGB), bedarf er bei einer Willenserklärung grundsätzlich der Einwilligung seines gesetzlichen Vertreters. Eine derartige vorherige Zustimmung (§ 183 BGB) ist nicht gegeben, da die Eltern als gesetzliche Vertreter (§ 1629 Abs. 1 BGB) keinerlei Kenntnis von dem Kaufvertrag hatten. Ausnahmen hinsichtlich des Erfordernisses einer Einwilligung liegen nicht vor. Der Kaufvertrag war nicht nur lediglich vorteilhaft für den Paul Pfiffig, da er durch den Kaufvertrag verpflichtet wird, 800 Euro an den Ahnungslos zu bezahlen. Der im vorliegenden Fall gegebene wirtschaftliche Vorteil ist unerheblich. Weiterhin liegen ebenfalls nicht die Ausnahmetatbestände der §§ 110, 112 und 113 BGB vor.

Der zwischen Pfiffig und Ahnungslos geschlossene Kaufvertrag ist deswegen nach § 108 Abs. 1 BGB schwebend unwirksam. Nach § 108 Abs. 2 Satz 1 BGB hat der Ahnungslos die Eltern des Pfiffig zur Genehmigung des Kaufvertrages aufgefordert. Die Aufforderung des Ahnungslos ist eine einseitige empfangsbedürftige Willenserklärung, die erst mit Abgabe und Zugang wirksam wird. Abgabe der Willenserklärung durch Ahnungslos erfolgte am 29. November 2008. Ein Zugang ist jedoch erst am 2. Dezember 2008 erfolgt. Zugang bedeutet, dass die Willenserklärung so in den Machtbereich des Empfängers gelangt, dass dieser unter Zugrundelegung normaler Verhältnisse davon Kenntnis nehmen kann. Bei Zugrundelegung normaler Verhältnisse ist ein Blick in den Hausbriefkasten erst am Montagmorgen, mithin den 2. Dezember 2008 zu erwarten. Die von den Eltern des Paul Pfiffig verweigerte Genehmigung ist dem Ahnungslos gegenüber wegen § 108 Abs. 2 Satz 1 HS 2 BGB unwirksam geworden. Nach Eintritt der unbeschränkten Geschäftsfähigkeit am 3. Dezember 2008 tritt gemäß § 108 Abs. 3 BGB die Genehmigung des Paul Pfiffig an die Stelle der Genehmigung der Eltern. Diese Genehmigung wurde von Paul Pfiffig am 15. Dezember 2008 um 17.30 Uhr zumindest konkludent durch das Hinlegen der 800 Euro und das Verlangen der Übergabe des Schrankes erklärt. Fraglich ist, ob die Genehmigung am 15. Dezember 2008 noch in der Zweiwochenfrist des § 108 Abs. 1 Satz 2 BGB erklärt wurde. Es handelt sich hier um eine Ereignisfrist i. S. v. § 187 Abs. 1 BGB. Diese beginnt an dem Tag, der auf den Ereignistag folgt (§ 187 Abs. 1 BGB), mithin am 3. Dezember 2008. Sie endet an dem Tag, der von seiner Benennung dem Ereignistag entspricht (§ 188 Abs. 2, 1. Alternative BGB), mithin am Montag, dem 15. Dezember 2008 24.00 Uhr.

Damit ist die Genehmigung fristgerecht erfolgt. Ein Widerruf des Ahnungslos konnte nicht wirksam erfolgen. Einmal erfolgte die Genehmigung durch A vorher, so dass § 109 Abs. 1 Satz 1 BGB nicht gegeben ist. Im Übrigen liegt Kenntnis des A von der Minderjährigkeit des Paul Pfiffig i. S. v. § 109 Abs. 2 BGB vor. Der Kaufvertrag ist deswegen wirksam zustande gekommen. Damit ist der Übereignungsanspruch auch wirksam entstanden. Er ist nicht erloschen und ist auch noch durchsetzbar.

Ein Anspruch des Paul Pfiffig gegen den Anton Ahnungslos auf Übereignung des Schrankes ist gegeben.

24. a) A könnte einen Anspruch gegen G auf Zahlung des Kaufpreises und Abnahme der Kakteen aus § 433 Abs. 2 BGB haben. Voraussetzungen: Der Anspruch müsste wirksam entstanden sein. Voraussetzung hierfür ist ein wirksamer Kaufvertrag gem. § 433 BGB. Um einen Vertragsabschluss zu erzielen, muss ein Teil einen Antrag (§ 145 BGB) erklären und der andere Teil muss diesen Antrag nach § 147 annehmen. Bei diesen Willenserklärungen ist auf den objektiven Erklärungswert abzustellen, nicht dagegen darauf, was der Erklärende hat erklären wollen. D. h. maßgebend für den Inhalt des Antrags der G ist die Bestellung von 10 Stück Leptocladodia, und nicht die Ansicht der G, es handle sich um Blattpflanzen.

Zwischen A und G ist ein Kaufvertrag über 10 Stück Leptocladodia zustande gekommen. Der entstandene Anspruch könnte jedoch durch die Anfechtung der G nach §§ 119 Abs. 1 Alt. 1, 142 BGB erloschen sein. Voraussetzungen: Eine unverzügliche Anfechtungserklärung der G mit Anfechtungsgrund müsste gegeben sein. Es handelt sich um einen Inhaltsirrtum, da G bei objektiver Betrachtung etwas anderes erklärt hat, als sie erklären wollte. Sie hat 10 Stück Leptocladodia bestellt, weil sie sich Blattpflanzen darunter vorstellte. Sie wollte aber keine Kakteen bestellen, sondern Blattpflanzen. Es liegt somit ein

Anfechtungsgrund in Form eines Inhaltsirrtums gem. § 119 Abs. 1 Alt. 1 BGB vor. G hat unverzüglich, d. h. ohne schuldhaftes Zögern dem A gegenüber die Anfechtung erklärt, §§ 121, 143 BGB. Rechtsfolge ist Nichtigkeit der Willenserklärung von Anfang an, § 142 BGB. Der Anspruch ist deswegen wieder erloschen.

A hat keinen Anspruch auf Kaufpreiszahlung und Abnahme der Kakteen aus § 433 Abs. 2 BGB gegen G.

b) A könnte einen Anspruch auf Ersatz der Versandkosten gegen G aus § 122 Abs. 1 BGB haben. G hat ihre Willenserklärung wirksam nach § 119 BGB angefochten. A hat auf die Gültigkeit der von G angefochtenen Willenserklärung vertraut. Deshalb sind A Versandkosten (Vertrauensschaden) in Höhe von 3,95 Euro entstanden. A kann jedoch Schadensersatz nicht über den Betrag des Interesses hinaus verlangen, welches er an der Gültigkeit der angefochtenen Willenserklärung hat. A kann also höchstens verlangen, so gestellt zu werden, wie wenn das durch Anfechtung vernichtete Rechtsgeschäft ordnungsgemäß erfüllt worden wäre.

A hat einen Anspruch auf Ersatz der Versandkosten gegen G aus § 122 Abs. 1 BGB.

Zum Recht der Schuldverhältnisse

1. Ein Schuldverhältnis kann durch Rechtsgeschäft und kraft Gesetzes entstehen.

2. Der Leistungsort (auch Erfüllungsort genannt) ist der Ort, an dem der Schuldner die Leistungshandlung zu erbringen hat.

3. Haben die Vertragspartner nichts vereinbart und lässt sich aus der Natur des Schuldverhältnisses auch keine Bringschuld ableiten, so greift die gesetzliche Regelung des § 269 BGB ein. Dies bedeutet, der Gläubiger muss die Leistung beim Schuldner holen.

4. Schuldverhältnisse erlöschen durch Erfüllung, Aufrechnung, Rücktritt und Erlass.

5. Fa. Koch (K) könnte einen Anspruch auf Zahlung des Kaufpreises für den Spargelschäler in Höhe von 95 Euro gegen Fred Frei (F) aus § 433 Abs. 2 BGB haben. Dazu müsste zwischen K und F ein Kaufvertrag gem. § 433 BGB zustande gekommen sein. Voraussetzung hierfür ist das Vorliegen von zwei übereinstimmenden Willenserklärungen, Antrag und Annahme, §§ 145 ff. BGB. Willenserklärungen können mündlich, schriftlich oder konkludent abgeben werden.
   Die Zusendung des Spargelschälers durch K könnte ein Antrag i. S. d. § 145 BGB sein. Durch die Zusendung des Schälers mit dem Schreiben hat K dem F einen Antrag zum Verkauf des Spargelschälers zum Preis von 9,95 Euro gemacht. Diese Willenserklärung ist dem F spätestens beim Öffnen des Päckchens zugegangen, § 130 Abs. 1 BGB.
   Zu prüfen ist jedoch, ob dieser Antrag von F angenommen wurde. Eine ausdrückliche Annahme durch F liegt nicht vor. Möglicherweise hat F den Antrag durch schlüssiges Verhalten (konkludent) angenommen. F hat den Spargelschäler zur Seite gelegt, daraus ist erkennbar, dass F keinen Willen zum Abschluss des Kaufvertrages hatte, § 133 BGB. Eine Annahme des Antrages könnte durch das Schweigen des F erfolgt sein. Grundsätzlich stellt Schweigen keine Willenserklärung dar. Anhaltspunkte für eine anderweitige Vereinbarung zwischen F und K liegen nicht vor. Demnach hat F den Antrag der Fa. K nicht angenommen. Zwischen F und Fa. K ist kein Kaufvertrag zustande gekommen.
   Fa. Koch hat keinen Anspruch auf Zahlungen des Kaufpreises gegen Frei aus § 433 Abs. 2 BGB.
   Hinweis: Auch wenn man von einem Verbrauchsgüterkauf gem. § 474 BGB ausgeht, ist dies kein Anwendungsfall für § 241a BGB. Da F keine Annahmeerklärung z. B. konkludent durch Nutzung abgegeben hat, ist zu keinem Zeitpunkt ein Vertrag abgeschlossen worden. § 241a BGB ist nur einschlägig, wenn sich aus dem Vorgenannten Ansprüche ergeben hätten.

6. § 275 Abs. 1 BGB legt fest, dass der Anspruch auf Leistung ausgeschlossen ist, soweit die Leistung „für den Schuldner oder für jedermann *unmöglich* ist". Dabei ist zu beachten, dass § 275 BGB für alle Arten der Unmöglichkeit gilt, sowie für alle Fälle des Unvermögens (vgl. § 275 Abs. 2 und 3 BGB).

7. § 280 Abs. 1 BGB ist die zentrale Anspruchsgrundlage für den Anspruch auf Schadensersatz des Gläubigers. Nach § 280 Abs. 1 Satz 1 BGB kann der Gläubiger von seinem Schuldner Schadensersatz verlangen, wenn dieser eine Pflicht aus dem Schuldverhältnis verletzt hat.

8. Die „Pflichtverletzung" i. S. d. § 280 Abs. 1 Satz 1 BGB bezieht sich darauf, dass die geschuldete Leistung nicht, nur zum Teil, verzögert oder schlecht erbracht wird. Ebenso fallen alle sonstigen (Neben-)Pflichtverletzungen unter § 280 Abs. 1 BGB.

9. § 284 ist Anspruchsgrundlage für den Ersatz vergeblicher Aufwendungen. Anstelle des Schadensersatzes statt der Leistung kann der Gläubiger Ersatz der Aufwendungen verlangen, die er im Vertrauen auf den Erhalt der Leistung gemacht hat.

10. Durch § 311 Abs. 2 u. 3 BGB werden Pflichtverletzungen im Vorfeld eines Vertrages oder während eines vertragsähnlichen Verhältnisses umfasst. Anspruchsgrundlage ist § 280 Abs. 1 i. V. m. § 311 Abs. 2 u. 3 BGB.

11. Primäre Leistungspflichten können sich aus dem Schuldverhältnis nicht ergeben, weil eben gerade noch kein Vertrag, und damit keine Pflichten aus dem Vertrag entstanden sind. Es bleiben aber Pflichten, die den Schutz der Rechtsgüter des anderen Teils gewährleisten sollen, z. B. Rücksichts-, Fürsorge- und Sorgfaltspflichten.

12. Folgende Rechtsnormen müssten zitiert werden: §§ 280 Abs. 1, 280 Abs. 2, 286 BGB.

13. K könnte gegen V einen Anspruch auf Ersatz des aus der Platzwunde resultierenden Schadens aus §§ 280 Abs. 1, 241 Abs. 2 BGB haben.

    1. Dazu müsste ein Schuldverhältnis vorliegen.
       Einen Vertrag haben V und K nicht geschlossen. In Frage kommt daher nur ein vorvertragliches Schuldverhältnis gemäß § 311 Abs. 2 BGB. K und V könnten gemäß § 311 Abs. 2 Nr. 1 BGB Vertragsverhandlungen aufgenommen haben. Da K sich für Kochbücher interessiert, greift V in das Regal, um ihm zwei Exemplare zum Verkauf anzubieten. Darin ist eine Aufnahme von Vertragsverhandlungen zu sehen. Folglich ist ein vorvertragliches Schuldverhältnis gemäß § 311 Abs. 2 Nr. 1 BGB gegeben.
    2. Weiterhin müsste V Pflichten nach § 241 Abs. 2 BGB verletzt haben. Zu den Rücksichtspflichten gehören Obhut, Schutz und Information des Partners. Hier hat V den Fall einiger Dutzend Bücher auf den Kopf des K verursacht und damit eine Schutzpflicht nach § 241 Abs. 2 BGB verletzt.
    3. Schließlich müsste V diese Pflichtverletzung zu vertreten haben (§ 280 Abs. 1 Satz 2 BGB). Vertretenmüssen umfasst Vorsatz und Fahrlässigkeit, § 276 Abs. 1 BGB. V hat zwei Bände aus dem Regal gezogen, ohne dabei das Her-

unterfallen der übrigen Bücher zu verhindern. Damit hat er die im Verkehr erforderliche Sorgfalt gemäß § 276 Abs. 2 BGB außer Acht gelassen, er handelte mithin fahrlässig. Somit hat V die Pflichtverletzung nach § 280 Abs. 1 Satz 2 BGB zu vertreten.

4. K müsste ein Schaden nach § 280 Abs. 1 Satz 1 BGB entstanden sein. K hat nun eine Platzwunde auf dem Kopf, die er behandeln lassen muss. Dies ist ein Vermögensschaden.
5. Gemäß § 249 Abs. 1 BGB schuldet V dem K Naturalrestitution. K ist also so zu stellen, wie er ohne die Pflichtverletzung des V stünde. Naturalrestitution bestünde in der Behandlung der Wunde. Darauf muss sich K jedoch nicht verweisen lassen. Er kann gemäß § 249 Abs. 2 BGB den zur Behandlung erforderlichen Geldbetrag verlangen.

   Ergebnis: K hat einen Anspruch gegen V auf Ersatz des Schadens. Er kann also den für die Behandlung der Platzwunde erforderlichen Geldbetrag aus §§ 280 Abs. 1, 311 Abs. 2, 241 Abs. 2 BGB verlangen.

   Anmerkung: auch denkbar wäre ein Anspruch auf Schmerzensgeld aus § 253 Abs. 2 BGB.

14. K könnte einen Anspruch auf Ersatz der Anwaltskosten gegen V aus §§ 280 Abs. 1 und Abs. 2, 286 BGB haben. Dazu müssten folgende Voraussetzungen vorliegen.

1. Zwischen K und V ist ein Schuldverhältnis i. S. v. § 280 Abs. 1 BGB, ein Kaufvertrag gem. § 433 BGB, über das Auto zu Stande gekommen.
2. Die Pflichtverletzung ist die nicht rechtzeitige Erbringung der geschuldeten Leistung. Aus § 433 Abs. 1 BGB ergibt sich, dass V verpflichtet war, den PKW zu übergeben und das Eigentum daran zu verschaffen. Die Leistung war nachholbar, deshalb liegt kein Fall der Unmöglichkeit vor. V hat die ihm mögliche Leistung nicht erbracht.
3. Die Leistung muss fällig gewesen sein. Die Leistung ist dann fällig, wenn der Schuldner sie zu erbringen hat. Da V und K keine gesonderte Absprache vereinbart hatten, war die Leistung nach § 271 Abs. 1 BGB sofort fällig.

   § 280 Abs. 2 BGB bestimmt, dass im Falle des Schadensersatzes wegen Verzögerung der Leistung die zusätzlichen Voraussetzungen des § 286 BGB vorliegen müssen.
4. Der Schuldnerverzug setzt laut § 286 Abs. 1 eine Mahnung voraus. Das Anwaltsschreiben ist zwar eine Mahnung i. S. d. § 286 Abs. 1 BGB. Die Kosten hierfür sind mit dem Erstellen des Schreibens entstanden. Die Mahnung war nicht entbehrlich, da für die Leistung keine Zeit nach dem Kalender bestimmt war, § 286 Abs. 2 BGB. Auch die in den Nummern 2 bis 4 des § 286 Abs. 2 BGB genannten Tatbestände greifen nicht, damit war die Mahnung nicht entbehrlich.
5. Victor hat die Nichtleistung nach §§ 276, 280 Abs. 1 Satz 2 BGB auch zu vertreten, da er durch das „Vergessen" die im Verkehr erforderliche Sorgfalt außer Acht gelassen und somit fahrlässig nach § 276 Abs. 2 BGB gehandelt hat.

Da V erst mit dem Zugang des Schreibens in Verzug gesetzt wurde, sind die Anwaltskosten kein Verspätungsschaden. Die Anwaltskosten sind bereits vor dem Zugang entstanden.

K hat demnach keinen Anspruch auf Ersatz der Anwaltskosten gegen V aus § 280 Abs. 1 und Abs. 2, 286 BGB.

15. 1. Berta (B) könnte einen Anspruch auf Ersatz des entgangenen Gewinns in Höhe von 150 Euro gegen Kurt (K) für die zuerst gestohlene Tasse aus § 311a Abs. 2 BGB haben. Dazu müssten folgende Voraussetzungen vorliegen: Es müsste ein Vertragsverhältnis bestehen. Zwischen B und K ist ein Kaufvertrag gem. § 433 BGB über die Tasse durch zwei übereinstimmende Willenserklärungen, §§ 145 ff. BGB zustande gekommen. Willenserklärungen können mündlich, schriftlich und konkludent abgeben werden. Daher ist ein Vertragsschluss per Telefon möglich. Dem K müsste die Leistung unmöglich geworden sein. Durch den Kaufvertrag ist K gem. § 433 Abs. 1 Satz 1 BGB verpflichtet, die Tasse an B zu übergeben und ihr das Eigentum daran zu verschaffen. K ist die Leistung unmöglich geworden, § 275 Abs. 1 BGB. Die Tasse ist gestohlen worden. K kann die Leistung nicht mehr erbringen. Nach § 275 Abs. 4 BGB bestimmen sich die Rechte des A daher nach § 311a BGB.

   Das Leistungshindernis müsste bereits bei Vertragsschluss vorgelegen haben. Die Unmöglichkeit war bereits bei Vertragsschluss vorhanden, da die Diebe die Tasse bereits vor dem telefonischen Vertragsschluss entwendet hatten.

   Grundsätzlich haftet K daher gemäß § 311a Abs. 2 Satz 1 BGB auf Schadensersatz statt der Leistung. Außer er kannte das Leistungshindernis bei Vertragsschluss nicht und hat diese Unkenntnis nicht zu vertreten. K wusste zum Zeitpunkt des Vertragsabschlusses nichts vom Diebstahl der Tasse. Dieses „Nichtwissen" hat er auch nicht zu vertreten, K handelte weder fahrlässig, noch vorsätzlich, § 276 BGB.

   Somit scheidet ein Anspruch auf Schadensersatz statt der Leistung aus § 311a Abs. 2 Satz 1 BGB der B gegen K aus. B kann den entgangenen Gewinn nicht geltend machen.

2. Berta könnte einen Anspruch auf Schadensersatz statt der Leistung aus §§ 280 Abs. 1 u. 3, 283 Satz 1 i. V. m. § 275 Abs. 4 BGB gegen Kurt haben.

   Die Voraussetzung des § 275 Abs. 1 BGB liegt vor, da die Tasse gestohlen wurde. K kann ebenso wenig wie jemand anderer die Leistung erbringen. Die Leistung Übergabe und Eigentumsverschaffung aus dem Kaufvertrag, § 433 Abs. 1 Satz 1 BGB, ist unmöglich geworden. Nach § 275 Abs. 4 BGB bestimmen sich die Rechte des Gläubigers nach den §§ 280, 283 bis 285, 311a und § 326 BGB.

   § 280 Abs. 1 BGB verlangt eine Pflichtverletzung. Die Pflichtverletzung liegt hier darin, dass K die Tasse nicht mehr übergeben und das Eigentum daran nicht mehr verschaffen kann.

Weiterhin muss der Schuldner die Pflichtverletzung zu vertreten haben. Zu vertreten hat der Schuldner nach § 276 BGB Vorsatz und Fahrlässigkeit. Außerdem muss ein Schaden durch die Pflichtverletzung entstanden sein. Der Schaden beziffert sich auf den entgangenen Gewinn in Höhe von 150 Euro. Hier vorliegend ist die Voraussetzung „Vertretenmüssen" nicht erfüllt. Der Diebstahl, der ursächlich für die Unmöglichkeit der Leistung war, war trotz umfangreicher Sicherheitsmaßnahmen nicht von K zu verhindern. Er handelte demnach weder vorsätzlich noch fahrlässig und damit hat er die Unmöglichkeit der Leistung nicht zu vertreten. Somit scheidet ein Anspruch der B gegen K auf Schadensersatz in Form des entgangenen Gewinns aus.

3. Kurt könnte einen Anspruch auf Zahlung des Kaufpreises gegen Berta aus § 433 Abs. 2 BGB haben. K könnte einen Anspruch auf Kaufpreiszahlung gegen B aus § 433 Abs. 2 BGB haben. K wird von der Verpflichtung zur Leistung (Übergabe und Eigentumsverschaffung) gem. § 275 Abs. 1 BGB frei.

   § 326 Abs. 1 Satz 1 BGB bestimmt: „Braucht der Schuldner nach § 275 Abs. 1 bis 3 nicht zu leisten, entfällt der Anspruch auf die Gegenleistung".

   Berta ist Gläubiger bzgl. der Übergabe und Eigentumsverschaffung. Kurt war auf Grund § 275 Abs. 1 BGB von dieser Leistungspflicht befreit, weil die Leistung unmöglich geworden ist. Daher entfällt die Verpflichtung zur Kaufpreiszahlung nach § 326 Abs. 1 Satz 1 BGB.

   K hat keinen Anspruch auf Zahlung des Kaufpreises gegen B aus § 433 Abs. 2 BGB.

16. Erfüllungsschaden (positives Interesse) ist der Schaden, der dem Vertragspartner entstanden ist, weil der andere nicht erfüllt hat.

    Vertrauensschaden (negatives Interesse) ist der Schaden, der dadurch entstanden ist, dass der Vertragspartner auf die Gültigkeit des Rechtsgeschäftes vertraut hat.

17. Durch § 253 Abs. 2 BGB wird ein allgemeiner Anspruch auf Schmerzensgeld bei Verletzungen von Körper, Gesundheit, Freiheit oder der sexuellen Selbstbestimmung, der über die außervertragliche Verschuldenshaftung hinaus auch die Gefährdungshaftung und die Vertragshaftung umfasst, geschaffen.

18. Paul ist mit fünf Jahren laut § 828 Abs. 1 BGB deliktsunfähig. Er kann daher nicht schuldhaft handeln. Thiemig hat keinen Anspruch auf Schadensersatz gegen Paul. Hinweis: Der zu prüfende Fall betrifft nur das Recht der unerlaubten Handlung. Wegen § 276 Abs. 1 Satz 2 greift die Regelung der Deliktsunfähigkeit des § 828 Abs. 1 BGB auch bei vertraglichen Schuldverhältnissen.

19. Unter Vorsatz versteht man das Wissen und Wollen des rechtswidrigen Erfolges. Nicht vergessen werden sollte der bedingte Vorsatz, der erfüllt ist, wenn der Erfolg statt positiv gewollt nur billigend in Kauf genommen wird.

20. Zur Beantwortung der Frage bitte die Übersicht unter Zweiter Teil 2.6.4 heranziehen!

21. Harry Hirsch könnte einen Anspruch auf Zahlung des Kaufpreises in Höhe von l.000 Euro und Abnahme des Laptops gegen Kuno Kurz aus § 433 Abs. 2 BGB haben. Voraussetzung hierfür ist das Vorliegen eines Kaufvertrages, § 433 BGB zwischen H und K.

    Ein Vertrag kommt durch zwei übereinstimmende Willenserklärungen, Antrag und Annahme, §§ 145 ff. BGB zu Stande.

    Die zeitlich erste Willenserklärung nennt man Antrag oder Angebot, § 145 BGB, die zeitlich spätere, Annahme, § 147 BGB.

    Händler H bot K den Laptop für 1 000 Euro an. Darin ist ein Vertragsangebot i. S. d. § 145 BGB zu sehen. Kuno erklärte die Annahme des von Harry Hirsch gemachten Angebots, § 147 BGB.

    Fraglich ist, ob die von Kuno abgegebene Willenserklärung wirksam war.

    Zum Zeitpunkt des Abschlusses des Kaufvertrages war Kuno über sieben, aber noch nicht 18 Jahre alt (§ 187 Abs. 2 Satz 2, § 188 Abs. 2 Alt. 2 BGB) und somit beschränkt geschäftsfähig (§§ 2, 106 BGB).

    Da er durch die beim Kaufvertrag abgegebene Willenserklärung nicht lediglich einen rechtlichen Vorteil hatte (er verpflichtete sich zur Kaufpreiszahlung), benötigte er nach § 107 BGB zur wirksamen Abgabe einer Willenserklärung die Einwilligung (= vorherige Zustimmung, § 183 BGB) seines gesetzlichen Vertreters (= die Eltern, § 1626 Abs. 1, § 1629 Abs. 1 BGB).

    Der am 6. Januar 2024 ohne die erforderliche Einwilligung der Eltern abgeschlossene Kaufvertrag war daher nach § 108 Abs. 1 BGB zunächst schwebend unwirksam.

    Erst mit Ablauf des 6. Januar 2016 (24:00 Uhr) hat Kuno sein 18. Lebensjahr vollendet (§ 188 Abs. 2 Alt. 2 BGB); er wurde zu diesem Zeitpunkt voll geschäftsfähig. Der Eintritt der Volljährigkeit bewirkte jedoch nicht, dass der schwebend unwirksame Vertrag „automatisch" wirksam wurde; dies hat lediglich zur Folge, dass ab dem Zeitpunkt des Eintritts der Volljährigkeit der nunmehr unbeschränkt Geschäftsfähige – und nicht mehr dessen Eltern – über das „Schicksal" des schwebend unwirksamen Vertrages entscheidet (§ 108 Abs. 3 BGB).

    Die am Vormittag des 8. Januar 2024 von Kuno abgegebene Erklärung dem Händler gegenüber, den Laptop nicht mehr zu wollen, stellt eine Verweigerung der Genehmigung (= nachträgliche Zustimmung, § 184 BGB) des schwebend unwirksamen Vertrages dar. Durch die Volljährigkeit konnte nun K selbst über die Genehmigung entscheiden, vgl. § 108 Abs. 3 BGB. Der Vertrag wurde hierdurch gemäß § 108 Abs. 2 und Abs. 3 BGB endgültig unwirksam.

    Die Äußerung der Eltern vom Nachmittag desselben Tages, die eine Genehmigung des Vertrages beinhaltete, ist daher rechtlich ohne Bedeutung.

Somit ist kein Kaufvertrag zwischen Kuno und Harry Hirsch zu Stande gekommen.

Harry Hirsch hat keinen Anspruch auf Kaufpreiszahlung und Abnahme des Laptops gegen Kuno Kurz aus § 433 Abs. 2 BGB.

22. 1. Pina könnte einen Anspruch auf Nacherfüllung gegenüber Schluder aus §§ 437 Nr. 1, 434, 439 BGB haben. Dafür müssten folgende Voraussetzungen vorliegen:

    Ein wirksamer Kaufvertrag nach § 433 BGB ist zustande gekommen.

    Weiterhin müsste das Faxgerät mangelhaft sein. Ein Mangel liegt gem. § 434 Abs. 1 BGB dann vor, wenn die Sache bei Gefahrübergang den subjektiven *und* den objektiven Anforderungen entspricht.

    Die subjektiven Anforderungen der Textziffern 1 bis 3 des § 434 Abs. 2 BGB müssen *kumulativ* erfüllt sein. Hier fehlt es durch die fehlerhafte Faxweiche an der Eignung für die Verwendung nach der Nr. 2. Die subjektiven Voraussetzungen sind nicht erfüllt.

    Nach § 434 Abs. 3 BGB entspricht die Kaufsache nicht den objektiven Anforderungen, wenn sie sich nicht für die gewöhnliche Verwendung eignet und eine Beschaffenheit aufweist, die bei Sachen der gleichen Art üblich ist und die der Käufer nach der Art der Sache erwarten kann. Ein Faxgerät wird üblicherweise zum Senden und Empfangen von Faxen verwendet. Funktioniert das Faxgerät dahingehend nicht einwandfrei, dann ist es nicht zur gewöhnlichen Verwendung geeignet.

    Damit liegt ein Sachmangel i. S. d. § 434 Abs. 1 BGB vor, da weder die subjektiven Voraussetzungen noch die objektiven Voraussetzungen erfüllt sind.

    Der Gefahrübergang gem. § 446 BGB hat bereits stattgefunden.

    Somit hat Pina einen Anspruch auf Nacherfüllung gegen Schluder aus §§ 439, 437 Nr. 1, 434 Abs. 1 Satz 2 Nr. 2 BGB. Pina kann wählen, ob sie die Beseitigung des Mangels, also die Reparatur oder die Lieferung einer mangelfreien Sache, also Ersatzlieferung verlangt. Diese Rechtsfolge sieht § 439 Abs. 1 BGB vor. Allerdings ist Abs. 3 des § 439 BGB zu beachten. Falls die vom Käufer gewählte Form der Nacherfüllung mit unverhältnismäßig hohen Kosten verbunden ist, so hat der Verkäufer die Möglichkeit, diese zu verweigern. Im Beispielsfall finden sich keine Anhaltspunkte für eine Anwendung des § 439 Abs. 3 BGB. Daher hat Pina die Wahl zwischen der Reparatur oder einer Ersatzlieferung.

    Außer der in § 437 Nr. 1 BGB genannten Nacherfüllung könnte Pina die unter den Nr. 2 und 3 genannten Rechte geltend machen, soweit die dort geforderten zusätzlichen Voraussetzungen erfüllt sind.

    2. Je nach Argumentation ist sowohl die Reparatur als auch die Lieferung einer mangelfreien Sache denkbar.

    3. Der Anspruch verjährt gem. § 438 Abs. 1 Nr. 3 BGB in zwei Jahren.

23. Nach § 434 Abs. 1 Satz 1 BGB ist eine Sache mangelhaft, wenn sie nicht nach § 434 Abs. 1 BGB mangelfrei ist. Mangelfrei ist eine Sache, wenn sie bei Gefahrübergang den subjektiven Anforderungen und den objektiven Anforderungen und den Montageanforderungen entspricht.

    Den subjektiven Anforderungen entspricht eine Sache, wenn die in den Nr. 1 bis 3 genannten Voraussetzungen, sofern sie einschlägig sind, erfüllt sind. Die Voraussetzungen müssen kumulativ erfüllt sein.

    Den objektiven Anforderungen entspricht eine Sache, wenn die in den Nr. 1 bis 4 genannten Voraussetzungen, sofern sie einschlägig sind, erfüllt sind. Die Voraussetzungen müssen kumulativ erfüllt sein.

    Sofern eine Montage durchzuführen ist, entspricht die Sache diesen Anforderungen, wenn die in den Nr. 1 oder 2 genannten Voraussetzungen erfüllt sind.

    Den Zeitpunkt des Gefahrübergangs regelt § 446 BGB.

    Nach § 434 Abs. 5 BGB steht dem Sachmangel gleich, wenn der Verkäufer eine andere Sache als die vertraglich geschuldete Sache liefert.

24. Der Vermieter ist verpflichtet, dem Mieter den Gebrauch der gemieteten Sache während der Mietzeit zu gewähren, § 535 Abs. 1 BGB. § 535 Abs. 1 Satz 2 BGB bestimmt, dass der Vermieter die Mietsache dem Mieter in einem zum vertragsgemäßen Gebrauch geeigneten Zustand überlassen und sie während der Mietzeit in diesem Zustand zu erhalten hat. Außerdem hat der Vermieter die auf der Mietsache ruhenden Lasten zu tragen, § 535 Abs. 1 Satz 3 BGB.

25. Es gibt das Gelddarlehen, §§ 488 ff. BGB und das Sachdarlehen, §§ 607 ff. BGB.

26. Der Besteller kann, sofern einzelvertraglich nichts anderes bestimmt ist, nach § 634 Nr. 1 i. V. m. § 635 BGB Nacherfüllung verlangen. Anders als im Kaufrecht steht im Werkvertragsrecht dem Unternehmer das Wahlrecht zu.

    Wenn der Unternehmer die Nacherfüllung nicht zu Recht verweigern durfte und die vom Besteller zur Nacherfüllung gesetzte angemessene Frist verstrichen ist, kann dieser nach § 634 Nr. 1 i. V. m. § 637 BGB den Mangel selbst beseitigen und Ersatz der erforderlichen Aufwendungen verlangen (Selbstvornahme).

    Nach § 634 Nr. 3 i. V. m. § 636 BGB kann der Besteller nach erfolglosem Ablauf einer dem Werkunternehmer zur Nacherfüllung gesetzten Frist vom Vertrag zurücktreten.

27. Unter einem Arbeitsverhältnis wird das Rechtsverhältnis zwischen dem einzelnen Arbeitnehmer und seinem Arbeitgeber verstanden.

28. Beim Dienst- und Arbeitsvertrag schuldet der Dienstverpflichtete bzw. der Arbeitnehmer also Dienstleistungen, ohne zu versprechen, dass diese zu einem konkreten Arbeitsergebnis führen. Dies unterscheidet Dienst- und Arbeitsvertrag vom sog. Werkvertrag nach §§ 631 ff. BGB, bei dem der Werkun-

ternehmer nicht nur eine Dienstleistungstätigkeit, sondern einen bestimmten Erfolg schuldet.

29. Voraussetzungen für die Anwendung des § 816 Abs. 1 Satz 1 BGB sind:
    - die Verfügung eines Nichtberechtigten
    - die Verfügung muss gegenüber dem Berechtigten wirksam sein

    Die Verfügung muss entgeltlich erfolgen.

30. Zweck der Bereicherungsvorschriften ist es, beim Bereicherten eine Vermögensmehrung rückgängig zu machen.

31. Die Eltern könnten einen Anspruch auf Herausgabe der 100 Euro gegen H aus § 812 Abs. 1 Alt. 1 BGB haben. Zu prüfen sind folgende Voraussetzungen:

    H müsste etwas erlangt haben. H hat den Besitz an den 100 Euro erlangt.

    Dies müsste durch die Leistung des Gläubigers geschehen sein. Die zweckgerichtete Zahlung der 100 Euro durch L hat H bereichert. Dies geschah auf Kosten der L, sie ist entreichert.

    Die Leistung müsste ohne rechtlichen Grund erfolgt sein. Rechtsgrund für die Übertragung des Besitzes an den 100 Euro könnte ein wirksamer Kaufvertrag gem. § 433 BGB sein. Für den Abschluss eines wirksamen Kaufvertrages sind zwei übereinstimmende Willenserklärungen, Antrag und Annahme, §§ 145 ff. BGB erforderlich.

    Von der Wirksamkeit der Willenserklärung des H kann ausgegangen werden.

    L ist gem. § 106, § 2 BGB in Ihrer Geschäftsfähigkeit beschränkt, da sie mit 15 Jahren minderjährig ist. Ihre Willenserklärung ist daher schwebend unwirksam.

    Laut § 107 BGB bedarf der beschränkt Geschäftsfähige der Einwilligung seines gesetzlichen Vertreters nicht, wenn er durch die Willenserklärung lediglich einen rechtlichen Vorteil erlangt.

    Dies ist bei einem Kaufvertrag nicht der Fall, da die Minderjährige, hier L, durch die Verpflichtung zur Kaufpreiszahlung einen rechtlichen Nachteil erleidet. Die Einwilligung, vorherige Zustimmung § 183 BGB, nach § 107, liegt laut Sachverhalt nicht vor. Die Genehmigung gemäß § 108 Abs. 1 BGB, nachträgliche Zustimmung § 184 BGB, wurde ebenfalls nicht durch die Eltern erteilt. Für eine Anwendung der §§ 110, 112, 113 liegen keinerlei Anhaltspunkte vor.

    Daher liegen keine zwei übereinstimmenden Willenserklärungen vor.

    Der Kaufvertrag zwischen H und L über den DVD-Player ist unwirksam.

    Es lag somit kein rechtlicher Grund für die Übertragung des Besitzes an den 100 Euro vor.

    Die Voraussetzungen des § 812 Abs. 1 Satz 1 Alt. 1 BGB sind gegeben.

    Da die Eltern gem. § 1626 Abs. 1 Satz 2 die Vermögenssorge für ihr Kind haben und es nach § 1629 BGB vertreten, konnten sie die 100 Euro zurückfordern.

32. 1. K könnte einen Anspruch auf Herausgabe des Zeltes gegen M aus § 985 haben.

       Dafür müssten folgende Voraussetzungen erfüllt sein.

       Der Anspruchsteller müsste Eigentümer und der Anspruchsgegner müsste Besitzer sein.

       M ist Besitzer des Zeltes. Er ist unmittelbarer Besitzer nach § 854 BGB, da er die tatsächliche Gewalt über das Zelt ausübt.

       K ist ursprünglicher Eigentümer des Zeltes, aber er könnte das Eigentum am Zelt gem. § 929 BGB verloren haben.

       Dafür müssten folgende Voraussetzungen erfüllt sein.

       Es muss sich um eine bewegliche Sache handeln, das Zelt ist eine bewegliche Sache im Sinne des § 90 BGB. Es muss eine Übergabe des Eigentums durch den Eigentümer und eine Einigung stattgefunden haben.

       K u. M waren sich laut Sachverhalt nicht einig über den Übergang des Eigentums und K hat das Eigentum am Zelt auch nicht an M übergeben.

       Die Voraussetzungen des § 929 sind nicht erfüllt.

       K könnte aber das Eigentum am Zelt auch noch durch gutgläubigen Erwerb vom Nichteigentümer nach § 932 verloren haben.

       Dafür müssten folgende Voraussetzungen vorliegen.

       Zwischen Veräußerer und Erwerber muss eine nach § 929 erfolgte Veräußerung stattgefunden haben.

       N als Veräußerer und M als Erwerber sind sich darüber einig, dass das Eigentum am Zelt übergehen soll und N übergibt M dann das Zelt.

       Auch muss sich der Erwerber in gutem Glauben befunden haben, dass die Sache dem Veräußerer gehört.

       K muss N die Sache freiwillig übergeben haben, was aufgrund des Mietvertrages geschah. § 935 findet daher keine Anwendung, da das Zelt dem K nicht abhandengekommen war.

       Da alle Voraussetzungen des § 932 Abs. 1 erfüllt sind, ist M Eigentümer des Zeltes geworden und K hat sein Eigentum daran verloren.

       Somit hat er auch keinen Anspruch auf Herausgabe des Zeltes gegen M aus § 985 BGB.

    2. K könnte einen Anspruch auf Herausgabe des Erlangten gegen N aus § 816 Abs. 1 Satz 1 BGB haben. Voraussetzungen hierfür ist, dass ein Nichtberechtigter eine Verfügung getroffen hat. N veräußerte und übereignete das Zelt an M. Die Übereignung müsste gegenüber K wirksam sein. K hatte aufgrund der Verfügung sein Eigentum am Zelt gem. §§ 932, 929 BGB an M verloren, s. o. Die Verfügung müsste entgeltlich erfolgt sein. M hat 200 Euro an N bezahlt. Die Verfügung war somit entgeltlich. Da sämtliche Voraus-

setzungen erfüllt sind, hat K einen Anspruch auf Herausgabe des durch die Verfügung Erlangten. Er kann gem. § 816 Abs. 1 Satz 1 BGB die 200 Euro von N verlangen.

3. K könnte einen Anspruch auf Herausgabe des Erlangten gegen M aus § 816 Abs. 1 Satz 2 BGB haben. Verfügung eines Nichtberechtigten liegt vor, s. o. unter 2.

   Die Verfügung war gegenüber dem Berechtigten wirksam, s. o. Die Verfügung müsste unentgeltlich erfolgt sein. N verschenkte das Zelt an M. Daher erfolgte die Verfügung unentgeltlich. K hat einen Anspruch auf Herausgabe des Erlangten gegen M. K kann das Zelt gem. § 816 Abs. 1 Satz 2 BGB von M herausverlangen.

33. Voraussetzungen des § 823 Abs. 1 BGB sind:

- Verletzungshandlung (auch durch Unterlassen)
- Rechtsgutverletzung
- Kausalität zwischen Verletzungshandlung und Rechtsgutverletzung
- Widerrechtlichkeit
- Verschulden
- Schaden
- Kausalität zwischen Rechtsgutverletzung und dem Schaden.

34. Die Ersatzpflicht tritt nicht ein, wenn den Geschäftsherrn kein Verschulden trifft. Der Beauftragende kann sich nach § 831 Abs. 1 Satz 2 BGB von der grundsätzlichen Verschuldensvermutung des § 831 Abs. 1 Satz 1 BGB entlasten (sog. Entlastungsbeweis oder Exkulpationsmöglichkeit). Danach liegt dann kein Verschulden vor, wenn der Geschäftsherr bei der Auswahl des Verrichtungsgehilfen und u. a. bei der Überwachung der Ausführung der Verrichtung die erforderliche Sorgfalt beachtet hat. Allerdings sind die Anforderungen an die Sorgfaltspflicht umso größer, je gefahrenträchtiger die beauftragte Verrichtung ist.

35. Willi Miro

   N könnte einen Anspruch auf Schadenersatz für die zerkratzte Autotür gegen W aus § 823 Abs. 1 BGB haben.

   Dazu müssten folgende Voraussetzungen erfüllt sein.

   Es müsste eine Verletzungshandlung vorliegen.

   Das Zerkratzen ist eine Verletzungshandlung.

   Es müsste eines der in § 823 Abs. 1 BGB genannten Rechtsgüter oder ein sonstiges Recht verletzt sein. W hat die Autotür und damit das Rechtsgut Eigentum des M verletzt.

   Durch das Zerkratzen wurde das Eigentum verletzt; die sog. haftungsbegründende Kausalität liegt vor.

   Durch die Eigentumsverletzung ist dem N ein Schaden in Höhe der Lackierkosten entstanden. Demnach ist die sog. haftungsausfüllende Kausalität ebenfalls gegeben.

   Von der Rechtwidrigkeit kann ausgegangen werden, da keine Rechtfertigungsgründe ersichtlich sind.

   W müsste verschuldensfähig gewesen sein. W ist 5 Jahre alt, damit ist er gem. § 828 Abs. 1 BGB für den Schaden, den er N zugefügt hat, nicht verantwortlich.

   N hat keinen Anspruch auf Schadensersatz gegen W aus § 823 Abs. 1 BGB.

   N könnte einen Anspruch auf Schadensersatz wegen der zerkratzten Tür gegen Willis Eltern aus § 832 Abs. 1 BGB haben. Zu prüfen sind daher folgende Voraussetzungen.

   W müsste aufsichtsbedürftig sein. W ist als Minderjähriger s. o. aufsichtsbedürftig.

   Die Eltern von W sind kraft Gesetzes, §§ 1626 ff. BGB aufsichtspflichtig.

   W hat den objektiven Tatbestand einer unerlaubten Handlung erfüllt, s. o.

   Die Schadenszufügung war widerrechtlich, s. o.

   Möglicherweise können sich die Eltern aber nach § 832 Abs. 1 Satz 2 BGB entlasten.

   Die Eltern müssten ihre Aufsichtspflicht erfüllt haben. Die Aufsichtspflicht richtet sich nach dem Alter und dem Charakter des Minderjährigen. Kinder sollen zu selbstständigem verantwortungsbewusstem Handeln erzogen werden.

   Ein 5-Jähriger kann durchaus für 20 Minuten auf dem Innenhof spielen, ohne dass die Eltern permanent in seiner unmittelbaren Nähe sein müssen. W hatte noch nie zuvor fremdes Eigentum beschädigt, so dass die gebotene Aufsicht durch die Beschränkung des Alleinspielens auf 20 Minuten erfüllt wurde. Zudem überwachten die Eltern W durch Blicke aus dem Fenster.

   Die Eltern können sich entlasten.

   Im Ergebnis hat N keinen Anspruch gegen die Eltern des W auf Schadensersatz aus § 832 Abs. 1 BGB.

Zum Sachenrecht

1. Das Sachenrecht regelt in den §§ 854 bis 1296 BGB den Bestand und die Veränderung der Rechtslage der Personen zu Sachen. Das Sachenrecht kann auch als Zuordnungsrecht bezeichnet werden.

2. Die im Sachenrecht aufgezählten dinglichen Rechte können nicht erweitert werden. Auch besteht keine inhaltliche Gestaltungsfreiheit.

3. Besitz ist die tatsächliche Herrschaftsgewalt über eine Sache, § 854 Abs. 1 BGB. Das Eigentum ist die rechtliche Herrschaftsgewalt über eine bewegliche oder unbewegliche Sache. Es berechtigt zur alleinigen Nutzung der Sache und zur alleinigen Verfügung über sie. Nach § 903 Satz 1 BGB ist der Eigentümer berechtigt, mit der Sache nach Belieben zu verfahren und andere von jeder Einwirkung auszuschließen.

4. Der Besitz hat die Funktion, dass nach § 1006 BGB vermutet wird, dass der Besitzer auch Eigentümer ist. Diese Vermutung ist widerlegbar. Im Besitz drückt sich zudem der sachenrechtliche Publizitätsgrundsatz aus. Wechselt eine bewegliche Sache den Eigentümer nach § 929 Satz 1 BGB, ist es der Besitzwechsel der Sache (Übergabe), der den Eigentumswechsel kundtut.

5. Das BGB unterscheidet den unmittelbaren und mittelbaren Besitz. Zudem wird zwischen Alleinbesitz, Teilbesitz (§ 865 BGB) und Mitbesitz (§ 866 BGB) unterschieden.

6. Alleineigentum, Miteigentum nach Bruchteilen (§ 1008 ff. BGB) sowie Gesamthandseigentum. Außerhalb des BGB ist das Wohnungseigentum zu nennen.

7. Bei beweglichen Sachen durch Einigung, Übergabe und Berechtigung des Verfügenden (§ 929 Satz 1 BGB). Im Falle des § 929 Satz 2 BGB ist eine Übergabe nicht erforderlich. Die Übergabe kann im Falle des § 930 BGB durch ein Besitzkonstitut, im Falle des § 931 BGB durch Abtretung des Herausgabeanspruchs ersetzt werden. Bei Grundstücken ist nach §§ 873 Abs. 1 Alt. 1, 925 BGB eine Auflassung (Legaldefinition in § 925 Abs. 1 Satz 1 BGB) und eine Eintragung ins Grundbuch erforderlich.

8. Ersitzung, §§ 937 ff. BGB; Verbindung, Vermischung, Verarbeitung, §§ 946 ff. BGB; Aneignung, §§ 958 ff. BGB; Fund, § 973 BGB; die Gesamtrechtsnachfolge im Erbrecht nach § 1922 BGB.

9. Als Absicherungsmöglichkeiten kommen sog. Personalsicherheiten wie eine Bürgschaft, §§ 765 ff. BGB sowie ein Schuldbeitritt in Betracht. Als sog. Realsicherheiten bieten sich Hypothek, §§ 1113 ff. BGB, Grundschuld, §§ 1191 ff. BGB, das Pfandrecht, §§ 1204 ff. BGB und die Sicherungsübereignung nach §§ 929, 930 BGB an. Ein Warenkredit kann im Wege eines Eigentumsvorbehalts (§§ 433, 455 BGB) abgesichert werden.

10. Falls die Sache gestohlen, verloren gegangen oder sonst abhandengekommen ist, § 935 BGB.

11. Beschränkte dingliche Rechte sind Dienstbarkeiten, §§ 1018 ff. BGB, an Grundstücken bestellte Grundpfandrechte (Hypothek, Grundschuld, Rentenschuld, §§ 1113 ff. BGB). Ebenso ist das Pfandrecht an einer beweglichen Sache (§§ 1204 ff. BGB) ein beschränktes dingliches Recht. Auch das Erbbaurecht ist ein beschränkt dingliches Recht.

12. Ein Anspruch des Schöngeist gegen den Prüfer auf Herausgabe des Ölgemäldes könnte sich aus § 985 BGB ergeben. Voraussetzungen:
Der Prüfer müsste Besitzer des Ölgemäldes sein, was hier gegeben ist. Weiterhin müsste der Schöngeist Eigentümer des Ölgemäldes sein. Ursprünglich war der Kuno Kultur Eigentümer.
Möglicherweise hat der Kultur am 22. Dezember 2023 sein Eigentum durch Rechtsgeschäft wirksam auf den Schöngeist übertragen. Voraussetzungen: Schöngeist und Kultur haben sich i. S. v. § 929 Satz 1 BGB geeinigt und ein Einigsein im Zeitpunkt der Vollendung des Erwerbs (hier wirksame Abtretung) ist ebenfalls gegeben. Eine Übergabe ist nicht erfolgt, allerdings wurde die Übergabe durch die Abtretung des Herausgabeanspruchs des Kultur gegen den Clever ersetzt, § 931 BGB. Der Kultur war hierzu als Eigentümer auch berechtigt. Der schuldrechtliche Vertrag mit Clever und die diesem erteilte Vollmacht ändern an der Verfügungsberechtigung des Kultur nichts. Damit hat der Schöngeist am 22. Dezember 2023 das Eigentum am Ölgemälde erlangt.
Möglicherweise hat der Schöngeist am 23. Dezember 2023 sein Eigentum durch das Rechtsgeschäft zwischen Prüfer und Kultur, vertreten durch Clever, nach §§ 929 Satz 1, 932 Abs. 1 Satz 1 BGB wieder verloren. Clever und Prüfer haben sich i. S. v. § 929 Satz 1 BGB über den Eigentumsübergang am Ölgemälde geeinigt. Der Clever hat dem Prüfer auch das Ölgemälde übergeben, mithin ihm den unmittelbaren Besitz eingeräumt. Einigsein im Zeitpunkt der Übergabe war ebenfalls gegeben. Eine Berechtigung des Kultur war allerdings (nicht mehr) vorhanden, da tags zuvor wirksam das Eigentum auf den Schöngeist übergegangen ist.
Möglicherweise hat der Prüfer das Gemälde jedoch gutgläubig nach § 932 Abs. 1 Satz 1 BGB erworben. Prüfer war gutgläubig im Sinne von § 932 Abs. 2 BGB. Das Gesetz stellt in § 932 Abs. 1 Satz 1 BGB eine Vermutung für das Vorhandensein des guten Glaubens des Erwerbers auf („es sei denn ..."). Wann der Erwerber nicht in gutem Glauben ist, ergibt sich aus § 932 Abs. 2 BGB. Prüfer ist es im konkreten Fall weder bekannt noch infolge grober Fahrlässigkeit unbekannt, dass das Bild dem Kultur nicht (mehr) gehört. Die dem Clever erteilte Vollmacht ist in diesem Zusammenhang unerheblich, da es nur auf den guten Glauben des Prüfer in Bezug auf die Eigentümerstellung des Kultur ankommt. Da ein Fall des § 935 BGB ebenfalls nicht vorliegt, hat der Prüfer das Gemälde gutgläubig vom nichtberechtigten Kultur, vertreten von Clever, erworben. Schöngeist ist damit nicht mehr Eigentümer des Ölgemäldes sondern Eigentümer ist nunmehr der Prüfer selbst. Hieraus ergibt sich, dass ein Herausgabeanspruch des Schöngeist gegen den Prüfer nicht gegeben ist.

13. Ein Anspruch des Rüstig gegen den Arglos auf Herausgabe des Seat Ibiza könnte sich aus § 985 BGB ergeben. Voraussetzungen:

Der Anspruch müsste wirksam entstanden sein. Arglos ist Besitzer des Ford Escort. Der Rüstig müsste Eigentümer sein. Ursprünglich war der Rüstig Eigentümer des Fahrzeugs. Rüstig hat das Eigentum auch nicht durch den Diebstahl des Brecher verloren.

Möglicherweise hat der Rüstig das Eigentum verloren bzw. der Arglos das Eigentum erworben durch die Übereignung des Pkws von Brecher an Arglos. Voraussetzungen:

Brecher und Arglos haben sich i. S. v. § 929 Satz 1 BGB geeinigt. Der Brecher hat das Fahrzeug auch dem Arglos übergeben. Übergabe bedeutet die Verschaffung des unmittelbaren Besitzes.

An der Berechtigung des Brechers fehlte es jedoch. Möglicherweise hat der Arglos das Fahrzeug nach § 932 gutgläubig erworben. Dazu müsste der Arglos im Zeitpunkt des Eigentumserwerbs gutgläubig gewesen sein. Die Gutgläubigkeit bemisst sich nach § 932 Abs. 2 BGB. Dem Arglos war es nicht bekannt, dass das Fahrzeug nicht dem Veräußerer (hier: dem Brecher) gehört. Fraglich ist jedoch, inwieweit dem Arglos in Folge grober Fahrlässigkeit unbekannt war, dass das Fahrzeug nicht dem Veräußerer gehört. Bei der Veräußerung von Fahrzeugen, die zur Zulassung im Straßenverkehr bestimmt sind, hat der nach der Straßenverkehrszulassungsordnung erforderliche Kfz-Brief *(Zulassungsbescheinigung II)* hinsichtlich der Gutgläubigkeit folgende Bedeutung: Grundsätzlich ist bei Gebrauchtwagen Bösgläubigkeit dann gegeben, wenn der Erwerber sich nicht aufgrund der Eintragungen im Kfz-Brief davon überzeugt, dass der Veräußerer verfügungsbefugt ist.

Die Nichteintragung des Veräußerers kann allerdings durch besondere Umstände ausgeräumt werden. Bei Erwerb von einem Veräußerer, der den Brief besitzt ohne selbst eingetragen zu sein, sind weitere Nachforschungen jedoch dann geboten, wenn die Umstände der Veräußerung zweifelhaft sind. Ein Anhaltspunkt ist jedenfalls der Kaufpreis. Da vorliegend der Kaufpreis dem Marktwert des Fahrzeugs entsprach, liegt keine grob fahrlässige Unkenntnis von der Berechtigung des Brechers vor (a. A. vertretbar).

Der gutgläubige Eigentumserwerb scheitert jedoch vorliegend, spätestens an § 935 BGB. Der Brecher hatte dem Rüstig das Fahrzeug gestohlen, so dass nach § 935 ein gutgläubiger Erwerb ausgeschlossen ist.

Arglos hat damit das Eigentum nicht erworben. Der Rüstig ist Eigentümer geblieben.

Der Anspruch auf Herausgabe gegen Arglos ist damit entstanden.

Der Anspruch ist auch nicht erloschen.

Möglicherweise ist der Anspruch wegen § 1000 BGB derzeit nicht durchsetzbar. Nach § 1000 Satz 1 BGB kann der Besitzer die Herausgabe der Sache verweigern, bis er wegen der ihm zu ersetzenden Verwendungen befriedigt wird.

Bezogen auf den Arglos trifft § 1000 Satz 2 BGB nicht zu, da die Sache nicht durch den R gestohlen wurde, sondern durch den Brecher.

Arglos hat einmal sog. notwendige Verwendungen i. S. v. § 994 BGB gemacht. Verwendungen sind Vermögensaufwendungen, die der Sache zugutekommen, indem sie ihrer Wiederherstellung, Erhaltung oder Verbesserung dienen. Notwendig ist eine Verwendung, wenn sie zur Erhaltung oder ordnungsgemäßen Bewirtschaftung der Sache zur Zeit der Vornahme erforderlich ist. Hierbei ist ein objektiver Maßstab anzulegen. Vereinfacht dargestellt handelt es sich um Maßnahmen, die ansonsten der Eigentümer hätte machen müssen. Notwendige Verwendungen liegen insoweit vor, als Arglos Reparaturen in Höhe von 3000 Euro erledigen ließ, die für die Erlangung der TÜV-Plakette erforderlich waren.

Bei der Veränderung des äußeren Erscheinungsbildes des Fahrzeugs durch die Kfz-Werkstatt Schrauber handelt es sich allenfalls um nützliche Verwendungen, da es keine notwendigen Verwendungen sind. Hier kann der Arglos Ersatz nur insoweit verlangen, als sie vor dem Eintritt der Rechtshängigkeit gemacht wurden und der Wert der Sache durch sie noch zu der Zeit erhöht ist, zu der der Eigentümer die Sache wieder erlangt. Eine Werterhöhung ist sicherlich gegeben, allerdings wurde der Reparaturauftrag erst am 30. Januar 2024 gegeben. Rechtshängigkeit i. S. v. § 265 ZPO ist jedoch bereits mit Zustellung der Klageschrift an den Arglos am 29. Januar 2024 eingetreten. Diese 15000 Euro sind nicht zu ersetzen. Gleichwohl bleibt es beim Zurückbehaltungsrecht des Arglos nach § 1000 BGB wegen 3000 Euro.

Kein Anspruch des Rüstig gegen den Arglos auf Herausgabe des Seat Ibiza.

14. Ursprünglich war das lebende Wildschwein herrenlos (§ 960 Abs. 1 Satz 1 BGB), mithin ohne Eigentümer. Ein Eigentumserwerb des A könnte sich aus § 958 Abs. 1 BGB ergeben. A hat Eigenbesitz (§ 872 BGB) am Wildschwein begründet. Eventuell steht aber § 958 Abs. 2 Alt. 2 BGB einem Eigentumserwerb des A entgegen. A hat das Aneignungsrecht (§§ 1 Abs. 1 Satz 1, 2 BJagdG) des Freistaates Sachsen verletzt. Das Jagdrecht ist die ausschließliche Befugnis, sich auf einem bestimmten Gebiet wildlebende Tiere, die dem Jagdrecht unterliegen, anzueignen. Jagdberechtigt ist der Grundstückseigentümer auf seinem Grundstück (§ 3 Abs. 1 Satz 1 BJagdG). Hier also der Freistaat Sachsen als juristische Person des öffentlichen Rechts (Exkurs: Eine Nutzung des Jagdrechts geschieht in der Regel durch Verpachtung im Wege der Rechtspacht nach §§ 10 BJagdG, 581 ff. BGB. Durch die Verpachtung erwirbt der jeweilige Pächter das Jagdrecht, §§ 11 Abs. 1 Satz 1 BJagdG).

A hat unter Verletzung fremden Jagdrechts Wild i. S. v. § 1 Abs. 1 Satz 1 BJagdG – hier das Wildschwein – in Eigenbesitz genommen, so dass der Eigentumserwerb nach § 958 Abs. 2 BGB ausgeschlossen ist. Das Wildschwein bleibt herrenlos.

Möglicherweise hat aber M das Eigentum am Wildschwein durch Rechtsgeschäft nach §§ 929 Satz 1, 932 BGB erworben. Einigung, Übergabe sowie Einigsein im Moment der Übergabe liegen vor. A ist allerdings Nichtberechtigter. M ist aber gutgläubig nach § 932 Abs. 2 BGB. Der Eigentumserwerb scheitert auch nicht an § 935 Abs. 1 BGB, da das Wildschwein nicht abhandengekommen ist. Wie oben ausgeführt, ist das Wildschwein nach wie vor herrenlos. Eine herrenlose Sache kann einem Eigentümer nicht abhandenkommen. M ist Eigentümer des Wildschweins geworden.

Zum Familienrecht

1. Die Regelungsbereiche sind die bürgerliche Ehe (§§ 1297 bis 1588 BGB), die Verwandtschaft (§§ 1589 bis 1772 BGB), die Vormundschaft, Pflegschaft für Minderjährige, rechtliche Betreuung sowie sonstige Pflegschaft (§§ 1773 bis 1888 BGB).

2. Eheliche Lebensgemeinschaft, § 1353 BGB; Familienname, § 1355 BGB; Haushaltsführung und Erwerbstätigkeit, § 1356 BGB; Geschäfte zur Deckung des Lebensbedarfs, § 1357 BGB; Unterhaltspflicht, §§ 1360, 1360a, 1360b BGB; Eigentumsvermutung, § 1362 BGB.

3. Ein Anspruch des L gegen D auf Übereignung des Sofas könnte sich aus § 433 Abs. 1 BGB ergeben. Der Anspruch müsste wirksam entstanden sein. Voraussetzung wäre ein wirksamer Kaufvertrag zwischen L und D. Ein Kaufvertrag kommt durch übereinstimmende Willenserklärungen zustande. Diese liegen vor. Formvorschriften sind nicht einzuhalten. Eventuell ist die Willenserklärung des D jedoch nach §§ 1369 Abs. 2 Alt. 2, Abs. 3 i. V. m. 1366 Abs. 1 BGB schwebend unwirksam.

   T und D leben im Güterstand der Zugewinngemeinschaft (§§ 1363 ff. BGB), da sie verheiratet sind und keinen Ehevertrag geschlossen haben; dieser Güterstand tritt kraft Gesetzes ein, § 1363 Abs. 1 BGB. Das Sofa ist ein Gegenstand des ehelichen Haushalts. Das sind alle Sachen, die der Hauswirtschaft und dem familiären Zusammenleben dienen. Das Sofa steht im Alleineigentum des D, so dass nach § 1369 Abs. 1 Alt. 2 BGB für ein wirksames Verpflichtungsgeschäft (hier: Kaufvertrag) die Einwilligung, d. h. nach § 183 BGB die vorherige Zustimmung der T, erforderlich ist. Diese lag nicht vor, da das Rechtsgeschäft ohne Wissen der T stattfand. Wegen §§ 1369 Abs. 3 i. V. m. 1366 Abs. 1 BGB hängt die Wirksamkeit des Kaufvertrages deswegen von der Genehmigung, d. h. nachträglichen Zustimmung (§ 184 BGB) der T ab, die diese jedoch verweigerte. Der Kaufvertrag ist deswegen endgültig unwirksam. Ein Anspruch auf Übereignung ist nicht entstanden. L kann keine Übereignung verlangen.

4. Die Eheschließung, §§ 1310 ff. BGB; die Annahme als Kind (Adoption), §§ 1741 ff. BGB.

5. Dies ist wegen §§ 1311 Satz 2, 1750 Abs. 2 Satz 1 BGB nicht zulässig.

6. Die Zugewinngemeinschaft, §§ 1363 ff. BGB; die Gütertrennung, § 1414 BGB; die Gütergemeinschaft, §§ 1415 ff. BGB.

7. Der Güterstand der Zugewinngemeinschaft wegen § 1363 Abs. 1 BGB. Er wird deswegen auch gesetzlicher Güterstand genannt.

8. Es handelt sich um einen schuldrechtlichen Anspruch (§ 1378 Abs. 1 BGB), der kraft Gesetzes entsteht.

9. Sinn und Zweck des Versorgungsausgleichs ist es, dass der Ehegatte mit den höheren Versorgungsanrechten und Versorgungsaussichten die Hälfte des Wertunterschiedes an den anderen Ehegatten abzuführen hat, § 1587 BGB i. V. m. Versorgungsausgleichsgesetz.

10. Nach § 1589 BGB unterscheidet man Verwandtschaft in gerader Linie und Verwandtschaft in der Seitenlinie.

11. Ehegatten, §§ 1360, 1360 a, 1360 b, 1361, 1569 ff. BGB sowie Verwandte in der geraden Linie, § 1601 BGB.

12. Die Personensorge, §§ 1626 Abs. 1 Satz 2, 1631 BGB; die Vermögenssorge, § 1626 Abs. 1 Satz 2 BGB sowie die Vertretung des Kindes, § 1629 Abs. 1 Satz 1 BGB.

13. Die Eltern nach § 1629 BGB und der Vormund nach § 1789 Abs. 1 BGB.

14. Ausnahmsweise sind die Eltern von der Vertretung des Kindes ausgeschlossen, §§ 1629 Abs. 2 Satz 1, 1824 BGB. Ein Ausschluss des Vormunds von der Vertretung ergibt sich aus den in §§ 1789 i. V. m. 1824 BGB bestimmten Fällen. Eine Beschränkung der Vertretungsmacht der Eltern zur Wahrung der Vermögensinteressen des Kindes erfolgt durch §§ 1643, 1850 bis 1854 BGB. Bei den dort aufgeführten Rechtsgeschäften bedürfen die Eltern der Genehmigung des Familiengerichts. Eine Beschränkung der Vertretungsmacht des Vormunds aus o. g. Gründen ergibt sich aus §§ 1799 Abs. 1 BGB.

15. Ein Ergänzungspfleger hat nach § 1809 Abs. 1 Satz 1 BGB die Funktion, Angelegenheiten wahrzunehmen, an deren Besorgung Eltern oder Vormund (aus rechtlichen oder tatsächlichen Gründen) verhindert sind. Der Ergänzungspfleger hat wegen §§ 1915 Abs. 1, 1793 Abs. 1 Satz 1 BGB nur im Rahmen seines in der Anordnung bestehenden Aufgabenkreises die Stellung eines gesetzlichen Vertreters.

Zum Erbrecht

1. Die Grundsätze sind:

   Grundsatz der Privatautonomie:

   Der Erblasser kann durch Verfügung von Todes wegen (Testament, Erbvertrag), d. h. durch Rechtsgeschäft entscheiden, wem er sein Vermögen oder Teile dessen beim Erbfall hinterlässt. Ebenso können Erben oder Vermächtnisnehmer frei entscheiden, ob sie das Zugewendete überhaupt wollen.
   Grundsatz der Gesamtrechtsnachfolge:
   Das Vermögen des Erblassers geht auf den bzw. die Erben über.
   Vorrang der gewillkürten Erbfolge vor der gesetzlichen Erbfolge:
   Die gesetzliche Erbfolge tritt nur ergänzend ein, wenn keine gewillkürte Erbfolge gewählt wurde.

2. Hinterlässt der Erblasser mehrere Erben, so nennt man diese Erbengemeinschaft, §§ 2032 ff. BGB.

3. Auf die Kenntnis des Erbfalles kommt es nicht an, sondern zum (tatsächlichen) Zeitpunkt des Todes des Erblassers geht das Vermögen über, § 1922 BGB.

4. Herr Ernst könnte einen Anspruch auf Schmerzensgeld gegen Müller aus § 253 Abs. 2 BGB haben. Frau Ernst hat einen „immateriellen" Schaden (Schmerzen) durch die Verletzung des Körpers erlitten. Das Vermögen geht an Herrn Ernst als Alleinerben nach § 1922 Abs. 1 BGB über. Vererblich sind auch Forderungen.

   Daher hat Herr Ernst einen Schmerzensgeldanspruch gegen Müller aus § 253 Abs. 2 BGB.

   Hinweis: Seit der bereits im Jahr 1990 in Kraft getretenen Änderung der Vorgängervorschrift des § 847 BGB ist der Schmerzensgeldanspruch vererblich. Dies gilt auch für die Nachfolgeregelung des § 253 Abs. 2 BGB.

5. Da keine Verfügung von Todes wegen vorliegt, greift die gesetzliche Erbfolge.

   Grundsätzlich muss ein Erbe im Zeitpunkt des Erbfalls leben, § 1923 Abs. 1 BGB. Die Tochter Thea war am 25. August 2023 bereits gezeugt. Deshalb wird sie gem. § 1923 Abs. 2 BGB als vor dem Erbfall geboren angesehen. Sie wird bzgl. der Erbenstellung so behandelt, als sei sie bereits beim Erbfall geboren. Es handelt sich um eine Ausnahme von §§ 1, 1923 Abs. 1 BGB. Die Ehefrau, Luisa Leonhard, Sohn Lenny und Tochter Thea bilden eine Erbengemeinschaft, §§ 2303 ff. BGB.

6. Anne und Sofie erben je ein Drittel. Lena und Lisa erben (anstelle von Klaus) je ein Sechstel, § 1924 Abs. 1, 3, 4 BGB.

7. Willi erbt die Hälfte und Sabine und Christine erben je ein Viertel, §§ 1925 Abs. 1 u. 3, § 1924 BGB.

8. Die Eltern, Magda und Otto Ernst sind gem. § 1925 BGB Erben zweiter Ordnung. Nach § 1930 BGB sind sie nicht zur Erbfolge berufen, wenn Verwandte erster Ordnung vorhanden sind. Der Adoptivsohn Lukas hat gem. § 1754 Abs. 2 BGB die rechtliche Stellung eines Kindes erlangt. Er ist damit Erbe erster Ordnung, § 1924 BGB und Alleinerbe.

9.

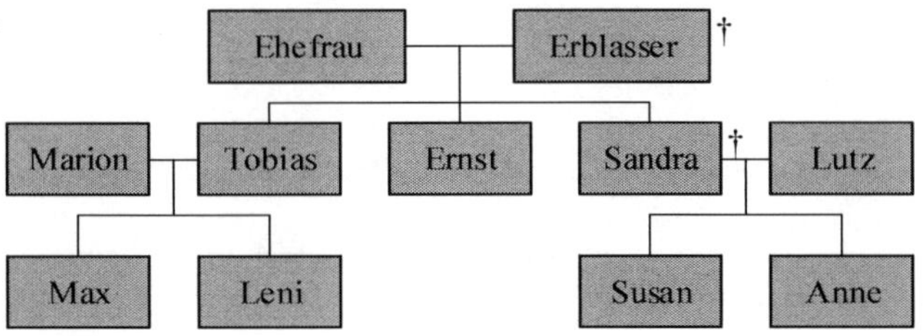

Gerlinde Meier erbt *1/2,* sowie den Voraus. Dies ergibt sich aus §§ 1931 Abs. 1, 1931 Abs. 3 i. V. m. § 1371 Abs. 1, § 1932 BGB. Die andere Hälfte der Erbschaft erhalten die Erben der ersten Ordnung nach § 1924 Abs. 1 u. Abs. 4 BGB. Da Peter Meier drei Kinder (drei Stämme) hat, entfallen von der zweiten Hälfte der Erbschaft auf jedes Kind 1/3. Tobias und Ernst bekommen daher jeweils 1/6. Da Sandra bereits verstorben ist, geht ihr Erbteil gem. § 1924 Abs. 3 BGB auf die beiden Kinder Susan und Anne über. Susan und Anne erben daher je 1/12. Weder die Ehefrau von Tobias, Marion, noch der Ehemann von Sandra, Lutz, erben etwas, da sie nicht mit Peter Meier verwandt sind, vgl. § 1589 BGB.

10. Das ist nicht möglich, weil er noch nicht testierfähig ist, § 2229 Abs. 1 BGB.

11. Das ist nicht möglich, da § 2247 Abs. 4 BGB die Volljährigkeit voraussetzt.

12. Der Nachlasswert wird ermittelt, indem der Geldwert aller Nachlassgegenstände, sog. Aktivbestand, festgestellt wird. Hierbei wird unter Wert der Verkehrswert, also der durch die Verkehrsanschauung bestimmte Wert verstanden. Vom Aktivbestand ist die Summe der Passiva abzuziehen. Passiva sind alle Verbindlichkeiten, die bereits beim Erbfall entstanden waren.

13. Jeder der beiden könnte ein eigenes Testament schreiben. Sie könnten einen Erbvertrag schließen, oder aber ein gemeinschaftliches Testament abfassen.

14. Die Erbeinsetzung Lenas könnte durch den Zusatz auf der Testamentsurkunde widerrufen worden sein. Ein Widerruf durch ein Testament nach §§ 2254 oder 2258 BGB scheidet aus, da E die nachträglich hinzugefügte Randbemerkung nicht unterschrieben hat. Durch § 2255 BGB ist es allerdings möglich, durch schlüssige Handlungen zu widerrufen. Das Hinzufügen der Randbemerkung, die die Erbeinsetzungen Lenas widerruft, stellt eine solche schlüssige Handlung dar und somit bedarf es keiner Unterschrift, um diese wirksam werden zu lassen.
    Im Ergebnis ist Lena keine Erbin mehr. Lilly und Leo erben somit je 1/2 nach § 2089 BGB.

15. Die Ausschlagung muss gegenüber dem Nachlassgericht erklärt werden, § 1945 Abs. 1 BGB.

16. Es wäre ratsam, die Haftung auf den Nachlass zu beschränken, indem Nachlassverwaltung oder Nachlasskonkurs beim Nachlassgericht beantragt wird, § 1975 BGB. Eventuell besteht die Möglichkeit der Einrede der Dürftigkeit des Nachlasses gemäß § 1990 BGB.

17. Nach § 2275 Abs. 1 BGB ist dies grundsätzlich nicht möglich.

18. Da das Ehepaar kinderlos war, und daher keine Erben erster Ordnung vorhanden sind, erben die Eltern des Erblassers als Erben der zweiten Ordnung. Die überlebende Ehefrau erbt neben den Eltern gem. § 1931 Abs. 1 Satz 1 BGB *1/2.* Hinzu kommt der pauschalierte Zugewinnausgleich gem. § 1371

Abs. 1 BGB in Höhe eines weiteren Viertels, sowie der Voraus, § 1932 BGB. Die Ehefrau und die Eltern des Erblassers bilden eine Erbengemeinschaft, § 2032 BGB mit sämtlichen daraus folgenden Konsequenzen! Das Entstehen der Erbengemeinschaft wäre durch eine Verfügung von Todes wegen zu verhindern gewesen. Die Eltern des Erblassers hätten nur einen Anspruch auf den Pflichtteil gegenüber der Alleinerbin Maja gem. § 2301 Abs. 2 BGB gehabt.

19. Durch das Vermächtnis wird nur ein Forderungsrecht des Bedachten gegen den mit dem Vermächtnis beschwerten Erben begründet, §§ 2147 ff., 2174 BGB.

20. Es handelt sich um ein sog. Stückvermächtnis gem. § 2169 BGB, da ein bestimmter Gegenstand, das Schachspiel, vermacht wurde.

21. Die Erbengemeinschaft entsteht entweder durch die vom Erblasser getroffene Verfügung von Todes wegen oder kraft Gesetzes. Die Erben bilden mit dem Eintritt des Erbfalls (gleichzeitig) diese Erbengemeinschaft Sie sind Miterben und können über ihre jeweiligen Anteile am Nachlass verfügen.
Die Einsetzung des Vor- und Nacherben kann nur durch Verfügung von Todes wegen vorgenommen werden. Der Vorerbe und der Nacherbe sind zwar Erben, aber sie können nur zeitlich nacheinander Erben sein. Sie sind also keine Miterben i. S. d. Erbengemeinschaft.

22. Nur der Großvater gehört nicht zu den Pflichtteilsberechtigten, da er nicht in § 2303 BGB genannt ist. Alle Übrigen sind Pflichtteilsberechtigte.

23. Er ist im Rechts- u. Geschäftsleben wichtiges Ausweismittel. Der Erbschein dient dem Nachweis, wer den Verstorbenen beerbt hat. Es wird vermutet, dass der im Erbschein als Erbe Bezeichnete wirklich Erbe ist, § 2365 BGB (Vermutung der Richtigkeit und Vollständigkeit des Erbscheines).

24. Weder der Pflichtteilsberechtigte noch der Vermächtnisnehmer sind Erben. Einen Anspruch auf Erteilung eines Erbscheines haben daher Alleinerben und Miterben, § 2353 BGB.

25. Nach § 2303 Abs. 1 BGB stehen S und T jeweils die Hälfte des Wertes des gesetzlichen Erbteils zu. Sie sind Abkömmlinge des Erblassers, durch Verfügung von Todes wegen von der Erbfolge ausgeschlossen. Nach der gesetzlichen Erbfolge wären sie Erben zu je 1/2 geworden, §§ 1922, 1924 Abs. 1, 4 BGB.
Die Pflichtteilsquote beträgt daher 1/4 sowohl für S als auch für T. Da der Nachlass Im Zeitpunkt des Todes einen Wert von 140000 Euro hat, stünden den Kindern (ohne Anrechnung der Schenkung auf den Pflichtteil) jeweils 35000 Euro (1/4 von 140000 Euro) zu. M hatte aber bestimmt, dass die Zuwendungen von 20000 Euro und 10000 Euro auf den Pflichtteil angerechnet werden sollen, § 2315 BGB. Nach § 2315 Abs. 2 BGB ergeben sich daher folgende Werte:

Der Pflichtteil für S beträgt 40000 Euro (1/4 von 140000 + 20000 Euro = 160000 Euro). Davon werden die bereits erhaltenen 20000 Euro abgezogen. S erhält noch einen Rest von 20000 Euro.

Der Pflichtteil für T beträgt 37500 Euro (1/4 von 140000 + 10000 Euro = 150000 Euro). Davon werden die erhaltenen 10000 Euro abgezogen. T erhält noch einen Rest von 27500 Euro.

Stichwortverzeichnis

J

K

L

M

N

O

P

R

S

T

U

V

W

Z

Personal entwickeln –
Zukunft gestalten

Ausbildung
Weiterbildung
Beratung

SÄCHSISCHES KOMMUNALES STUDIENINSTITUT DRESDEN
Körperschaft des öffentlichen Rechts

Das Sächsische Kommunale Studieninstitut Dresden konzipiert *Personalentwicklungsprojekte*, organisiert *Seminare* (offen und als Inhouse) und alle *Lehrgänge* zu Verwaltungsberufen bis zur Abnahme von *Prüfungen*.

Führungskräfte und Beschäftigte aus *Kommunen* und kommunalen Einrichtungen, *Zweckverbänden* und *Wirtschaftsunternehmen* mit kommunaler Beteiligung sind unsere Partner.

In allen Fragen der *Personalentwicklung* finden Sie Unterstützung bei uns.

Wir konzipieren für Sie

- Assessment-Center zur Personalauswahl
- Seminarreihen und Workshops zu speziellen Fragen der Führung und Zusammenarbeit
- Coaching, Konfliktmediation etc. sowie
- Mentoring für Nachwuchsführungskräfte

und wir beraten Sie während der Umsetzung Ihrer Konzepte.

Unsere Seminarthemen reichen von A wie Arbeitsrecht über K wie Kommunikation bis V wie Verwaltungsmodernisierung und Z wie Zweckverbände.

Weitere Informationen über:

Sächsisches Kommunales
Studieninstitut Dresden
An der Kreuzkirche 6
01067 Dresden

Fon: 0351 43835–12
Fax: 0351 43835–13
E-Mail: post@sksd.de
www.sksd.de

Stand: März 2018

Fritz

SL 3 – Staatsrecht

7. Auflage 2020, Softcover,
258 Seiten, 25 €,
ISBN 978-3-8293-1564-7

auch digital erhältlich

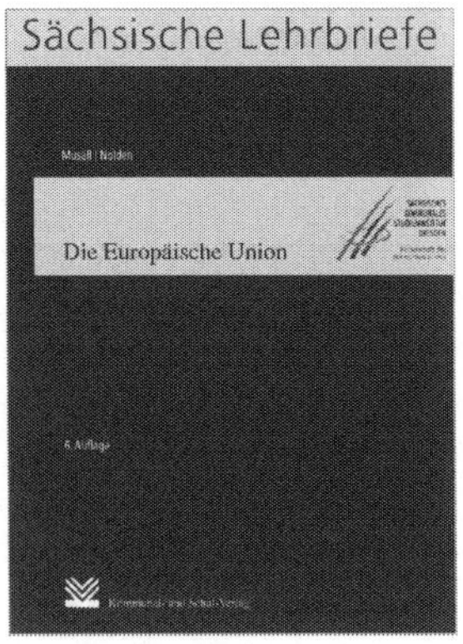

Musall | Nolden

SL 4 –Die Europäische Union

6. Auflage 2020, Softcover,
256 Seiten, 25 €,
ISBN 978-3-8293-1604-0

auch digital erhältlich

Sponer | Tostmann

SL 5 – Kommunalrecht

10. Auflage 2022, Softcover,
236 Seiten, 25 €,
ISBN 978-3-8293-1825-9

auch digital erhältlich

Findeisen | Trommer

SL 6 – Kommunale Finanzwirtschaft (Doppik)

10. Auflage 2024, Softcover,
172 Seiten, 25 €,
ISBN 978-3-8293-1946-1

Zier | Kösterke

SL 7 – Staatliches Haushaltsrecht

2022, Softcover,
172 Seiten, 25 €,
ISBN 978-3-8293-1320-9

Korzen-Mittelhäußer | Linnert | Wagner

SL 8 – Personalwesen

2. Auflage 2019, Softcover,
172 Seiten, 25 €,
ISBN 978-3-8293-1468-8

auch digital erhältlich

digitale Ausgaben für PC, Mac, Android und iOS